杜威中期著作

1899—1924

复旦大学杜威与美国哲学研究中心　组译

杜威全集
Collected works of John Dewey

1916至1917年间的
期刊文章、论文及杂记

第十卷
1916—1917

王成兵　林建武　译

华东师范大学出版社

The Middle Works of John Dewey, 1899-1924
Volume Ten: Journal Articles, Essays, and Miscellany published in the 1916-1917 Period
By John Dewey
Edited by Jo Ann Boydston
Copyright © 1980 by Southern Illinois University Press
Published by agreement with Southern Illinois University Press, 1915 University Press Drive, SIUC Mail Code 6806, Carbondale, IL 62901, USA
Simplified Chinese translation copyright © 2012 by East China Normal University Press
All rights reserved.

上海市版权局著作合同登记　图字:09-2004-377号

《杜威全集》中期著作(1899—1924)

主　　编　乔·安·博伊兹顿(Jo Ann Boydston)
文本顾问　弗雷德森·鲍尔斯(Fredson Bowers)弗吉尼亚大学　荣誉退休

编辑顾问委员会成员
刘易斯·E·哈恩(Lewis E. Hahn)　主席　南伊利诺伊大学
乔·R·伯内特(Joe R. Burnett)　伊利诺伊大学
S·莫里斯·埃姆斯(S. Morris Eames)　南伊利诺伊大学
威廉·R·麦肯齐(William R. mckenzie)　南伊利诺伊大学

助理文本编辑　安妮·夏普(Anne Sharpe)

《杜威全集》中文版编辑委员会

主　编　刘放桐

副主编　俞吾金　童世骏　汪堂家（常务）

编辑委员会（按姓氏笔画排序）

万俊人	冯　俊	江　怡	孙有中
刘放桐	朱志方	朱杰人	张国清
吴晓明	陈亚军	汪堂家	沈丁立
赵敦华	俞吾金	韩　震	童世骏

目 录

中文版序 / 1
导言 / 1

论文 / 1
哲学复兴的需要 / 3
当前认识论中的中立概念 / 38
社会心理学的需要 / 41
二元性和二元论 / 49
斯宾塞和柏格森 / 52
皮尔士的实用主义 / 55
罗伊斯哲学中的唯意志论 / 63
逻辑的对象 / 71
关于逻辑学中的新事物：回应罗宾逊先生 / 78
乔治·西尔威斯特·莫里斯：一种评价 / 86
当前教育中的趋势 / 92
教育中的实验 / 96
初等教育的联邦资助 / 99
科学教学中的方法 / 103
工业民主社会中实业教育的需要 / 109

学会获利：职业教育在公共教育综合方案中的位置 / 114

现代职业教育趋势对大学中专业学习和非专业学习的影响 / 120

学校中的民主和忠诚 / 126

教授和公共利益的案例 / 131

教师的专业组织 / 135

受审的公共教育 / 139

战时我们的教育理想 / 144

作为普遍服务的教育 / 148

学校和社会战备 / 155

美国的教育和文化 / 159

国家化的教育 / 164

力量、暴力和法律 / 171

论理解德国精神 / 175

进步 / 189

力量和强迫 / 197

休斯的竞选活动 / 203

国家犹豫不决的时刻 / 207

良知和强迫 / 211

和平主义的未来 / 215

美国人为什么而战？ / 220

思想的征召 / 224

即使天塌下来，也要伸张正义 / 228

民族性的原则 / 231

对我们退步的解释 / 236

为农庄征募 / 239

评论 / 245

职业教育 / 247

德国精神的悲剧 / 249

赫伯特·乔治·威尔斯，神学编码 / 253

为民众的战争行为 / 257

杂记 / 259

《实验逻辑论文集》序言 / 261

《实验逻辑论文集》引言 / 262

对《实验逻辑论文集》中"实践的"一词的补充注释 / 297

欠考虑的建议 / 300

美国大学教授协会 / 301

来自美国大学教授协会下属的大学伦理委员会的声明 / 303

美国大学教授协会下属的大学伦理委员会的报告 / 304

普遍的军事训练 / 307

报告 / 321

美国教育组织 / 323

附录 / 335

1. 逻辑学中一个所谓的新发现 / 337
2. 何种实在论？ / 348
3. 一个实在论的死胡同 / 354
4. 来自"巴比伦城中的旁观者"的信 / 363

文本研究资料 / 367

文本说明 / 369

文本注释 / 379

校勘表 / 380

1945年《科学教学中的方法》一文中所作修订之列表 / 403

《乔治·西尔维斯特·莫里斯：一种评价》一文中
　　被摒弃的实质性修订之列表 / 405

打印稿上的修订 / 406

行末连字符号的使用 / 417
引文勘误 / 420
杜威所引用的参考书目 / 427
索引 / 431

译后记 / 455

中文版序

《杜威全集》中文版终于由华东师范大学出版社出版了。作为这一项目的发起人,我当然为此高兴,但更关心它能否得到我国学界和广大读者的认可,并在相关的学术研究中起到预期作用。后者直接关涉到对杜威思想及其重要性的合理认识,这有赖专家们的研究。我愿借此机会对杜威其人、其思想的基本倾向和影响以及研究杜威哲学的意义等问题谈些看法,以期抛砖引玉。考虑到中国学界以往对杜威思想的消极方面谈论得很多,在这方面大家已非常熟悉。我在此主要谈其积极方面,但这并非认为可以忽视其消极方面。

一、杜威其人

约翰·杜威(John Dewey,1859—1952)是美国哲学发展中最有代表性的人物。他不仅进一步阐释并发展了由皮尔士创立、由詹姆斯系统化的实用主义哲学的基本理论,而且将其运用于社会、政治、文化、教育、伦理、心理、逻辑、科学技术、艺术、宗教等众多人文和社会科学领域的研究,并在这些领域提出了重要创见。他在这些领域的不少论著,被西方各该领域的专家视为经典之作。它们不仅对促进这些领域的理论研究起过重要的作用,在这些领域的实践中也产生过深刻的影响。杜威由此被认为是美国思想史上最具影响的学者,甚至被认为是美国的精神象征;在整个西方世界,他也被公认是 20 世纪少数几个最伟大的思想家之一。

杜威出生于佛蒙特州伯灵顿市一个杂货店商人家庭。他于 1875 年进佛蒙特大学,开始受到进化论的影响。1879 年,他毕业后先后在一所中学和一所乡村学校教书。这时他阅读了大量哲学著作,深受当时美国圣路易黑格尔学派刊物《思辨哲学杂志》的影响,1882年在该刊发表了《唯物主义的形而上学假定》和《斯宾诺莎的泛神论》二文,很受鼓舞,从此决定以哲学为业。同年,他成了约翰·霍普金斯大学的哲学研究生,在此听了皮尔士的逻辑讲座,不过当时对他影响最大的是黑格尔派哲学家莫里斯(George Sylvester Morris)和实验心理学家霍尔(G. Stanley Hall)。两年后,他以《康德的心理学》论文取得哲学博士学位。

1884年,杜威到密歇根大学教哲学,在此任职10年(其间1888年在明尼苏达大学)。初期,他的哲学观点大体上接近黑格尔主义。他对心理学研究很感兴趣,并使之融化于其哲学研究中。这种研究,促使他由黑格尔主义转向实用主义。在这方面,当时已出版并享有盛誉的詹姆斯的《心理学原理》对他产生了强烈的影响。杜威对心理学的研究,又促使他进一步去研究教育学。他主张用心理学观点去进行教学,并认为应当把教育实验当作哲学在实际生活中的运用的重要内容。

1894年,杜威应聘到芝加哥大学,后曾任该校哲学系主任。他在此任教也是10年。1896年,他在此创办了有名的实验学校。这个学校抛弃传统的教学法,不片面注重书本,而更为强调接触实际生活;不片面注重理论知识的传授,而更为强调实际技能的训练。杜威后来所一再倡导的"教育就是生活,而不是生活的准备"、"从做中学"等口号,就是对这种教学法的概括。杜威在芝加哥时期,已是美国思想界一位引人注目的人物。他团聚了一批志同道合者(包括在密歇根大学就与他共事的塔夫茨、米德),形成了美国实用主义运动中著名的芝加哥学派。杜威称他们共同撰写的《逻辑理论研究》(1903年)一书是工具主义学派的"第一个宣言",它标志着杜威已从整体上由黑格尔主义转向了实用主义。

从1905年起,杜威转到纽约哥伦比亚大学任教,直到1930年以荣誉教授退休。他以后的活动也仍以此为中心。这一时期不仅是他的学术活动的鼎盛期(他的大部分有代表性的论著都是在这一时期问世的),也是他参与各种社会和政治活动最频繁且声望最卓著的时期。他把两者有机地结合在一起。他对各种社会现实问题的评论和讲演,往往成为他的学术活动的重要组成部分。从1919年起,杜威开始了一系列国外讲学旅行,到过日本、墨西哥、俄罗斯、土耳其等国。"五四"前夕,他到了中国,在北京、南京、上海、广州等十多个城市作过系列讲演,1921年7月返美。

杜威一生出版了40种著作,发表了700多篇论文,内容涉及哲学、社会、政治、教育、伦理、心理、逻辑、文化、艺术、宗教等各个方面。其主要论著有:《学校与社会》(1899年)、《伦理学》(1908年与塔夫茨合著,1932年修订)、《达尔文主义对哲学的影响》(1910年)、《我们如何思维》(1910年)、《实验逻辑论文集》(1910年)、《哲学的改造》(1920年)、《人性与行为》(1922年)、《经验与自然》(1925年)、《公众及其问题》(1927年)、《确定性的寻求》(1929年)、《新旧个人主义》(1930年)、《作为经验的艺术》(1934年)、《共同的信仰》(1934年)、《逻辑:探究的理论》(1938年)、《经验与教育》(1938年)、《自由与文化》(1939年)、《评价理论》(1939年)、《人的问题》(1946年)、《认知与所知》(1949年与本特雷合著)等等。

二、杜威哲学的基本倾向

杜威在各个领域的思想都与他的哲学密切相关。它们不只是他的哲学的具体运用,有时甚至就是他的哲学的直接体现。我们在此不拟具体介绍他的思想的各个方面和他的哲学的各个部分,仅概略地揭示他的哲学的基本倾向。杜威哲学的各个部分,以及他的思想的各个方面,大体上都可从他的哲学的基本倾向中得到解释。这种基本倾向从其积极意义上说,主要表现为如下三点:

第一,杜威把对现实生活和实践的关注当作哲学的根本意义所在。

在现代西方各派哲学中,杜威哲学最为反对以抽象、独断、脱离实际等为特征的传统形而上学,最为肯定哲学应当面向人的现实生活和实践。如何通过人本身的行为、行动、实践(即他所谓以生活和历史为双重内容的经验)来妥善处理人与其所面对的现实世界(自然和社会环境),以及人与人之间的关系,是杜威哲学最为关注的根本问题。杜威哲学从不同的角度说有不同的名称,例如,当他强调实验和探究的方法在其哲学中的重要意义时,称其哲学为实验主义(Experimentalism);当他谈到思想、观念的真理性在于它们能充当引起人们的行动的工具时,称其哲学为工具主义(Instrumentalism);当他谈到经验的存在论意义,而经验就是作为有机体的人与其自然环境的相互作用时,称其哲学为经验自然主义(Empirical Naturalism)。贯彻于所有这些称呼的概念是行动、行为、实践。杜威哲学的各个方面,都在于从实践出发并引向实践。这并不意味着实践就是一切。实践的目的是改善经验,即改善人与其自然和社会环境的关系,一句话,改善人的生活和生存条件。

杜威对实践的解释当然有片面性。例如,他没有看到人类的物质生产活动在人的实践中的基础作用,更没有科学地说明实践的社会性;但他把实践看作是全部哲学研究的核心,认为存在论、认识论、方法论等问题的研究都不能脱离实践,都具有实践的意义,则在一定意义上是合理的。

值得一提的是:与胡塞尔、海德格尔等人通过曲折的道路返回生活世界不同,与只关注逻辑和语言的意义分析的分析哲学家也不同,杜威的哲学直接面向现实生活和实践。杜威一生在哲学上所关注的,不是去建构庞大的体系,而是满腔热情地从哲学上去探究人在现实生活和实践的各个领域所面临的各种问题及其解决办法。在杜威的全部论著中,关于政治、社会、文化、教育、心理、道德、价值、科学技术、审美和宗教等各个领域的具体问题的论述占了绝大部分。他的哲学的精粹和生命力,大多是在这些论述中表现出来的。

第二,杜威的哲学改造适应和引领了西方哲学由近代到现代转向的潮流。

19世纪中期以来,西方哲学发展出现了根本性的变更,以建构无所不包的体系为特征的近代哲学受到了广泛的批判,以超越传统的实体性形而上学和二元论为特征的现代哲学开始出现,并越来越占主导地位。多数哲学流派各以特有的方式,力图使哲学研究在不同程度上从抽象化的自在的自然界或绝对化的观念世界返回到人的现实生活世界,企图以此摆脱近代哲学所陷入的种种困境,为哲学的发展开辟新道路。西方哲学由近代到现代的这种转折,不能简单归结为由唯物主义转向唯心主义、由进步转向反动,而包含了哲学思维方式上一次具有划时代意义的转型。它标志着西方哲学发展到了一个新的、更高的阶段。杜威在哲学上的改造,不仅适应了而且在一定意义上引领了这一转型的潮流。

杜威曾像康德那样,把他在哲学上的改造称为"哥白尼革命"(Copernican revolution)。但他认为康德对人的理智的能动性过分强调,以致使它脱离了作为其存在背景的自然。而在他看来,人只有在其与自然的相互作用中才有能动作用,甚至才能存在。哲学上的真正的哥白尼革命,正在于肯定这种交互作用。如果说康德的中心是心灵,那么杜威的新的中心是自然进程中所发生的人与自然的交互作用。正如地球或太阳并不是绝对的中心一样,自我或世界、心灵或自然都不是这样的中心。一切中心都存在于交互作用之中,都只具有相对的意义。可见,杜威所谓哲学中的哥白尼革命,就是以他所主张的心物、主客、经验自然等的交互作用、或者说人的现实生活和实践来既取代客体中心论,也取代主体中心论。他也是在这种意义上,既反对忽视主体的能动性的旧的唯物主义,也反对忽视自然作为存在的根据和作用的旧的唯心主义。

不是把先验的主体或自在的客体、而是把主客的相互作用当作哲学的出发点;不是局限于建构实体性的、无所不包的体系,而是通过行动、实践来超越这样的体系;不是转向纯粹的意识世界或脱离了人的纯粹的自然界,而是转向与人和自然界、精神和物质、理性和非理性等等都有着无限牵涉的生活世界,这大体上就是杜威哲学改造的主要意义;而这在一定程度上,也正是多数西方哲学由近代到现代转向的主要意义。杜威由此体现和引领了这种转向。

第三,杜威的哲学改造与马克思在哲学上的革命变更存在某些相通之处。

西方哲学从近代到现代的转向与马克思在哲学上的革命变更的政治背景大不相同,二者必然存在原则性区别;但二者发生于大致相同的历史时代,具有共同的历史和文化背景,因而又必然存在相通之处。如果我们能够肯定杜威的哲学改造适应并引领了西方哲学从近代到现代转向的潮流,那就必须肯定杜威的哲学改造与马克思在哲学上的革命变更必然同样既有原则区别,又有相通之处。后者突出地表现在,二者都把实践当作哲学的根本意义而加以强调。马克思正是通过这种强调而得以超越旧唯物主义和唯心主义辩证法的界限,把唯物主义和辩证法有机地统一起来,建立了唯物辩证法。杜威在这些方面与马克思相距甚远。但是,他毕竟用实践来解释经验而使他的经验自然主义超越了纯粹自然主义和思辨唯心主义的界限,并由此提出了一系列超越近代哲学范围的思想。

杜威的经验自然主义并不否定自然界在人类经验以外自在地存在,不否定在人类出现以前地球和宇宙早已存在,而只是认为人的对象世界只能是人所遭遇到(经验到)的世界,这在一定程度上类似于马克思所指的与纯粹自然主义的自在世界不同的人化世界,即现实生活世界。杜威否定唯物主义,但他只是在把唯物主义归结为纯粹自然主义的唯物主义的意义上去否定唯物主义。杜威强调经验的能动性,但他不把经验看作可以离开自然(环境)而独立存在的精神实体或精神力量,而强调经验总是处于与自然、环境的统一之中,并与自然、环境发生相互作用。这与传统的唯心主义经验论也是不同的,倒是与马克思关于主客观的统一和相互作用的观点虽有原则区别,却又有相通之处。

杜威是在黑格尔影响下开始哲学活动的。他在转向实用主义以后,虽然抛弃了黑格尔的绝对唯心主义,甚至也拒绝了黑格尔的辩证法,但是在他的理论中又保留着某些辩证法的要素。例如,他把经验、自然和社会等都看作是统一整体,其间都存在着多种多样的联系;他在达尔文进化论的影响下,明确肯定世界(人类社会和自然界)处于不断进化和发展的过程之中。他所强调的连续性(如经验与自然的连续、人与世界的连续、身心的连续、个人与社会的连续等等)概念,在一定程度上就是统一整体的概念、进化和发展的概念。这种概念虽与马克思的辩证法不能相提并论,但毕竟也有相通之处。

三、杜威哲学的积极影响

杜威实用主义哲学对现实生活和实践的强调,对西方哲学从近代到现代转向的潮流的适应和引领,特别是它在一些重要方面与马克思哲学的相通,说明它在一定程度上体现了时代精神发展的要求。正因为如此,它必然是一种在一定范围内能发生积极影响的哲学。

实用主义在美国的积极影响,可以用美国人民在不长的历史时期里几乎从空地上把美国建设成为世界的超级大国来说明。实用主义当然不是美国唯一的哲学,但它却是美国最有代表性的哲学。实用主义产生以前的许多美国思想家(特别是富兰克林、杰斐逊等启蒙思想家),大多已具有实用主义的某些特征,在一定意义上为实用主义的正式形成作了思想准备。实用主义产生以后,传入美国的欧洲各国哲学虽然能在美国哲学中占有一席之地,其中分析哲学在较长时期甚至能在哲学讲坛上占有支配地位;但是,它们几乎都毫无例外地迟早被实用主义同化,成为整个实用主义运动的组成部分。当代美国实用主义者莫利斯说:逻辑经验主义、英国语言分析哲学、现象学、存在主义同实用主义"在性质上是协同一致的",它们"每一种所强调的,实际上是实用主义运动作为一个整体范围之内的中心问题之一"[1]。就实际影响来说,实用主义在美国哲学中始终占有优势地位。桑塔亚那等一些美国思想家也承认,美国人不管其口头上拥护的是什么样的哲学,但是从他们的内心和生活来说都是实用主义者。只有实用主义,才是美国建国以来长期形成的一种民族精神的象征。而实用主义的最大特色,就是把哲学从玄虚的抽象王国转向人所面对的现实生活世界。实用主义的主旨就在

---

[1] Morris, Charles W. *The Pragmatic Movement in American Philosophy*. New York: George Braziller, 1970, p.148.

指引人们如何去面对现实生活世界,解决他们所面临的各种疑虑和困扰。实用主义当然具有各种局限性,人们也可以而且应当从各种角度去批判它,马克思主义者更应当划清与实用主义的界限;但从思想理论根源上说,正是实用主义促使美国能够在许多方面取得成功,这大概是一个不争的事实。

在美国以外,实用主义同样能发生重要的影响。与杜威等人的哲学同时代的欧洲哲学尽管不称为实用主义,但正如莫利斯说的那样,它们同实用主义"在性质上是协同一致的"。如果说它们各自在某些特定方面、在一定程度上体现了现代西方社会的时代特征,实用主义则较为综合地体现了这些特征。换言之,就体现时代特征来说,被欧洲各个哲学流派特殊地体现的,为实用主义所一般地体现了。正因为如此,实用主义能较其他现代西方哲学流派发生更为广泛的影响。

杜威的实用主义在中国也发生过重要的影响。早在"五四"时期,杜威就成了在中国最具影响的西方思想家。从外在原因上说,这是由于胡适、蒋梦麟、陶行知等他在中国的著名弟子对他作了广泛的宣扬;杜威本人在"五四"时期也来华讲学,遍访了中国东西南北十多个城市。这使他的思想为中国广大知识界所熟知。然而,更重要的原因是:他在理论中所包含的科学和民主精神,正好与"五四"时期中国先进知识分子倡导科学和民主的潮流相一致。另外,他的讲演不局限于纯哲学的思辨而尤其关注现实问题,这也与中国先进分子的社会改革的现实要求相一致。正是这种一致,使杜威的理论受到了投入"五四"新文化运动和社会改革的各阶层人士的普遍欢迎,从而使他在中国各地的讲演往往引起某种程度的轰动效应。杜威本人也由此受到很大鼓舞,原本只是一次短期的顺道访华也因此被延长到两年多。胡适在杜威起程回国时写的《杜威先生与中国》一文中曾谈到:"我们可以说,自从中国与西方文化接触以来,没有一个外国学者在中国思想界的影响有杜威先生这样大的。我们还可以说,在最近的将来几十年中,也未必有别个西洋学者在中国的影响可以比杜威先生还大的。"[1]作为杜威的信徒,胡适所作的评价可能偏高。但就其对中国社会的现实层面的影响来说,除了马克思主义者以外,也许的确没有其他现代西方思想家可以与杜威相比。

尽管杜威的实用主义与马克思主义有原则区别,但"五四"时期中国马克思主义者对杜威及其实用主义并未简单否定。陈独秀那时就肯定了实用主义的某

---

[1] 引自《胡适哲学思想资料选》(上),华东师范大学出版社1981年版,第181页。

些观点,甚至还成为杜威在广州讲学活动的主持人。1919年,李大钊和胡适关于"问题与主义"的著名论战,固然表现了马克思主义与实用主义的原则分歧,但李大钊既批评了胡适的片面性,又指出自己的观点有的和胡适"完全相同",有的"稍有差异"。他们当时的争论并未越出新文化运动统一战线这个总的范围,在倡导科学和民主精神上毋宁说大体一致。毛泽东在其青年时代也推崇胡适和杜威。

"五四"以后,随着国内形势的重大变化,上述统一战线趋向分裂。20世纪30年代后期,由于受到苏联对杜威态度骤变的影响,中国马克思主义者对杜威也近乎于全盘否定了。20世纪50年代中期,为了确立马克思主义在思想文化领域的主导地位,从上而下发动了一场对实用主义全盘否定的大规模批判运动。它在一定程度上达到了预期的政治目的,但在理论上却存在着很大的片面性。当时多数批判论著脱离了杜威等人的理论实际,形成了一种对西方思潮"左"的批判模式,并在中国学术界起着支配作用。从此以后,人们在对杜威等现代西方思想家、对实用主义等现代西方思潮的评判中,往往是政治标准取代了学术标准,简单否定取代了具体分析。杜威等西方学者及其理论的真实面貌就因此而被扭曲了。

对杜威等西方思想家及其理论的简单否定,势必造成多方面的消极后果。其中最突出的有两点:一是使马克思主义及其指导下的思想理论领域在一定程度上与当代世界及其思想文化的发展脱节,使前者处于封闭状态,从而妨碍其得到更大的丰富和发展;二是由于扭曲了马克思主义哲学和现代西方哲学的关系,忽视了二者在某些方面存在的共通之处,在批判杜威哲学等现代西方哲学的名义下扭曲了马克思主义哲学一些最重要的学说,例如关于真理的实践检验、关于主客观统一、关于个人与社会的关系等学说都存在这种情况。这种理论上的混乱导致实践方向上的混乱,甚至在一定程度上导致实践上的挫折。

需要说明的是:肯定杜威实用主义的积极作用并不意味着否定其消极作用,也不意味着简单否定中国学界以往对实用主义的批判。以往被作为市侩哲学、庸人哲学、极端个人主义哲学的实用主义不仅是存在的,而且在一些人群中一直发生着重要的影响。资产阶级庸人、投机商、政客以及各种形式的机会主义者所奉行的哲学,正是这样的实用主义。对这样的实用主义进行坚定的批判,是完全正当的。但是,如果对杜威的哲学作具体研究,就会发觉他的理论与这样的实用主义毕竟有着重大的区别。杜威自己就一再批判了这类庸俗习气和极端个人主义。如果简单地把杜威哲学归结为这样的实用主义，那在很大程度上就是把杜威所批判的哲学当作他自己的哲学。

四、杜威哲学研究在当代中国的积极意义

改革开放以来，中国政治和思想文化上的"左"的路线得到纠正，哲学研究出现了求真务实的新气象，包括杜威实用主义在内的现代西方哲学研究得到了恢复和发展。以1988年全国实用主义学术讨论会为转折点，对杜威等人的实用主义的全盘否定倾向得到了克服，如何重新评价其在中国思想文化建设中的作用的问题也越来越受到学界的关注，对杜威等人的实用主义的研究由此进入了一个新阶段。"五四"时期，由于杜威的学说正好与当时中国的新文化运动相契合，起过重要的积极作用；今天的中国学界，由于对马克思主义哲学和现代西方哲学都已有了更为全面和深刻的理解，对杜威的思想的研究也会更加深入和具体，更能区别其中的精华和糟粕，这对促进中国的思想文化建设会产生更为积极的作用。

对杜威哲学的重新研究在当代中国的积极意义，至少包括如下三个方面：

第一，有利于对马克思主义哲学有更为全面和深刻的理解。

这是因为，杜威哲学和马克思的哲学虽有原则性区别，但二者在一些重要方面有相通之处。这主要表现在二者都批判和超越了以抽象、思辨、脱离实际等为特征的传统形而上学；都强调对现实生活和实践的关注在哲学中的决定性作用；都肯定任何观念和理论的真理性的标准是它们是否经得起实践的检验；都认为科学真理的获得是一个不断提出假设、又不断进行实验的发展过程；都认为社会历史同样是一个不断发展的过程，社会应当不断地进行改造，使之越来越能符合满足人的需要和人的全面发展的目标；都认为每一个人的自由是一切人取得自由的条件，同时个人又应当对社会负责，私利应当服从公益；都提出了使所有人共同幸福的社会理想，等等。在这些方面将马克思主义与杜威的实用主义作比较研究，既能更好地揭示它们作为不同阶级的哲学的差异，又能更好地发现二者作为同时代的哲学的共性，从而使人们既能更好地划清马克思主义和实用主义的界限，又能通过批判地借鉴后者可能包含的积极成果来丰富和发展马克思主义。

第二,有利于对中国传统文化的批判继承。

杜威哲学和中国传统文化有着两种不同的联系。以儒家为代表的中国传统文化是一种前资本主义文化,没有西方资本主义文化的理性主义特质,不会具有因把理性绝对化而导致的绝对理性主义和思辨形而上学等弊端;但未充分经理性思维的熏陶又是中国传统文化的缺陷,不利于自然科学的发展,更不利于人的个性的发展和自由民主等意识的形成。正因为如此,以儒家为代表的中国传统文化往往被历代封建统治阶级神圣化和神秘化,成为他们的意识形态,后者阻碍了中国科学技术的发展、人民的觉醒和社会历史的进步。"五四"新文化运动的主要矛头就是针对儒家文化作为封建意识形态的方面,以此来为以民主和科学精神为特征的新文化开辟道路。杜威哲学正是以倡导民主和科学为重要特征的。杜威来到中国时,正好碰上"五四"新文化运动,他成了这一运动的支持者。他的学说对于批判作为封建意识形态的儒学,自然也起了促进作用。

但是,儒家文化并不等于封建文化;孔子提出的以"仁"为核心的儒学本身并不是统治阶级的意识形态。直到汉武帝实行"罢黜百家,独尊儒术"的政策以后,儒学才取得了独特的官方地位,由此被历代封建帝王当作维护其统治的精神工具。即使如此,也不能否定儒学在学理上的意义。它既可以被封建统治阶级所利用,又能为广大民众所接受,成为他们的生活信念和道德准则。历代学者对儒学的发挥,也都具有这种二重性。正因为如此,儒学除了被封建统治阶级利用外,还能不断发扬光大,成为中华民族宝贵的思想文化遗产。儒学所强调的"以人为本"、"经世致用"、"公而忘私"、"以和为贵"、"己所不欲,勿施于人"等观念,具有超越时代和阶级的普世意义。新文化运动的代表人物并不反对这些观念,而这些观念与杜威哲学的某些观念在一定程度上是相通的。杜威哲学在"五四"时期之所以能为中国广大知识分子接受,在一定程度上正是因为中国文化传统中已有与杜威哲学相通的成分。正因为如此,研究杜威的实用主义思想,对于更清晰地理解儒家思想,特别是分清其中具有普世价值的成分与被神圣化和神秘化的成分,发扬前者,拒斥后者,能起到促进作用。

第三,有利于促进对各门社会人文学科的研究。

杜威的哲学活动的一个突出特点,是他非常自觉地超越纯粹哲学思辨的范围而扩及各门社会人文学科。我们上面曾谈到,在杜威的全部论著中,关于政治、社会、文化、教育、道德、心理、逻辑、科学技术、审美和宗教等各个领域的具体问题的论述占了绝大部分。他不只是把他的哲学观点运用于这些学科的研究，而且是通过对这些学科的研究更明确和更透彻地把他的哲学观点阐释出来。反过来说，他对这些学科的研究都不是孤立地进行的，而是通过其基本哲学观点的具体运用而与其他相关学科联系起来，从而把对这些学科的研究形成为一个有机整体，并由此使他对这些学科的研究可能具有某些独创意义。

例如，杜威极其关注教育问题并在这方面作了大量论述，除了贯彻他对现实生活和实践的重视这个基本哲学倾向、由此强调在实践中学习在整个教学过程中的决定作用以外，他还把教育与心理、道德、社会、政治等因素紧密地结合在一起，从而使教育的内容更加丰富、全面。他的教育思想也由此得到了更为广泛的认同，被公认为是当代西方最具影响的教育学家。值得一提的是：无论在中国还是在苏联，杜威在教育上的影响几乎经久不衰。即使是在政治和意识形态影响极为深刻的年代，杜威提出的许多教育思想依然能不同程度地被人肯定。陶行知的教育思想在中国就一直得到肯定，而陶行知的教育思想被公认为主要来源于杜威。

我们这样说，并不是全盘肯定杜威。无论是在哲学和教育或其他方面，杜威都有很大的局限性，需要我们通过具体研究加以识别。但与其他现代西方哲学家相比，杜威是最善于把哲学的一般理论与其他人文社会学科密切结合起来、使之相互渗透和相互促进的哲学家，这大概是不可否认的事实。在这方面，很是值得我们借鉴。

五、关于《杜威全集》中文版的翻译和出版

要在中国开展对杜威思想的研究，一个重要的条件是有完备的和翻译准确的杜威论著。中国学者早在"五四"时期就开始从事这方面的工作。当时杜威在华的讲演，为许多报刊广泛译载并汇集成册出版。"五四"以后，杜威的新著的翻译出版仍在继续。即使是杜威在中国受到严厉批判的年代，他的一些主要论著也作为供批判的材料公开或内部出版。杜威部分重要著作的英文原版，在中国一些大的图书馆里也可以找到。从对杜威哲学的一般性研究来说，材料问题不是主要障碍。但是，如果想要对杜威作全面研究或某些专题研究，特别是对他所涉及的人文和社会广泛领域的研究，这些材料就显得不足了。加上杜威论著的原有中译本出现于不同的历史年代，标准不一，有的译本存在不准确或疏漏之

处,难以为据。更为重要的是,在杜威的论著中,论文(包括书评、杂录、教学大纲等)占大部分,它们极少译成中文,原文也很难找到。为了进一步开展对杜威的研究,就需要进一步解决材料问题。

2003年,在复旦大学举行的一次大型实用主义国际学术讨论会上,我建议在复旦大学建立杜威研究中心并由该中心来主持翻译《杜威全集》,得到与会专家的赞许,复旦大学的有关领导也明确表示支持。2004年初,复旦大学正式批准以哲学学院外国哲学学科为基础,建立杜威与美国哲学研究中心,挂靠哲学学院。研究中心立即策划《杜威全集》的翻译。华东师范大学出版社朱杰人社长对出版《杜威全集》中文版表示了极大的兴趣,希望由该社出版。经过多次协商,我们与华东师范大学出版社达成了翻译出版协议,由此开始了我们后来的合作。

《杜威全集》(*Collected works of John Dewey*)由美国杜威研究中心(设在南伊利诺伊大学)组织全美研究杜威最著名的专家,经30年(1961—1991)的努力,集体编辑而成,乔·安·博伊兹顿(Jo Ann Boydston)任主编。全集分早、中、晚三期,共37卷。早期5卷,为1882—1898年的论著;中期15卷,为1899—1924年的论著;晚期17卷,为1925—1953年的论著。各卷前面都有一篇导言,分别由在这方面最有声望的美国学者撰写。另外,还出了一卷索引。这样共为38卷。尽管杜威的思想清晰明确,但文字表达相当晦涩古奥,又涉及人文、社会等众多学科;要将其准确流畅地翻译出来,是一项极其庞大和困难的任务,必须争取国内同行专家来共同完成。我们旋即与中国社会科学院哲学研究所、北京大学、清华大学、中国人民大学、北京师范大学、南京大学、浙江大学、武汉大学、北京外国语大学,以及华东师范大学和上海社会科学院哲学研究所等兄弟单位的专家联系,得到了他们参与翻译的承诺,这给了我们很大的鼓舞。

《杜威全集》英文版分精装和平装两种版本,两者的正文(包括页码)完全相同。平装本略去了精装本中的"文本的校勘原则和程序"等部分编辑技术性内容。为了力求全面,我们按照精装本翻译。由于《杜威全集》篇幅浩繁,有一千多万字,参加翻译的专家有几十人。尽管我们向大家提出在译名等各方面尽可能统一,但各人见解不一,很难做到完全统一。为了便于读者查阅,我们在索引卷中把同一词不同的译名都列出,读者通过查阅边码即原文页码不难找到原词。为了确保译文质量,特别是不出明显的差错,我们一般要求每一卷都由两人以上参与,互校译文。译者译完以后,由复旦大学杜威与美国哲学研究中心初审。如无明显的差错，交由出版社聘请译校人员逐字逐句校对，并请较有经验的专家抽查，提出意见，退回译者复核。经出版社按照编辑流程加工处理后，再由研究中心终审定稿。尽管采取了一系列较为严密的措施，但很难完全避免缺点和错误，我们衷心地希望专家和读者提出意见。

复旦大学杜威与美国哲学研究中心的工作是在哲学学院和国外马克思主义与国外思潮创新基地的支持下进行的，学院和基地的不少成员参与了《杜威全集》的翻译。为了使研究中心更好地开展工作，校领导还确定研究中心与美国研究创新基地挂钩，由该基地给予必要的支持。《杜威全集》中文版编委会由参与翻译的复旦大学和各个兄弟单位的专家共同组成，他们都一直关心着研究中心的工作。俞吾金教授和童世骏教授作为编委会副主编，对《杜威全集》的翻译工作作出了重要的贡献。汪堂家教授作为常务副主编，更是为《杜威全集》的翻译工作尽心尽力，承担了大量具体的组织和审校工作。华东师范大学出版社的编辑人员一直与我们有着良好的合作，她们默默无闻地在组织与审校等方面做了大量的工作，在此一并表示衷心的感谢。

刘放桐
2010 年 6 月 11 日

导　言

刘易斯·E·哈恩(Lewis E. Hahn)

1916 年和 1917 年是杜威开足马力和高产的年份。《民主与教育》(*Democracy and Education*)①一书在许多年中是杜威哲学"得到最全面阐释"②的作品；杜威帮助策划、组织、编辑，并为之撰写了主要文章的《实验逻辑论文集》(*Essays in Experimental Logic*)和《创造性智慧：实用主义态度论文集》(*Creative Intelligence: Essays in the Pragmatic Attitude*)，都是在这两年中完成的；其间，杜威还写了四十多篇文章、报告和评论等，包括重要的哲学论文、关于教育的文章，以及主要针对外行受众的有关社会哲学和公共事务的评论。此外，他在哥伦比亚大学授课，参加专业会议，在各种组织机构中发表演说。他代表了三个机构："美国大学教授协会"(American Association of University Professors)，这是他帮助成立并在 1915 年首任会长的机构；"教师联盟"(Teachers Union)；以及处于萌芽期的"美国民权联盟"(American Civil Liberties Union)(这个机构直到 1920③ 年才正式建立起来)。此外，杜威还参与和学校及第一次世界大战相关的

---

① 杜威，《民主与教育》，纽约：麦克米兰出版公司，1916 年[《杜威中期著作》，第 9 卷，乔·安·博伊兹顿(Jo Ann Boydston)主编，卡本代尔：南伊利诺伊大学出版社，1980 年]。
② 杜威，《从绝对主义到实验主义》，见乔治·P·亚当斯(George P. Adams)和威廉·P·蒙那戈(William P. Monague)主编的《当代美国哲学》(*Contemporary American philosophy*)，纽约：麦克米兰出版公司，1930 年，第 2 卷，第 23 页。
③ 乔治·戴奎真(George Dykhuizen)，《杜威的生平和思想》(*The Life and Mind of John Dewey*)，卡本代尔：南伊利诺伊大学出版社，1973 年，第 172—173 页。

公民事务。他甚至还写了一些诗歌。①

在这些年间,杜威继续不停地系统表述他那崭新的实用主义哲学:阐释它,回应批评者,并将其应用到更广泛的问题中去。而且,到1916年,这个观点的主要框架已经被提出来了,他可以在他先前已经勾勒出的架构上继续建构自己的理论。可以理解的是,各种重大的实用主义题材在杜威这一时期的作品中得到重现,例如:作为真实事物和情境之不可避免特征的变化;关注各种不同问题的多样性而不是关注其绝对的起源以及笼统的世界;一种从遗传学立场出发的、替代了传统超自然视野的自然主义的试验路径;与正统的符合、融贯理论背道而驰的、作为一种成功的工作方法或理智功能的充分实现的真理;不再通过区分多样和在场的事物来追求那个最终之善,而是注意到各种事物的条件以及障碍,为实现善,或者使得善更为牢靠而设计出来的手段。然而,尤其是在《哲学复兴的需要》一文中,在给《实验逻辑论文集》提供的新素材中,以及其他各式各样的文章中,杜威主要强调的是这些作为哲学的本性和功能的论题;我们需要放弃某些传统的哲学问题而转向关于人的具体的、实际的问题;经验乃是做、制作和经历,而非某种首先是认知的东西;作为知觉机制的一个事项的知识是与其环境相互作用的,它截然不同于那个力图了解作为客体的相异的外在世界的主体;理智及其在行动中的地位;强调问题、假设和证实的反思性或科学探究的方法;对本质和逻辑对象的实用主义解释;对于实用主义者来说实际的意义;对英国经验主义、大陆理性主义、新康德主义观念论以及实在论的特定形式的批判。

在简要地评述这些重点之前,我可能需要特别指出:《创造性智慧:实用主义态度论文集》②被规划为实用主义领域中一场合作性的大胆尝试;而且,各位作者之间的一致之处比序言中所提出的还要多。序言指出,在早先合作性的文本完成之后,编者不再需要做特别的努力,就可以保证整部作品在信念上协调一致,或者在一系列基本立场上相互赞同。不过,根据序言,这种共识"首先是见解上的,即确信那些最后可能取得成果的路径"。然而,尽管作者们在方法和观点上有共同点,我还是不太相信大多数参与者在那个时候都能够在上面列举出来

---

① 见博伊兹顿主编的《杜威的诗》(*The Poems of John Dewey*),卡本代尔:南伊利诺伊大学出版社,1977年,第15—17页;参见《瓦尔多·弗兰克回忆录》(*Memoirs of Waldo Frank*),第89页。
② 本书以下简称《创造性智慧》。——译者

的那些重点和重新提起的论题上形成一致意见。序言声称，人们可以发现重要的共识乃是："关于未来真实性的观念；关于在人类控制范围内作为决定未来性质之机制的理智观念；作为一种创造性使用心灵之载体的个人，勇敢地进行创新的观念。"无论如何，就像这本书的作者们所相信的，这些文章确实代表了一种能够传达某些新东西的看法。正如杜威在一封致鲍特(Boyd H. Bode)的信中所说的那样，实用主义是"一种自身一致的立场，它在目前是极有意义的，它具有充分的独立性，不会过于密切地依赖于当前的许多争论，有许多这样的争论是人为的"。①

杜威在《哲学复兴的需要》(The Need far a Recovery of Philosophy)中写道，"如果我们想要拥有一种介乎附着于草率处理的规则与系统化地将理智附属于预先存在目的之间的哲学，那它只能在寻找理智终极度量的哲学中才能发现——这种哲学是在考虑一种合乎愿望的将来，以及寻找将理智进步性地带入存在的手段"(第21页②)。似乎很清楚的是：杜威与他的合作者们坚信，崭新的美国实用主义就是这样一种哲学。它是一种经验上的理想主义见解，主张理智与尚未实现的将来之间存在着根本性的关联，并试图重建当下的情境，以有助于将来更好地使可能成为现实。

因此，合作论文集的第一篇文章，即杜威的《哲学复兴的需要》，听起来是这种实用主义宣言的基调；他在这篇文章中对经验的解释，与他的主要观点以及上面提到的那些强调之点极为相似。而且，就实用主义观点与传统观点的差异而言(这是传统的经验主义者和他们的理性主义对手都接受的)，这一解释为我们提供了对杜威哲学中这一中心观念的最好阐释。当然，他过去也试图在许多更早的作品中对之进行澄清，并且他在许多后期作品，比如在《经验与自然》(Experience and Nature)、《作为经验的艺术》(Art as Experience)中，对此进行了进一步的讨论。尽管杜威在其生命的后期不情愿地承认，他原本可以使用其他更好的术语，但他绝对没有想收回他早期对经验的解释。

无论如何，假如我们问：为什么当代哲学家如此排他性地专注于传统的难题而忽略我们今天的紧迫问题？杜威的看法是：经验的正统观点和实用主义关于

---

① 杜威给鲍特的信，1913年10月24日，俄亥俄州立大学珍藏鲍特书信。
② 此为英文原版书的页码，即本书边码。下同。——译者

经验看法的对照会帮助我们找到答案，也会给知识和反思性探究带来启迪。那么，这一对照的要点是什么？首先，对于正统的观念来说，经验首先是与知识相关的东西；而实用主义的观点认为，经验乃是生命有机体与其物理、社会环境之间的互动，是同步发生的行为、尝试和遭遇。其次，对于传统主义者来说，经验是主体性的内在事务，是与客观实在相分离和有区别的。但是，对于实用主义者来说，经验是客观世界的一部分，它进入到人们的行为和遭遇中，而且反过来可能通过人们的回应得到修正。这个观念的基础是行动、习惯和功能的适应过程，是做和经历的结合，是有机的协调；而意识状态则在一定意义上是第二位的。既然不存在不可沟通的不同的内在和外在领域，那么，人们可以自由地从经验转到围绕着它、支撑着它和维持着它的东西上去。

第三个主要的对照在于：正统观点的支持者们一直专注于在纯粹的当下之中"被给定"的东西，而实用主义者则更关注那些可以通过做去改变原先被给定或被拿走的东西，以促进人类目标的实现。假如旧的经验主义者要超越现在，他们求助的是过去，即那些已经被给定的东西。而对于杜威和实用主义者来说，经验的突出特征在于其与将来的联系。如果我们以改变为目标，首先是向前看；而且，预期而不是回顾是经验至关重要的试验形式的中心。

不过，两种观点之间的第四个重要的差异是围绕如下论题展开的：传统主义者的特殊论，他们对感觉材料的关心而忽视了联系和连续性；他们关于关系和连续性要么是外在于经验的，要么是经验的可疑副产品的假定。《创造性智慧》中的那些实用主义者，就像他们之前的詹姆斯和皮尔士一样强调关系。在杜威的解释中，经验的语境、情境、交互作用或场景特征都占有显著的地位。最后，对传统主义者来说，经验和思想在推论意义上是两种相对立的方面；但是，对于杜威来说，经验充满了推论。对于看到了经验方向性、关系性特征的人来说，经验是能够被期待的。在人们力图通过利用当前环境中的各种支撑要素去影响变化（否则，这些变化不会发生）而控制将要产生的东西的地方，推论是非常重要的。从将来生活的立场来说，有机体的行为、环境之类的各种事件，总是或有利或有害的；如果人们想要趋利避害，一种对于将来的想象性的预测、对于引导当下的行为就是非常根本的。经验是"暗含在当下之中的将来"。我们生活在一个持续变化的世界中，它的问题对我们来说就意味着福祉或灾祸。

与在《哲学复兴的需要》中对经验的解释一样，杜威在《实验逻辑论文集》的

"引言"中也作了类似的讨论,他在其中坚持非反思性经验的基本特征——就像他后来在《经验与自然》中使用更长篇幅所作的讨论那样。杜威对于原初经验的若干主要特征的描述,以如下题目展开:(1)内部机制,以普遍特质为中心特征;(2)聚焦和语境(第 322 到 324 页),正如我在别的地方指出的那样①,杜威在这里为实用主义自然论、语境论的范畴提供了一个早期版本。不用说,这样一种实用主义的视角对于杜威来说,似乎并不预设任何主体论或对经验、自然同一性的断言。尽管在那个时候,对杜威来说,指称经验是"是意识到在经常分裂为二元论的主题中存在连贯性的最容易方式"(第 364 页)。杜威确信,对于诉诸经验的人而言,经验的重要性不是因为"太阳和月亮、小木棍和石块是感觉的创造物",而是因为人们不能信任"据说是存在的东西——尽管这种说法可能是权威性的,除非这些东西能够与有机体发生详细的关联,而且有机体也与它们发生关联"(第 358 页)。

现在来看看知识。根据正统的经验观,他们把"所有经验都看成是认识的模式,如果这些不是好的知识,那就是一种低层次或使人混乱或模糊的知识"(第 34 页)。杜威争辩说,这种对经验的非经验学说"来源于一个被广泛接受的看法"——这可能是因为另一个世界的宗教偏好,"关于经验主体、承担者和中心的观念"(第 22 页)被看作某种外在于自然存在进程并与之相异的东西。但是,这一非自然的认识主体作为一个旁观者却要去探究世界。不那么令人诧异的是,一个关于真实的外在世界的问题就产生了!"一个人如何能够超越主体和主体状态的局限性?"(第 23 页)。就像杜威所说的,"所谓认识论,就是一般地讨论"(第 23 页)"知识的本性、可能性以及局限性",它力图"从对这些问题的回答中获得某些关于实在的最终属性的结论"(第 21 页)。因此,数个世纪以来,整个欧洲哲学实际上都以为这一问题簇(a cluster of problems)提供答案为中心,而这些问题之所以产生,是因为一种被误导的经验观。杜威笑言,以这样类似的假定来看,我们可能同样会具有一个一般的消化问题。如果我们假定胃和食物是来自不同的世界,这种假定会给我们留下"可能性、范围、本性问题,以及胃与食物之

---

① 参见我的《感觉的语境理论》(A Contextualistic Theory of Perception)[《加利福尼亚大学哲学丛书》(University of California Publications in Philosophy),第 22 卷]乔治·普林顿·亚当斯(George Plimpton Adams)等编辑,伯克利,洛杉矶:加利福尼亚大学出版社,1942 年,第 6—19 页,尤其是第 26 个注释。

间交相作用的真实性问题"(第 24 页)。

另一方面,对杜威和实用主义者而言,知识需要的不仅仅是感觉或观念的存在。在他们看来,"知识总是这样一种应用,它由经验性的自然事件构成,在这种应用中,特定事物被当作不同条件下将要经验之物的征兆"(第 33—34 页)。知识的实际过程,乃是一种"受到控制的观察、推论、推理和试验行为的操作"事件(第 37 页)。自我或主体不是外在的旁观者,而是一个具有"期待将来结果的能力,和对这些作为当前行为的刺激结果进行回应的能力"的人(第 28 页)。它是"事件进程中的必要部分",因此,重要的区分"不再是认识者和世界之间的区别,而在于事物运动中或与之相关的存在方式之间的区别,也就是没有理性的物理方式与有目的的理智方式之间的区别"(第 42 页)。这使得知识成为由感觉能力的有机体与其环境进行相互作用的一个事情,与之相对立的是一个力图将外在的世界理解为其对象的主体。杜威在《哲学复兴的需要》这篇文章中所进行的解释,在杜威的《实验逻辑论文集》的"导言"以及后面章节更详细的解释中得到了补充。在那些地方,杜威讨论了探究和知识在帮助我们挣脱一种麻烦的、张力的情境时所起到的中介和重构作用;在这样的情境中,相互冲突的要素融合一体,各种要素进入所有冲突在其中得到解决的、有组织的行动计划中。

杜威相信,用实用主义新的知识和经验观替代传统的经验和知识观,要求对哲学的当前范围和功能的理解作出重大改变。由于哲学声称要成为一种所知的模型,而在新的观点看来,所知是"是将与增加力量相关的经验发生(empirical occurrences)投入到从事物中产生出来的结果中去的一种方式",哲学"也不再是那种对存在的沉思式的审视,也不是对其过去所做的进行分析,而是一种与达到更好、防止变坏的将来可能性有关的全局观"(第 37—38 页)。

这些改变既是肯定的,也是否定的。而且,杜威承认,更容易做的事情是陈述否定性的结果。因此,从后者开始,哲学将不得不放弃其关于知识的旁观者的观念,放弃"所有独特地与最终实在,或者作为完整(即完成了的)统一体之实在相关的主张,即与那个真正的对象相关"(第 38 页)。这种知识观使得所知仅仅是拥有对真实事物或多或少准确但又无益的记录;而哲学对实在概念的保持优先于日常生活中发生的事件,"是其不断从科学和现实生活中独立出来的原因"(第 39 页)。

任何一位实用主义者都不能接受传统主义者的本体论，尤其是将实体当作一个完满整体的看法；实用主义者对于将来的真实具有的感受过于强烈，对于我们的世界是一个创造中的世界过于相信，对于其中特定的、多种性的、正在发生变化的事物过于关注。但是，在1915年的《形而上学探究的主题》①一文中，杜威描绘了一种方式来思考描述性、假定性的自然主义形而上学。他坚持认为，在基础的意义上，其范围乃是最终的东西，"在所有科学探究的主题中，它都具有不可还原的特征"；在《经验与自然》(1925年)中，杜威提出成熟的自然主义经验论的形而上学假设。因为这样的一个世界观，我们需要审视的所谓实在(realities)不是以"R"开头的实体(Reality)，而是历史事件、过程中的事物、每天发生的事件或巧遇。

杜威并不总是很清楚地表示他意识到他自己的形而上学假设，至少在这个标题下是如此。而且，杜威的写作有时候让人感觉好像他的反对者是本体论者，而他则是逻辑学家和反思性的探究者。例如，杜威在《哲学复兴的需要》中写道："人们经常说，除非实用主义乐于仅仅在方法论上作出贡献，否则，它一定会发展出一种关于实在的理论。但是，这种实用主义实在观的首要特征在于，没有一种关于实在的一般理论是可能的和必须的。"(第39页)。而且可以确定的是，实用主义者并不需要传统本体论，但这并不是说不需要对实体进行一般的讨论。②同一段落往下，杜威说，对于实用主义者来说，"'实在'是一个外延性的术语、一个习惯于冷漠地标明所有发生东西的词语"(第39页)；而且，他还补充说，如果"实体"这个术语不仅仅是总括性的外延术语，那么就需要"在其多样性和当下性中求助于特殊的事件"。没有什么东西比实际发生的事件更终极、更真实，它们是那些我们必须努力作用其上以克服真正困难的实体。

通过接受新的实用主义关于经验的看法以便继续在哲学的本性和职责方面产生否定性的变化，那么，为了至少部分清楚地实现需要完成的事情，我们只有

---

① 《哲学、心理学与科学方法杂志》(*Journal of Philosophy, Psychology and Scientific Method*)，第2卷(1915年)，第337—345页(《杜威中期著作》，第8卷，第3—13页)。
② 参见约瑟夫·拉特纳(Joseph Ratner)教授在《杜威的哲学概念》一文中对此所作的评论[《杜威的哲学》(*The Philosophy of John Dewey*)，保罗·希勒珀(Paul Schilpp)主编，纽约：都铎出版社，1951年，第66—67页]。他在第66页上还说："放弃坏的形而上学唯一的方法，就是发展好的形而上学。"

指明:现代哲学绝大多数是由对一些问题的不同答案构成的,而这些问题来自主客之间一般关系的认识论难题。哲学家需要从评价宣称为这些难题提供的不同的专业答案转向这些难题本身的主张;而且,正如我们已经看到的,难题根源于一种对经验的非经验观念(an unempirical notion of experience)。因此,针对当代哲学家对传统问题的关注,杜威实际上是以一种哈姆雷特式的口吻说,"天地间的事物……远多于你们哲学所畅想的",而是,相比你的专业领域所关心的东西,存在着更多的难题;而且,在面对人类诸多紧迫问题时,你们的哲学所讨论的问题很多时候显得矫揉造作。实际上,人们会怀疑哲学家讨论的这些问题是不是真问题。往好处说,它们也不是我们今天的重要问题。因此,实用主义具有将"哲学从过分亲密、独占性地依附于传统问题的状态中解放出来"(第4页),为我们当今的重要问题而重新恢复哲学。① 它不再成为"处理哲学家提出的问题的工具",而成为"一种由哲学家为解决人类问题而培养出来的方法"(第46页)。

哲学还有其他否定的任务:试图消除关于理智本性的错误观念,这样的观念让普通人的理智不堪重负。

用一种新的经验观替代旧的经验观有如此多的否定性结果。那么,什么是肯定性结果呢?什么是"哲学家为解决人类难题而培养出来的方法"呢?这样一种方法在杜威的许多著作——如《我们如何思维》(*How We Think*)(1910,1933)、《逻辑:探究理论》(*Logic: The Theory of Inquiry*)(1938)——的小标题(如逻辑探究、科学方法、批判性探究和反思性思考,等等)中得到了勾勒。根据杜威的一般说明,反思性思考从问题或困难开始,以观察和分析界定它们,寻找解决问题的假设,通过想象性的重构说明这些被提出来的解决方案的含义,并通过观察和实验证实它们。如果我们要选择和促进好的东西并避免坏的东西,必须考虑到不同行动路线所具有的条件和结果。如果社会科学和价值研究想要如同自然科学那样有效地处理问题,就必须发展这样一种方法。在"哲学复兴的需要"中,杜威已经提出了这样的一些说明。《逻辑理论研究》(*Studies in Logic*

---

① 这是杜威写作中重复出现的一个主题。例如,在《达尔文主义对哲学的影响》一文中,他认为,理智进步可能不是通过解决特殊的传统问题,而是通过放弃问题以及它们所提供的东西来实现的。达尔文的《物种起源》中达到顶点的科学革命,在杜威看来,产生了"当前对问题进行思考的最伟大的溶剂",而且为新方法和新问题提供了最伟大的沉淀剂(《杜威中期著作》,第4卷,第14页)。这种关于经验的实用主义看法,在很大程度上是这种革命的产物。

Theory)(1903年)的开篇文章——经过修订,它成了《实验逻辑论文集》(1916年)的第二章——大致沿着《我们如何思维》这条线索,发展出科学理论的各个阶段;而《实验逻辑论文集》的"导言"讨论出了问题的情境和解决问题的方式(第328页以后)。我们还可以举出属于这一时期的另一篇文章,即《民主与教育》(1916年)中的"经验与思维",该文章提出了一种与反复试验的摸索行为相对照的反思性经验的一般特征。

尽管杜威并不认为把哲学当作一个规划好的方案推出来是必需的或称心合意的,但他对下面的情况还是颇有信心的:当人们认识到哲学是在事件过程中参与进去的,哲学的任务之一是将问题引向有益的结果,那么,哲学就不会遗漏这些问题。杜威指出:"人类有一些急迫的和深层次的难题可以通过训练有素的反思进行澄清,而且这些难题的解决方案也可能通过各种假设的精心发展而被提出"(第46页)。杜威并不坚持认为哲学的单打独斗就能解决这些问题,但他相信:由于哲学的"视角、想象力和反思性",哲学对于问题的解决有很大的贡献。可以确定,"这些功能是与行动不同的,它们什么都改变不了,因而什么也解决不了。但是,在一个复杂的和反复无常的世界中,没有视角、想象和反思活跃于其中的行动,更有可能增加混乱和冲突,而非澄清事物和解决问题"(第46页)。

当今人类一种急迫、深层次的困难就是:发展一种关于理智本性的适当的观念,并确定它在行动中的位置。很显然,杜威认为,这是一个能被哲学家解决的问题,而实用主义者可以在这里作出示范。杜威在《哲学复兴的需要》和其他地方坚持认为,理智是引导着"过去转化为将来……(它就是现在的实在)"的机制,是这种"转化的性质的唯一指挥者"(第47页)。因此,这是对《创造性智慧》的诸位作者在该书前言中所表明的共同观点的详细阐释,即理智乃是一种决定将来性质的机制,只要将来在理智的控制范围之内。换句话说,反思性认知,或理智,并不仅仅是"在麻烦情境中赢得控制的工具……,对丰富后来经验的直接重要性而言,它也是一种工具手段"(《实验逻辑论文集》"引言",第330页);而对于我们的日常生活来说,相比于把它作为控制的首要和本质的要素而言,它可能具有无可比拟的价值(第330页)。无论如何,"详细阐述理智与人类行动及其经历的相互关系,阐述理智与世界中那种新颖、创造性的呈现及方向的相互关系"(第47页),是一项足以让哲学家忙得不亦乐乎的工作,因为它对逻辑学、伦理学和美学以及所有与人类行为密切相关的学科都有意义。

随着第一次世界大战的爆发,以及对英国、法国、德国各种截然不同的哲学的了解,杜威看到,理智在行动中的位置这个问题在美国有着特殊的重要性。因为我们没有可以求助的神圣化的范畴背景,但却确实需要一种民主,需要在行动中获得成功的不言而喻的原则。我们至高无上的国家需要乃是通过理智的方法进行审慎的政策控制,实用主义使用的这种术语并不意味着课本中的纯粹理智,而是"冲动、习惯、情绪、记录以及那些预言将来的可能性中什么是可期望的和什么是不可期望的发现的集合,它也是为了想象的善而进行的精妙的发明"(第48页)。在这个国家,哲学的任务是培养和形成一种明确的信念,即"在理智的力量中想象一种未来(这种未来是当前令人满意的规划物),发明实现它的机制,这是我们的拯救所在。这是一种必须被培养和清晰表达的信念:这的确是我们哲学一项十分重大的任务"(第48页)。

在杜威各种形式的作品中,哲学的本质和功能是一个反复被讨论的论题。遍览这些形式,我们会发现,它们都是我们熟悉的实用主义观念:作为视角、想象力和反思意义上的哲学,它的社会意义,它作为处理我们日常社会问题和道德问题的方法的价值,它的批判功能,它在确定和解释社会、道德冲突时的职责,它在实践中所造就的差异,它对将来趋善避恶的可能性的展望,它在使得经验更清晰明了、富有成果过程中所扮演的角色,它在扩大对与我们有关的世界的感知时的作用。杜威还有一些见解,在其生命的晚期为《经验与自然》新导论所写的未发表的手稿中并不罕见地得到描述:"哲学的历史性主张涉及在视域中广泛的东西和在内容上充分和紧凑的东西。"①

仅仅提一下杜威在比《哲学复兴的需要》早一些或同时期的作品中提出的系统表述。在《逻辑理论研究》第一篇文章(后来修订为《实验逻辑论文集》的第二章)中,杜威将哲学的功能描述为经验的一般逻辑,他提出了一种探究和解释的方法,这些方法"对社会的特性和目标起作用,就像自然科学为物理领域的行为所做的那样"(《杜威中期著作》第2卷,第314页);同时,他也提出了一种手段,用以澄清"经验的各种典型的功能或情境(包括反思性情境)内部发生决定性关联时的先后顺序"。他立刻补充说,哲学"和逻辑一样清晰,不把自己当作对封闭、完成的宇宙的解释说明"(《杜威中期著作》,第2卷,第313页)。在《实验逻

---

① 收藏在美国南伊利诺伊大学莫里斯图书馆特殊珍藏库的《杜威手稿集》中。

辑论文集》的导论中，杜威认为，哲学家有一种可以强化自身对社会要求和社会责任意识的意义，那就是通过帮助澄清一种复杂的人性，"在其中，观念与自然事件相连；观念只是表征它们的可能性；被验证的可能性形成关于行为的一些方法，这些方法会使可能性成为现实"（第364—365页）。

在《达尔文主义对哲学的影响》(The Influence of Darwinism on Philosophy)这篇文章中，杜威已经要求哲学放弃"探究绝对起源和绝对终结，以便探求特殊的价值以及产生这些价值的特定条件"（《杜威中期著作》第4卷，第10页），并且敦促人们：哲学应当"成为一种确定的、解释生活中发生的越来越严重冲突的方法，成为一种以计划性的方式解决这些冲突的方法、一种道德和政治诊断和预判的方法"（《杜威中期著作》第4卷，第13页）。

《民主与教育》为这样一种对社会的强调提供了更多的支持。在其中，杜威把哲学定义为关于教育的一般理论，并指出"教育提供了一种优越的基础，以渗透到人们之中去；而且，它是不同于技术的和哲学讨论的意义"（《民主与教育》，第383页）。通过这种教育观，我们能够"设想它们引起和产生的哲学问题……设想对这种哲学问题的接受和拒绝在实践中形成的差异"（第383页）。杜威赋予了哲学双重的任务："批评与科学的当下状态相关联的现存目标；指出哪些价值在应用新资源之后已经变得过时，哪些价值由于没有实现的手段而仅仅是情感上的"，并"解释与将来社会努力方向相关联的科学专业化带来的后果"（第384页）。哲学思考区别于其他意在解决问题的思考之处，在于它"所处理的不确定性和冲突可以在广泛的社会条件和社会目标中找到"（第387页）；而且，哲学与一种生活观的直接关系，使其区别于科学（第379页）。如果想要严肃对待哲学，那最好就是将其看作"获得一种能够影响生活行为的智慧"（第378页）。除了教育，这一点还能在哪里得到更好的检验呢？

杜威关于哲学本性和范围的观点，渲染了我们早先指出的他对每个重点的讨论；不过，现在让我们将注意力转向这些重点的另一个，即他关于本质和逻辑对象的观点。就像他写给鲍特的信中①所说的，计划撰写《创造性智慧》那一卷之所以在他看来充满希望，原因之一在于所提议的话题脉络将规范的问题推向前沿；而且，杜威自己在那个时候的信中表示出对这个问题的特别兴趣，甚至可

---

① 杜威给鲍特的信，1913年10月24日。

能考虑为这一卷写一篇文章,论述规范化立场的一些重要内容,比如,"普遍性的意义,理想的实体,本质……换个角度,不可避免地导致关系问题的蕴涵(或推论)的重要性"。他解释说:"更明确一点地说,我的观点是设定推论的功能及其在生活中的重要性,可以确定的是,这种适合进行规范、导致功能的作用更有效和更成功的性能的理想的对象,应当产生并获得完善——观念的产生因而是来自思想(推论),而真正的客观性是因为思想具有特殊的经验状态,以及它们是思想的规范化(调节性的)这一事实。"

杜威为《创造性智慧》所写的文章并没有发展这些要点,但是在其他合作者中,米德(Mead)、塔夫茨(Tufts)和摩尔(Addison Webster Moore)确实触及了规范化、普遍性、本质、柏拉图的理念与推论的关系这些论题;而杜威自己在《实验逻辑论文集》"引言"的第五和第六部分批评分析的实在论者时顺带地讨论了这个问题的诸多方面。这个问题是与杜威的另一个坚持相联系的,即分析的单纯性及分析的其他产物不是作为实际存在的普遍性或本质而存在,而是作为控制推论或调节证据性功能的手段。

不过,杜威于1916年3月9日在哥伦比亚大学向哲学俱乐部发表了一次演说——《逻辑的对象》(Logical Objects)。在演说中,杜威发展了上面信件中的主要观点,提出了一种关于逻辑实体本性的有趣假设,或者,"我用这个词来指示普通名词所指称的东西,表示诸如'在……之间'、'假如'、'或者'这样的词语,数字,或者一般地说,总是被当作实体和本质所指称的东西"(第89页)。他争辩说,"推论的行为有其自身特殊的工具和结果"(第92页),而且"那些以本质和实体问题成名的哲学理论中丢失的灵魂,可能就是这种工具"(第93页)。杜威将他的假设应用到某些由罗素提出的问题上,而"他无疑是最有资格被称为现代分析逻辑学家的那个人"(第93页),并得出结论认为,作为重要的事件,给定的推论容易出错,"因而需要控制技巧或技艺的事件",而且"假定这样的事实:这种控制包括物理的分离和排列、符号和符号的排列,以指明其重要阶段,促进其运作,那么,同时我们必须发明某种事物,使它能够呈现我们先前讨论过的那种无家可归的创造物所代表的确切特征。这些事物被断言已经存在,但却不是物理上或心理上的存在"(第97页)。

从早先评论中挑选出来的两种强调之一,是对于实用主义者的实际意义。尽管皮尔士、詹姆斯、杜威以及其他人已经做了很多工作来澄清这一点,但对于实用主义者来说,这依旧是一件棘手的事。杜威更早时候的一个尝试工作,是在《实在是否具有实际特征?》(《杜威中期著作》,第4卷,第125—142页)中进行的。而在目前这一卷中,他在许多不同的文章中修订了原先的工作,比如,《哲学复兴的需要》、《皮尔士的实用主义》,以及在《实验逻辑论文集》中,《关于"实践的"一词的补充注释》一文。由于"实用这个词与实际有着明显的关联",以及实用主义者的知一定在实践中产生不同的论点,哲学应该"发展能够很好地处理这些危机的观念,并且这些观念的正确与否要依据它们所能提供的帮助"(第43页)。国内外许多批评者已经认定,实用主义者意味着将所有的知识局限于促进狭隘的实践成果上。杜威抱怨说,有一个批评者,甚至极端到将实用主义"当作这样一种学说,即认为理智乃是推动身体工作的润滑剂"(第44页)。

杜威对批评者回答的要旨可以分为两个部分。首先,语词"'实用主义的'只意味着将所有思考、所有反思性考虑归结于最终意义与实验的结果这一规则。没有什么关于结果本质的东西被说起。那些结果可以是美学的、道德的、政治的、宗教的——它们可以是任何你喜欢的东西"(第366页)。其次,可以确定的是,行为或实践确实扮演了一个基本的角色。然而,它"与后果的本质没有关系,与它有关系的是认知的本质"(第367页)。就像我们在早先对实用主义者的知识概念的解释中看到的那样,"知在字面上是某种我们做的事情",在一个生命有机体利用经验到的自然事件去解决一种疑难情景时,它是某种工具性的东西。①

极为有趣的是:在杜威提交给美国哲学协会的论文《罗伊斯哲学中的唯意志论》(Voluntarism in the Roycean Philosophy)中,不仅是实践的意义,而且是实用主义的意义,都开始作为一个整体出现了。尽管罗伊斯有时也把自己当作一个实用主义的绝对论者,而且,他在1903年12月30日给美国哲学协会作的主席报告《永恒的和实际的》(The Eternal and the Practical)②中宣称:"从总体上说,我们所有的人或多或少都是实用主义者"③,但杜威的文章中所传达出来的信息则是:罗伊斯不是实用主义者。在罗伊斯的演讲中,他告诉我们:1881年,在威廉·詹姆斯的影响下,"在我被现在深陷其中的绝对论俘获之前,曾经有一段时

---

① 参见"经验,知识和价值",《杜威的哲学》,第528页。在那里,他说:"我的实用主义确信,行动包含在知识中,而不是知识从属于行动或'实践'。"
② 《哲学评论》(*Philosophical Review*),第13卷(1904年),第113—142页。
③ 同上书,第118页。

间,我不是任何一种建构的观念论者,而是一个纯粹的实用主义者①——如果我没有误解实用主义核心观点所具有的意思的话"。而且他补充说,当后来他开始相信"真理的一个功能就是……变得在实际上是真的",他依旧"是一名真正意义上的实用主义者"。② 然而,在勾勒了罗伊斯的哲学与皮尔士、詹姆斯的关系后,杜威指出皮尔士在实际和实用之间所作的区分;并争辩说,由于罗伊斯忽视了由认知给出的"后果以及非理智兴趣的多样性"(第 87 页),人们在他的哲学中发现的就只是唯意志论或实际主义(practicalism)。"从早期文本中唯意志论到后期成果中唯理主义的转变,不是一种从实用主义到绝对论的变化,而是意识到在一切伦理绝对论中都隐含着客观的绝对论"(第 88 页)。

杜威独特地提出了他那与重要的历史性体系以及当前的哲学学说相联系的观点。因此,在评论最后的强调重点中,他对英国经验论、大陆理性主义、新康德主义观念论的批评,以及对实在论的一些特定形式的批评,已经在与早期经验、知识、逻辑实体、哲学功能等主题的关系中得到广泛的体现。而就这种例证体现而言,人们还可以加上他为《实验逻辑论文集》所写的长篇导论,在其中,杜威重新修订了 1903 年直接反对客观观念论者的材料,以使它也能够适用于新的分析的实在论者。他对罗伊斯的批评提供了一个更进一步的例子,而他不少关于战争的文章,比如《论理解德国精神》,在与英国的关系中和在与德国社会语境的关系中来描述德国的观念论,并指出它如何发展成为国家正式辩解的工具。在《二元性和二元论》中,他对实在论者杜兰特·德拉克(Druant Drake)的回应则提出了另外一个例子。在那里,杜威坚持德拉克从根本上误解了他自己的经验的多元论。人们并不需要在认识论的一元论和二元论之间进行选择。

上面最后一段,完成了我对这个导读开始处列举的实用主义所强调的几个重点的粗略描述。接下来,让我们回到实用主义的哲学观,以及它是如何影响一个人的哲学实践的——"假如实用主义哲学家很诚实地将这些概念应用到自己身上"。③ 如果实用主义哲学家服下自己开的药,那么,我们会期待产生什么样的结果呢?而在杜威 1916 年到 1917 年的行为中,我们又能发现什么证据呢?

---

① 《哲学评论》,第 13 卷(1904 年),第 116—117 页。
② 同上书,第 117 页。
③ 杜威给鲍特的信,1913 年 10 月 24 日。

在前面的解释中,我们已经看到它在人们的经验观、知识观、哲学角色、反思性探究的方法和这种方法在行动中的地位,以及如何处理其他一些哲学问题等方面所引起的变化。我们也看到,它意味着人们自己将从"过分亲密、独占性地依附于传统问题"(第4页)中解放出来。不过,从杜威不断地提及重要的历史性体系以及他对传统问题的处理中,我们可以看到,这与陡然从传统问题中脱身而出并不是一回事。实际上,后者"是不可能的。对于试图这么干的人来说,最终会陷入失败"(第4页)。而且,人的问题足够广泛,至少要包括一些传统的主题;而且,即使澄清的过程揭示出一些认识论问题是假问题,它们所提出的事实也可能是真正文化危机的信号。

像杜威这样的实用主义哲学家服下自己开的药后,我们会期待产生很多结果;但是,显然,我们并不打算全部彻底地罗列它们,不过,至少有五个证据线索表明了这些结果;而在每一个线索中,杜威对于收获都有重要的记录。它们累计产生的效果,更令人印象深刻。我们可以围绕相互重叠的五个问题来组织这些材料:(1)当代事件是否提出了那些需要在专业哲学杂志中进行哲学分析的问题?(2)是否一个人仅能依靠专业的哲学杂志来分享他哲学反思的成果?(3)如果一个人希望从排他性地专注于哲学的技术含义转向关注哲学的广泛、关于人的向度,他是否考虑将教育当作这些领域的坚定基础?(4)人们是否已经寻求引入哲学的视野、想象力和反思性,以便与当今的社会论题直接发生关联?(5)人们是否在他的视野、想象力和反思基础上展开行动,这些基础是在他与其伙伴有序的合作中体现的?在这篇文章的剩余部分,我要简要地评述与这些问题相关的诸多论证中的一个例子。

1. 让我们将注意力放在第一个问题上:当代的事件和社会条件是否提出了那些需要在**专业哲学杂志**中进行哲学分析的问题?或者,是否只有其他哲学家们(无论传统与否)原先的那种讨论才提出了那些适合于专业哲学杂志上的文章的问题?假定人们可以期望,将原先思考和学术研究的结果与一种当下的话题联系起来,那么,人们是否就仅仅因为某篇文章在一本专业哲学杂志中显得非常恰当而一定要将自己局限在这些结果之中?当然,这可能是把对杂志及其编辑者的评论等同于对作者的评论(这可能也有助于把其他的实用主义者,比如 J. H. 塔夫茨,看作是编辑者)。但即使是这样,一些哲学家,例如摩尔(G. E. Moore),倾向于首先从其他哲学家所说的东西出发,提出自己的问题。而另一方面,杜威在眼下的社会状况和问题中寻找不仅适用于他的通俗作品而且适用于他的学术出版物的材料。

这卷文集里有两个与此相关的有趣的例子,即杜威在《国际伦理学杂志》(*International Journal of Ethics*)上发表的《进步》(Progress)以及《力量和强迫》(Force and Coercion),这两篇文章都是与战争及我们社会组织相关的一些形势和话题引起的。它们都提供了对关键概念的分析,而对它们澄清为将理智应用到重大人类问题上提供了重要的范例。第一个例子对于一个经常性的指责具有特殊的兴趣,即实用主义者相信所有的变化都是好的,而且进步是自动的。在这篇文章中,杜威说,我们美国人"不能仅仅因为战争使我们思考,使我们意识到我们称为思想的那些东西有多少是懒惰的庇护所,我们就欢迎战争"(第234页)。但是,由于战争已经来临,并展现了我们早先对于进步的信念在很大程度上是幼稚和不负责任的,我们可以"着手建立一种在进步中更有男子气概和更有责任信念的制度"(第234页)。我们已经在对经济和工业系统的观察中认识到了很多东西,而战争使它们更为明显:对科学的正确和错误使用,贫穷和极度富裕之间的对照,"与文化和无限机会相伴的生活中公平机会的忽视或缺失"(第235页);也就是说,迅速的改变这个事实并非必然就是进步。科学革命、工业和商业的发展,以及巨大的社会变革,所有这些都为进步提供了条件和机会,但它们绝非进步本身。人们在历史上第一次有了一种批判的探究方法,使进步成为可能,但绝不意味着进步不可避免地要发生。通过负责任地、零碎的而非批发式的方式将其应用到特殊的困难上,我们可以预测到我们希望的改变,并着手实现它们,不管问题涉及的是国内劳工管理的困难,还是推动国际和平的工作,抑或在战争时期保护中立国家的利益。

第二篇文章《力量和强迫》进行了更深入的分析,对与发表在《新共和》(*New Republic*)上的文章《力量、暴力和法律》持同样立场的推论进行了更全面的整理。权力或能量、强制力量、暴力和法律这四个概念,以一种相应的论题上的澄清被区分开来。后面的那篇文章显得更为简练和准确。

"什么是力量,我们要怎样处理它?"(第211页)杜威宣称,这是今日社会哲学面对的尖锐问题。我们可以把它当作能量或权力,以便完成某些事情,或者当作强制力或限制,或者当作过度的强制力或暴力。我们必须依赖于力量,使用力量,将其当作权力或能量,否则,我们就是"无处立足地存在于现实世界中"(第

246页)。因此,问题不在于使用力量,而在于如何有效地、经济地使用力量。暴力是以"浪费和破坏性的手段达到结果"(第251页)。强制力处于作为能量的权力与作为暴力的权力之间。法律是力量使用的一种规范形式、一种充满希望的方法,因为它是"经济、有效使用力量的方法,以使用最小的代价得到结果"(第251页,第212页)。但我们必须认识到,总是存在下面的可能性,即我们在合法地使用力量时,"可能非常浪费,实际上就是在使用暴力",反之亦然,被指责为暴力的方法"在特定环境下,可能代表一种对能量的合理利用"(第251页)。

意识到这些区分,杜威宣称,那些想要用法律替代力量的人,至少在使用术语时就把两者混为一谈了。"力量是世界上唯一影响一切的东西。照字面上说,用法律替代力量,可以说与试图用数学公式来使发动机运转一样'明智',这种数学公式表述了其最有效的运转方式"(第213页)。因此,"假如战争和刑事事件中的和平主义者能够改变他们的态度,从认为使用强迫的力在本质上是不道德的观点,转到认为当前使用强迫的力的方法相对而言效率低下而且愚蠢,那么,他们的善良意愿会更有成效"(第250页)。

2. 现在我们转向杜威的第二个证据线索:以实践的方式例证他哲学的实用主义观。杜威发表在《新共和》上的文章,即我们前面提到过的"力量,暴力和法律",提供了明确的证据,表明他并不只是依靠专业哲学杂志来与别人分享自己哲学反思的果实。而且,这只是1916年到1917年间他所写的此类17篇文章中的一篇。在这段时间内,只有不到一半的文章(8篇)是写给哲学杂志的,比如《哲学杂志》、《心理学和科学方法》、《哲学评论》、《形而上学与道德杂志》、《国际伦理学杂志》。他的许多文章是发表在《大西洋月刊》(Atlantic Monthly)、《烛台》(Menorah Journal)、《七艺》(Seven Arts)、《日晷》(Dial)、《国家》(Nation)、《纽约晚报》(New York Evening Post)、《心理学评论》(Psychological Review)、《教师学院资料》(Teachers College Record)、《童工公告》(Child Labord Bulletin)、《手工培训》(Manual Training)、《学校和社会》(School and Society)、《美国教师》(American Teacher)、国家教育协会的《演说和事项》(Addresses and Proceedings),美国大学协会的《第十九次年会会议事项和演说杂志》(Journal of Proceedings and Addresses of the Nineteenth Annual Conference)、《美国大学教授协会公报》(Bulletin of the American Association of University Professors),哥伦比亚战争论文,以及《国会记录》(Congressional Record)中。在各种组织和哲学团体的演说,使杜威具有了更多的分享自己反思成果的形式。

3. 现在让我们把注意力转移到第三个问题。如果一个人希望从排他性地专注哲学的技术含义转向关注哲学广泛的、与人相关的向度,其可能性就像人类自身的重大问题那样多而杂;在宗教哲学、科学哲学、艺术哲学、法律哲学和医学哲学,以及包含这样或那样的一系列哲学中,对于这个事实的认识是很明显的。任何这种关于 X 的哲学的建立,从实用主义的意义上说,都预设了 X 对于生活、对于某个人全部哲学的重要性;而人们自身哲学上的差异使得他们在 X 领域展开行动时,也是有差异的。这些预设清楚地包括在教育哲学中;而由于教育被认为是生命的社会延续方式,因此,作为一种必需,教育哲学就获得相应的急迫性。事实上,比起其他领域来,在教育中,获得更好的同时回避更差的最为重要。每一社会的主要发展,或社会改变的计划,都具有教育的含义。因此,如果致力于解决人的问题是哲学家的目标,那么,人们在哪里可以找到更好地解决这些问题的方法呢?

杜威不仅仅相信或考虑到利用教育的有利基础完成这一任务的可能,他还在这些年中,以一种令人印象深刻的方式将这种想法付诸实践,出版了《民主与教育:教育哲学导论》(Democracy and Education: An Introduction to the Philosophy of Education)。在其中,杜威描述了教育在一个民主社会中的角色。杜威还在他的文章和演讲中分析了许多教育问题。对于一个将哲学定义为关于教育的一般理论的人而言,他恰如其分地坚持:"哲学是对生活中各种兴趣当下的明确阐述,以及提出使这些兴趣达成更好的平衡的观点和方法";而且,"教育是一个过程,人们所需要的改革只有通过它才可能得以实现,而不至于永远停留在对所希望的东西的假设上"。①

杜威关于各种各样的教育问题有一些更简短的文章,简单地举几个例子就足以说明他的方法,特别是因为教育在我们关于当代议题(它们与我们接下来的问题有关)的讨论中起着重要的作用。在这个部分,让我们看看杜威对于职业教育和实业教育、全国普及教育以及教师的专业组织方面都说了些什么。要是有更多的时间,我们可以考察他关于理想的哲学教师的想法;但是,在这里想这样做非常困难,我们只有解读一下杜威对于他尊敬的老师乔治·西尔维斯特·莫

---

① 《杜威中期著作》,第 9 卷,第 342 页。

里斯(George Sylvester Morris)热情洋溢的评价。

关于职业教育和实业教育的话题,他的许多文章都有讨论,其中最重要的三篇文章是《学会获利:职业教育在公共教育综合方案中的位置》、《现代职业教育趋势对大学中专业学习和非专业学习的影响》,以及《工业民主社会中实业教育的需要》。

写作第一篇文章部分是因为这样一个事实:国会首次为农业和机械技术学院级别之下的学校中的职业教育拨款。在这篇文章中,杜威坚持认为,现在对于职业教育和实业教育的需求并不新鲜,因为"与一般的观念相反,流行的教育大部分总是职业性的"(第144页);而反对的意见并不在于它是职业性的或实业性的,而是因为它在社会上是低效的,只服务于一个贫乏、邪恶的工业理想。选择学习材料和固定方法的要素在于:教会学习者增进他人的所得,而不是提高自己的所得;而且,这些职业至多也仅仅是关于办公室事务,准备的职位也只是温顺地和例行公事地实现他人的计划。因此,真正的问题不在于"实业教育要被附加到一种或多或少有点虚构的、文化的基础教育上去",而在于"我们应该具有什么类型的实业教育"(第150页);并且在这种发展中,谁的利益应该被首先考虑;而我们对这些问题的回答,在管理、目标、课程、方法和工作精神、教育方案所包含的职业辅导形式上都产生了差别。

实业教育的目标是否就是改善经济处境,为当前的规划提供更高层次的劳动者,或者是在世界贸易的竞争中给美国提供帮助呢?是否它的首要目标仅仅为当下的系统准备更多熟练的技术工人,或者让人发展,使他们具备为他们自己而思考的能力,重建规划,最大限度地实现自身的潜能?它是不是一个分裂计划的一部分,为将来的雇员提供一种狭隘的、有限的贸易学校的训练,为富人的孩子提供一种通识教育,或者其目标在于对现存学校进行富有成效的改组?这样的学校"以便给所有学生一种对有用工作的真诚尊重,一种提供服务的能力,一种对社会寄生虫的藐视,无论这些寄生虫被称为流浪汉还是'社会'的领导者"(第149页)。

《现代职业教育趋势对大学中专业学习和非专业学习的影响》(The Moden Trend Loward Vocational Education in Its Effect upon the Professional and Non-Professional Studies of the University)一文的处理,由如下事实所产生的问题:"学院和非专业化研究院越来越多地通过参照职业学校的需要和兴趣来决定自己的工作"(第151页)。在杜威看来,这种处理应该是区分好与坏的特点,而不是掩盖过错或进行称颂,这就有希望使职业教育变得更加人性化,而不是使一些非职业或自由开明的项目变得不人性。

在《工业民主社会中实业教育的需要》(The Need of an Industrial Education in an Industrial Democracy)一文中,杜威指出,在绝大多数地方已经工业化的美国,需要培育一种既是社会的和道德的、同时是政治的民主,与之相随的,是要将民主的精神渗透到实业中去。假如我们想要为民主做一点什么——就像我们的精神先驱在前工业化和封建社会发展各种价值要素并使之有益于教育时所做的那样,那么,从教育的角度说,这就要求发展一种崭新的通识教育和新方法。"民主必须在不同的时代以崭新的方式产生出来,而教育则扮演了助产婆的角色"(第139页)。

全国普及教育在不同的国家意味着不同的东西。在美国,杜威坚持认为,它意味着提升民主的观念,只有这样才使得这个国家与众不同。我们国家的一个特点,是它的多种族和国际性。我们吸纳了许多不同的种族和民族,这一事实在极大地丰富我们国家的同时,也为实现统一造成了一些困难;而我们的学校要教导每一分子都应当互相尊重,应该"尽力启蒙所有的人,因为我们这个共同体中的每一个支系过去都曾作出过伟大的贡献"(第205页)。我们的国家应该成为国际主义与和平的益友。我们国家的另一个特征是一种信念:每个人都有平等的机会,学校应该被用于使得这个观念发生作用。我们的教师要记住:他们"首先是民主理念的神圣仆人……在其中,所有人友善、互助地相互交往,每个人服务共同体的最好途径就是以最好的方式、最大限度地发挥自己的能力"(第210页)。

在杜威看来,有两种类型的教师组织:一种是纯粹教育学的组织,该组织在其自己的专业领域内讨论学科和方法;另一种组织通过恰当的程序保护教师的实际利益,比如工资、终身教职和职业安全感。以学校董事会的名义,要么毫无理由,要么模糊地指责教师的能力和不称职,进而随意解雇忠诚和称职的教师,而且许多董事会不允许教师在他们的工作中发出负责任的声音,这导致产生出第三种类型的教师组织,即教师联盟。这个联盟试图统一教师的理论和实际利益。该联盟帮助增强教师的勇气,增强他们"对职业的承诺以及彼此之间的诚信,意识到他们是共同体的公仆,而不是作为某个临时机构的雇员唯唯诺诺地按照雇主的意思去做事"(第169页)。

　　教师们在社会共同体中的困境——比如,屈从于随意的解雇,以及缺乏充分的规定以使他们在教育工作中形成自己的观念和经验——比教师个人或阶层的利益重要得多:他们公共的天职,以及他们为共同体所提供的服务,使得这件事情关乎公众利益。教师的天职是促进学业和真理,其功能和服务则是在国家中提升理智水平,因而,他们的"首要忠诚是献给理念、职能和天职,献给学业和真理上的推进,而且通过各种合法途径进行斗争,努力改变任何一种威胁他公共天职之功效的局面。这既是他的事业,也是他的权利"(第167页)。

　　这样,教育的职业在普遍的公共领域中扮演着重要的社会服务角色,这种服务的质量不应该被商业代理人或其他特殊阶层的利益所阻碍或挫伤。至于学校董事会和其他具有任免权的机构,它们"只是公众利益的委托人",它们"仅提供一种任命机制,将那些不是他们的雇员,而是为整个共同体而非其中某个阶级的利益服务的人任命为教师"(第169—170页)。

　　在《教授和公共利益的案例》(The Case of the Professor and the Public Interset)中,杜威讨论了因为在观点和行动上都被认为不利于战争的努力而在哥伦比亚大学发生的解雇事件以及比尔德的辞职问题。杜威坚持认为,在这个大学教授的个案中,教师的理由是非常清楚的。大学是一个知识分子的机构,大学管理应该承认这个事实。如果这个事实不被承认,国家中更高级的理智生命的独立性就受到外在和恶意影响的威胁。但是,尽管"这个教学机构代表和体现了作为大学本质生命的学术和研究的功能……法律和惯例控制着那些'外在于科学和学术共同体'的人组成的团体"(第166页)。我们对知识分子机构的安全、责任进行评价,在这个意义上,"教授们在大学治理中争取可靠的努力就形成了一种公共服务"(第166页),以及有价值的公众认可。只要大学教授在他们的职业条件和职业处境中不发出声音,"在这个国家提升理智地位的要求依旧是不确定、危险的和不完全可靠的"(第166页)。

　　杜威补充说:值得注意的是,教师们在发现迫切需要获得积极支持时,不是求助于工厂主、银行家和律师的协会,或其他"所谓的共同体中令人尊敬的组织"(第172页),而是求助于有组织的劳工团体。

　　总结我们对第三个问题的讨论,我们能够发现,心理学提供了另一条途径,它可以从对哲学的技术性意义的独占转向广泛意义上的人的向度;而杜威在美国心理学会上发表的演说——"社会心理学的需要"（后来发表在《心理学评论》上），就是这一个途径的有趣例证。在其中，杜威指出，社会心理学落后的主要原因在于，"那种让内省心理学成型的东西适应与生活相联系的客观事实的努力是矫揉造作的"（第58页）；同时，杜威强调了他最喜欢的两个主题：对理智的信心，以及物理学知识和控制的技艺已经远远超过了社会科学的知识和技巧这一事实。在与后一个主题的关系上，杜威坚持认为，一种"有勇气的人性"应该一直向前，直到我们拥有的关于人之本性的知识和对人的本性的控制，比得上我们对物理的自然的控制。而就前一个主题而言，他宣称，"最终的命运却是无知的宿命，最终的邪恶是对创造性和建构性地应用理智的可能缺乏信心"（第62页）。当然，这篇文章显然预示着他的另一本著作《人性与行为》（Human Nature and Conduct）。

4. 在回答第三个问题时，我们已经发现了很多证据，这些证据可以为我们的第四个问题提供确定的答案：杜威确实试图将哲学的视角、想象力和反思直接与今天的社会问题联系起来。他坚信，哲学是某种需要反思的东西，而不是某种已经现存的主要被用来教授的东西。他并不打算放弃对于当下问题的直接关注，而将它们抛给文学和政治（第4页）；而在1916年和1917年，他对许多问题作出了自己的评论：从强制性的普遍军训，到威尔逊—休斯的总统竞选；从思想的征召，到和平主义的未来；从美国将为之战斗的东西，到恰当的和平条款；从学校中的民主与忠诚，到恰当地解释美国在战争中是友好地中立还是投入战争之间的摇摆不定，或者理解德国的精神；从美国的教育与文化，到当代教育中的问题（战争这一话题笼罩了大部分的讨论）。这些论题中的一些已经在前面涉及了，而限于篇幅，我们只能简要地浏览其他的问题。

杜威在美国参议院军事事务委员会面前，很有魄力地反对一项强制年龄在12到23岁之间的男性全部参加军训的法案。他还在为《新共和》写的另一篇文章《作为普遍服务的教育》（Universal Service as Education）中提到这些。他说，听证会让他颇为感慨：他"被要求论证为什么一项废除政府的民主形式的法案不该被通过，而且争论的两边居然都被要求进行举证"（第379页）。但是，可以确定的是，这项要与我们历史、社会和政治的既有章程分道扬镳的提案的支持者们有很大压力。

杜威抗议说，支持者的证据从军队战备的普通教育和社会基础转到需要对健康、道德、公共精神的邪恶,以及美国人民公共行为的有效性等方面进行纠正。杜威认为,他们的论证没有一个具有说服力。杜威承认存在一些问题和错误,但呼吁"积极和建设性的、符合我们勤勉、爱好和平、自重的民主措施,要求符合我们在缓慢且重要的教育过程中坚信的那些措施"(第379页)。杜威认为,对年轻人的强制军训,不仅在"本质上是不合需要且无用的";而且,在面对严重的错误和问题时,在面对可能需要为战争作准备时,"它把注意力、思考、努力和金钱从那些有效的、与我们美国理想和传统相一致的方法上转移走"(第385页)。

在文章中,杜威聚焦于我们教育方法中的两个缺陷(正是如此,有些人主张需要强制军训):(1)它们并未同化外籍人士,而且(2)它们并未发展出一种恰当的公共服务意识和责任感。杜威认为,对之进行纠正,并不需要一种新的、普遍和强制性的兵役,而是要改善现存的教育机构,要使政府和其他公共机构能够更好地为人民服务,更值得他们为之献身。就第一点而言,法案的提议人抱怨说,"我们不再是一个国家,而是成为外国人的寄宿所"(第378页);而杜威承认,我们存在一个真正的理智和道德上的问题,这一问题是与我们异质化的复杂的人口结构相关的。不过,问题的纠正并不是通过一种军营的混合编队,以产生泯灭个性、受过训练的同质性。就像上述与"全国普及教育"的关系中所提到的,要注意到"尽可能细致地吸收每一种传统和文化所提供的最好的东西"(第185页)。

战备的话题在《学校和社会战备》(The Schools and Social Preparedness)一文中再一次出现了。杜威在文章中主张,在国家战备中,"相对于花几个小时对男孩子(他们还惦记着课后放松的那几个小时)进行敷衍的军事训练"(第193页),以一种完全不同的方式教授美国历史才是至关重要的因素,这种教授是依赖于事实而非虚构。杜威得出结论说,真正需要的是批判性思维的训练。这会导致"一个国家,在真正把握住产生问题的力量之前,就习惯于以问题和斗争的思维模式来思考它们,以便解决它们"(第194页)。

在《休斯的竞选》(The Hughes Campaign)中,作为曾为休斯当选州长投过两次票的人,杜威给出自己支持威尔逊连任总统的理由。尽管他承认一种过度的"甜蜜的合理性"在政治竞选中是不多见的,他还是认为休斯和共和党太过愚蠢。他们没有"政策,只有竞选伎俩",而威尔逊一边则有"成熟、积极的立法行为记录"作为支撑(第253页),并"把这种民族主义同大众的利益而非富裕阶级的特权结合在一起"(第254页)。就外交事务来说,他认为,"当战争结束时",选举

"一个对国家面临的全球形势了然于心的人",要好于"选择一个第一次和最后一次对国际关系的评估看起来可以用律师的话归结为'保护每个公民的权利'的人"(第255页)。

杜威在《思想的征召》(Conscription of Thought)一文中关注的是:"把思想的征召当作推动社会团结的手段已经被历史证明是无效的,以及那种导致其目标失败的不必要的愚蠢做法"(第279页)。美国有效地参与到战争中,"更有可能是受累于缺乏那些只能从讨论以及知识和信念的启蒙传播中产生的观念",而不是允许那些非常不出名的小团体和小教派完全自由地表达它们对战争的反对意见。

在《和平主义的未来》(The Future of Pacifism)和《良知和强迫》(Conscience and Compulsion)中,杜威坚持认为,和平主义的美好未来不在于仅仅反对一般意义上的战争,甚至反对这场战争,而在于促进任何有助于带来新型国际控制机构的东西,而防止战争需要这种机构。更为迫切的是,和平主义者应该力图看到,"战争自身将会被解释为一种带来这些机构的手段"(第267页)。无论如何,人们对于和平的热爱,最好的表现方式是:"为了维护和平",寻求建立"机制、(建立)特别且具体的社会设置"(第263页)。

杜威非常同情真诚的反对者,并且认为,选择性的征兵机制能够做的最小的东西,是提供一个任务的范围;在其中,反对者的良知受到的压力最小,而不是将他们当作危险的坏分子。但是,杜威相信,他们的困境大部分是由于错误的道德训练,"把道德定位在个人感觉中而非在对社会条件的控制中的趋向"(第262页)。事情看起来正在往错误的方向发展,而解决这种社会危机的办法不是简单地哀叹操作者的邪恶,而应该是通过将其与朝向另一个方向的力量联系起来,产生良知的强制力。

在考虑我们参与战争的推动力时,杜威坚持认为,传统的口号,比如荣誉与光荣、尊严与权力等,都不再有用。按照他对情境的分析,我们实际为之战斗的,乃是做一项必须的、减少国际上麻烦事的工作;在这一行为中,存在着对"一个世界性组织的期待,……一种公共控制的展开",这种控制是超越单一国家边界和国家利益的(第275页)。

《即使天塌下来,也要伸张正义》(Fiat Justitia, Ruat Coelum)一文,包含杜威对于一种绝对的正义观念的分析;这种观念要求,即使是天塌下来,也要伸张正义。而伸张正义在某些人看来，等于说降临的惩罚被加在德国身上，扯平所有过往而不管结果怎样。杜威反对这个看法，他认为，"这并非对德国的感伤同情，而是一种聪明的利己主义，它要求对将来进行一种实用的考虑；一种对抽象正义的激情，并不能主宰对战争目的与和平条件的讨论"（第284页）。

在1916到1917年间，杜威所作的评论还包含另一个问题。让我们看看他在《国家犹豫不决的时刻》（Time of National Hesitation）这篇诗意的文章中，对国家在友好的中立与参战之间犹豫不决所给出的解释。其他人将举棋不定归结为如下因素：我们的无知、胆小、怯懦、内部分裂和涣散、过分繁荣的腐蚀、感情用事的人道的和平主义。但是，杜威乐在其中，因为在他看来，这是我们至少已经成年的标志，我们"不再是某个欧洲国家以及作为整体之欧洲的殖民地"，"我们是世界的一种新机体、一种新精神"（第259页）。我们犹豫不决，因为我们想要根据自己所面对的形势而非欧洲的形势形成我们的看法；而且，这种形势还并不明朗。

5. 现在到了最后一个问题，我认为，我们可以说，1916到1917年是杜威最多产年份中的两个，算上他在实用主义哲学基础上，与他的同伴展开有序合作的时光。例如，这是他致力于发展美国大学教授协会、教师联盟并为后来的美国公民自由联盟奠定基础的时期。

了解了我们概括的结果，似乎很清楚的是：相比杜威在这两年所作的各种各样积极活跃的宣告，只有屈指可数的作品可以更好地代表他整个实用主义哲学。他呼吁，哲学家应该从对哲学的传统技术问题的独占转向把理智方法和批判探究方法应用于人类的各种问题，这不仅仅为"哲学复兴的需要"定下基调，也为他的整个哲学定下基调。他认真严肃地投入如下的工作：用视角、想象、反思去影响这一时期众多的人类困境；而且，他提供了这样一个令人信服的证据，证明至少有一个实用主义者想要将其哲学概念应用到自己身上。除了一个实用主义者，还有谁会坚持"最终的邪恶是对创造性和建构性地应用理智的可能缺乏信心"呢？（第62页）

1978年8月15日

论 文

哲学复兴的需要[1]

理智的发展是以两种方式发生的。有的时候,知识的增加是对旧有概念的重新组织,它们被展开、阐释和提炼,而不是那种严肃意义上的修正,更不是摒弃。有的时候,知识的增加要求质的改变而非量的改变,需要一种变更而不是增加。人们的思想对他们之前的理智所关切的东西变得冷漠了,原先十分盛行的观念渐渐过时了,原先急切的兴趣似乎也消退了。人们从不同的方向看问题,原先的困惑被认为是不真实的,而许多考量由于慢慢显得不再重要而被忽略了。原先的问题可能还没有得到解决,但它们也不再那么强烈地要求得到解决。

哲学并不例外于这个规则。但它不同寻常地保守——不是在需要提供答案时显得保守,而是在对问题的坚持上显得保守。这和神学以及代表着人类主要兴趣的神学道德如此紧密地联系在一起,以至于激进的改变会让人十分震惊。比如,在17世纪,人类的行为发生了一次决定性的崭新转向;而在培根和笛卡尔这样思想家的领导下,哲学看起来好像来了一次大转向。但是,尽管有上述变动,最终证明,许多较旧的问题只是从拉丁语被翻译为各国自己的语言,或者被翻译为一种由科学提供的新术语。

哲学与学院教学的结合,强化了这种固有的保守主义。在学院的围墙外,人们的思想朝向另一个方向运动,之后,经院哲学却还在大学里得以存活。在过去的数百年中,科学和政治学中理性的提升以相似的方式被结晶为教导的素材,并

---

[1] 首次发表于《创造性智慧:实用主义态度论文集》,纽约:亨利·霍尔特出版公司,1917年,第3—69页。

且迄今还在抵制进一步的变化。我不会说教学的精神敌视那种自由探索的精神，但一种主要是被教授的哲学而非一种完全被反思的哲学有益于被其他持有不同见解的人们进行讨论，而非得到当下的回应。当哲学被教授时，它不可避免地要放大过去思想的历史，并引导专业哲学家通过对所接受体系的重新表述而接近论题。同时，它也倾向于强调人们已经在某些点上被分为不同的学派，因此，人们会屈从于追溯的定义和说明。因而，哲学讨论有可能成为一种对立传统的梳妆打扮，其中对某种观点的批评被认为是为其对立面提供真理的证据（似乎正是对观点的确切表达，保证了逻辑上的排他性）。对当代难题的直接关涉则留给文学和政治去做。

假如变化的行为和膨胀的知识曾经要求人们心甘情愿地不仅放弃既有的解决方案，而且放弃旧问题，那么，现在正是时候。我并不是说我们可以突然地离开所有传统的话题，这是不可能的。对于试图这么干的人来说，最终会陷入失败。不考虑哲学的专业化，哲学家讨论的依旧是那些孕育西方文明的观念。正是这些观念，充斥着受教育民众的大脑。但是，那些并不投身专业哲学研究却又严肃思考的人最想要知道的，是更加崭新的工业、政治和科学运动需要对理智遗产作怎样的修正和舍弃。他们想要知道，当这些新运动转变为一种普遍观念时，它们究竟意味着什么。除非专业哲学可以充分调动自身以便能够为人们思想的澄清和转向提供帮助，否则，它有可能在当前生活主流中变得越来越边缘化。

这样，这篇文章可以被看作是一种尝试，即推进把哲学从过分紧密、独一无二地依附于传统问题的状态中解放出来。这不是对已经提出的各种解决方案进行批评，而是提出一个关于当前科学和社会生活条件下传统问题所具有的真实性问题。

毫无疑问，我讨论的有限对象将给人一种夸大的印象，显得我相信当前的哲学研究都是故弄玄虚（artificiality）。并非我故意夸大我所说的内容，而是目的的局限性使我不能对于一个更加宽泛目的相关的事情说太多。在文章中，一种受限制较少的讨论会努力加强讨论问题的真实性。这主要因为，过去讨论过而现在继续加以讨论的这些问题，只有在它们自己的背景中才成为真正的问题。详细论述一些哲学体系作出的重要贡献是一项令人愉快的工作，但这些体系作为一个整体是不可能依赖于成熟而丰富的观念的。在对一些不真实的前提故弄玄虚的问题的讨论中，文化中某些不可或缺的东西呈现出来。视野得到拓宽，大量的观念涌现出来,想象力复苏了,一种对事物意义的感觉也被创造出来。甚至有可能询问,这些传统体系的伴生物(accompaniments)是否并没有经常被当作一种对体系自身的保证。不过,虽然这是一种褊狭思想抛弃诸如斯宾诺莎、康德和黑格尔等丰富和充分观念的标志(由于他们的观念的展开在逻辑上是不充分的),但它无疑也标志着一种不那么正规的观点,即把它们对于文化的贡献当作对一些前提的确认,而他们与这些前提并无关系。

I

必须从某处开始一种从哲学问题传统性质的立场出发,对当前的哲学化运动进行批评,而对开端之处的选择却是随意的。在我看来,被十分积极地讨论的问题所蕴含的经验观给出了展开批评的自然出发点。因为,假如我没有看错的话,经验的固有观念对于所有的经验学派(empirical school)及其对立面都是一致的;正是这些观念使得许多讨论得以持续,即使这些讨论的话题看起来与经验相差很远;而根据现存的科学和社会实践,这些经验观念恰恰是最站不住脚的。因此,我打算简要地陈述一下经验的正统描述与当下条件下同类经验描述的主要差异。

(1)在正统看法中,经验首先被看作一种知识事件(knowledge-affair)。但是,眼睛不能看透过往的景象,经验确定无疑地呈现为有生命的存在者与其物理的和社会环境之间相互作用的事件。(2)依照传统,经验是(至少首先是)一种受到"主体性"(subjectivity)全面影响的心理事物。经验自身要求的是一个真正客观的世界,它参与到人类的行动和遭遇中,并在人类的回应中经历着各种变化。(3)任何东西只要超越贫乏(bare)的当下,被既有的学说认可,过去就会将其计算在内。记录所发生的和参照过往都被认为是经验的本质。经验主义被设想为与过去曾经是的东西联系在一起,或者被认为是"给定的"(given)。但经验在其根本形式中是实验性的(experimental),是一种改变给定的努力;它以规划和涉及未知为特征;与未来的联结是其显著的特征。(4)经验传统信奉特殊论(particularism)。连接和连续性被认为与经验不相干,只是一种具有不确定合法性的副产品。一种经验就是对一种环境的承受,是一种在新方向中获得控制的抗争,它孕育着各种联系。(5)在传统观念中,经验和思想是对立的两面。只要推论(inference)不是过去给定的东西的复活,它就在经验之外;因此,它或者是无效的，或者只是一种绝望的措施，我们在其中通过把经验作为跳板，跳到一个稳定事物的世界以及其他自我中去。但是，挣脱了旧有概念束缚的经验，则充满了推论。很显然，不存在没有推论的有意识的经验(conscious experience)，反思是天然的和持续的。

考虑到用关于现代生活的经验解释替代传统解释产生的效果，这些对照提供了下面讨论的主题。

假如我们认真地看待生物学给我们的经验观带来的贡献——不是眼下那种生物科学发现的各种事实，而是这种科学极其强调自身，不再有任何借口可以忽略它们或将它们当作可被忽略的。任何对经验的解释现在必须适合经验，这意味着生活的考虑，生活总是持续着；并且由于环境的中介作用，生活并非处于真空之中。有经验的地方就有生命存在(living being)。有生命的地方，就有维持着与环境的双向联系。部分来说，环境能量组成了机体的功能，它们进入到机体中。没有环境这种直接的支持，生命就是不可能的。但是，当所有机体的变化都取决于环境中自然能量的产生和作用时，自然能量有时就会带动机体功能兴盛向前，有时则阻碍机体功能的持续。成长和衰败，健康和疾病，都与自然环境的活动联系起来。区别在于对将来的生命行为(life-activity)中发生的一切所产生的影响。从这种对将来的指向立场看，环境事件(environmental incidents)可以分为不同的类别：有利于生命行为的和不利于生命行为的。

有机体那些成功的行动——那些行动在环境帮助下得以具体化，作用于环境，带来有利于人们自己的未来的变化。人类必须处理如何回应他周围变化的问题，这样，这些改变能够产生某种转折而不是其他的什么转折，换言之，这样的转折需要通过人类自身进一步的功能性活动而获得。当人类的生活部分地为环境所支撑时，它就不只是环境平静有序的呼气吐气(peaceful exhalation)了。它不得不努力奋斗，也就是说，不得不利用环境所能提供的直接支持以间接地影响那种可能以另一种方式出现的变化。在这种意义上，生命通过控制环境的方法得到延续。它的行动必定能够改变它周围发生的变化；它们必须使得有敌意的事件中立化，必须把中立事件转换为能够相互合作的要素，或者转化为崭新的特征出现。

自我保存(self-preservation)观念和**生存努力**(*conatus essendi*)观念的辩证发展，经常忽略实际过程中的所有重要因素。它们进行争辩，似乎自我控制、自我发展是作为一种源自内在的、敞开的推动力而直接运作。但是，生命只有借助于环境的支持，才能够维持。由于环境对于我们的支持并不是完美无缺的，因而自我保存——或者说自我实现，诸如此类——总是间接的——总是关于当前行动影响方向的方法问题，这一方向是由环境中的独立变化决定的。障碍必须被转化为手段。

我们也习惯于忽视调整（adjustment）这个概念，似乎这意味着某些固定的东西——这是一种所有有机体（至少理论上是）针对环境所做的适应性调整。但是，由于生命需要环境能够适应于有机体的功能，因而对环境的调整意味着不是被动地接受环境，而是行动起来使得周围环境的变化朝向某个特定的方向。生命类型越"高级"，就会有更多的调整采用那种为了生命的利益而对环境要素进行调整的形式；生活越是缺乏意义，它就会越发地针对既有环境进行适应性调整，直到生命和非生命（non-living）之间的差别在一个较低的层次上消失为止。

这些说明都是外在性的。它们是关于经验的条件而不是关于经验活动本身。但可以确定的是，经验的具体发生证实了这些说明。经验首先是一个经历（undergoing）的过程：一个维持某些东西的过程；一个受难和煎熬的过程；从这些词的字面意义上说，是一个情感受影响的过程。有机体必须忍受和经历自身行动的结果。经验并非沿着一条由内在意识设定的路径移动。私人的意识是那种重要的、客观经验的偶然结果，而不是经验的来源。然而，经历并不仅仅是被动的。最有耐心的病人，绝不只是一个接收者，而是一个行动者、一个反应者、一个试验者、一个考虑以某种方式去经历体验的人，这种方式可以影响现在还在发生的东西。纯粹的忍受和回避之类的逃避行为终究也是处理环境的方法，这些方法会具有一个观念，而这个观念是这些处理方式所达成的。即使我们以极端的方式缄口不言，我们也还是在做着什么；我们的被动性也是一种积极的态度，而不是不作任何回应。就像所有行为中并没有肯定的（assertive）行为和没有对事物侵略性的攻击那样，也不存在不属于我们的持续发生的经历。

换句话说，经验是做（doings）和遭遇（sufferings）的*同步发生*。在改变事件的过程中，我们的经历是实验性的；我们积极的尝试，是对我们自身的检验和测试。经验的这种两重性，在我们的快乐和幸福中、在我们的成功和失败中展现自身。当进行沉思或者置之不理时，胜利都是危险的；成功会耗尽自身。任何一种与环境的协调所达到的均衡都是不稳定的，因为我们甚至不能够在环境中与各种变化平稳地并驾齐驱。这些尤其与我们必须选择的方向势不两立。我们必须冒险共同面对这种或另一种运动。没有什么东西可以剔除所有的风险和冒险，那种注定要失败的东西也试图立刻与整个环境保持一致，也就是说，在所有事物都自己运行的时候，保持那种快乐的时刻。

横亘在我们面前的障碍是变化的刺激物，是崭新的反应的刺激物，因而也是进步的机缘。假如环境给予我们的帮助掩盖了某种威胁，那环境的冷漠就是一种实现至今尚未经历的那种成功模式的潜在手段。把不幸当作除了不幸之外的任何东西看待，只是一种毫无诚意的道歉，就像一种不真实的祝福或善中的必要因素一样。但是，说人种的进步是受到人们所经历的各种疾病的刺激，人类通过寻找新的和更好的行动路径而前行，这些都是真真切切的。

就那些对经验的兴趣是经验性的人来说，对正在到来的事物经验的独占是显而易见的。因为我们的生活是向前的，因为我们生活在一个不断变化的世界里，而这个世界的问题意味着我们的祸福；因为我们所有的行为都修正这种变化，并因此充满了各种许诺或者充斥着敌对的能量——这是经验应当具有的东西，是蕴含在当下之中的将来！调整并非一种无时间限制的状态，它是一种持续的过程。说一种变化需要时间，可能就是讨论某些外在的和没有什么益处的事件。但是，有机体对环境的调整在某种重要意义上需要时间，这个过程中的每个步骤都以指向它所影响的更深远的变化为条件。有机体关注的是环境中发生的事情，而不是已经以成熟和完成形式"在那儿"的东西。鉴于正在发生的东西可能因有机体的干涉而受到影响，正在变化的事情是一个挑战，这个挑战拉长了忍耐力以应对将要来临的东西。经验活动展示了从未被终结的方面移向被终结的结论这一过程中的事物。被完成的和被处置的东西是重要的，这不是因为它自己，而是因为它影响到未来，简而言之，因为它并不能真正被处置掉。

因而，期望（anticipation）比回忆（recollection）更为基本；规划未来比唤醒过去更为根本；预期比追溯更为根本。设定我们生活于其中的这个世界包含着各种变化，其中有些变化是对我们有利的，有些变化则显得冷漠无情，经验一定是在某种意义上被预期的东西；生命体可以得到的一切控制力，都取决于为了改变事物的状态做了什么。成功和失败是生命的首要"范畴"（categories）；趋利避害是生命的首要兴趣；希望和忧虑（这些不是感觉的自我封闭状态，而是欢迎和谨慎的积极态度）是经验的支配性特征。对未来想象性的预测就是这种行为的稳定性质,它使当前的指导成为可能。在幻想或空想中实现那些实际上不能实现的东西,是这种实际特征的衍生物;抑或,实际的理智只是一种经过历练的幻想。这两者几乎没什么差别。想象性地重现过往,是成功闯入将来的必要条件,但它的地位毕竟还只是一种工具。忽视其重要性,是未加规训的行动者的标志。但是,与过去隔离,因为其自身原因而沉思过去,以及以知识的名义称颂它,这些都是用对过去的追忆替代实际的有效理智(effective intelligence)。迎接未来的忍耐力是有偏好的和充满热情的;然而,对过去的超然和公正的研究是确保激情通向好运的唯一途径。

II

对经验的这种描述只是对其普通特征的狂热称颂,而不是展现出其与正统哲学解释的差异。这种差异表明,正统的解释并不是以经验为根据的,而是由经验必然是什么所产生出的演绎(deductions),这些演绎来自一些未加命名的前提。历史上的经验主义在一种技巧和有争论的意义上是经验的。经验曾经被尊为主宰,但实际上,这只是强行将观念塞到经验中,而不是从经验中累积出观念。

由此,在哲学思想中引入的混乱和不自然,远没有用经验处理各种关系和动态连续性时引起的混乱和不自然来得明显。一个在物理的或社会的环境中努力把握自身、不断前进的生命体的经验,是一个纽带和关系、使用和结果的必然性问题。这些环境有些阻止了、有些又促进了生命体自身的行动。因此,可以说,经验的要点就在于它不是发生在真空中;借助于最亲密和广泛的纽带,它的忍耐力与事物的运动密切地联系在一起。只是因为有机体内在于世界和与世界相关,只是因为有机体的行动以多种方式与世界上其他事物相互关联着,因此,它更容易经历各种事物,能够试着使对象转化为保护其好运气的手段。这些联系的多样性已经无可辩驳地被其过程中出现的那种起伏波动所证实。帮助和妨碍、鼓励和压抑、成功和失败都明确地意味着相互关系中的不同模式。虽然世界上事物的行动发生在存在的连续延展中,但还是存在着各种各样的特殊关系。

动态的关系在质上是多样的,就像行动的中心是多样的一样。在这个意义上,多元论而非一元论才是一个既定的经验事实。那种通过对一种关系本质的思考而建立一元论的尝试,只是辩证法的一种。同样辩证的,是那种通过思考关系的本质而建立一种终极的、本体论的多元论努力:简单和独立的存在。在对关系"外在"特征的思考中得到某些结果的尝试,是从关系的"内在"特征中演绎出某些结果的尝试的一部分。某些东西相对而言,不受另一些东西的影响;而某些东西则比较容易受另一些东西侵扰;还有一些东西被强烈地吸引去把自身的行为与另外一些东西的行为联结起来。从最亲密的联结到最表面的并列,经验展现出各种各样的联系①。

从经验的意义上说,各种各样积极的纽带和连续性与静态的断裂构成了存在的特征。否认这种性质上的异质性,就是将生命的奋斗和困难、喜剧和悲剧都还原为幻象:还原为希腊人的非存在,或者这种非存在的现代相似物——"主体性"。经验就是一种促进和抑制、维系和中断、置之不理、帮助和扰乱的事务,是这些词语中表达出来的各种各样的好运和失败。毫无疑问,各种异质性方式中确实存在着真正的联系。诸如结合、分离、抵制、更正、突变、流动(用詹姆斯的形象化术语来说)之类的词语,只是暗示了它们实际上的异质性。

在由于经验情境的特点所要求对历史问题的修正和放弃中,那些以理性主义-经验主义论争(rationalistic-empirical controversy)为中心展开的问题可能会被挑选出来,加以关注。这种争论有两重含义:首先,联系在名义上与在实际上都是同质性的;其次,假如联系是真实的,那都归功于思考,而假如联系是经验的,那就是过去某些特殊东西的副产品。正统经验主义顽固的特殊论是其显著的特征,因而,与之相反的理性主义,除了大致将其联系到超-经验的理性(Reason)上,找不出什么正当理由来为关系、持续性和各种联接的正当性辩护。

当然,并非休谟和康德之前的经验主义都是感觉论的——感觉论将"经验"打碎为孤立的感觉特征或简单的观念。并非所有经验主义都追随洛克,把一般化的所有内容都当作"理解的技巧"。在康德之前的欧洲大陆,哲学家们满足于区分关于事实的经验一般化与应用到理性真理中的必然的普遍性。关于经验事实的陈述,仅仅是对特殊事例在数量上的概括。在起源于休谟的感觉论(sensationalism)(康德关注到任何严格意义上的经验要素,但他未质疑感觉论)中,含蓄的特殊论变得明显了。但是,感觉和观念是众多分离的存在这个学说既

---

① "关系"(relation)这个词受困于模糊性,我在这里所说的"联系"(connexion)是动态的,并且在功能上是互动的。"关系"也被用来表述逻辑关联,我怀疑大多数内在关系和外在关系的论争,都是由于这种模糊性所致。人们总是随意地从事物的存在联系,过渡到属于的逻辑关系。这种将存在等同于术语是与观念论相一致的,但在一种公开的实在论中却是自相矛盾的。

不来自观察,也不来自实验。它是从经验本性中那种先天的、未经检验的概念中逻辑演绎出来的。在同样的概念中,人们可以推导出稳定的对象和联系的一般原则,仅仅只是一种表象。①

这样,康德主义很自然地借助于普遍联结来恢复客观性。但是,它在这么做的时候,接受了经验的特殊论,并从非-经验资源中继续对这种特殊论进行补充。一种感觉完全复制了存在,而存在在经验中都是真正经验性的,一种超越经验的理性必须提供综合。由此得到的最后结果,可能提出了一种对经验的正确解释。因为只有忘记达到最后结果的工具,才能感受我们面前那些单纯的人的经验——用各种方式(有静态的方式,也有动态的方式)联系在一起的、不断变化的多样性。对于经验主义和理性主义而言,这一结论将带来致命的一击。因为弄清楚据称是不相关联的、特殊的多重性中的非-经验特征,就没有必要去要求一种能够将它们联系起来的理解功能。随着传统经验观念的崩塌,诉诸理性以补充其缺陷也就显得有些多余了。

然而,传统牢牢地盘踞着,尤其是当它为所谓心灵状态的科学提供论题的时候,这一点在其在场时被直接认识到了。历史的结果乃是一组关于关系的人造的新谜语(artificial puzzles),它在很长一段时间内把先天与后天的争论作为主题强加给哲学。这一争论到今天已经平静下来了。但是,今天依然可以发现,一些腔调和意图都很现代的思想家却认为,关于经验的哲学必须承诺否定真正的一般命题的存在,他们还把经验主义当作一种骨子里反对承认有组织、建构性理智的学说。

我认为,刚才提到的平静部分地取决于纯粹的疲乏。但是,它也取决于由生物学观念引入的立场转变,尤其是发现了从低级有机体到人类的生物上的连续性。在一个较短的时间内,斯宾塞的哲学可以把进化的学说同旧问题联系起来,并用一种长时间的"经验"堆积产生某种对于人类经验而言是**先天的东西**。然而,生物学思维方式的趋向既不确证也非否定斯宾塞的学说,而是转换了论题。在正统立场中,**后天和先天**是与知识相关的事情。但是,很快有一种情况变得很

---

① 在柏格森看来,用一种精神状态流溢和相互渗透的学说替代僵化的不连续性,这将会收获很多。但这种替代没有涉及那种对经验根本意义上的错误表述,即把经验概念当作直接而且首先是"内在"和精神的。

明显,那就是:当确定在人类经验中存在某些先天的东西(也就是说,某种与生俱来的、天然的和原初的东西)时,这种东西一定不是知识,而可能是通过既有的神经元之间的联系这种方式形成的行为。这种经验事实并不能解决传统的问题,而是消解这些问题。它表明,问题是被误解的,而双方从不同方向提出的解决方案都是误入歧途。

在实际经验中,有机体的本能、有机体的记忆力或者习惯的养成都是不可否认的要素。它们是影响组织和确保连续性的要素。它们是特殊的事实中的一部分,一种对认知有机行为与其他自然客体行动之间关系的经验描述中就包含这些要素。不过,虽然生物科学对一种真正经验活动进行经验描述的贡献,很幸运地使得对先天和后天的讨论变得不合法;然而,同样的贡献对另一论题的转化性效果却被忽视了,只有实用主义还在努力使之得到承认。

III

对于过去争论双方都是一样的经验观念之重点问题,就在于思想或理智在经验中的地位。是否理性有着自己与众不同的职能?是否理性还提供了一种富有特色的关系次序?

回到我们肯定的看法上,经验首先是与行为的关系中所经历的东西,这种行为的意义在于它们的客观结果——它们对将来经验的影响。有机的功能把事物当作过程中、操作中、尚未给定和完成的事态中的事物加以处理。所处理的东西,正好"在那里"的东西,只有在其可能预示的潜在性中才被涉及。它并不考虑作为结果的东西和完全给定的东西。但是,作为可能到来的东西的标记,它成为处理变化的行为,以及尚未确定的结果中不可或缺的要素。

有机体所拥有的唯一能够控制自己将来的力量取决于:它在其媒介(medium)中发生的、当下的反应性改变的方式。一个生命体可能相对来说是比较无力,或者比较自由的。当下对事物的反作用(reactions)影响将来对事物的反作用,这只是一个方式问题。如果不考虑意愿或者目的,那所有行为都会在环境中产生某种差异。当关系到自身的职业生涯和命运时,变化可能显得很琐细。但是,它也可能变得无以复加的重要。它可能会导致危害和破坏,也可能会带来福祉。

生命体有无可能增加自身对成功与福祉的控制?它能否在某种程度上设法保证其将来?或者是否安全的结果完全取决于情境中的各种意外?这些问题使

得注意力集中在经验过程中反思性理智的重要意义上。一个行动者推论能力的大小,他把给定事实当作尚未出现的某种事情之征兆的能力,都是衡量其系统地扩大对将来控制力的尺度。

在某种程度上,一个可以把给定和完成的事实当作将要到来事物的标志,把给定事物当作尚未存在事物之证据的生命体,可以预测未来;也可以构建出合理的期待。它能实现理念,它拥有理智。由于利用给定和已经完成的事物来预测过程中可能发生的结果,这恰好是"理念"和"理智"所意味的东西。

就像我们已经注意到的,环境很少仅仅是针对有机体的福祉的,它对生命行为全神贯注的支持是不稳定和临时性的。有些环境的变化是吉兆,有些则意味着危险。成功的秘密——那种最伟大的可以实现的成功——就在于有机体对当前有利的变化作出回应,与之共进退,以便加强自身,并同时以此来避免不利的结果。所有的反应都是一种冒险,会引发危机。我们总是会比所预测的要做得更好或者更糟。但是,有机体在事件发生过程中决定性的介入是盲目的,其选择是随机的,除了它可以把在其身上发生的东西当作之后有可能发生事情的推断的基础之外。随着有机体可以在当前进行的事物中发现将来的结果,它的回应性选择,它对这种条件或那种条件的偏好,都变得理智起来了。它的偏好也开始变得合理了。它可以深思熟虑地、有意识地加入到事件的发生进程中去。它对各种不同将来的预见(这种将来的结果根据的是掌握在事件形成过程中的这种或者那种要素)使之能够愉快地而不是盲目和不幸地参与到那种由它的反应所产生的结果中去。参与是必须的,并且一定会感到幸福或者痛苦。推论利用所发生的一切去推断将要发生什么(或者至少是可能发生什么),它区分了那种直接的和间接的参与。这种推论的能力正好与利用自然发生的事件来发现和确定结果是完全一样的——这种结果是新的动态联系的系统表述——正是这些表述构成了知识。

思想是经验本质特征这一事实,对于将之当作一种人工副产品的传统经验主义来说是致命的。但是,由于同样的原因,对于通过经验哲学给予思想次要和反省性立场来为自己的合法性进行论证的历史上的理性主义来说,这一观点同样是致命的。根据后者的特殊论,思想不可避免地只是严格分离的东西,思维只是把已经完全给定的事项收集和联结起来,或者同样地将它们人为地分离开来——这是对给定事项进行一种机械的增加和删减。这仅仅是一种累计记录

(cumulative registration)、一种统一性的合并(consolidated merger)。一般性是容量、体积(bulk)的问题,而非质量问题。思维因而被当作缺乏建构性的力量,即使其组织能力仅仅是模仿(simulated),它在真理之中只是一种专断的归档作用(pigeon-holing)。对新奇之物、对深思熟虑的各种变化和发明的真正规划,是这样一种经验版本毫无根据的虚构(idle fictions)。如果存在创造,那也是发生在一个遥远的时代。从那时起,世界只是在背诵过去的经验。

创造性建构的价值如此的珍贵,以至于不能够被轻慢地对待。其唐突的否定提供了一个机会来断言,除了经验之外,主体还有一种现成的思想能力,或者一种超越经验的理性。理性主义因而接受传统的经验论给出的关于经验的解释,并引入了作为超级经验的理性。不过,还是有一些思想家认为,所有的经验主义都必须信奉一种单调乏味地依赖于不相关先例的信念;他们坚持认为,所有为了新的和建设性的目的而对过去经验进行的系统化组织,与严格的经验主义是不同的。

然而,理性主义从来没有解释,一种与经验毫无关联的理性是怎样进入与具体经验的有益关系之中。在定义上,理性和经验正好相对,因而对理性的关注并不是对经验过程的有效扩展和指引,而是一个太过崇高而不可触碰或不可被经验所碰触的考察领域。谨慎的理性主义者,将自身限制在神学、深奥科学的联盟和数学中。理性主义是为学院中的专家和抽象的形式主义者准备的,它并不认为其任务是为传统的道德和神学提供一种正式的辩护(apologetics),并由此而与人类现实的信念和关切相联系。传统经验主义的恶名在于:它对许多陈旧信念进行强烈的批评和摧毁,却对建构性社会方向这一目的束手无策。但是,我们经常性地忽视这样一个现实:不管理性主义什么时候摆脱保守的正式辩护,它依旧只是一种指出现存信念中矛盾和荒谬之处的手段——就像启蒙运动所呈现出来的那样,它在这个领域中曾经非常有用。莱布尼茨和伏尔泰是那个时代不同意义上的理性主义者。①

认识到反思是经验中的真正要素,是控制世界(这个世界保护一种对经验顺利的和有意义的拓展)不可或缺的要素,这就削弱了历史的理性主义,就像它确

---

① 在其形式方面,或作为形式逻辑的一个分支,数学科学已经成为理性主义在经验上的堡垒。但是,一种经验意义上的经验主义,与传统演绎推论的经验主义相反,它在建构其自身推论功能之领域上没有任何困难。

切地废止了历史上的经验主义基础那样。正确地考虑对现代观念论进行反思的场所和位置，其意义显得不那么明显，但也不那么不确定。

正统的经验主义的好奇心之一，即它那突出的思辨问题是一个"外在世界"的存在。因为，与经验是作为排他性的占有物而被附着在私人性的主体上这个观念相一致，一个像我们居于其中的世界必须"外在"于经验而不是成为经验的论题。我将之称为一种好奇心，因为假如有东西看起来充分地以经验为基础，那就存在着一个抵制主体经验特殊功能的世界；一个在某些方面独自行动、独立于这些功能并破坏我们的希望和意旨的世界。致命的无知、失望、调节目标和手段似乎是充分地赋予经验情境以特性，而保证外在世界毋庸置疑的存在事实。

通过强迫实际的经验事实符合从外在于真实自然世界的知者观念出发得到的辩证发展来描述经验这个事实，已经被经验主义与理念论的历史性联合所证实。① 根据正统经验主义中最具逻辑一致性的可靠版本，所有能够被经验的都是短暂的、瞬间的精神状态。那种唯一（alone）绝对且无疑是当下的，因而其唯一性在认知上是确定的。这种唯一就是**知识**。过去（以及将来）的存在，正当的稳定的世界以及其他自我的存在——当然，也包括自身——外在于这些经验的材料。这只能通过"向外"（ejective）的推论才能达到，这是特定类型的推论，它像从跳板上起跳那样从经验跳到某些经验之外的东西上去。

辩证地说，这一学说是许多矛盾的集合；在表明这一点时，我不会预言任何困难。很显然，这是一种绝望的学说。同样，它在这里被引用，是为了表明那种忽视经验的事实已经变成经验的学说这一令人绝望的困难。更积极的启发是那种客观的观念论，而这些观念论是历史上理性主义的"理性"与历史上经验主义中所谓直接的精神性东西之间的结合。这些观念论意识到了联系的真实性与"感觉"的无效性。这样，它们就将联系和逻辑或理性联系等同起来，因而把"真实的世界"当作一个通过理性的自我意识引入客观性（涉及稳定性和一般性）而产生的感觉意识的综合。

在这里，为了当前的目标，批评又显得是多余的。它足以指明，这个理论的

---

① 将"观念论"（idealism）这个词，连带其道德和实践内涵，用于一种学说，其原则是拒斥一个物理世界的存在，以及所有对象的精神特征——至少就它们是可知的而言，这是一件令人遗憾的事情。但是，我还是沿用这种说法，而不是试图去改变它。

价值与声称是一种解决方法的问题的真实性联系在一起。假如基本的概念是一种虚构,也就不存在解决的要求。更重要的要点在于:觉察到包含在客观观念论中的"思想",在什么程度上来自适应实际思想中产生的经验要求。与历史上的理性主义相比,观念论更不正式(formal)。借助于联合的和建设性的功能,它把思想或理性当作经验的构成(constitutive),而不是把它当作与远离经验的永恒真理领域相关联的东西。根据这样的观点,思想肯定要失去抽象性和间接性。但不幸的是,它在得到整个世界的时候却失去了自身。一个在其本质结构中已经被思想所支配的世界,并不是除了前提的矛盾之外,思想无所作为的世界。

那种合逻辑地导致不真实的变化和无法解释的错误的学说,乃是专业哲学技巧中那种重要性的结果;是否定其中所蕴含的经验事实的结果,这种事实似乎主要是一种来自那种前提的**归谬法**(*reductio ad absurdum*)。但是,毕竟这种结果只有专业上的意义。严肃的甚至有一点不幸的,是含蓄的,与事物规划之反思的位置相关联的那种诡辩。一种在名义上提升思想但忽视其功效(就是它在优化生活中起的作用)的学说,即便没有严重的危险,也不能被欣赏和教授。那些与专业哲学没有关联但是热切期盼理智成为改善实际条件的一种要素的人,只能轻蔑地看待如下学说:事物的一切计划都已完备,我们正确把握它们的诀窍仅仅在于懂得如何稳定和完全合乎理性地行事。这引人注目地展现了哲学得到质量上补偿的程度。① 但是,这个事情不能被忽视,好像它只是一个简单的,不要吝惜对生活在不可挽回之邪恶中的人给予特定数量安慰的问题。因为对于这些恶,没有人知道有多少是可以弥补的,而一种声称辩证的知识理论能够将世界呈现为一个已经且同时永恒自我发光的理性整体的哲学,在其起源之处就玷污了思想的范围和使用。用规则的操作得到的怠惰的见识来替代由反思智慧引导的人类缓慢的合作性劳动,不仅仅是思辨哲学家犯下的技术性错误。

一种实际的危机可能会将观念与生活的关系置入一种如布罗肯之光般夸大的、怪异的慰藉中,在那里,夸张使得可察觉的特征不那么容易被注意到。因为一些排他性的目标在人类事务中并不新奇,所以,要使用力量去保护那种狭隘。为了增加使用力量的有效性而调动所有掌握的理智并不是很常见,它也呈现不

---

① 见卡伦(Horace M. Kallen)的《哲学、艺术和宗教中的价值与存在》,《创造性智慧:实用主义态度论文集》,第 409—467 页。

出什么固有的非凡的东西。然而，把力量——军事的、经济的和行政的力量——与道德必要性以及道德文化联结起来，这是一种不太可能在广阔领域内展示自身的现象，除非在理智已经被观念论所教唆的地方——这种观念论把"实际的与理性的"同一起来，并因而在由优越的力量所决定的无情事件中发现理性的度量。如果我们想要拥有一种介乎附着于草率处理的规则与系统化地将理智附属于预先存在目的之间的哲学，那么，它只能在寻找理智终极度量的哲学中才能发现——这种哲学是在考虑一种合乎愿望的将来，以及寻找将理智进步性地带入存在的手段。当专门的观念论最终证明是一种狭隘的实用主义——之所以狭隘，是因为它理所当然地认可由历史条件决定的目的的终极性——那么，一种实用主义应该是以经验为根据的观念论，主张理智与尚未实现之将来具有实质性联系（这种将来具有变换的可能性）。

IV

为什么对经验的描述与经验情境的事实有如此大的距离？为了回答这个问题，我们先要说明当前的哲学工作沉迷于认识论这一现象。所谓认识论，就是一般地讨论知识的本性、可能性以及限度，并试图从对这些问题的回答中获得某些关于实在的最终属性的结论。

对经验的非经验学说趋向的质疑（甚至包括那些宣称自己是经验主义者的人）的回应在于，传统的解释来源于一个曾经被广泛接受的关于经验主体、承担者和中心的观念。对经验的描述被迫要遵守先验的概念；它首先是演绎自那种概念，是不断涌入那种演绎模式中的实际经验事实。这一先验观念的重要特征，在于假定经验围绕着或者聚拢或者来自一个自然存在过程之外的中心或主体，而经验又与之对立地存在着——无论这种对立的主体被称为灵魂、精神、观念、自我、意识，或者只是知者，或者只是知的主体；但是，对于当前的目的来说，它并不重要。

在我们思考被质疑的观念的流行形态时，有一些似乎有道理的立场包含在人类几个世纪以来的宗教笃信中。这些是深思熟虑、系统性的超凡脱俗的世界。它们以一种人类的堕落为中心，这种堕落不是自然中的事件，而是侵蚀大自然的原初灾难；它们以一种通过超自然手段才得以可能的救赎为中心；它们以另一世界中的生命——从根本意义上说，不仅仅是空间上的另一世界，而是一个完全不同的世界——为中心。命运的伟大戏剧发生在一种灵魂或者精神中。在特定环境中,这些灵魂或精神即便(严格来说)不是超自然的,也是被看作非自然的或外在于自然的。当笛卡尔和其他人从中世纪兴趣中挣脱出来时,它们依旧被当作如理性工具般普遍的东西,比如,知识被一种外在于自然的力量所操控,并与被认识的世界相对立。即使他们有意愿完全摆脱过去,也没有什么可以替代放在原先灵魂位置上的知者。人们可能会质疑,直到科学得出物理的变化是能量的功能性互动、人是其他生命形式的延续这些事实之前,在社会生活已经发展出一种理智自由、有责任感的作为行动者的个体之前,是否存在有效的经验替代品(empirical substitute)。

但是,我的主要论点并非依赖关于经验载体(bearer of experience)观念之历史性起源的任何特殊理论。我的要点是:那些观点就在那里独立存在着。根本性的东西在于,载体被当作外在于世界,因而构成载体的存在的经验通过一种在世界任何地方都找不到的操作产生影响,而知识仅存在于考察、观察这个世界,获得一种旁观者的见解中。

神学问题获得关于作为最终实在的上帝的知识,它被有效地转化为关于获得实在的知识可能性的哲学问题。一个人如何能够超越主体和主体状态的局限性?熟悉引起的轻信要比引起的轻视经常得多。当人们热烈地针对一个问题讨论了近三百年后,它怎么又成了虚假的问题呢?但是,如果那种把经验作为某种世界对立面的假定与事实相违背的话,那么,自我或心灵、主体经验、意识如何获得关于外在世界知识的问题就确实没有什么意义了。无论这些问题是如何地与知识相关,它们都不是那种已经构成认识论的问题。

包含在认识论专门研究中的知识问题,是**一般**的知识问题——是一般意义上知识的可能性、范围和有效性问题。这种"一般意义"是什么意思呢?在日常生活中,有许多含有丰富知识的特殊问题,我们试图获得的每一个结论,无论是理论上的还是实际中的结论,都可以提供这种问题。但是,却不存在所谓一般意义上的知识问题。当然,我的意思并不是说,不能够有对于知识的一般性陈述,或者得到这些一般性描述的问题不是真问题。相反,在探究其存在过程中,存在着成功和失败的特殊例子;而且,正因为具有这样的特征,一个人可以发现导致成功和失败的条件。对于这些条件的陈述构成了逻辑,并可以为恰如其分地指导认识活动的进一步尝试提供重要的帮助。但是,知识的逻辑问题与认识论处于对立的两端。特殊的问题在于要达到的正确结论——实际上,它也就意味着从事探究事业的正确道路。正确的和错误的探究和检验方法意指知识和错误之间的差异,这种不同不是经验和世界之间的差异。关于一般(überhaupt)的知识问题是存在的,因为人们假定,存在着一般意义上的认识者;这个认识者外在于将要被认识的世界,且通过与世界完全不同的特征而被定义。通过类似的假定,我们可以构造和讨论一个一般意义上的消化(digestion)问题。所有需要的东西,都要考虑胃口和存在于不同世界中的食物材料。这种假定会给我们留下可能性、范围、本性问题,以及胃与食物之间交相作用的真实性问题。

但是,因为胃和食物存在于一种持续延伸的存在中,因为消化只是世界中不同行为之间的一种联系,所以消化的问题是特殊和多样的:构成消化的特殊关系是什么?它如何在不同的情境中进行下去?对于其最好的性能而言,什么是有利的,什么是不利的?如此等等。假如我们准备从当前的经验情境——包括进化的科学观念(生物连续性)以及现有的对自然的控制技艺中得到线索,人们是否能够毫不动摇地将主体和客体看作占据着同样的自然世界,就像我们毫不动摇地假定动物与其食物之间的联系那样?会不会人们不认为知识是自然能量协作的一种方式?除了发现这种协作的特殊结构,产生最好效果的条件以及随之出现的结果以外,还有什么问题吗?

人们习以为常的是:现代哲学的主要分支——不同种类的观念论、各种名号的实在论、所谓常识的二元论、不可知论、相对论和现象论,都围绕着主客一般关系的认识论问题而展开。这些问题不是公开的认识论问题:比如,意识中的变化与身体变化的关系是不是在同样根源下相互作用或者平行或者自发的关系?一旦产生那些问题的假定缺乏经验的支撑,那种包含了对这些问题不同回答的哲学会面临怎么样一种状况?哲学家从试图确定各种回应问题的相关价值转向对问题自身要求的考虑,这是否还不是时候?

当统治性的宗教观念加强那种认为自我是这个世界中陌生人和朝圣者观念的时候;当与之保持一致的道德发现,真正的善只存在于自我内在状态中,人们除了通过个体自身的反思,没有办法通达它;当政治理论设定了分离的和相互排斥的人格的终极性,那种认为经验载体是与世界相对立而非位于世界之中或系世界一部分的观念就是合适的。它至少拥有对其他信念的保证和热望。但是,生物连续性或有机体进化论的学说已经摧毁了这一概念的科学基础。从道德上说,人们关心改良现在世界上的共同命运所需要的状况。社会科学认可被联合在一起的生命,并非仅仅是物理上的并列,而是真正的相互交往——一种非隐喻性共同体意义上的经验共同体。我们为什么还要试图修补、改进和延伸旧的解决方案,直到它们看起来包含了思想和实践上的变化? 我们为什么不承认麻烦与问题同在?

对机体进化的信念如果没有无保留地延伸到一种使得经验主体得以被思考的方式上,如果没有努力使整个经验理论和认识理论与生物学和社会中的事实保持一致,它几乎就是匹克威克式的(Pickwickian)①。比如,有许多人坚持认为,除非根据一个自我(或"意识")给"真正的客体"施加了一种不断修正的影响的理论,否则,梦、幻觉和错误不可能被完全解释。逻辑上的假定是,意识外在于真正的客体,它是某种不同的东西,因此它拥有把"实在"转变为表象、将"相对性"引入到事物自身中去的力量——简单地说,具有用主体性影响真实事物的力量。这些作者看起来没有意识到这一事实:这些假定使得意识在词语的字面上看起来是超自然的;而且,退一步说,这一观点只有在所有其他处理事实的方法用光之后,才可能被持生物连续性学说的人所接受。

实在论(至少某些所谓的新实在论)拒斥任何诸如此类的意识的奇妙干涉。但是,它们②承认问题的真实性。它们只是否认这种特殊的解决方式,试图发现其他方法;这些方法将依然保持知识观的完整性,将之当作一种主体与客体之间的一般关系。

现在,梦、幻觉、错误、快乐和痛苦这些可能的"第二级"的性质,除非存在着经验的有机中心,否则不会发生。它们围绕着一个主体而丛生。但是,把它们作为独自存在于主体的东西加以对待,或者通过站在这个世界对立面的认识者提出**那个扭曲现实对象的问题**,或者提出首先被解释为沉思知识的案例的事实,都证明了人们需要学习进化论课程来处理手中的事务。

假如生物学的发展能够被接受,经验主体至少是一个动物,它与一个更加复杂的组织过程中的其他有机形式联结在一起。一个动物至少是生命体中的化学-物理过程的延续,这些过程具有很高的组织性,它们用自身的界定性特质真

---

① 匹克威克是狄更斯作品中的人物。作者在这里比喻为宽厚迂执之意。——译者
② "它们"意味着"一些"先天的判断,其实在论是认识论意义上的,而不是成为一种要求,即把经验事实当作我们通过经验工具毫无困难地发现的东西。

正构建了生命的活动。经验并非与大脑行动同一,它是在与环境(自然的和社会的)互动中整个有机体的施予-接受过程。大脑首先是一种特殊类型的行为器官,而不是认识世界的器官。重复已经说过的话,去经验只是互动、关联和自然对象的特定模式,或者可以说,有机体碰巧成为其中的一个模式。同样可以导出的是:经验首先并不意味着知识,而是行动和遭遇的方式。去知道必须通过发现做和遭遇的特殊模式(性质上唯一的)来描述。实际上,如果从原先外在于世界的旁观者的观念出发,我们发现,经验可以同化为一种非经验性的知识概念。①

简而言之,思考梦、错误、"相对性"等等的认识论方式,取决于将心灵从亲密地参与到具有其他同样连续性联结关系的变化中隔离出来。因此,这就像坚持认为,当一个瓶子迸裂时,瓶子是以某种自我包容的奇妙方式独自作用的。因为,瓶子的本性就是成为一个整体以装盛液体,所以,迸裂就是一件反常的事——比得上一种幻觉。因此,它不属于那个"真正的"瓶子,玻璃的"主体性"才是其原因。很显然,由于玻璃破碎是自然能量关系中的一个特例,其意外和反常的特性必须与结果相关而不是原因。被认为与这些结果的影响无关的迸裂,与广阔世界中其他偶发事件处在同一平面上。但是,从一个被寄予希望的未来立场看,破裂是一种异常,是事件过程的中断。

与梦、幻觉等偶然发生的东西的类比,在我看来是准确的。梦并不是外在于事件通常过程的东西;梦在事件内部,也是事件的一部分。它们不是真实事物在认知上的扭曲,而是**更加**真实的事物。这些东西的存在并不反常,它们甚至比瓶子迸裂本身还要正常。② 但从它们产生的影响这一立场来看,从它们作为一种操作乃是用以引发对改变将来作出回应的刺激物这一立场来看,它们有可能是不正常的。梦经常被当作将要发生的事情的预兆,它们已经纠正了行为。一种幻觉可能让一个人去咨询医生,这种结果是正确的和恰当的。但是,咨询这个事

---

① 一些实在论者将认知关系等同于世界上的其他存在关系(而不是将其当作一种独特的或认识论的关系),他们被迫将他们的知识概念当作一种"表现"的或看得到的事务,以便将后者的确定特性拓展到所有事物的关系中,因而使得世界中所有"真实"的事物成为完全相互独立、纯粹的"单一体"。注意到这一点,是很有意思的。如此想的话,外在关系的原则更加表现为事物之完全外在性的原则。除此之外,由于其辩证的独特性,由于假定前提的发展,而不是由于支持它的经验证据解释所具有的说服力,这个原则显得很有意思。
② 换句话说,存在一个一般性的"错误问题",这只是因为存在一个一般性的关于恶的问题。关于这一点,参见卡伦博士的《价值与存在》。

情表明，主体把幻觉当作一种对于某种结果的提示，而这种结果正是他所畏惧的：是一种遭到打扰的生活的征兆。或者，幻觉可能引导他期待某些结果，而这些结果实际上只能来自大量财富的占有。这样，幻觉就成了对事件正常过程的干扰，它的偶然发生成了对可能发生的事件的错误利用。

将对"利用"、期望的和打算的结果的参照看作涉及一种"主体性"要素，这就错过了要点，因为这已经关涉到将来。对瓶子的利用并不是精神性的，它们并不由精神的状态构成，而更多地与自然存在相关。使用中的结果是真正自然的事件，但如果没有涉及将来的期待行为的干预，这些事件不会出现。这个例子并非一种幻觉，其所产生的差异无论如何都是连续世界进程中的差异。重要之点在于，它们是不是好的或者坏的差异。把幻觉用作一种损害健康的有机体机能缺失的标记，意味着去医院看医生的好的结果；把它当作某种结果（比如，实际上只是来自遭到迫害）的标志予以回应，就是陷入错误——变得不正常。迫害者是"不真实的"，也就是没有什么东西能像迫害者的行动那样去行动，但幻觉确实存在。给定条件，它就和其他任何事件一样自然，也只是产生同样的问题，比如，就像是由雷阵雨导致的偶然发生的事件一样。然而，迫害的"非真实性"并不是一种主体性事务，它意味着条件并不为产生将来结果而存在，这种结果是现在期待和进行反应的。期待将来结果的能力，和对这些作为当前行为的刺激结果进行回应的能力，可以很好地界定一个心灵精神或"意识"①所意味着的东西。但这只是言说主体是那种真实的或自然的存在的一种方式，它不是求助于一种关于非自然主体的先入之见以便刻画出错误发生的特征。

虽然讨论已经很费力了，但还是让我们举另外一个例子——疾病的发生。通过定义可知，疾病是一种病态，是一种反常。在人类历史的某个时刻，这种反常被当作某种居于事件内在特性的东西——在其不顾将来后果的存在中。疾病在字面上是外在于自然的，被指向魔鬼或巫术。今天，已经没有人质疑其自然性——它在自然事件序列中的位置。然而，它是反常的——因为它引发的结果与在健康状态中产生的结果存在着差异。这种差异是一种真正经验上的差异，而不仅仅是精神上的区别。从事件随后过程的影响这一立场看，疾病是不自然的，虽然它的发生和起源是自然的。

---

① 比较鲍特（Boyd H. Bode）的《意识和心理学》，《创造性智慧：实用主义态度论文集》，第 228—281 页。

忽视对未来进行参照的习惯,对以下假定的产生负有责任:承认任何一种形式的人类参与,就是在把客观性转变为现象的意义上承认"主观性"。已经有一些人,像斯宾诺莎,他认为健康和疾病、好与坏是同样真实和同样非真实的。然而,只有一些始终如一的唯物主义者,把错误和真理当作仅仅是现象的和主观的东西一同囊括进来。但是,假如人们不把朝向可能结果的运动看作是真的,那么,对所有这些差异的存在有效性的全盘否定,是唯一合逻辑的过程。在这种基础上,把真理当作客观的,把错误当作"主观"的,是一个无法加以辩护的片面过程。把所有东西都当作给定的,真理和错误都是随意插入到事实中去的,承认正在进行中的变化的真实性,承认通过奠定在预见的基础之上的有机行为进行指导的能力,承认真理和谬误具有相似的存在性。正是人类把符合我们努力结果的事件过程当作事件的**常规**(regular)过程,把中断当作反常;但是,人类欲望的这些偏见自身就是实际发生的事件的一部分。

既然我们的讨论不能覆盖整个范围,那么,现在讨论认识论困境中的一个特殊例子。然而,我认为,选择的例子具有典型性,因而达到的结论可能具有一般意义。

这一例子就是知觉中所谓的相对性问题。关于这一点,我们可以举出无穷无尽的例子:水中弯曲的筷子;随着距离的不同,耳朵中感受到哨子音调的不同;压按眼睛产生的双重物象;毁灭的星星依旧可见,等等。在我们的思考中,可能会举这样的例子:一个球形物体以一种平面圆圈的形式呈现给一个观察者,而以略带扭曲的椭圆形状呈现给另外一个观察者。这一情境提供了经验的证据,表明了真实对象与表象之间的差异。因为对象是一个东西,这样,唯一的区别要素就是两个**主体**的存在。因此,一个真实对象的两种表象证实了主体介入性的扭曲行为。许多否认当下讨论的东西中存在差异的新实在论者,承认这个例子乃是知识的一种,并由此产生了一个认识论上的问题。结果,他们发展了许多完美的、经过详细阐释的、种类各样的方案,以保持"认识上一元论"的完整。

让我们尝试着接近经验事实。首先,从物理学上看,由于光的反作用规律,一个球体有两种不尽相同的表象是必然的。假如一个球体不假定在给定条件下呈现为两种表象,我们就会在自然能量的行为中遇到一种绝望的、不可协调的差异。两台照相机(或者其他能够反射光的器械装置)产生同样精确的结果这一事实,证明了上述结果是自然的。照片与原有球体一样,是真实的物理存在,它们都展现了那两种几何形式。

对这些事实的描述,不会给根深蒂固的认识论者留下任何印象。他只会反驳说,只要人们承认有机体是球能够从不同角度被看见的原因——不管它是圆形的还是椭圆形的,他论点的实质(主体对真实的对象作出修改)就是确定无疑的。但是,据我所知,就同样的逻辑为什么没有应用到摄影记录这个问题,他没有作出任何回应。

困难的根源并不难找到。这一相反的意见假定,所谓对那个真实对象的修改只是去认识的一个例子,因而可以归于**认识者**的影响。提出这一学说的陈述总是会被发现参照有机体的要素,参照作为观察者或感觉者的眼睛。即使这个参照与镜头或镜子相关联时,人们有时也会说,作者的纯洁足以把这些物理的要素当作似乎是参与到对球的感知过程中。但是,很显然,镜头是作为一种与其他的物理要素(尤其是光)相关联的物理要素起作用的,因此,应当明显的是,眼睛光学式设备的介入是纯粹非-认知性的东西。存在疑问的关系,并不在一个球体和一个想对球体进行观察的人之间。很不幸,这种关系被去认识的设备的本性谴责为改变了他要去知道的东西;这是两种物理的行动主体在产生第三种东西(一种效果)时的动态互动;这是一种在任何物理性的结合行为中发生的同类型的事件,比如氢和氧结合产生水的运作。把眼睛首先当作一个对事物的认识者、观察者,这和把其功能归结于照相机同样愚蠢。但是,除非眼睛(或者光学设备、大脑、有机体)被如此对待,不然,在椭圆形和圆形表面同时出现的例子中,绝对不会有观察的问题和知识的问题。知识一点也不会进入事件,直到这些折射光的不同形式产生之后。关于这些形式,没有什么是不真实的。光被真实地、物理性地和存在性地折射进这些形式中。假如光的折射从两个不同的角度作用到物理对象上时,同样的球形产生了相同的几何形式,那才将是让人目瞪口呆的——就好像蜡与冷的物体和热的物体同时接触时产生同样的结果一样。当被假定的是一种与其他真实东西有着动态联系的真实东西时,为什么要谈论真实对象与一个认识者的关系?

处理这一例子的方法可能会遭到反驳,至少这曾经发生过。有人说过,上述解释和传统的主观主义的解释只具有字面上的差别;而双方本质的东西在于,两者都承认,一个自我或主体或有机体的行为在真实对象中制造出了差异。至于主体是在认识过程中制造出差异,抑或先于认识行为制造差异,这都是小事。重要的是,被认识的事物在被认识时已经被"主观化"了(subjectified)。

反对的意见为总结争论的要点提供了一个便利的机缘。一方面,反对者的反驳依靠对那个真实对象的讨论。应用"一个真实的对象"这个术语,以及由光学设备的行为特征产生的变化,与照相机镜头或者其他的物理行动者具有同样的特质。世界上的每一事件都标明了一种存在与其他存在积极联系时产生的差异。至于所谓的主观性,假如主观性只是作为一种形容词,用来指出一个特殊存在的特殊行为——比如,就好像把"凶猛"这个词应用到老虎身上,把"金属"这个词用到钢铁身上——那么,指称主观当然也是合法的了。但这也同样是同义反复,就如同说食肉者是吃肉的人一样。但是,"主观性"这个术语对于其他用途是太神圣了,它通常意味着与客观性(主观性在这个意义上只是指出客观性的特殊模式)之间令人厌恶的对照,因此,人们很难保持这种单纯的感觉。以我们目前情境中任何一种轻视的方法去使用这个术语——任何一种意义暗示了与真实对象之间的对照,假定当有机体在与其他事物的联系中运作时,它不应该制造差异。因此,我们回到现实中的假定:在与所有其他自然存在的关系中,主体是异质性的,它是这个变动不居的世界中多余的和无效的东西——我们过去把自我假定为外在于事物。①

在我们正在思考的这个例子中,知识是什么,它在哪里?就像我们已经看到的那样,知识不在具有一种圆形或椭圆形表面的光线形式的生产中。这些形式是自然发生物。根据环境,它们可能会进入知识,也可能不会。有无数这样的折射变化在未被注意到的情况下发生着。② 当它们成为知识的论题时,对它们着手进行的探究可能会采用一种形式上不确定的变种。一个人可能会对探究更多的关于形式自身结构特点的东西感兴趣;一个人可能会对形式的生产机制感兴趣;一个人可能会在投射几何学或制图和绘画中发现问题,这些都依靠特殊的实质性背景。这些形式可能是知识的**客观性**,可能是反思性考察中的客观性,或

---

① 保留认识论问题,拒斥观念论和相对论解决方案的意图,迫使一些新实在论者进入孤立、分开的"单一体"中,因而导向了一种爱利亚学派的多元论原则。为了保持这个原则,主体与其他东西并无差别,它坚持**没有**与其他东西有所差别的根本真实——这些并不是一次全部放弃问题的真实性,追随经验主题的引导。
② 在认识论情形中,各种辩证的发展几乎没有目标。当认为正在讨论中的所有类型的关系都是认知性的关系,而且人们承认(就像它一定会被承认的那样)许多这种"转变"都没有得到注意,那么,这个理论就通过引入"非意识"的精神变异而得到补充。

者,它们可能是认识其他事物的手段。有可能发生的是(而在某些条件下这确实是会发生的):探究的对象就是几何形式的本性;这些几何形式在光的折射下,会产生其他的形式。在这个例子中,球体是那被认识之物,同时,光的形式乃是要得到的结论的标志和证据。不再有什么理由来猜疑它们是关于球体的知识(或非知识)——球体是必要的,而且是一个人开始认知时的出发点——除非假定水银在温度计中的位置是对空气压力在认识上的扭曲。在每个例子中(关于水银的例子,以及关于圆形表面的例子),第一手的资料都是一种物理性的发生。有时,在每个例子中,它都会被当作一种标志或证据,表明引发结果的原因的本性。假定位置是成问题的,那圆形的形式就将是关于球形物体位置和本性的一种本质上不可靠的证据,而这只是在感觉的直接材料中,它不呈现为自身,即一种圆形形式时才是可能的。

我承认,所有这些看起来都很明显,以至于读者可以探究我引述这些平常事实的动机。这当然不是为了坚持认识论问题——这一问题将是对读者理智的冒犯。但是,只要这些事实正如我们所讨论的那样,提供了哲学特别关注的那些问题,这些平凡的事情就必须得到推进和反复表述。它们产生了两种在结合处非常重要的论点(虽然一旦它们被习惯性地承认,就要失去特殊的意义):从消极意义上说,一种关于自我的先验的、非经验性的观念,是经验首先是认知性——一种知识性事务的流行信念的来源;从积极的意义上说,**知识总是这样一种应用,它由经验性的自然事件构成**,在这种应用中,特定事物被当作不同条件下将要经验之物的征兆。

让我再做一次努力来整理这些要点。假定这是一个关于水的知识问题。将要被认识的东西并不首先把自身呈现为一种知识和无知(knowledge-and-ignorance)的事情。它是作为一种行为刺激物而产生的,以某种特定经历来源的形式出现。它是某种我们与之相互作用的东西:去畅饮,去冲洗,去灭火;也是某种与我们的反应发生出乎意料互动的东西:使我们经受疾病、窒息、溺水。在这双重的路径中,水或任何其他的东西进入经验中。这种经验中的呈现自身与知识或意识是没有关联的,在这个意义上,没有什么东西依赖于它们;虽然在知识和意识依赖于这种非认知性先验经验的意义上,这种呈现与知识和意识相关。人类的经验就是它所是的东西,因为他对事物的反应(即使是成功的反应)以及事物对他生活的作用,与知识有着根本上的差异。生活的艰难和悲剧,获取知识的刺激,就存在于经验中呈现(presence-in-experience)与知识中呈现(presence-in-knowing)的悬殊差别中。然而,知识经验的巨大重要性,把经验中呈现转变为知识-经验中呈现(presence-in-a-knowledge-experience)是自然控制的唯一模式这一事实,已经系统性地使欧洲哲学自苏格拉底以后都沉迷于把所有经验都看成是认识的模式,如果这些不是好的知识,那就是一种低层次或使人混乱或模糊的知识。

当水成为对行为的一种充分的刺激,或者当其反作用压迫或者淹没我们,它依旧在知识的范围之外。然而,当事物简单的出现(比如光线的刺激)不再作为对刺激的回应而直接运行,并在与一种对结果(当它作出回应时,结果是能够达到的)进行预见的关系中运作,它就开始获得意义,开始被认识,开始成为对象。人们注意到,某些东西是湿的、流动的、止渴的和缓解不安的,等等。如下的观点并不依靠经验:我们开始于一个被认识的视觉的质,这个质通过附加其他感觉所把握的质而得到扩展。它依赖于使经验与那种认为所有经验都必须是一种认知性标注活动的观念相一致。只要视觉上的刺激如同为了自身一样进行运作,那就完全没有对颜色、光线的理解和标注活动。对于很大一部分感觉刺激物,我们恰好是完全以这种非认知的方式进行反作用的。在结果被预期的、悬置的态度中,直接的刺激成了另外一些东西的标示或索引,因此成为关于标注或理解或知晓的事,或者其他任何术语可以表达的东西。这种差别(当然,它是和与之相伴的结果联系在一起的)是认识活动的自然事件对直接有机刺激的自然事件产生的影响。并没有从实在到非实在的变化,从客观事物到某些主观事物的变化,其中没有秘密和不正当的东西;也没有认识论上的转化,这是通过进入与事物的关系而真正获得某些新的、与众不同的特点,这些东西之前并没有被连接起来,也就是说,它们是一些可能的、未来的东西。

某位着迷于认识论见解的人回答说,他认定先前的解释是另一种披着伪装的认识论,它全然没有涉及改变实在,对实在没有造成任何差异。水从头到尾就是水的实在所构成的东西,它的本性并没有因为认识而被修改;任何这样的修改,都意味着一种错误的认识活动。

为了进行回应,我再次也是最后一次说,其中并没有什么关于那个真实对象或那个真实世界或那个实在的主张和暗示。这种假定是与认识论的话语域相伴随的,在一种话语的经验域中,这种认识论的话语必须被抛弃。变化的是一个真正的对象。世界像一个生理上直接的刺激那样运作,这件事可以确定是真实的。如果对之作出回应,它就通过各种回应产生许多特殊的结果。水只有在某人去喝它的时候才是能喝的,除非一个口渴的人去饮水,否则水并不能止渴,等等。无论人们是否意识到这些,结果都会发生,它们是经验中的整合性事实。但是,让这类结果中的一个被预期到;而且,让它如预期的那样成为刺激物中一个不可或缺的要素,这样就产生了被认识的对象。并非认知产生了变化,而是一种描述的特殊类型发生了变化。一个连续的过程,以及类似的、不能同时发生的一些连续的部分,被叠嵌和压缩进一个对象中,一个同时期各个属性同一的交互关联中,大多数是对潜在性的表现而非对完成的材料的表现。

由于这些变化,一个对象就有了真理或错误(而物理的发生从无真理与错误的问题),作为事实或者幻觉,它们是可分类的;它是属于某类的,表达了一种本性或自然,有了某些暗示(implications),等等。也就是说,它有了可以详细说明的逻辑特质,这些特征在物理发生的事件中是找不到的。因为客观唯心主义已经把握了这些特征,并将之作为构建实体的本质,因而没有理由宣称它们是自然发生的事件中现成的特征,并以此为由坚持认识只是事物在一个"意识"提供脚光的舞台上产生的表象。因为,只有认识论上的困难,导致那些原先没有被呈现出来的、被当作关于事物的知识得以"呈现"。在日常生活或科学的每一种经验情境中,知识都指示着某些东西对另外一些东西的陈述和推断。可见的水并非一种对 H_2O 或多或少错误的展现,但是,H_2O 是一种关于我们看到、喝到、在上面扬帆航行并用来进行水力发电的东西的知识。

一个更深入的要点和当下的讨论阶段要终止了。把知识当作一种认识者和对象之间的表现关系,使得有必要把表现(*presentation*)的机制当作认知行为的构建。由于事物可能呈现在感官-知觉中,呈现在回忆、想象和概念中,而且由于这四种表现风格中的任何一种机制都是感官-理智的结合,因而认识问题成了一个心身问题。① 这种心理学或生理学的表现机制涉及在看一把椅子、记住我昨天午餐吃了什么、把月亮想象成手推车的轮子、考虑一个数学的闭联集(continuum),这个机制是与认识的运作同一的。有害的结果是双面的。身心关系问题已经成

---

① 当然,在沉思的历史上,概念-表象被许多人当作是外在于这个陈述的例外;"纯粹"记忆同样被柏格森当作是一个例外。当然,认识到这些会强化而非减轻文本中所谈论的困难。

为一般意义上知识可能性问题的一部分,以至于一件事情中更加复杂的许多要素已经绝望地被限定了。其间,认知的实际过程,即受到控制的观察、推论、推理和试验行为的操作,这个唯一在理智上重要的过程,因为与认识的理论毫无关联而被排除掉了。在日常生活和科学中践行的认识方法,被从认识的哲学理论思考中排除出去了。因而,后者的建构变得越来越精巧地人工化,因为对它们没有确定的检验。从某些认识论者那里,我们很容易引用一些陈述以得出结论,认为这一过程(给认识提供唯一的经验上可证实的事实)仅仅具有归纳的特征,甚至说,它们只具有纯粹心理的意义。很难找到比后者的陈述更完全的对于事实的颠倒,因为表现实际上构成心理学的东西。生理心理学在逻辑上的混杂已经产生了混杂的认识论,并产生了令人惊异的结果,那就是有效探究的技巧被看作与认识的理论不相干的东西,而那些包含有认知素材出现的物理事件,则被处理为似乎是它们构成了认识的行为。

V

我们的讨论与当前哲学的范围、职责的看法有什么关系呢?与哲学自身相关,我们的结论预示、要求什么呢?由于达到此种关于知识和心灵结论的哲学,必须真诚和全心全意地将这些结论应用于关于其自己的本性观念中,由于哲学声称成为一种认识的形式或模式,假如得出结论说,认识是将与增加力量相关的经验发生(empirical occurrences)投入到从事物中产生出来的结果中去的一种方式,那么,结果的应用必须被归于哲学自身。同时,它也不再是那种对存在的沉思式的审视,也不是对其过去所做的进行分析,而是一种与达到更好、防止变坏的将来可能性有关的全局观。哲学必须优雅地服下自己开的药。

陈述哲学上那种被改变的观念带来的消极结果,比陈述其积极结果要来的容易。人们最经常想到的一点就是:哲学必须放弃所有独特地与最终实在,或者作为完整(即完成了的)统一体之实在相关的主张,即与**那个**真正的对象相关。这种放弃并不容易达到。从古典希腊思想延续到我们今天,同时在中世纪被基督教哲学强化了的哲学传统,借助于所谓与至上的、最终的和真正的实在特别密切的关联,把哲学认识与其他的认识模式区分开来。在许多人看来,拒斥哲学的这个特质似乎更像是哲学的自杀,是系统接受怀疑论或一种不可知的实证主义。

传统的渗透可以在下面事实中看到：像柏格森那样在当代至关重要的思想家发现了一种哲学上的革命，而这场革命要涉及抛弃传统上把真正真实的与固定的东西同一（这种同一是从希腊思想中承继过来的）的做法；但是，在他的心中却找不到对类似的哲学与寻求真实实在的同一的弃绝，因而，他发现有必要用一种最终和绝对的流动替代最终和绝对的永恒。这样，在呼唤关注对生命和心灵问题进行时间思考具有根本重要性的过程中，他那伟大的经验主义贡献与一种神秘的、非经验的"直觉"相妥协了。而且，我们发现，他痴迷于用他最终实在的新观念去解决传统的实在自身（realities-in-themselves）与现象、物质与精神、自由意志与决定论、上帝与世界的问题。这难道不是关于哲学的经典观念发生影响的证据吗？

即使新的实在论者并不满足于把他们的实在论看作是一种直接接近论题的呼吁，而是通过认识论工具的干涉而实现这一点，他们还是发现有必要首先确定**那个**真实对象的地位。因此，他们过分地纠缠于错误、梦、幻觉等等东西的可能性问题，简而言之，过分纠缠于恶的问题。在我看来，一种尚未被侵蚀的实在论会把这些当作真实的事件，除了那些专心对任何真正发生的事件进行思考的问题——即结构问题、起源问题和操作问题，此外就没有其他任何问题了。

人们经常说，除非实用主义乐于仅仅在方法论上作出贡献，否则，它一定会发展出一种关于实在的理论。但是，这种实用主义实在观的首要特征在于，没有一种关于实在的一般理论是可能的和必须的。它占据了一种被解放了的经验主义或者一种十分天真的实在论位置。它发现，"实在"是一个外延性的术语，一个习惯于冷漠地标明所有发生东西的词语。谎言、梦、疯狂、欺诈、神话和理论确定来说，都只是特定的事件。实用主义乐于站在科学的立场上，因为科学发现所有这些都是描述和探究的主题，就像星星和化石、蚊子和疟疾、循环和视力一样。它也站在日常生活的立场上，认为这些事物真的需要被认真应付，就好像它们发生在许多事件的交集中一样。

使"实在"这个词不仅仅是总括性的外延术语，唯一的方法就是在其多样性和当下性中求助于特殊的事件。概要地说，我发现关于实体观的哲学坚持实在世代相袭似的优先于日常生活中发生的事件，这是哲学从常识和科学中不断被孤立出来的主要原因。常识和科学并不在诸如此类的领域内运作。在处理真正的困难时，哲学发现自身依旧受制于这样一种情况，即它同实体的关系要比同直接发生的事情的关系来得更真实和更根本。

我已经说过,把哲学上的原因与至上实在(superior reality)的观念等同起来,这是其不断从科学和现实生活中独立出来的原因。这一表达让我们想起,曾经有一段时间中,科学的事业和人类道德的兴趣都在一个令人反感地区别于日常发生事件领域中运动着。虽然所有发生的都是真实的,因为它确实发生了,但是发生过的并非有着同样的价值。它们各自的结果、它们的意义发生了巨大的改变。伪币虽然是真实的(或者也是由于其真实),却和有效流通的媒介差异明显,就像疾病和健康有着明显的区别一样,它们在特定的结构上不同因而在结果上也是不同的。在西方人的思想中,希腊人首先区分了真和假的普遍样式(generalized fashion),表述并强化了它对于生命行为的重大意义。然而,由于他们没有掌握实验分析的技术,没有充分的数学分析手段,他们只是被强迫去处理真与假、可靠与不可靠之间的差异,他们指出了两种存在,即真正真实的和表面真实的存在。

有两点没有得到足够的强调。古希腊的感受是完全正确的:只要善和恶的问题处于人的控制范围之内,它们就与真和假的区分、"存在"与表面东西的区分联系在一起。但是,由于他们缺乏在特殊情境中应付这些差别的足够手段,他们被迫把这些差别当作一个巨大和僵死的东西加以处理。科学关注最终的景象和真正的实在,意见是与相伴而行的表面实在相关联的。它们各自有着永恒分割的恰当领域。意见的东西永远都不可能成为科学的东西,它们的内在本性不允许它们这么做。当科学实践在这种条件下持续进行时,科学和哲学是同样的东西。它们两者都不得不处理与日常发生的事件有着严格、不可克服差别的最终实在。

我们只能提到某种方式——中世纪的生活用这个方式把关于终极和至上实在的哲学放置到实际生活的背景中——以便让人意识到,数百年来的政治和道德的兴趣是与绝对真实和相对真实的区别联系在一起的。这种差异不是关于一种远离生活的技术哲学,而是一种控制着从摇篮到坟墓、从坟墓到死后无尽生命的哲学。依靠一种庞大的制度(实际上,也就是国家和教堂),关于最终实在的说法得到强化,通向这种实在的手段也被给出。对实在的承认,给这个世界带来了安全,也给下一个世界带来了拯救。并没有必要去报告已经发生过的变化的故事。就我们的目的而言,注意到下面一点就足够了:现代关于至上实在(superior reality)或那个真实对象的哲学——不管它们是观念论还是实在论,没有一个坚持认为,它的洞察力能够产生出像罪与圣洁、永恒的责难与永恒的赐福之间的差别。而在其自身的语境中,终极实在的哲学受到人们的关注,它现在往往变成一种在教授的圈子里操练的足智多谋的雄辩,这些人保持了古老的前提,但又拒绝把它应用到生活行为中去。

  同样明显的是:哲学不断从科学中分离出来,并与那个真实的问题同一起来。因为科学的成长恰恰包括设备、器具的技术和程序的发明,科学把所有发生的事情都看作是同质性的真,并通过特殊情境中的特殊处理模式,把证据同伪造区分开来,把真同假区分开来。训练有素的工程师、胜任的医师以及实验室专家的程序被当作仅有的能把虚假从合法中区分出来的方法。同时,这些方法也揭示出,差异并非存在的前提稳定性中的一种,而是一种处理模式和伴随而来的结果。在人类学会信任特定的程序以便区分真假之后,哲学就妄称是从自身的角度对这种区分的强化。

  本文不止一次指出,与令人厌恶的真实实体观相伴而来的是知识的旁观者观念。假如认识者(无论如何界定他们)都站在被认识世界的对立面,那么,认识就在于拥有一种对真实事物的记录;这种记录或多或少有点精确,但又是多余的。无论这种记录具有表现的特征(就像实在论者所说的那样),还是它依靠对代表着事物意识的陈述(就像主观主义者说的那样),它在我们的语境中都是极为重要的。不过,另一方面,与双方都同意的那些东西相比,这些都是可以忽略不计的。认识就是从外面去观看。但是,假如自我或者经验主体当真是事件过程的重要部分,那么,自我就成了一个认识者。凭借事件过程中特有的参与方式,它成了一种心灵。重要的不再是认识者和世界之间的区别,而在于事物运动中或与之相关的存在方式之间的区别,也就是没有理性的物理方式与有目的的理智方式之间的区别。

  没有必要详细重复前面的陈述。其基本的主旨就在于:在处理存在的条件时,对将来的可能性做方向性(directive)的呈现就是认识所意味着的东西;当对未来结果的期待像对它的刺激那样起作用时,自我就成为一个认知者或心灵。我们现在关心的,是这一观点在哲学认识本性上的影响。

  根据我所能得出的判断,对实用主义哲学的流行回应受到两种截然不同的考虑的推动。对于有些人来说,这为其立场受到威胁的特定宗教观念提供了一种新的约束和新的辩护模式,因为特定的宗教观念在其基础上受到了威胁。而对另一些人来说,它之所以受到欢迎,是因为它被当作一种哲学打算放弃其多余的、无益之偏离的标志;哲学家开始承认,哲学只有像日常认识和科学那样才是重要的,它应该给行动提供指导,并因而在事件中造成差异。它受到欢迎,是因为它成为一种标志:哲学家乐于通过可靠的检验来衡量他们哲学工作的价值。

我还没有看到这一观点得到专业批评家的强调,甚至几乎没有得到承认。态度上的差异可能很容易得到解释。认识论话语域的技术性如此之高,以至于只有那些在思想史中受过训练的人才能根据这点来进行思考。相应地,对于非专业的读者来说,解释学这个学说并不会有这些问题,这种学说的意义和思想的有效性是通过结果和在个人感受中满足一般的结果之间的差异来确定的。然而,那些受过专业训练的人,把陈述当作仅仅在看待修正他们观念的事物这种行为中的意识和精神。它对用结果去检验有效性的学说是这么理解的:只有人们在情感上乐于接受那些由理解和概念所引起的修正,它们才是真的。

原先的讨论可能已经很合理地表明,这种误解的根源在于对时间性考虑的忽视。认识活动中的自我所引起的事物变化不是当下的,也可以说不具有代表性。它是纵向的,在已经给定的变化的方向上持续着。其类似物可以在铁矿石变成钟表发条的发展变化过程中找到,而不能在圣餐变体论(transubstantiation)的奇迹中发现。由于主体和对象之间静态的、有代表性的非时间性关系,实用主义的假设替代了依靠其他事物中产生的结果来对事物进行理解,那些其他的事物正在试图对事物产生影响。由于那种独一无二的认识论关系,它替代了一种熟悉的实际关系:回应性的行为及时地改变了它应用其上的对象。构建认识活动的回应性行为独一无二之处在于,那种将其与其他的回应形式区分开来的特殊差异,也就是预期和预言在其中所扮演的角色。认识活动是一种保护和避开结果的行为、一种由先见(foresight)激发的行为。能否成功地实现目标是衡量先见地位的标准,而回应正是在此种先见的指导下进行的。实用主义哲学意味着哲学应该发展与生命实际危机相关的观念,发展能够很好地处理这些危机的观念,并且这些观念的正确与否要依据它们所能提供的帮助。这种流行的印象是很正确的。

然而,指向实际的回应会提出另一种误解。许多批评家已经被"实用主义"这个词语与实际的东西之间显而易见的联系吓了一跳。他们已经认定,实用主义的目标乃是限制所有的知识（包括哲学知识）以提升"行动"，这些行动既可以被理解为仅是那种身体的运动，也可以被理解为有利于身体的持久、康宁的运动。詹姆斯关于一般概念必须"兑现"（cash in）的看法，被看作（尤其是被欧洲的批评家看作）意味着理智的目标及其衡量，在于其所产生的狭隘和粗糙的效用。即使是一个很敏锐的美国思想家，在首先将实用主义批评为一种观念主义的认识论之后，也开始将之当作这样一种学说，即认为理智乃是推动身体工作的润滑剂。

这种误解的来源之一，乃是这一事实：对詹姆斯来说，"兑现"意味着一个一般的观点必须总能够在特殊的存在性实例中得到证实。"兑现"这个观点并不是指特殊结果的广度或深度。作为一种经验的学说，它不会泛泛地讨论这些，特殊的存在性实例必须代表自身言说。假如一个想法被吃牛排这一事实证明了，而另一个想法被银行中良好的信用平衡证明了，这并不是由理论上的东西造成的，而是由于该想法的特殊本性，由于存在着诸如饥饿和交易之类特定的事件。假如有一些存在，其中最自由的美学观念和最慷慨的道德观念能够被特殊的体现物所证实，那么，上述看法就更加确定无疑了。我认为，一种严格的经验哲学被这么多批评家视为暗示一种*先天的*、关于能够存在之结果的信条，这一事实显然证明了许多哲学家不能够按照具体的和经验的方式进行思考。因为批评家们自己习惯于通过处理"结果"和"实践"概念来得出结论，因而，他们认为，即使是一个想要成为经验主义者的人，也必须处理这类东西。我认为，有些人还是需要很长一段时间才会相信，一个哲学家真的想要用特殊的经验来确定实践包含的范围和深度，以及世界允许将要实现的结果是什么样的。概念是如此清晰，很容易就可以展开它的内涵；经验是如此的凌乱，需要很多时间和精力来把握它。然而，同样是这些批评家，却指责实用主义接纳了主观和情感的标准！

事实上，实用主义关于理智的理论意味着，心灵的功能乃是规划新的和更复杂的目标——把经验从常规惯例和任性中解放出来。实用主义教导给我们的东西，并不是把思想当作实现身体机制或社会存在状态中既定目的的手段，而是使用理智去解放行动或放宽对行动的限制。限定在既定和固定目的上的行动可能在技术上会极有效率，但是效率又是其唯一能够要求的性质。这种行动是机械的（或者会变成机械的），无论原先形成的（pre-formed）范围是什么，它都是上帝意志或者*文化*的结果。但是，由于理智在行动范围内所发展出来的学说是针对尚未到来的可能性而非既定的东西,它与机械效率的原则是相对立的。**作为理智的理智**本质上是向前看的,只有通过忽略其首要的功能,它才能仅仅作为一种既定目标的手段。这种目标是从属性的,就算它被标示为道德、宗教或者美学的。但是,指向行动者原先并没有参与到此中目标的行动,不可避免地带上一种加快和放大的情绪。一种实用主义的理智是一种创造性的理智,而非一种机械的常规性。

所有这些都可以被解读为:一位有意为实用主义提供最可能实例的人对实用主义进行的一种辩护。然而,这并非真正的意图。其目的在于指出,理智在何种程度上把行动从一种机械的工具特征中解放出来。实际上,理智只具有通过行动确定未来经验的特征,它是工具性的。但是,理智关注将来,关注至今尚未实现的东西(以及关注仅仅作为可能性实现条件的既定、已经确立的东西)这一事实,使得产生效力的行动变得大方而自由,使得精神得到解放。那种延展并赞同理智的行动,在成为工具的过程中拥有自身的固有价值——这是一种为了丰富生命与理智一同活跃起来的固有价值。借助于同样的行为,理智也变得真正自由了:认知是一种人类事业,而不是一个优雅的阶层或一小部分饱学之士在资本主义领地中进行的一种美学上的评价——不论这些人是科学家还是哲学家。

现在更关注的是哲学不是什么,而不是哲学将会成为什么。但是,不需要也别指望把哲学当作一种预定了程序的规划。人类有一些急迫的和深层次的难题可以通过训练有素的反思进行澄清,而且这些难题的解决方案也可能通过各种假设的精心发展而被提出。当人们理解到,哲学的思考活动是参与到事件的实际过程中,它们具有引导事件向着一个有利的结果前行的功能,这时,问题就开始充分地自我呈现出来。哲学不会解决这些问题。哲学是一种视角、一种想象力和一种反思,而这些功能是与行动不同的,它们什么都改变不了,因而什么也解决不了。但是,在一个复杂的和反复无常的世界中,没有视角、想象和反思活跃于其中的行动,更有可能增加混乱和冲突,而非澄清事物和解决问题。将慷慨的、可持续的反思变成行动中引导性和启发性的方法,这并不是一件容易的事。除非哲学能够把自己从与问题的同一中解放出来——这些问题被假定依赖于实在,或者依赖于同表象世界的差别,以及同认识者的关系,否则,哲学的双手被束缚住了。没有机会通过提供将要尝试的东西而把命运与一种负责任的职业生涯联系起来,就不能把自身与生活的反复无常中实际发生的问题等同起来。当哲学不再成为处理哲学家提出的问题的工具,而成为一种由哲学家为解决人类问题而培养出来的方法时,哲学才实现了自身的复兴。

强调的重点必须随着困扰人类之问题的要点和特殊影响而发生改变。每个时代都知道自身的病症,并寻求自身的治疗。一个人不需要预测一个特殊的计划,来表明当前任何计划的中心要求是对理智的本质及其在行动中的地位的充分认识。哲学不能否认自身必须对许多理智本质上的误解负责,这些误解现在阻碍了理智的有效运作。它至少被强加了一种消极的任务。它必须卸下那种重担——在与困难斗争时,普通人的理智就背负上了这种重担。它必须拒绝和抛弃那种无用的、只进行观看的理智,这种理智使用一种遥远的和外在的中介对自然和生活的景象进行记录。强调想象和思想的呈现是相对于人类的遭遇与其所作所为之间的关系而言这一事实,就是自发地说明那些遭遇,并对那些行为进行指导。在与通向新事物的关联中,所谓心灵把握世界的进程,就是踏上看到理智是所有新事物中最有希望的东西的道路,踏上看到过去转化为将来的意义(它就是现在的实在)之呈现的道路。把理智呈现为引导这种转变的工具,当作这种转化的性质的唯一指挥者,乃是向行动表述当前未被告知的意义。详细阐述理智与人类行为及其经历的相互关系,阐述理智与世界中那种新颖、创造性的呈现及方向的相互关系,这些想法是一项足以让哲学家忙得不亦乐乎的工作,除非有某些更有价值的东西强加到他们头上。必须通过把阐述工作应用到所有与人类行为有密切关系的学科中,而得出尽可能多的详尽细节——这些学科包括逻辑学、伦理学、美学、经济学,以及形式的和自然的科学程序。

理智在这个世界上并因而在对人类的命运的控制上(只要这些命运还是可控制的)的关键地位,乃是生命诸问题中最独特的问题,也是与我们最接近的问题,尤其对我们这些不仅生活在20世纪初而且生活在美国的人来说,更是如此。我相信,强化这点有一种真正的意义。我们很容易在思想与国家生活关系上做傻事。但是,我没有看到任何人是如何就英国或法国或德国哲学的独特的国家色彩提出疑问的。假如以后思想的历史受到德国观念内在进化原则的支配,那么,它仅仅需要一些探究来使我们确信这一原则自身证明了一种特殊的国家主义的要求和起源。我相信,美国的哲学将会长期咀嚼历史的残渣,直到最后变得索然无味,或者为失去的原因(消失在自然科学中)进行辩护,或者成为一种经院哲学、一种图解式的形式主义,除非它能在意识中添加美国人自身的要求,以及成功行动自身的内在原则。

我确信,对于通过理智方法进行政治上深思熟虑的控制来说,这种要求和原则是必要的。这种理智不是在教科书中耀武扬威而在其他地方却被忽视的才智,而是冲动、习惯、情绪、记录以及那些预言将来的可能性中什么是可期望的和什么是不可期望的发现的集合,它也是为了想象的善而进行的精妙发明。我们的生活没有什么供我们退守的神圣范畴背景,只有在我们自身的无所事事中,我们才把先例当作权威加以依赖——因为对于我们而言,存在着一种持续新颖的情境,对先例的最终依赖使得一些阶层的利益能够通过意愿而引导我们。英国的经验论诉诸过去所发生的,它终究只是一种先验论(*priorism*),因为它制定了一条供未来的理智遵循的固定规则。故而,只有沉浸在技术学习中的哲学能够防止我们将其当作一种先验论的本质。

我们为自身对事实的实在论的冷静认识而感到自豪,我们投身于对生活手段的控制中。我们为一种实际的观念论而感到自豪,这是一种对活泼、轻松和至今尚未实现的可能性的信念,是对心甘情愿地为了这些可能性的实现而作出牺牲的信念。观念论很容易成为对浪费和疏忽的认可,而现实主义是一种对代表事物自身利益(占有者的权利)的合法形式主义的认可。因而我们倾向于把一种松散的、效率低下的乐观主义与默认按力量各取所需(权力神圣化)的学说结合起来。所有的人,一直都是实践中狭隘的实在论者,并且利用理想化在感情和理论上掩盖自身的粗陋。不过,这一潮流似乎从来没有像我们今天所面对的那样危险和诱人。相信在理智的力量中想象一种未来(这种未来是当前令人满意的规划物),发明实现它的机制,这是我们的拯救所在。这是一种必须被培养和清晰表达的信念:这的确是我们哲学一项十分重大的任务。

当前认识论中的中立概念[1]

最近,在政治中开始不那么吃香的中立概念却进入认识论的前沿领域。然而,与其在政治领域中一样,认识论中的中立概念也显得有一些不明确。为了澄清这个概念,而不是为了某个特定思想流派的利益,我想提出两个确定可以依附于这个概念的意义,也希望那些承认自身乃是中立实体信仰者的人中,有一部分可以获得更清楚的认识。

在一种意义上,把某种东西称为中立的就意味着在一种独特的方面或者参照中是中立的,也就是,与一个特殊系列的选择应用有关。在这个意义上,除了意味着一个特定概念在相反的两种形式中都是不适用的以外,我看不到"中立"还有什么别的含义。比如,说特定事物在精神和物质的差别中处于中立,也就意味着有一些东西,对它们的理智讨论不是通过把理智应用到它们上面而提出的;要是没有详细的说明,其特点可以用"精神-物质"的来标示。可以确定的,是一种特定属性的不相干性。因此,在讨论是否一个特定的术语,比如"经验",有主观的或客观的含义之前,我们必须考虑,在没有特殊限定的条件下,是否它并非一个中立的术语、一个"没有成见"地使用的术语。这类中立术语被理解为与思想史上有着重要地位的、特定的重大对立无关,它对于更加清晰的讨论一定是个重大的帮助。因为,总是存在一个趋向认为,当首要的问题在于是否有一个方面可以被应用时,问题可能是我们将要采纳两种对立中的哪一种。

与中立术语那个可以想象得到、能够被称为逻辑的意义相反,存在另一种可

---

[1] 首次发表于《哲学、心理学与科学方法杂志》,第 14 卷(1917 年),第 161—163 页。

以被称为形而上学或本体论的中立概念,也就是说,存在着某种本质就是中立的东西。因此,没有必要特别指出任何被当作中立的独特方面或者关联。更确切地说,我试图发现并描述一种特殊的物质或者原料,它可以被称为中立,就像有些东西可以确定地被称为石墨或者木头一样。

在我看来,在"主观"或"客观"、"物质"或"精神"的标题下试图带来社会性的事实,很显然是空欢喜一场(而且其中的清晰和相关性面临着丧失的危险)。这些概念要么是一同存在,要么一同不在,这取决于它们被用来讨论的方面。确定它们是"中立"的实体乃是一种方法,用来确定其与引入的问题没有任何关系,无论问题是精神的还是物质的。谈论数学术语时,也可以采用这种说法。但是,假如当一个人认为这就是中立的内涵并乐于使用它时,如果他考虑到这一术语想要传达关于自然、社会结构、数学知识方面积极确定的东西、某些只有有能力的社会学家和数学家才会明确发现的"形而上学"的东西,那他可能会对使用这个概念有所犹豫。

可能其他人会和我分享同样的感觉,认为作家使用术语的意义越清晰,术语也就会变得越明晰。比如,我就似乎注意到了哲学协会当前讨论中的两种意义。从历史的角度说,我认为,我们可以在詹姆斯的纯粹经验概念中发现那种含糊不清,这个概念似乎必然从属于当代的中立概念。很多时候,詹姆斯先生把一种纯粹经验与一种特定题材或者特定材料的经验等同起来,它是某种先在于所有反思的东西。它呈现的并非是什么(what)的那个东西(that)。在他的《心理学》(*Psychology*)①中,对这种东西的描述非常像某种被称为感觉(sensation)的东西。但是,纯粹经验这个术语也提供了一个根本不同的意义。它与实用主义的学说不同的地方如下所示:"当下的直接领域总是在其'纯粹'状态中的经验,是一种单纯的、无条件的实在性,是一种尚未分化为事物和思想的简单的那个东西(that),它只是在虚拟中可能被划分为客观事实,或者某些关于事实的观念。"②根据这段文字,在事实与观念之间造成差别的经验自身作为一种直接的发生,就是对纯粹的差别;在参照经验时,它是"中立"的。在这个意义上,纯粹经验的特

---

① 比较他在《彻底经验主义》第 93 页,以及认为只有新生儿才有纯粹经验的观点;与《心理学原理》,第 2 卷,第 7 页,以及"只有在生命最早的一些时间里,纯粹的感觉才能被领域到"的观点。
② 《彻底经验主义》,第 74 页。

征不在于拥有或者呈现任何特殊的题材。任何题材的经验,无论是知觉性的还是概念性的、简单的还是复杂的、基础的还是系统性的,只是作为一种纯粹或者中立的经验。只有往后,它才能够被参照或被分类,并被当作是精神的或者物质的东西加以对待。而接下来的这段文字,有可能更加清楚地表达了这个意思:"让读者在阅读这个文章的现在行动中把握住自己。**现在就是一种直接的经验**……单纯的阅读就是现在,它就在那里;而是否与意识有关,与物质属性有关,这些都是尚未出现的问题。"①他总结说,纯粹经验理论的**要点**在于,任何一种经验(并非简单只是新生儿的经验)自身都缺乏"内在"或"外在"的质。那种"内在-外在"的区别,与为一种特殊的目标和需求而进行的分类有关。假如我们没有目标,我们就不用分类,那种差别就是无关紧要的。在当前的语言中,所有经验在自身内部都是中立的。因而,中立不是一种特殊的材料或者特定的要素。这种立场在我看来,与诉诸新生儿的假设经验一样,都是琐碎和容易产生误解的。新生儿后来所拥有的这种"纯洁"(purity),也像现实中的婴儿那样迅速地成长着。这不是某种像哲学启蒙那样被诉求的东西,更不是一种哲学的标准或规范。

  我冒险地补充一点:作为自身之内一种特殊的存在,当代关于中立实体的概念,看起来是来自于詹姆斯观念(他指出,这种观念是受到马赫的影响)与把闵斯特伯格(Munsterberg)扭曲为心理学认识论而得到的观念相结合的产物。在关于《心理学原子论》的文章中,闵斯特伯格坚持认为,可区分的感觉是分子,而其中更基础性的原子是不可区分的,只能被假定为满足特定科学要求。②闵斯特伯格先生确实假定这种"不可经验"的心理原子与物理原子有着根本的差别。但是,在霍尔特(Holt)看来,让婴儿纯粹、中立的感觉(这来自詹姆斯)去支撑那些决定我们复杂经验中材料和过程的要素(根据闵斯特伯格的看法),就可以得出特别像中立的实体那样的东西,而物理的和精神的实体都是由这种中立实体建构起来的。

---

① 《彻底经验主义》,第 145 页。
② 《心理学原理》,第 6 卷,第 1—17 页。

社会心理学的需要[①]

从表面上看,凑巧的是,这个学会的建立和威廉·詹姆斯的《心理学原理》的发表时间是非常接近的,就像你们知道的那样,它们分别是 1891 年和 1890 年。然而,考虑到詹姆斯影响的深度和广度,我认为,我们今天在这里庆祝美国心理学会成立 25 周年的人们,应该更多地考虑到这两件事情发生的重合性,而不是各自具体的年代顺序,并回溯我们协会开始孕育的那一年。无论如何,在讨论社会心理学的过去和将来时,如果我们不回想起《心理学原理》中专门讨论社会性自我那不多然而思想丰富的几页,不回想起《心理学原理》在讨论本能时提到的人类在互相面对时的天然反应,那都是忘恩负义的。自《心理学原理》之后,已经有许多大部头的著作出版了,然而,它们不过是放大了这几页中确立的观点。比如,在这本书出版数年后,团体(Socius)就成了心理学大戏中的英雄,但是并没有多少人会想起:在詹姆斯的书中,它已经被引入了。

同样,塔尔德(Tarde)的著作《模仿的法则》(*Laws of Imitation*)出版于《心理学原理》问世的那一年,这看起来似乎也仅是个巧合;而且,实际上,塔尔德所有的作品都是在 1890 年到 1900 年这段时间完成的。但是,在纯粹的巧合背后是那种共识:为了社会的目标,有必要对集体的人类本性进行更加科学的处理,以及心理学在新的社会科学形成过程中扮演的重要角色。詹姆斯把自己限定在

[①] 这是 1916 年 12 月 28 日在纽约美国心理学学会 25 周年年会上的演讲。首次发表于《心理学评论》(*Psychological Review*),第 24 卷(1917 年),第 266—277 页;重新发表于《人物与事件》(*Characters and Events*),约瑟夫·拉特纳编,纽约:亨利·霍尔特出版公司,1929 年,第 2 卷,第 709—720 页,标题换成了"社会心理学和社会进步"。

那些有重要意义的想法中——这些想法是关于人类经验和自我因为其他自我的呈现而表现出来的新形式；此时，塔尔德则雄心勃勃地想要通过被他赋予一种心理学特征的特定准则，对社会组织、社会进步和退化的几乎所有事实进行解释。在法国以及美国，他和他的追随者们的著作支配社会心理学甚至整个社会学的时间超过十年，在他的追随者中，我们可以举两个不同路数的人，即鲍德温（Baldwin）和罗斯（Ross）。我不会复述对作为一种心理学事实和社会力量的模仿所做的那些旧有的讨论。同大多数当代心理学批评家一样，我认为作为一个描述性和说明性的概念，它把强调之点放错了，而且有歪曲事实的倾向。但是，我们无法低估这个时期的社会科学在普及社会心理学观念、开启对许多事实的认识（比如威望、时尚的重要性，对他人信念的敏感性，以及无论如何合理的创新都要面对的困难等等，这些事实被永远地体现在社会科学中）中的巨大作用。塔尔德当然是这些作者中最令人兴奋和变化多端的一位，而且，我不认为，我们会高估他的一些贡献；虽然在我看来，这些贡献更多的建立在逻辑上而非心理学上——比如，是否有必要把社会生活的总括性现象还原为一些可以挨个分析的微小事件上。塔尔德心理学观念中最有成效的那些东西都领先于他的时代，而且几乎没有引起人们的注意。那就是：心理现象可以被分解为生理学的和社会的，当我们把基本的感觉和欲望归到前者时，我们的精神生活、信念、观念和愿望所剩下的那些东西都可以归结到社会心理学的领域中。

我希望在我指出麦克道格尔（McDougall）、桑代克（Thorndike）的作品和格雷厄姆·沃拉斯（Graham Wallas）关于社会方面的作品分别代表了社会心理学中接下来的重要力量时，可以发现一些共识。除了细节方面有价值的贡献外，在我看来，这些人所作贡献的重要意义，还在于把社会心理学从模仿和暗示性学派的错误轨道中拉出来。因为那两个学派错误地扭曲了这门新兴的科学，使之成为这样一门带有陈旧的个体、社会之间普遍和实际对立的科学，结果因此而建立起两种独立的、甚至是相反的科学——个体和社会的心理学。作为对这种对立导致的荒谬结果的具体说明，它可能会充分涉及那些关于群体心理学的奇怪作品；这些作品认为，个体心理学留给自身的是反思性和理性的，而人们情感上的困扰和非理性则通过与他人联系的心理学得到解释。我们从这些反常的根源中想到这一点，即被呈现出来的并非一种关于独立个体精神的虚构（mythical）心理学与另一种关于群体或大众或公共精神的虚构心理学之间的关系问题，而是原初、天赋的行为同获得能力与习惯的关系问题。从此以后,我们的社会心理学就被置于作为本能行为的观察这一确定基础之上,它可以在没有被符合外部引入的预定观念这一要求所歪曲的事实基础上得到发展。比如,模仿的整个问题将自身还原为一个事实:模仿是不是人性的一种原初倾向?如果是,在与其他天然行为的关系中,其运作的强度和模式是怎样的?

毫无疑问,科学的普及者们会落后这个成果和其他科学的进展许多年,但是,对于那些已经学会求助基本反应的人来说,从社会科学必须与之斗争的最大危害中挣脱出来的道路已经铺平;这种危害,我想冒昧地将之称为一元论(monistic)。我们是多么经常性地被鼓励根据一些单一的、被认为占支配地位的精神要素来建构我们的社会、政治和伦理解释!讨论和争论经常被归结到我们应该忠于两个对立方中的哪一个的问题!力量的本能、控制他人的本能、对权威的恐惧、性、愉悦的爱和安逸,所有这些都被诉诸过;而仅仅根据这些要素中的一种或另一种,我们就建构了各种解释。由此,我认为,假如有人宣称一种科学的处理方法并非来自一个多元的基础,那就是纯粹固执。这种多元基础就是人性诸要素的复杂性和特殊的多样性,它们各自回应自身非常特殊的刺激要素;而且,当它们开始联合和互相竞争时,它们就服从于几乎无穷无尽的细节和调整。来自这种路径模式的社会心理学概念,在根本上是和托马斯(W. I. Thomas)教授提出的概念相一致的,这个概念是他在1904年圣路易斯艺术和科学大会上提交的关于社会心理学方面的论文中提出的。一方面,我们的问题是认识到通过人的天赋以这种或那种社会媒介运作这一事实,各种修改和变化正是在人原初的结构中运作的;另一方面,我们想要知道,通过这种或者那种原初能力产生的操作方式,如何可以更加确定地控制环境。在这些一般的标题下,可以聚集特殊而困难的无穷问题,这些问题一方面与教育相关;另一方面与对我们社会制度进行的建设性修正相关。通过选择一种引发本能、指引过程的环境,从特定的原初本能中形成一种精神;通过打破习惯,给予一些本能的冲动以特殊的强度和范围而重新构建社会制度;上述两者是两个阶段中的社会控制问题。社会心理学在其一般意义上的任务是描述这些变化如何发生。

我希望我不需要去否定如下尝试,那就是给出一种对过去25年中社会心理学史的概括,即使这种概括是最为勉强的。我有截然不同的目标。我只是想指称这一段时期内建构的理智城堡中一些非常突出的部分,其目的在于用同样一般化的方法指出我们现在所面对的东西不仅等待着,而且需要被完成。在着手这点之前,我感觉我必须通过提及两种类似的要素而防止可能的误解,这些要素已经影响了我所说的这些东西的发展。其中之一,是把统计学的方法应用到心理学的研究中;其次是行为主义运动(behavioristic movement)。统计学和行为主义运动首先都不是为了社会心理学的目的而提出的。然而,教育的需要已经在推动前者的过程中成为一个强有力的力量,而很显然,教育呈现了社会控制问题的一个方面。更宽泛地说,社会现象需要的是统计数学而非数学的类型说(type of mathematics),后者是人们在处理物理事实的过程中演化出来的。孔多塞(Condorcet)在其伟大著作《人类精神进步》中预测了这样一种将来:人类的安排将为科学所控制。在处理数学科学的影响中,他指出,作为数学分支的、新近发展的概率理论充满了能够控制社会进步的无限可能性。我认为,在统计心理学中也看到一种有序的进步才是公平的,虽然这种进步对直接当下和对实现孔多塞的预言来说显得有些缓慢和迟疑。

行为主义的运动不可避免地倾向于确证那种我已经在有关詹姆斯、麦克道格尔和桑代克的著作中说过的倾向。它将注意力从关于社会意识和社会精神的模糊不清的一般性转移到发生于人之间的、特殊的互动过程中去,转移到群体行为(group-behavior)的细节上。它强调有关人性中原初行动的知识的重要性,强调发生在与他人行动相联系中的那种修正和重组的重要性。通过搞清楚社会制度和安排,包括传统和转变的整个机制,并简单地呈现了原初人类天赋的后天转变,它从根本上简化了整个问题。

这为分析社会现象提供了一个积极正面方法的可能性。我会避免陷入关于内省心理学价值的有争议问题中。但看上去几乎不言而喻的是,即使内省是个体心理学中一种有效的方法,它也不会对探究社会事实有所帮助,即使这些事实被打上社会精神或社会意识的标签。然而,只要看看奥地利和德国"民族心理学"(显然冯特是其中最为重要的代表)学派的作品,就可以看到这种处理方式是如何受到一种假定性要求的影响,这种要求使得社会心理学的方法和结果与内省心理学的既定种类范畴相一致。通过对这些事实的改变,行为主义的观点立刻将我们救赎出来,它代表的不是一种细节上的提升,而是一种不同的批评模式。至今为止,我们尚不能估计这种转变的意义。然而,在我看来,社会心理学退步的主要原因在于:那种让内省心理学成型的东西适应与生活相联系的客观事实的努力是矫揉造作的。因此,人们就期待通过敞开另一种方法路径来解放探究。

由此,我想对我回忆性勾勒的目的做一个清晰的表述。这就是证明如下信念的正当性:这个协会存在的25年正好标志着把社会心理学从阻止其独立、自主发展的各种影响中解放出来,而必须放手进行的(在我看来)的冒险工作无疑已经为扩大一种社会心理学的领域作了巨大的贡献,也提出了许多必须去适应的要求。因此,我从过去转向将来,或者(如果你愿意)从披上历史伪装的预言转向直白承认自身的预言中。

这样,我预见到一股从社会心理学退回到普通心理学(general psychology)的转向浪潮。在自然行为的心理学中,一个重要的结论似乎尚未被那些把科学心理学奠基于此种基础之上的人所揭示出来。这个结论看起来是不可避免的:由于"心灵"并不呈现在本能的原初序列中,它因而只表现某些习得的东西。它呈现出一种通过在特定环境中的运作而对原初行为进行的重组。这是一种构成,而不是一种材料(datum);一种产品,一种只有在产生出来之后才可能的原因(cause)。从理论上说,现在对构建观念的原初行动的重组,有可能通过它们纯粹物质媒介中的运作来实现。然而,从经验上说,这是根本不可能的。在把原初行动组织进理智的初期,对依赖于他者呈现的考虑,对依赖于分享共同行动和语言的考虑,使得下面一点显得非常明显:那类能够通过非社会环境中原初自然运作而得到发展的心灵,是一种低层次的秩序,或者从实际上而不是从理论上说,它完全是可以被忽视的。

因而,心理学方法的最新模式所带来的纯粹结果,是对塔尔德洞见出乎意料的确认,即我们所谓的"心灵"本质上意味着特定信念和欲望的运作(working);这些在具体的意义上——唯一一种心灵可以被说成是**存在**的意义——是联合的行为的功能,它们随着社会团体的结构和运作而变化。用一般性的术语说,社会的起源问题和化学反应问题的起因属于同样的问题,事物本该如此。但是,当一种特定种类的联合、合作的生命产生时,它就有了一种不可预知的副产品——形成了那些特殊的、后天习得的气质、取向、态度,它们都被称为心灵。这些副产品持续地获得相关的重要性。在对原初倾向的各种重组中,它渐渐成了重要的获得物。可以被恰当地称为心灵或者理智的东西都不是一种本源的占有物,而是一种本能在各种条件下呈现的结果,这些条件是联合的生命在家庭、学校、市场和论坛中提供的;它不再是一种对原始心灵进行反思性重构中产生出来的遥远的推论,而是在每个幼儿可见生命中特定信念、观念和目标的发展所确定的一个结论。

就表面上看,这个结论只有对心理学理论而言才有意义。但是,细心的审查使得它获得对形成社会力量控制的抗争所带来的结果变得显而易见了。在教育、宗教、政治、实业和家庭生活各个领域中,保守分子最终的避难所在于存在一个所谓固定的心灵结构这个观点。只要心灵被当作一种先在的、现成的东西,制度和习惯就可以被当作其产物。根据其自身的本性,现成的心灵产生这些东西,就像它们先前已经存在,并且现在还存在着一样。反对这种必然性是没有用的。对任何安排或制度最强有力的辩护在于这样一种说法,即它是人性的固定条件产生的一个不可避免的产物。因此,以这种或者那种借口,以直接或极端、精妙的非直接性,我们发现一种先前给定的心灵构成,这个心灵祈求关于家庭、学校、政府、工业、商业和其他确定的秩序来证明其正当性。实际上,我们对人类过去日益增长的知识,已经给予了这种自鸣得意的假定某种冲击;但是,它至今尚未严肃地对其作出修正。从既定心灵中潜藏的原初力量的进步性展开这个意义上说,进化已经被用来调和作为原初材料的心灵概念和不再被忽视的社会改变的历史事实。对于深思熟虑的社会控制和社会建构的努力,产生的影响是一样的。人们所能做的就是等待,并观看着已经形成的心灵展开其全景。法国模仿学派及其现在的继任者、研究集体心理的涂尔干学派(Durkheim),在这方面实际上都是德国民族心理学学派(Volk-geist)的产物。所有这些都投入到对过去和当下的解释中,都投入到在过去的基础上预测未来(如果他们确实是在预测的话)。这种新观点把社会事实当作一种实验科学的材料,其问题在于通过在社会环境中引起特殊的变化而对信念和欲望(也就是心灵)进行修正。不管举出多少过去变化的例证,直到这种实验的态度建立起来,历史的方法才会有效地作为保守主义的坚强壁垒。我重复一下,因为它将心灵的角色简化为在人类运作发生之后对其进行的注视和记录。在唤醒有许多变化还将发生这个信念的过程中,历史的方法可能提供情感上的期望和安慰;但是,它却没有向人类展现心灵如何参与到给变化提供这种方向而非那种方向的行动中。

一种新的心理学类型的出现带来了实验的态度,用对控制的兴趣替代了对简单记录以及所谓"解释"的兴趣。这种心理学直接地建立在人的原初行为中,并且询问,由于在不同的特定环境中运作的后果,它们是如何被改变、重新限定和重新组织的。在心灵那个词的任何一种确定的、具体的意义上,假如它是联合、交往、传播和累积的生命的产物而非这些东西现成和先在的原因,那么,对社会制度政治上的超然态度或带有优越感的辩护具有其神经上的原因,由此,保守主义神圣化的理智资源就消失了。当本能被组织起来,并以关心的目的、尊重以及时空中被分享的生命所提供的努力为参照而被引导的时候,它们就成为心灵。而它们成为什么样的心灵,则取决于由特殊社会条件提供的关注和影响的对象。把存在的安排拆成原始本能的要素,以及过去的各种获得物,这个任务实际上无限复杂和困难。同样艰巨和涉及广泛的工作是:呈现与他人的这样或那样的关联,是如何在拥有各自特殊天分的这样或那样的个体中发展出某种理智、情感的气质或精神。但是,如果人类在知识上的成就的历史证明了什么的话,那就是所有决定性的发现都有一个有效的和富有成果的方法。在遭受无尽的曲折之后,当人偶然发现那条正确的路线,剩下的就是小心维护之。在偶发事件的过程中,科学的运动不断变得有秩序和持续增长。社会和精神现象变得可理解了,因为它们在实验方法作用的范围之内。科学史又一次证实了一个也可以从理论上得到的结论:实验方法的引入只对控制感兴趣——即对未来进行修正改变。

存在一种真正的谦逊,也存在一种对谦逊的愚蠢的模仿,后者实际上只是对懒散的自满的一种掩饰。没有一种科学像社会科学(包括社会心理学)那样有那么多理由在其实际成就面前谦卑。但是,在期望中,在可能性中,社会科学在我看来,处在物理科学三个世纪以前的位置上,即17世纪早期所处的位置上。在从外部旁观者的态度,从事物外在特定的分类者和辩护者到积极的参与者和修正者的转变,以及从一揽子的组织到零碎的重构的转变,这中间存在着同样的犹豫不决和阻塞不通的倾向。物理事实中的实验方法带来一种技术上的控制——一种发明和建构的技术。特别渴望的目的可以在特殊的分析手段中得到阐明,达到目的的条件得到了陈述。这些条件可以细分为已知和未知的要素,而有些确定的评估在特定的时候,与实用性相关,可以用来解决问题。我们在社会事务上没有任何这样的技术,这一点是显而易见的。在合理的时间中,一种类似的技术伴随着发展人类心理学的可能性而到来,这种心理学在实验上应该可以适用于理解社会事务。这一点并不是一目了然的,却是我不断重复的理由。

因此,我冒昧地重复许多年前我很荣幸在这个协会发表的想法。当然,社会控制的需要和人的有关联的生活自身一样悠久。但是,当前控制的需要由于现存的物理方向和社会趋向之间巨大的不平衡而得到极大的强调。由于物理学和化学的进展使得对物理能量的利用成为可能,而这种利用使得工业和政治问题变得非常复杂。经济资源的分配问题、贫富之间的关系问题,从未像今天这样尖锐、如此可怕;这种事态既是物理科学进步的结果,也是承认哥白尼天文学的结果。当前的战争太巨大、太悲惨,以至于不能允许人轻松地仅将其当作一种理论议题的证据。但是,我想问,这难道不是对霍布斯那些古老言说所讨论的秩序的证明吗?"道德和市民哲学的效用应该被估算,与其说是通过我们科学的认知产生的效益,还不如说是通过我们没有认知它们而导致的灾难。"这样一个说法现在不再流行了,人们很容易责难命运或人性先天的邪恶,在这种或者那种类型的人中都能够看到它们。但是,最终的命运却是无知的宿命(fatality),最终的邪恶是对创造性和建构性地应用理智的可能缺乏信心。

物理科学已经达到了这样的关键点,它把世间的目的变成了相互之间物质的和强迫性的关系,变成动用所有资源进行侵略和持久争斗。我们被科学的结果征服了。在过去的几百年中,我们把我们最好的思想和精力都投入到科学的结果中去。很显然,我们并没有控制科学,反倒是科学控制了我们,并对我们进行报复。不过,那些谈论科学破产的人,以及那些因为我们当前的情境而谴责知识发展的人,是非常幼稚和懦弱的。物理知识,以及与物理力量控制相关的技术,都远远超出了社会知识及其技术。回复一种有勇气的人性就在于后者的突发猛进,直到我们对人性的控制水平可以与我们控制物质自然的水平相媲美。

从行为心理学的观点上看,所有的心理学或者是生物心理学,或者是社会心理学。假如人不仅是动物而且是社会动物这个说法是正确的,那么,当我们处理人的问题的时候,这两种心理学就不能被割裂开来。因此,过去几年的时间使我发现几年前我在这个协会的致辞中所包含的更丰富的意涵;但是,对于结论,我还要冒昧地进行重复。

> 对于科学的可能性,我们并非被要求成为夸夸其谈之人或者忧郁感伤之人……但是,我们确实在日常工作中受到如下信念的支撑:我们并非在对共同人类的实际奋斗的冷漠或三心二意的状态中工作。在对机械论最艰深和最技术性的工作方面,心理学家可能已经对有序的知识有所贡献;这种知识自身能使人确保一种更大的生命价值流动,并引导一种更平等的生命价值流动。

二元性和二元论[1]

本文不能被理解为我是在代表认识上的一元论进行争辩。据我所知,我还没有对一元论产生兴趣的迹象。假如我的争辩不是代表了认识上的二元论,那是因为在我看来,二元论只是两种一元论的松散黏合,因而所有一元论中的困难在二元论中都被乘以二。假如一定要给我的立场打上标签,我更喜欢称之为经验的多元论,因为它是通过尊重可观察事实的多样性而得到推进的。

在我看来,德拉克博士(Dr. Drake)[2]的逻辑过分简单了。它等于假定,不管在哪里,只要你的感知有数字上的二元性,那你就有认识上的二元论。现在,在感知中存在着数字上的二元论,即感知活动、想象活动的有机事件在时间和空间中的差异,等等。这些差异是外在的有机原因导致的,因而,就存在着认识上的二元论。是否这个观点影响到一元论的实在论者,这得由他们自己作决定。不过,一个经验的多元论者自然不会被这一点所打动。对他而言,二元性也是一种三元性、四元性、五元性……;而且,数字上的多样性,无论大小都同知识无关。这正好同任何事件序列中的数字多样性的特征相一致,这种事件序列被解释为原因-结果,或者前提-结论。只有当序列中的一种东西被用作推断序列中其他东西的依据时,无论这种其他的东西是作为前提还是结论,所谓的知识才会进入其中。只有当依据在数字上的多样性以及从中推论出来的东西成为认识上二元

---

[1] 首次发表于《哲学、心理学与科学方法杂志》,第 14 卷(1917 年),第 491—493 页。这是对德拉克文章的一个回应,见本卷附录 2 和附录 3。
[2] 同上书,特别是第 368—369 页,见本卷第 442—443 页(即本书边码,下同。——译者)。

论的充分基础时,在所有感知中都有的、外在于有机的原因和内在于有机的事件之间的数字上的二元性,才给经验的多元论者出了个难题。

我也许最好搁置这个话题。但是,德拉克博士确实使用了一些术语,而这些术语展示了导致他发生困难的原因。他说:"问题在于:是否影像存在于对象中,这些影像在数字上是否与对象的某些部分相同——或者说,影像是否在数字上有差异,它们存在于空间的其他点上,并且只是和对象类似,只是对象的表象?"现在,就他提及我的部分而言(这同样包括他更早期的文章)①,"和对象类似,只是对象的表象"这最后一句表明他没有领会我依据感知而对感知和知识进行分析的要点。因为,德拉克博士假定我必须坚持他所坚持的东西,即有机体的感觉-触动理智的行为(用通常的话说,就是感觉-影像)从本质上说是外在-有机原因的**表象**;简单地说,是在事件发生过程中,一种知识秩序或者知识类别的事实。而这就是我所拒斥的,我认为事件只有在被用作一种表象,即作为推断其他事件的依据时才成为认知的。烟在数字上与火不同,在空间上存在(或者可能存在)于不同的方位中,也存在于不同的时间中,等等。但是,烟不是火的固有表象,虽然我们学着将其当作火的一种标志、证据或者表象。这种物理上的数字的多样性是真切的,我发现它包含在所有知识中。就像我说过的,二元性总是**不够**的。烟会作用于我的鼻孔——它有气味;会作用于我的眼睛——它可看见。气味和看见的东西会影响我的大脑和我的肌肉。在每一个感觉反应发生的例子中,都可以发现整个系列的物理效果。一种流行的解释很乐于认为,我们能直接从烟推论出火。一个更加仔细的解释会说,我们从一个内在有机体(intra-organic)的事件转到烟,再从烟转到火。但这只是一个更加仔细、更加详尽的解释,与一个较为粗糙、较为概要的解释之间的差别。这是一系列连续的物理细节在其所有的要素中产生的差异。没有任何一个点,存在的秩序和种类能够在上面实现转化;没有这种转化,也就没有认识上的二元论,以及认识上一元论的要求。这个看法的关键在于,存在一种转化(通过一种二元论被阐明,或者在一种一元论中进行解释),这个转化来自没有注意到表象是一种紧跟着事件发生的**证据性功能**(**evidential function**),来自将其当作感觉中有机活动结构的一个内在固有成分。不存在将其他事件的表象(representation)当作自身结构一部分的物理事件。因

---

① 《哲学、心理学与科学方法杂志》,第9卷,第152页,见本卷第434—435页。

此,一个被称为心理的独立世界就被提供给这些经过缩减后的草率产品。

为了防止误解,让我说明:所谓当感觉和理性事件都是感知的素材时,烟不是一种"意识的素材",这个回应并非是一个答复,而是在重复对观点的忽视。因为在这里,被概述的观点坚持把任何东西称为"意识的"(只要这个观点要求的东西与这个词语有关),简单说,就是它表现出推断性或者证据性的功能。

斯宾塞和柏格森[1]

我最近对斯宾塞和柏格森两者之间关联的解读已经产生一些想法。这些想法证明，把某些要素放进柏格森的体系中去，这个任务是有一定价值的。这些结果指向的东西(indication)，有可能为其他一些结果服务。下面阐述的斯宾塞和柏格森之间的相似之点被视为具有逻辑的重要性，而非历史的重要性，这是一个非常重要的前提。柏格森的思想在斯宾塞的影响之下走多远，对这一点，我不能信口开河。

一个很方便的出发点是这样一个事实：斯宾塞把物质和精神现象看作是类似的，它们同表达它们关系的系统表述，都作为一个形而上学实在的符号和标志；这个实在构成了物质和精神的基础，并在两者之中都不会被陈述出来。斯宾塞的读者们很清楚，当他面对唯物主义者的责难，为自己作辩护的时候，他是多么坚持不懈地求助于这种立场。他回击道，精神现象同物质现象一样都是真实实在的标志；因此，好像根据后者来解读前者是合法的——由此产生了一种唯灵论的哲学——如果选取另外一条路径，就因此可以产生一种唯物主义的哲学。实际上，这两者都是不合法的。同时，在其进化理论的所有细节中，斯宾塞都是从物质的"标示"出发的：他关于进化过程的正式表述，就在于对物质和运动的重组。众所周知，斯宾塞关于心灵进化的讨论，将之当作与受到环境自身压力影响的物质环境日益增加的契合。

---

[1] 首次发表于《形而上学与道德杂志》(*Revue de metaphysique et de morale*)，第70卷(1965年)，第327—330页。原稿为1916年一份打印稿。

简而言之，我提出如下建议：假定有人认为他发现了拒斥把心理过程仅仅当作形而上学实体之标志的理由，并得出结论，认为确切地说，它们是实体的本质；而与此同时，他又保留了斯宾塞主义关于物理现象乃是标示性的看法——难道这种逻辑必然性不会产生一种同柏格森主义有着显著相似性的哲学吗？值得留意的是，在这种联系中，斯宾塞自己在一个关键点上几乎是冒险地给予心理一种特定的首要地位。斯宾塞关于物质的最终概念还原为一种占据空间的力（space-occupying force），而它的实现要借助于我们对自身努力的抵抗，因而"努力的感觉一般意义上是我们对于客观力量的主观标志，主动的和被动的"。他甚至更强调："剥夺了与我们的努力的主体感觉具有客观关联的物质单元，物理概念的整个构造就会消失。"①

斯宾塞的语言依然要依靠标示，但"努力的感觉"或"肌肉的感觉"（可以被当作完全是心理性的）在这里确定被当作我们经验和知识中的首要因素，被当作提供了那种我们从中生成力的学说的唯一素材。而力的学说会被认为是斯宾塞整个进化哲学中的根本。这样，假定心理努力的经验不只被当作关于最终力的知识——而进化论就是对这种知识的表达，而且它还是对力的直接和当下的呈现。那很显然会得出下面的结论：在这样一种心理经验中，我们已经洞悉了进化**努力**（nisus）的内在秘密，掌握了不再是不可知的而是作为直接经验的绝对实在（Absolute Reality）。

很显然，柏格森与斯宾塞主义的分道扬镳是通过绵延（duration）或真实的时间（real time）的观念实现的。柏格森建立了一种不可逾越的鸿沟。这是一个关涉到很多方面的复杂观念，但是它至少有启发意义：在所有其他的东西中，绵延的直觉被柏格森罕见地与内在努力的经验联系在一起，与那种伴随着独特强度而回到自身的经验联系在一起。另一方面，斯宾塞将进化作为一种物理的系统表述而进行的表述，从根本上说是空间性的。不仅"物质和运动重新分配"的观点一般而言，是一种进化的观念（这在空间位置的转化之中已经被详细讨论过了）；而且把过程更加详细地描述为对物质及与相伴的运动消耗的整合，这些被斯宾塞非常清楚地与空间中的集合与分裂等同起来。难道柏格森主义将作为真

---

① 《第一原理》（Frist Principles），第60节以及注释。更为明显的是他的如下主张："我们自身产生变化的力量，用于表示一般意义上变化原因的力量，乃是分析最终要揭示的东西。"

正进化力量的心理与时空、限定过程的物质等同起来,并将之作为标示性理智出发点的行动没有启发意义——尤其是当考虑到其与斯宾塞主义相比时的相似和差异之处时?

再说一点。斯宾塞最为坚持的要点是:理智、思想、心理、知识处理的是而且只是关系。对心灵的正式定义是内在关系与外在关系的相符合,是关系之间的一种关系。柏格森既承认这种理智的概念①,也指出这样一个事实:理智处理关系、形式,而不是理智与本能在性质上的差异这类东西。当理智只是处理作为最终真实标示的物质时,直觉被当作心理对物质的直接呈现,而我们又一次看到柏格森主义方案中的对称性(symmetry)。然而,从传记的角度看,柏格森主义在逻辑上来自斯宾塞,而不是叔本华——一旦给定了那种关于绵延的不同想法。

最后,我认为,与斯宾塞的比较,使得柏格森那种认为行为仅局限于功利目的的特殊观念更加清楚了。斯宾塞不是把生命、心灵与环境的符合作为取得更大发展的手段,而是作为有机体方面所取得的一种确定的成就;不是作为一种提升生命的资源,而是作为保持生命的必需品。主客关系的精确符合引导我们"成功地行动,并因而维持生命"。② 作为变化、改造的生命,很显然与内在的心理刺激有关,与绵延和直觉有关。那种作为"维持"的生命确实与外在性(空间)、与固定的关系和理智的确立有关。

我相信,更多地思考柏格森主义中的斯宾塞背景,就会更多地在柏格森的体系中指出,在其场景和意图中,模糊的东西变得可理解了。我也相信,这样一种考虑趋向于表明,对柏格森主义最终的接受,主要是与各种要素的有效性这个问题联系在一起的;这些要素也是斯宾塞主义所面临的——比如,作为接受的要素,作为一种经验出发点的要素,作为"构造意识世界以及超越意识世界的两种独立集合体"的要素,作为纯粹标示和关系的物质的知识观念,以及与有机体为了自身持续生存而面对环境作出确定性调整相关的行为概念。

---

① 《创造进化论》,英文版,第162—163页。
② 《第一原理》,第25节。

皮尔士的实用主义①

詹姆斯教授于1898年在加利福尼亚大学演讲的开场白中第一次把实用主义这个术语引入文献中。他是这么说的:"正像我可以称呼的那样,实用主义原则可以通过各种方式被表达,它们都非常简单。在1878年一月份的《通俗科学月刊》上,查尔斯·S·皮尔士先生如此引入了这个概念。"然而,去查看那被提到的卷次的读者,并没有在那里发现这个术语。我们从其他资料中知道,这个名称和观念都是由皮尔士先生提出来的。皮尔士告诉我们,这个名称和观念都来自对康德的解读,其中,观念来自对《纯粹理性批判》的解读,而名称来自《实践理性批判》。②《一元论者》杂志上的这篇文章提供了一个很好的对于选择这个术语原因和意义的说明,我们可以全文引述之。皮尔士先生指出,对于那些在实验室中工作的人而言,思维习惯的形成比他们意识到的要更加来自实验工作。

无论你向他说什么,他(实验主义者)或者把它理解为这样一种意义:如果一种实验有一个设定的法则,并且在行动中被贯彻,那么,就会导致一种特定描述的经验;或者,他在你所说的东西中看不到任何意义。

他自己已经有实验的意识,并且对思考的方法感兴趣,

---

① 首次发表于《哲学、心理学与科学方法杂志》,第13卷(1917年),第709—715页。
② 见鲍德温(Baldwin)的《字典》(*Dictionary*)中关于实用主义的文章,第2卷,第322页;又见《一元论者》(*monist*),第15卷,第162页。

他构思了这种理论:一个**概念**,即一个语词或者其他表达中的理性的意义,只是在于对生活行为的影响;因此,由于很显然没有什么东西不来自于实验,却又对行为有直接的影响,那么,假如一个人能够清楚地定义所有能够想象得到的实验现象,这现象又是对一个概念的确定和否定能够指向的,那么,在这里一个人就会对概念有一个完整的定义,同时其中也绝对就只有这个定义了。由于这一点,他发明了实用主义(pragmatism)这个名称。

在指出他的一些朋友希望他把这个学说称为实践主义(practicism)或实际主义(practicalism)之后,他说他从康德那里学到这种哲学,而对于

那些依然最喜欢以康德的术语来进行思考的人来说,"**实践的**"(praktisch)和"**实用的**"(pragmatisch)之间可谓差之千里,前者属于思想领域,在那里没有任何一种实验主义者的思想能够确信自己踩在坚实的大地之上;而后者表达了与某些特定的人类目的的关系。现在,新理论最惊人的特征就是:它认识到理性认知和人类目标之间存在不可分割的联系。①

从这段简短的陈述中,我们可以看出,皮尔士把这个术语的意义限定为确定术语的含义,或者说得更好一些,限定为确定命题(propositions)的含义;这个理论自身不是一个检验性的理论,或者命题的真理。因此,他原文的题目就是"如何使我们的观念清楚?"在他后来的作品中,在这一术语被当作一种真理理论之后,他提出用一个更加具有限定性的"实效主义"(pragmaticism)来描述他原初的独特含义。② 但是,即使涉及命题的含义,他的实效主义与(比如说)詹姆斯的实用主义之间也有着明显的差别。一些詹姆斯的批评者(尤其是欧洲大陆的批评者)假如对詹姆斯的陈述作出回应,而不是对他们自己对"实用"这个词的联想进行回应,那么,他们可能不会做那么多无用之功。因此,詹姆斯在加利福尼亚大学演讲时说:

---

① 康德在道德律、技术法则和审慎劝告之间作出区分,第一种是先天的,第二种与技术活技艺有关,第三种则与福祉有关。后两种被他称为是实用的,而先天的则被他称为是实践的。见艾伯特(Abbott)翻译的《道德形而上学》,第33、34页。
② 参见已提到的《一元论者》中的文章,以及同一卷中另一篇文章《实效主义的几个问题》,第481页。

在我们将来的实际经验中,无论这种经验是积极的还是消极的,任何一种哲学命题的有效意义总是可以被当作一些特殊的结果;关键之点与其说在于经验一定会是**积极的**这个事实,还不如说在于经验一定会是**独特的**这个事实。①

现在奇怪的事实是:皮尔士更强调实践(或行为),而较少强调独特性;事实上,他把强调的重点转移到了普遍性(general)。下面这一段很值得引用,因为它清晰地将意义与将来以及普遍性等同起来。

每个命题的理性的意义(rational meaning)都依靠将来。为什么会这样?一个命题的意义自身就是一个命题。实际上,它只是带有这种意义的命题:它是一种命题转译(translation)。但是,一个命题可能被转译成无数的形式,到底哪个才能被当作它的意义呢?根据实用主义者的看法,它是那种命题在其中变得适用于人类行为的形式;既非在这种或者那种特殊的环境中,也不是一个人欣赏这种或那种设计,而是那种最适用于每种情境中的自我控制的形式,最适用于每个目的的形式。

因此,"它一定是对所有经验现象的一般描述,这种现象是命题的断言实际上预测的东西"。或者可以说,实用主义将意义同一于习惯的形成,或者同一于具有最大可能的一般性行为方式,或者同一于最广泛地运用于特殊性。因为习惯或行为方式与特殊性一样真实,人们要承诺去信奉"普遍性"的实在。因此,这不是现象论(phenomenalism)的一种学说,因为尽管现象的丰富性在于其感觉特性,但是,实用主义者并不打算界定这些(它使它们自我言说),而是"拒斥其感性要素,努力说明其理性的宗旨(purport),并且发现讨论中的词语或命题的有目的关联(purposive bearing)"。另外,一般性不仅是真实的,而且是物质性上有效的。比如说"空气是闷热的"和"闷热的空气是不健康的",这两个命题的含义可能会决定窗户的开启。相应地,在伦理方面,"实用主义者并不把至善(*summum bonum*)包含在行为中,而是包含在进化的过程中,由此,存在者越来越多地将这

---

① 杜威在引用时加了斜体字"积极的"和"独特的",表示强调。中文版中改为楷体。——译者

些一般性具体化……",换句话说,通过行动,理性的宗旨或习惯的具体化行为变得尽可能广泛了。①

上面所引用的一段文字应该和皮尔士在鲍德温的《词典》(*Dictionary*)中的一篇文章相比较。在那里,皮尔士说詹姆斯的学说似乎是想让我们信奉:

> 人类的终点是行为——这个斯多亚学派的格言,并没有使其自身在本作者60岁时还像在30岁时那样受到热烈的欢迎。相反,如果承认行为需要一个终点,并且这个终点一定是某种可以被普遍描述的东西,那么,这个格言自身的精神……会把我们导向某种与实际事实不相符合的东西,也就是普遍的观念。……这一格言促使我们关注实际的事实,并由此能够对之进行促进的唯一最终的善,就是促进具体的合理性的发展。……几乎所有人现在都同意,最终的善在某种方式上取决于进化的过程。如果当真如此,它不在单个分离的反应中,而在某些普遍或者连续的东西中。连续论(synechism)建立在这样一种观点之上:联合、变成连续的、被规律所控制的生成、正在变得具有普遍观念的本能,只是合理性生长中同一个过程的不同阶段。这一点首先在逻辑领域中以数学的精确性被表明为真,然后,在形而上学领域也被认为是有效的。它并不与实效主义相背离……而是将它当作一个步骤包含在程序中。

在这里,我们再次把实用主义的学说解释为:一种把意义和理性的宗旨看作居于习惯的形成或普遍化方法中的学说,一种转化为连续论的形而上学的学说。现在清晰地重现皮尔士较早时的学说是非常好的,即使像他注意到的那样,在较早想要进行限定的时期,他也赞成那种关于一般实体的学说。在《信念的确定》②这篇文章中,皮尔士指出,当呈现在事实中时,怀疑和信念也有经验上的差异,那就是:信念可以决定习惯,而怀疑不能;信念是冷静的和令人满足的,而怀疑是不安和令人不满意的、我们努力挣脱的一种状态;达到一种信念的状态,也

---

① 在这里看到康德主义的道德行为普遍性中具有一种经验的意味,这是颇为公允的;而在康德主义者同盟中,"理性意义"和"感性特殊"之间的区分及联系同样是很明显的。
② 《通俗科学月刊》,第12卷,第1—15页。非常需要将这一组文章印在书的表格中。从1878年开始的讨论已经关注皮尔士,而他那些被重新意识到的观点将比它们出版时引起更大的反响。

就是一种能够被称为探究的争斗。探究的唯一目的就是信念的确定。然而,确定信念的科学方法有特定的对手:一个是"固执"地去相信的意志(will)——不断地重述、思考所有有益于信念的东西,而回避所有可能搅乱信念的东西。因为人的社会属性,这种方法在实践中遇到障碍;我们必须考虑其他人的相反的信念,因此,真正的问题是确定共同体的信念;否则,我们的信念会危险地暴露在批评和怀疑面前。因此,接下来的是诉诸权威的方法。这种方法总是出故障,是由于权威不可能确定所有信念的所有细节这个事实,也由于有组织的传统之间产生的冲突。然后,可能就求助于所谓"与理智一致"的东西而言,这种方法在鉴赏力的形成中、在审美产品和哲学史中是很有影响的,但还是不能确保在社会中永恒的一致性,并因而使得个人的信念备受批评。因此,最终要求助于科学的方法,其基本前提如下:

> 存在一些真实的东西,它们的性质完全不依赖于我们对它们的看法;这些实在的东西按照不变的法则影响我们的感官,而且……通过利用感知的法则,我们可以**通过推理**确定这些东西是如何真实存在的;而任何人,只要具备关于这些东西的充分的经验并作出充分的推理,就会得到一个真确的结论。①

值得注意的是,这段引文使用了"实在"(reality)和"真理"(truth)这样的术语,并且使它们成为包含在科学程序中的、对于前提进行陈述的一个部分。在这样一个基础上,附着在"实在"和"真理"上的意义究竟是什么?因为它们都是一般性术语,它们的意义必须在效果的基础上被确定,这些效果与我们概念的对象有着实际的关联。现在,真实的事物所拥有的效果就是产生信念;而信念就是给予真实这个一般语一种"理性的宗旨"。根据科学方法的假定,真实对象的**独特特征**必须在于,它倾向产生一种普遍接受的单一的信念。

所有科学的追随者都深信,只要探究的过程推进得足够远,就会为它们所应用的每一个问题给出一个确定的答案。这种思维活动不是把我们带到

---

① 《信念的确定》,第11—12页。

我们想要去的地方,而是带到一个事先预设的目标上,就像是命运的安排那样。……这种伟大的法则就体现在真理和实在的概念之中。这种注定最终会被所有研究者一致同意的意见,就是我们所说的真理;而在这种意见中表现出来的对象,就是那种真实的实在。①

在随后的一篇文章(《归纳的或然性》)中,皮尔士清楚地提出了从这种陈述中得出的结论,即这个真理和实在的概念使得所有东西都依赖于探究方法的特征,以及得出结论的推论。"在综合推论的例子中,我们知道的只有我们过程的可信度。由于所有的知识都来自综合的推论,我们也必须推断,所有人类的确定性都只是在于我们认识到,我们获得知识的过程必须一般地导向正确的结论"②——重申一次,正确的结论就是那些掌握着充分探究所得出之共同意见的结论。

总之,我们可以说,皮尔士的实效主义是关涉意义、概念或者对象之理性宗旨的学说,也即这些包含在"效果中(这种效果可能在思考上具有实际意义)的东西,也是我们认为我们概念的对象能够具有的东西。这样,我们关于这些效果的概念就是关于对象概念的全部。"③"我们对于任何东西的观念,都是我们对于其可感效果的观念",假如我们对是否确实相信这些效果能真的被感知存有疑问,我们只能问我们自己,是否在它们的在场中,我们能够以另外的方式行动。简而言之,我们对感觉刺激的反应在我们关于一个对象的概念中,是根本的或检验性的因素。因此,从"实用主义者"这个词的字面意义上说,皮尔士比詹姆斯更像是一位实用主义者。

皮尔士的唯名论者色彩也不那么明显。也就是说,他对特殊个体可感结果的强调更少,而更多地强调习惯、反应的一般态度,这些习惯和态度都是从一个事物的经验后果中产生的。在已经引用过的《词典》的那个段落中,他似乎在说,相比他前期的著作,他后期更少强调行动的重要性,更加强调"具体的合理性"(concrete reasonableness)。很可能相关的强调重点发生了变化。但是,这最多也只能算是强调上的差异。在他后期的学说中,具体的合理性意味着通过行动

---

① 《怎样使我们的观念清晰》,第 299—300 页各处。
② 《归纳的可能》,第 718 页。
③ 《怎样使我们的观念清晰》,第 293 页。

产生的一种存在(existence)中的变化,而这种行动体现了观念,它自身独特的存在包含在反应的习惯性态度中。在皮尔士的早期著作中,对作为一般东西的习惯的强调是清晰的。"一个事物所意味的东西简单来说就是其所涉及的习惯。"①更详细的说法还有:"归纳导出一个规则。现在,对一个规则的信任就是一种习惯。一种习惯是一种活跃在我们自身之中的规则,这是很明显的。每个信念都具有一个习惯的本性,以至于成为一个一般的特征,这一点在有关这个话题较早的论文中已经展现过了。"②

接下来让我们震惊的皮尔士和詹姆斯之间的差异在于,皮尔士更加强调程序的方法(method of procedure)。正如上面引文已经呈现出来的,对于皮尔士来说,所有的东西最终有赖于探究程序的可信度。因此,与詹姆斯,至少是后期的詹姆斯相比,皮尔士对逻辑有着很高的评价。因此,他明确拒绝求助于信仰的意志(Will to Believe)——他将之归入那种他所谓的固执的方法中。与这一点密切相关的,是皮尔士比詹姆斯更清晰地依赖于社会要素的事实。皮尔士在本质上诉诸那种进行研究的人员所达成的共识,他使用了那些可以被所有人使用的方法。这是社会共同意见的需要,假如没有这种共同的意见,"顽固的方法"将从外面加在各种分裂之上,这个事实最终迫使人类更加广泛地利用科学的方法。

最后,皮尔士和詹姆斯都是实在论者。两者的推理工作都依赖于真实事物的假设,这些真实事物是确实存在效果或者结果的。在两者中,皮尔士更清楚地澄清了这个事实:至少在哲学中,我们正在处理实在的观念,把实在当作具有理性宗旨的一个术语来处理,并因此处理一些其意义就是依据结果自身而被决定的东西。这种"实体"意味着信念的对象,这种信念经过长久和协作性的探究之后,变得稳固了;而作为这些信念性质的"真理",则是这种立场的逻辑后果。因此,当"我们把真实定义为某种东西,其特性独立于任何人对它们的思考时……认为这种定义使得关于实体的观念变得非常清楚,就是犯了一个大错误"。③ 因为只有持续、协作探究的结果,才能使我们在具体环境中,给"其特性独立于任何人对它们的思考"这种表达以可理解的意义(这是挣脱自我中心困境的实用主义

---

① 《怎样使我们的观念清晰》,第292页。
② 《通俗科学月刊》,第13卷,第481页。
③ 同上书,第12卷,第298页。

方法)。当我的目的得到完全阐明时,还必须再探究一下:在当下的讨论中,是否对皮尔士的求助并不会产生一个最有利的影响?难道我们认识论困难中的很大一部分不是来自这样一种企图,即把"真实"定义为某种被假定先在于反思性探究的东西,而不是某种反思性探究被迫达到而且达到时信念能牢固地附着其上的东西?

罗伊斯哲学中的唯意志论①

我不想再向你们提起那个陈旧的发现：唯意志论是罗伊斯知识论中一个必不可少的要素。虽然这一点自身并不明显，我们仍旧可以看到，罗伊斯先生于12年前在向协会（美国哲学协会）的致辞中，对这一点有着肯定的表述。依据此文中的线索，我的目的是提出罗伊斯先生最早开始发表自己哲学见解那个阶段时关于唯意志论与理智主义②关系的一些相关思考。我认为，这种关系有其历史的重要性，并且涉及与形成他后期发展的批评性判断相关的一些要点。让我从引用罗伊斯先生早先的态度开始。在写于1881年的一篇文章中，他"表达了完全依据一种作为我们当下认可的判断的解释去陈述一种真理理论的真诚愿望，因为它使这些判断成为自觉态度的具体化；而我认为，这种态度本质上是伦理的，并且不能依靠任何一种绝对的根据进行重新表述"。而且，谈到最后一个方面观点的变化，他说："我仍旧持这样的观点，即认为判断是一种由本质上伦理动机导向的行为。我依然坚持，对于每一位真理探寻者而言，他信仰的对象也就是他信仰的意志的对象……我依旧坚持，所有的理智灵魂，无论多么虚弱和混乱，除了理智地体现它自己的当下目的之外，它不承认任何真理"。③ 这里的陈述已经足够清晰了。与早期的立场相联系，让人好奇的是他从原先理智服从于

---

① 首次发表于《哲学评论》(*Philosophical Review*)，第25卷(1916年)，第245—254页。原稿为美国哲学协会上的演讲。
② 为了避免误解，我要说，这里不是在与经验主义或感觉主义相对应的意义上使用理智主义这个词，而是为了指出那些把经验主题当作认知首要和基本对象的哲学。
③ 《哲学评论》，第13卷，第117页。

意志到后来完全颠倒过来的原因。

我首先要涉及1881年的这篇文章①。这篇文章是在康德哲学百年纪念会上的一篇演讲,文章的标题"康德与现代哲学进展的关系"意味深长。他似乎一方面想要根据康德的批判原则对某些当代趋向进行评估;另一方面,他要指出后康德思想试图对康德哲学进行革新的方式。文章的第一部分坚持,康德的批判主义仍旧阻止所有通向哲学本体论的尝试。类似于心质(mind-stuff)、泛逻辑主义(Panlogism)②和"非逻辑主义"(Alogism)的本体论意义上的一元论,被指责为错误地滑向本体论教条之中。革新之处在于康德哲学的感性/理性二元论。康德留下的困难得到了清楚的陈述:某个特定的范畴,比如因果关系,除非它被应用到经验中去,否则它什么也不是。但是,它如何可能被应用?只有在经验能提供统一、连续的情况下。但是,那样的话,为什么是范畴得到应用呢?思想未被需要。或者说,假如需要引入必然性的话,必然性又是怎么样的呢?倘若感性经验没有确证它的话,那么,它就是无效的。而如果确证的话,思想又显得多余。要么感觉与规则相一致,要么感觉与规则格格不入。罗伊斯的解决办法大致如下:无可反驳、毫无疑问地绝对确定在场的感官存在是一个最终的事实:一种材料(datum)。空间性(正如詹姆斯教授所宣称的那样)也像一种简单的不可抵抗的感质(quale)那样存在着。作为一种即时的顺序的相继性(succession),也是这样一种材料。从本质上说,自发、活动的思想所能做的就是给予当下短暂的材料一种超越当下时刻的指涉。然而,这种指涉并非首先是指向一种外在的原因。初始性的指涉,是一种时间的指涉。在每一种认知活动中都有一种主张,认为给定的材料代表、象征、恢复、类似或者说关系到那种只有在并不存在的经验中才

---

① 见《思辨哲学杂志》(*Journal of Speculative philosophy*),第XV卷,第360页。
② 在整体上与罗伊斯后期哲学中的进化问题相关,认识到对他后期所接受泛逻辑主义的拒斥之基础,这一点是非常重要的。这是与进化的事实联系在一起的。一个绝对理性的整体怎么会发生变化呢?它如何与进步相一致,这种进步是从原先的低层次发展到后来的高层次?又或者"当挨饿的家庭、烧焦的飞蛾、破碎的誓言、浪费的努力、受伤的飞鸟、都是对普遍理性的指控时",我们如何思考自身作为目的的历史进步中的每一个步骤?"进化或者是一种必然性……而绝对必须被看作与此相连的;或者它是非理性的,而逻各斯必须被认为是有问题的"。我说这种拒斥之基础是非常重要的,因为可以确定罗伊斯后期哲学的关键点就是:形成一种方法,以便将永恒时刻的观念与时间中真实的抗争、奋斗结合起来。《宗教视角》中的伦理联系相信,所有真正的德性或道德的善都存在于对恶的克服这一点上。因此,绝对(Absolute)会在道德属性中缺失,除非在其永恒不变的特性中,它包含并克服了暂时性以及有限性、变化的抗争。

可能是真实的材料。简而言之,思想首先坚持或者承认过去;然后,是对将来的承认,即对预期的综合。首要的是承认其他意识的存在者而非我们自身,承认外在于我们的实在的宇宙。现在"由于这些行为的对象,对于通过承认和预期而从现在的时刻投入到过去、将来和可能的真理世界中去这一伟大的事实,不可能给出更接近终点的理论证据"。最终,"只有在一种伦理的哲学中,我们才能发现哲学的目标。投射活动的最终理由和对由感觉原料构成的真理世界的承认,必须在行为自身的意义(也就是行为的道德价值)之中发掘出来"。简单地说,思想或者判断行为——感觉材料(sense-data)通过它们变成一种可知的对象世界和他人的精神世界——本身就是一种行为、一种对意识的自发性的肯定。因此,不可能很理智地在行动之后获得,或者给予它一种绝对正当的担保:它必须通过自身作为行动的价值来得到确证,也就是说——通过伦理上的行为来确证。

罗伊斯作品的研究者们将在这里看到在他所有后期作品中都可以发现的特定观念:把经验的感觉原料当作终极性的加以接受,把事物简单地作为自身加以接受;它们的观念在本质上是暂时的,却在自身之中包含直接的或者瞬时的序列这一事实;确信知识的问题一方面是在时间中涉及这些材料问题,另一方面是涉及他人精神的问题,涉及超越我们自身的经验秩序问题;相信认识活动就是一种行为、一种主张和一种承认。与这些观念联系在一起的,是陌生的阐述:能动的一面、唯意志论和伦理的一面是终极的;而且,这种说法找不到任何理论上的根据。在四年之后出版的《哲学的宗教视角》(*Religious Aspect of Philosophy*)中,我们却发现确立起颠倒的关系:我们发现其中提出了罗伊斯总括性的思想,这种思想最终可以在意志的所有片断和不公正的行为中实现自身。自此之后,意志的行为都不是自身确证的。在认知中,伦理是超越性的。

我并不想指出这种变化是怎么发生的,在某种意义上,也就是去重建罗伊斯的精神自传。然而,在《哲学的宗教视角》中可以找到许多产生变化之**逻辑**起源的线索;我要提请你们注意这些线索。首先,在第一篇文章中,对他人经验、他人意志的实在性而不是我们自己的经验和意志的实在性的承认具有费希特式的腔调,这一点很明显。这与其说是一个我们承认的赤裸裸的事实,不如说有一种至上的道德责任要求我们去承认它们。我们自然、肉体的承认并不像我们自身的经验那样,更像是影响我们福祉的要素:自私是根本的道德罪恶。这种在早期文献中暗含的**主旨**,在《哲学的宗教视角》中清晰地表露出来。但是,承认这些事实附带也必须承认意识冲突的现实,以及意识或目的重组的需要。为了重申这一论述,而非为了解释它,我们要说,假如我们自己不能成为他人意志的最终根据,那么同样,他人意志也不可能成为我们意志的最终根据。必须有这么一个包罗万象的组织来判定每个相似的目标。同样的原则也应用在每个人自身的意图之上,这两者是互相冲突的。怀疑论者和悲观论者只是意识到这种冲突,他们承认,在目标的多样性中,没有能使哪一个目标成为至上目标的基础,也不能保证持久的满足。道德确定性以及相似的道德信心需要一种对目标的组织。现在,这种组织自身不可能是意志的事务了,它一定是一种实际的东西、一种实在的或不实在的东西,并因此成为某些首要联系是与知识之间相互联系的东西。如果这是有效的,不是因为"行为自身之道德价值"中的任何东西,或是仅仅因为它有价值,而这种价值由于意志的多样性和冲突处于危险之中。意志的道德价值只有建立在作为确定事实意志的有组织和谐上。这种组织存在与否是真理和知识的事情,只非意志的事情。因为,如果说一个人有让这种组织存在的意志,那就产生了辩证循环(dialectic recurs)。这只是一种个人意志、一种对诸多意志中一种意志的断言。为什么其对那种意志中组织的断言优于其他对单纯意志的断言?

在其《捍卫哲学的怀疑》(*Defence of Philosophic Doubt*)这本书中,贝尔福(Balfour)①先生已经清楚地表明,对一种伦理目标的喜爱超过对另一种伦理目标的喜爱,这件事情本身必须成为一件纯粹的伦理事件——这是一种不能够从任何科学的或形而上学的理论判断推断出来的选择。每一个目标都建立了一种命题系统,所有这些命题相互之间在逻辑上都是一致的。倘若对我而言,复仇就是目的本身,那么,提出在障碍物后面向仇人射击这个主张就是从属于整个系统的伦理学主张。是任意的选择而不是知识决定着目标,而这种目标确定了从属性的逻辑或理论系统。当考虑到目标的冲突或在承认意志的过程中的冲突时,大家都相当清楚,是否这种结论并非来自罗伊斯早期著作中提出的那些原则。用罗伊斯先生的话说:"读者可能会问:'是否所有这些乃是最崇高的理想主义?或就是关于伦理基础的一种简单的哲学怀疑论'?"

道德意志依赖于一种对所有意志和谐组织的洞察力——在这一结果中,多

---

① 见《哲学的宗教视角》(*Religious Aspect*)序言和第 128—130 页。

元的目标停止相互间的冲突,因为它们被当作成分吸收进一个包罗万象的目标之中。但是,这种组织真的存在吗?这就将我们带到对知识和真理标准问题的讨论上。结论是一种囊括一切、永恒的绝对论,而这依旧秉承了罗伊斯先生作品的中心原则。"所有的实在性都必须出现在无限思想的统一之中"(《哲学的宗教视角》第 433 页)。"一种本体论的可能性以及所设想的理想的,绝对知识的本性"这一说法很符合康德的精神,它曾经被罗伊斯在早期作品中[1]所拒绝,现在被当作是跳出伦理怀疑主义的唯一方式。这种向绝对论的转变是通过:(a)发现当唯意志论走向终极时其中所隐藏的怀疑主义;(b)要求一种目标的共同体或意志的组织性;[2](c)发现所有对无知和错误的认识,所有的怀疑都有对最高审判者或思维的诉求,这个最高审判者或思维既包含原初的客体,又包括对原初客体的判断。这样一种广泛的审判者,它与需要道德组织的意志在它们的分离冲突中进行的那种类比,显然是很充分的。

然而,唯意志论在降到次要位置时并没有被取代。首先,它依旧坚持接近于绝对论的方法观念;其次,唯意志论是在绝对观念自身中。跳出怀疑世界的第一步要通过公设世界(the World of Postulates)——这一概念与他早期文本中的承认行为实际上是一样的。外在世界可能被看作一种假定、一种公设,它可以用来满足某些特定的、普通的人类需求。[3] 按照分析,这种公设大致上可以说是"对某物的积极假定或确认而非仅仅将其当作意识的材料"。当下的材料就是较早时被提到的那些碎片和暂时的属性。因此,判断所作的必定不仅仅是将当前的材料还原为秩序,它必须断定超越它们之外的背景;材料自身正存在于这种背景之中,材料的真正意义和真理也在这种背景之中。这又是对康德问题纠正性的重新陈述。我们面对的不是令人难以置信的、形成感觉原料的思想行为之类的东西,而是在空间的局限性中,用给予它们客观性的更大规模的背景来补充特殊、经验性的给定事物的思想行为。这个重新陈述一举摧毁了超-经验(trans-empirical)的物自体(Ding-an-sich),在"超-经验"实在的位置上用"超-瞬间"(trans-momentary)取而代之;同时,也摧毁了感觉材料的主观主义特征,因为感

---

[1] 见《思辨哲学杂志》,第 15 卷,第 371 页。
[2] 罗伊斯的学生将会有兴趣对比这一点与他后期作品中清晰的共同体原则。皮尔士的影响在其前期与后期作品中可能同样有效,尽管这在《哲学的宗教视角》中并不清楚明白。
[3] 见《哲学的宗教视角》,第 292 页。

觉材料是在所给予物的最确切意义上得到的,任何意义上的主观主义都将感觉材料与一种特殊的能够认识的自我等同起来。

罗伊斯提出的思想行为假设进程的心理学概要,使得在公设观念中含糊的唯意志论变得清晰了。在此,完全没有必要向你们重述细节。罗伊斯在此书的前言中表达了对詹姆斯教授的谢意,并且,我在文章开始提到的他于1903年发表的演讲清楚地把詹姆斯的影响与这种唯意志论联系起来。从心理学上说,转换和超越当下材料是注意力的属性。注意力从本质上说是一种意志,而且,它表达了一种兴趣。

在罗伊斯对待认知的观念中,我们可以看到贯穿罗伊斯哲学始终的唯意志论要素。一种要成为认知的观念必须是判断的一部分,或者自身就是一种含蓄的判断。对一个判断来说,它的真假意味着它是否与其对象一致——这种对象外在于判断中互相关联的观念。然而,判断必须总能够具有某些东西,可以指出从世界的许多对象中为自己选出的那一个是什么、哪一个是它在认知意义上关涉到的。换句话说,从客观性的含义上看,认知性的观念是一种意旨(intent)。作为意旨的认知性观念的唯意志论内涵不会在这个文本中得到详细描述,例如,《世界和个体》(*The World and the Individual*)就不会这样做,但根源性的观念还是呈现出来了。

这篇文章并不想追寻处理错误之可能性的逻辑以及导致如下结论的方法:"所有的实在性都必须出现在无限思想的统一之中"(《哲学的宗教视角》,第433页)。这篇文章的目的使我限于关注:第一,我们现在终于发现了伦理的必要性——一种让所有目标组织起来以达到和谐的本体论实在。为了成就完善的思维,成为完善的知者,所有的渴望和目标都必须呈现于其中;同时,成为完善或完美的知者,必须在自身之中呈现出那种目标得以实现的实在性。第二,我们注意到,在这种绝对认识的意识系统表述中,理智论(intellectualistic)的考虑占据着比罗伊斯先生后来的系统表述更大的空间。由偏好(predilection)构思出来的无限真理(infinite truth)被当作全知者(Knower),被当作先知、最高旁观者、最高审判者。在认识我们的目标和目标得以完成的对象时,无限之思想的功能得到了最详细的发挥。然而,在处理恶的问题时,这种在后期作品中如此清晰的绝对的唯意志论视角已经开始萌芽。善不仅仅是一种无辜(innocence),而且是一种对恶的超越。在神圣之中,我们的恶也彰显出来,但却在善中被超越。但是,这种超越是通过征服实现的。认知上的先知也拥有一种在其中实现的普遍意志。①

我并不想参与到对结论或者达到结论之方法的批评中去。然而,如果场合和时间允许的话,我将提出一些评论,致力于能够对整个方向提供建议。首先,我想指出,所有的解决办法都是相对的,因为它们与产生这些方法的问题本身是相互关联的。在最后的分析中,所有的东西都依赖于问题被形成和系统表述的方式。对于罗伊斯先生来说,此问题是通过广义上康德哲学的结果而被确定下来的。在他看来,知识问题就是感觉材料的关系问题,这似乎是公理。这种感觉材料的关系,是与思想或判断的自发性结构行为(这本身也是一种意识事实)联系在一起的意识事实。② 在有条件地接受宇伯威格(Ueberweg)将判断定义为"对一种主观之*观念联合*所具有之客观有效性的意识"(斜体是我加上的③)的同时,罗伊斯提出了对错误可能性的讨论,这种讨论意义重大。

我的第二条评论的路线,可以通过提及我已经说的是罗伊斯的唯意志论而非他的实用主义这一事实加以引入。我这么做,部分地是因为实用主义(它可能依照一种意识事实来被解释,因而被当作是一种心理学上的唯意志论)可以用非—心理(non-psychical)的术语来表达;但是,更大的部分是因为罗伊斯的独创性陈述,即批判性的唯意志论依旧优于一种本体论的绝对主义,这种陈述把意志纯粹看作行为。这是一种被强调的承认行为,它们不参照结果来作出决定或进行评判。现在,皮尔士批评的也是这种立场。他说,参考康德的观点,这依旧是一种类型的实际主义立场。他采用"实用主义"这个词,也是遵循一种康德式的建议想要强调经验的后果。詹姆斯把结果看作实用主义的检验,他赋予结果的重要性已经众所周知。

在罗伊斯判断的观念中能够找到的是唯意志论而非实用主义。当意旨或目的是作为判断的本质或认知观念加以考虑的时候,所谓的意旨就是去认识。这是一种理智主义的指向,与客观意旨联系在一起的是认知,而非实际。由于"注

---

① 见《哲学的宗教视角》,第456—459页。
② 我恰巧熟悉罗伊斯先生发表的第一篇文章(题目是"席勒的伦理研究",发表在《思辨哲学杂志》第XII卷第385页),其中康德的特点被描述成:"康德哲学并非对自我的称颂,而是对意识的称颂。意识是所有知识之根源,一切真理的被认知都要通过意识"。
③ 在中文版中改为楷体。下同。——译者

意恒久地倾向于使得我们的意识更加有限和不那么复杂"(第316页),因此,可以说,思想的过程认识到,"整个过程的目标就在于获得尽可能完整与一致的实在观念,在这个观念中,材料最大限度的丰富性必须与观念的最简洁性联系在一起"(第357页)。对那种依照目的和意志达到至上认知兴趣(supreme cognitive interest)的操作进行构想,完全不同于通过实现其他兴趣(生命的、社会的、伦理的、审美的和技术的兴趣,等等)的过程而获得的对认知兴趣的构想。

最后,正是因为忽视了认知所服务的后果以及非理智兴趣的多样性,1881年论文中伦理的唯意志论自身就是一种绝对主义——肯定是伦理的,但也是绝对主义的。承认的行为必须最终通过"这种行为自身的意义——也就是道德价值"来证明其正当性。似乎很难找到什么比通过归之于自身行为(而非归之于后果,其中行为在成功地与对象的互动中了解了原初生命和社会的兴趣)而证明道德目的和动机的原则更加异于实用主义的伦理特点。说的更技巧一点,从早期文本中唯意志论到后期著作中理智绝对论的转变,完全是一种逻辑上的必然。一种绝对的意志纯粹是独断的,而且由于罗伊斯所指出的原因,这种独断性会导致怀疑论和悲观主义。在对目标的选择和安排之中,"意志"需要一种抉择和偏好的合理权衡。如果在一种依赖给定意旨(intent)而行动的对后果的相应预期中不能发现这种权衡,就必须在一些将要被认识的、预先存在的实在中发现它。总之,从早期文本中唯意志论到后期成果中理性主义的转变,不是一种从实用主义到绝对论的变化,而是意识到在一切伦理绝对论中都隐含着客观的绝对论。我将尽量指出,包含在知识理论中的未知论题是:调节性原则是否有一种预期的和最终的关涉,抑或它们是否原先就依赖于作为确定性对象的某物——这种对象是固定的现成善、现成规则或固定的绝对。

逻辑的对象[①]

我想,我无需解释写作这篇文章的紧要性。我只是非常清楚,这并不是一篇讨论的文章,而是对某些必须得到发挥的特定立场的记录。然而,我要说明下列的要点可能会提供可以展开讨论的支点:首先,经验上可观察之推论的本质是什么?它能否被行为主义标准充分认同?如果可以的话,那么,其次,考虑到工具性在生命中的极端重要性,以及暴露出来在经验中误入歧途的危险,在改善行为的表现过程中进化出来的某些特殊的工具性是否完全可能?涉及的五点中的任意一点都可以被用作与假设有关的实验案例,这些假设就可以说明这些工具性。

本文的目标是提出一种假设,这种假设关系简单地说,可以被称为"逻辑实体"(logical entities)的本性。因此,我用这个词来指示普通名词所指称的东西,表示诸如"在……之间"、"假如"、"或者"这样的词语、数字,或者一般地说,总是被当作实体和本质所指称的东西。思想史中呈现出至少三种理论形态,它们被认为是:(1)以"理性理解力"抽象出来和把握到的物理属性;(2)精神上的(也就是心理上的)存在;(3)标志一种存在的特殊形式,它既非物理的也非心理的,而是"形而上学的"(在这个词语的最一般意义上)。我现在的目的不是说明历史上这些不同的反思之间摇摆不定的原因。然而,指出数学科学一再产生后来的观念模式,这并非言过其实。笛卡尔的《探求真理的指导原则》(*Rules for the Direction of Mind*)和当代分析实在论的主要观点有很多惊人的相似之处;在细

[①] 这是 1916 年 3 月 9 日在哲学俱乐部所作的演讲,来自哥伦比亚大学特殊收藏的哲学俱乐部论文,原稿是未发表的打印件。

节上作必要修正的情况下,有可能它们都存在于后来的和古代的麦加拉逻辑(Megaric logic)之间(或者任何一种将柏拉图当作自身哲学中一个反证阶段的同时期理论)。非常明显的是:在它们的差异中,实际上几乎所有当代实在论流派都同意第三种概念,尽管在描述存在领域的这种第三方时,它们都表现出更偏爱逻辑语言而非形而上学语言。我想要提出的假设是对第四个观点的发展,这一点已经在思想史上被反复提起,但我认为,它却一直没有从不相关的思考中充分摆脱出来。当"逻辑"意味着本质上与推论的发生有关,这样一种逻辑实体才是真正逻辑的。换句话说,逻辑对象是这样一些东西(或者这样一些东西的特性):当推论且当推论被发现时,逻辑对象才被发现。

我倾向于认为,这种观点虽然不是全新的,但在过去一般被当作是心理存在(psychical existence)理论的变体。有必要指出,它是或应当是一个独立的观念。很明显,假如推论自身是一个根本不同于心理事件的事件,它因而就是独立的。我认为,没能清楚地确认和保持这种差异,是原先没有提出类似于我现在提出的这种观念的缘由。因为我认为,假设是一种属于行动或行为的偶发事件,它发生在现世之中,而不只是发生在思想或者意识之中。

一般而言,推论的事实可以与证据的现象相同一。无论何地,只要有任何东西被发现并被用作*证据*,在这个地方而且只有在这个地方,才有推论。现在,搜寻、权衡、过滤和确定证据的力量,是某种在公共场合*直接*发生的东西。在法院中由证人、法官、陪审团等参与*完成*的事情,以及一个人的绞刑的后果,并非是可以用心理的东西来有益地加以讨论的东西。它属于如下范畴:耕种、组装机器、挖掘和提炼矿石——也就是说,属于对物质东西的控制、操作和重新调整的行为中。

心理的伴随物以及这种行为的条件问题在这里与我们的讨论毫不相关——尽管在其他关系中,它是很有趣的。但是,没有必要去否认它们的存在;需要认识的只是:即使它们存在,也是次要场景(by-scenery)和副产品。无论鲁宾逊·克鲁索(Crusoe)的内在意识可能是怎样一种情形,当他看到沙土上的印记,认为那是一个脚印,并因而推断出新近有人在附近,这种内在状态并不是他推论的本质部分。这种推论可以被描述为一种由他所见到的东西在他的行为中导致的特殊的变化。当鲁宾逊将印记当作一种脚印那一刻,他就在环境的改变中注入了自己的行动、态度和反应模式。就像一个触发器一样,他开始对那个在他的环境中是作为一个潜在和危险因素的人作出反应。他所做的东西没有一样非常特别——甚至于他躺下来睡觉也是一样。现在,我重申一下,像你们所希望的那样,通过意志的状态和心理变化的方式,给予推论更多内容,这种"多"是通过日常方式而变得可以看见、可以分辨和可以证实的;所有这些,在认同推论中都是需要的。倘若没有这种行为,或者假如(即使承认有这样一种行为模式)没有特别的特征,那我的论点就缺乏依据,而非其他。

正是那种界定的推论以及那种行为的变化,我才看到,这种推论产生了所有所谓的逻辑对象,而这些逻辑对象引起了那么多的争议。在成为一种行为事实的过程中,这是一种外在的事实、一种显然可以辨识的行为,某种与存在、与步行或滑行或修整花园以相同方式进行的可以被证实的东西。当然,不能导出所有这些推论都有所陈述的这一本性。下面是我的假设:*如果*而且*只要*假设具有在鲁宾逊事例中描述的那种特性,那么,事物就会出现,并且这些事物具有逻辑实体的全部特性;而且,只有这个时候才能出现。我的附加条件至少初看之下是确定的,这一点很显然不只来自实例的使用,也来自自然科学中所有依赖于经验观察的推论,就算在数学中,每一个推论也意味着至少是一种在数学术语方面的转变态度,也就是一种对待这些术语的不同方式。

接下来的问题是:是否存在这种如此特殊的行为类型,可以指望产生像那种正被讨论的特殊东西? 这里的答案是概括性的。推论,或者把事物当作其他事物的证据,是行为的一种持续而重要的功能,就像生命中的其他东西一样。这是一种最少的陈述,它忍受着被夸大的过分警觉。假如步行、耕作、进食、锻造等行为为了能够进行下去,特别是为了能够*成功地*进行下去,需要并且能够发展出特殊的工具、元件和结构,那么,行为的进行强烈赞同这样的陈述:推论的行为有其自身特殊的工具和结果。

对艺术工具和成果之纯粹可能性的考虑,给目前的问题提供了答案:艺术工具和成果正好是所求的物质、心理和形而上学实体的另一选择。在这种可能性中,对这种类别事物特征的忽视是造成持续未解决之争论的原因。人造物品必须有人类的介入才能存在,它们只有在被构想的目标的基础上才能产生。但是,当它们存在并运作时,它们就像是实在的,就像其他物理的东西那样从对心理状态的依赖中解脱出来(更不必说它们不是那种心理的状态)。它们必须依托于先验的物理的东西,以及让它们在应用中被构造出来的性质,否则,它们就不能存在。它们是为了有效进入某些行为模式而进行改造的先验单纯的自然物。拐杖、计步器、滑板、踏板并不像腿那样会生长。但是,某些独立于先验存在的、特定的步行或者移动行为可以为了维护或促进这种行为而作些改变。如果它们作为属于艺术的东西这一特殊身份遭到忽视,就要考虑到有趣的、可替换的东西(这些东西随着真实的本性而进展)和可能被展开的不可解决的争论!推论是不是那些并非一种艺术、没有自己的存在元素、能动者和工具的特殊行为的唯一模式呢?

认真地提出这个问题,就是欣然接受这样的假设:那些以本质和实体问题成名的哲学理论中丢失的灵魂,可能就是这种工具。

只要方法被当作与物理分析和重组的工具不相干的东西,就很难在与最终的、非经验的本质或形式——符合的辩证思考(当然包括定义、划界和分类),以及那种仅仅关系到由观念组合成的精神产品的理性思考之间找到任何的替代品。但是,如果方法涉及一种实际程序的技巧,如果发现、探寻和预言依赖于对事物的某些处理,依赖于对后果中将要发生的事情做准备,那么,事情就完全是另外一个样子。逻辑的特征和关系可能纯粹是方法论上的而不是传统意义上的那种"精神"。我想重申,它们可能是维持研究的工具,是这种研究结果的结果①。

我不想随意地展开我的假设,而是打算将它应用到罗素(Russell)先生提出的一些要点上去,他无疑是最有资格被称为现代分析逻辑学家的那个人。

1. 罗素坚持认为,需要被用来保证归纳过程有效的原则自身只能被当作是一种**先天存在**。"因为它外在于经验材料,它不能单独用这些材料来证明;因为它需要通过经验材料以及这些材料超越的东西来证明所有推论,因此,它甚至不能在任何程度上通过这种材料来确证自身。"(《哲学中的科学方法》,第37页)

我并不假定,其他的唯实论者会对罗素先生恢复**先天**(priori)与**后天**(posteriori)的关系这个旧问题表示感激。对我而言,这种恢复似乎是他的方法不可避免的结果。但是,这个例子将会非常不同,假如(a)推论被当作经验上证实了的、特殊的事件本身,同时(b)人们注意到,在日常生活和科学的历史中,经

---

① 所谓的直接领会,乃是一种完全不同的东西。从逻辑上说,根据它是或者不是一种先在的探究技术的结果,即使是直接的审视,也不能在结构成分中发现一种差异。

验呈现出从最不成功到最成功的各种推论。在这个例子中,被当作标准的归纳论证只是一种简单的陈述,是探究的特殊例子,也是那种事实上最好地确证自身的程序的特殊例子。它从过去的成功中总结出来,以便引导以后的行为。

2. 罗素提出了他所谓"分子命题"的东西,这些命题包含诸如好像、或者、和、除非(而且,由于"所有推论都依赖于它们",因而它们显得特别重要)之类的连接词,它们呈现出一种并非来自感觉,"并非来自推论而是来自原初"(第56页)的一般知识形式。通过由此提出的假设,所谓的问题以及伴随的谜团都消失了。这些问题不是通过推论产生的,而是来源于推论假设——来自作为经验事件本身的推论。诸如好像、不是、假如、或者、和、因为、所有、绝不、总是、没有等连接词(因为后面四个词和其他的词一样都确定是连接词),表达了直到它们被推论自身引入才被发现的事物——就像农业技术的工具在农业技术存在之前是不可能存在的一样。

当罗素先生后来说诸如"或者"、"不是"、"假如"、"有"、"同一性"等指向的是"一种特定的命题形式,而非一种特定的要素",这种逻辑上不变的东西不是那种能够当作逻辑主体的存在实体(第208页)时,在我看来,他就接近于承认这个事实了。因为一种命题形式所意味的东西包含一种推论的特定形式,或者由此产生的推论的特殊结果。有一些术语不是命题的术语,但是表达了命题的形式;而且,如果任何一种推论是可能的,那么,这些术语都是需要的,这个时候,它们会发现自己作为一种特殊推论模式的自然解释。它们是那些关于推论命题的"要素"。

3. 罗素先生得出结论说,当发生物理作用的点、微粒、瞬间只是非常像存在事物,而事实上却不是存在事物时,它们与经验中提供的原料并不相干,却使得逻辑构造具有了物理学给予微粒等存在物的属性(第141页)。看起来颇为自明的是:这样的"逻辑构造"或者是美学的想象,或者是为了进行可靠和丰富探究的推论工具。考虑到预测和结果控制中物理学命题的实用主义证明,我认为没有人会对在这两者之间进行选择感到棘手。

我认为,这个例子至关重要。没有外延的点和没有绵延的瞬间,毫无疑问,都是物理公式和物理计算中的术语。如果它们仅仅表达形而上学的存在,那么,它们在实际物理科学及其应用中的丰富性和有效性就像它们作为心理状态时一样不可思议。然而,假如它们成为叙述独立变化事物之发生的不可或缺的手段——由于这些手段从一个到另外一个最确定、应用最广的推论才成为可能——那么,我们并没有被强迫求助于任意一种假设,也不会求助于对虚假实在的强烈谴责。因为,它们指称的实在是一种特殊的实在,也就是一种受到控制的推论。由于它们在探究发生中的位置,假如一位哲学家选择推论,它们在这些事件之外依然具有这样的位置,那他就会冒和空谈家一样的危险——这些空谈家武断地认为,可以从一条水中的鱼推论出一条不在水中的鱼;或者像那些哲学家一样,当他看到一张犁时,认为这张犁就有了与它耕过的土地同样类型的非人类起源。分析不是造假,而那些为了安置现象而不能进行充分分析的哲学家可能很容易造假。

4. 数字,就像数学上定义的那样,也是属于这个范畴的。由弗雷格(Frege)和罗素提出来的那种定义,使数学中的数字既不是物理事物的一种属性,也不仅仅是精神上的主观事物。数字应用到"一般项或者描述之中",就像零应用到一般项,卫星环绕着金星。简而言之,"一个给定的集合的数字是与它相似的所有集合中的一类"(当人自身习惯于思考"双"而非"二"、思考"六重"而非"六"等等一段时间后,就可以得到这种陈述的经验意义)。如果这意味着除那些数字以外的任何东西,那么,这种定义表达了事物(即使是最不相同的事物)能够确实丰富地被与另一事物相比较的方式,这样的话,尽管会有各种差异,推论还会继续坚持下去。但是,我却看不到它可以成为什么。尽管所有尺寸上的差异(或者其他什么数量上的差异)在我看来非常明显,但是在这个基础上,那种新的无限性只是一致性之一般可能的别称。不过,我不能够在这里发挥这个观念。

5. 分类的本性甚至是更加技术性的,很难被简要地加以讨论。但是对我来说,如果把罗素先生的两种陈述冷静地放在一起,关于分类的观点与推论性探究之要求间的关系就变得不言而喻了。另外,他指出,对一组给定对象中的共同对象的假定可能总会被它们之间对称的传递关系这一事实所替代,因而对这种关系的认知使得对共同属性的假定变得非常不必要(第124到126页)。在这种陈述中,集合(set)或分类是被假定的。他后来指出,分类可以纯粹是象征性的——可以只指出命题的形式,而不是其要素。事实上,我们可以确定"事物的分类并不和事物自身一样拥有同类的实在"。"名义上,分类的命题可以被还原为一种陈述:任何一种东西都具有关于分类的确切属性这个假设会导出什么东西"(第206页到207页)。当一个人回想起一种对称的传递关系只是阐释了使得广泛而可靠的推论得以发生的条件,当一个人注意到罗素先生在分类和属性之间采取的循环论证方式（不是偶然为之，而是因为必然的缘由），此时，结论似乎就在眼前：分类和共同（或确定）属性是一些在已被掌控的探究事件之内描述的观念，它关涉到事物符合其集合的推论，要么集合，要么分类，拥有共同的或确定的属性。

讨论很容易被扩展到其他点上去，比如罗素先生给予假设的重要性，以及反对他关于所有假设都是纯粹主观、心理事件的理论观点。我也很高兴有机会提到复杂和简单、整体与部分概念在分析逻辑上扮演的角色，同时提到"在没有假定要素的情况下解释复杂性的不可能"（第145页）。后者产生了这样的问题，即是否事物是在推论必要条件之外的复合物！并不是因为它们简单，而是因为它们可能在复杂-简单这一范畴之外，只是它们在一种推论发生中变得模糊了。同样的分析，一方面可以运用到定性事物上，另一方面将应用到术语以及术语间的关系上。

不过，大体上，我想说接受这个被提出的观点的首要困难在于那个假定：事物在推论性功能中不会获得任何新的特性——这个假定很容易通过回想在所有艺术中发生的一切（比如，原材料和制造物之间的差别，作为天然对象的物品与为了使用而塑造出来的工具之间的差别）而被拒斥。一旦心灵摆脱了反对这种看待事物方式的纯粹心理学偏见，奥卡姆剃刀①的所有优点都会适用于这里所阐述的理论。因为，它有一种毋容置疑的优越性。推论是一种真实的事物、一种**真正的因果律**，因为其发生的独立证据能够被举出；而相反的指向事物的概念，其存在的唯一证据在于它们在独特理论（代表了它们所诉诸的东西）中所扮演的独特角色。

我认为，能够展现出来的是：假定推论作为一种重要事件——一种很容易出错因而需要控制技巧或技艺的事件；假定这样的事实：这种控制包括物理的分离和排列、符号和符号的排列，以指明其重要阶段，促进其运作，那么，同时我们必须发明某种事物，使它能够呈现我们先前讨论过的那种无家可归的创造物所代表的确切特征。这些事物被断言**已经存在**，但却不是物理上或心理上的存在。与一种由给定物（what is given）所指向的可能性相关的，具有重要的客观后果、并因而需要指导和帮助的行为，在这方面给出了线索。

---

① 中世纪逻辑学家奥卡姆的威廉提出的反实在论原则可归结为：若无必要，勿增实体。——译者

关于逻辑学中的新事物：
回应罗宾逊先生[①]

感谢罗宾逊（Robinson）先生的文章，它给我提供了一个澄清我在处理实际判断中某些特定要点的机会。在我希望澄清一些被误解的特殊事情之前，我想说一下关于我忽略了罗宾逊先生大部分批评的缘由。我发现，我不可能像律师所说的那样展开辩论。尽管罗宾逊先生是在讨论所谓的新事物，但他却在许多方面按照他自己似乎已经信奉的旧观点来重新陈述我的立场；然后，由于我没有遵守这些观点而指责它们。让我举个特别的例子：我曾经说过，实际判断为给定的东西带来了一种改变；我也声称，变化的本性是实际判断的一种根本要素。现在，这一点可能对、也可能错，这是一个关于素材的问题。但是，罗宾逊先生（见第419页）说，这种变化是朝向逻辑一致性或稳定性的运动，这和唯心主义的辩证法是一致的。这样，与这种同一性不相切合的东西就被当作是斯宾塞式的"进化过程"。现在，我认为，这种争论形式不能使探究有哪怕一点点的进步。诉诸权威不只回避了论题，也混淆了它，这是一种更严重的异议。因为，重要的考虑在于是否一些题材被旧观点忽视了，是否对这些事物的考虑一定需要对其作出修正。因此，首先把新立场转化为旧观点的术语，然后又通过是否切合旧观点来指责或者赞同新立场，这样会造成多大的混淆啊！假如我仅仅是个别的或集中地重述黑格尔或斯宾塞的话，我就是在用这样一种迂回曲折的态度重述他们的观点，而这样的立场完全有别于我对新事物的热情。

[①] 首次发表于《哲学、心理学与科学方法杂志》，第14卷（1917年），第237—245页。罗宾逊的文章，见本卷附录1。

重新考虑一下在他基本陈述中指出的第二种一般性责难。他说,他在我的讨论中发现这样一个观点:"这种判断的(实际)形式只能通过指称题材和内容作出决定,然而它们却伴随着那些以完全不同的方式被决定的东西而获得承认。"这种混淆不仅是罗宾逊先生自己制造出来的(因为我坚持认为,逻辑形式的所有差异都取决于素材类型上的差异),而且,它很好地说明了罗宾逊先生对他自己认定为权威的那些观点的依赖。因为他继续说,我居然"要求那些通过逻辑稳定性程度来决定判断形式的人,在决定那些形式的时候包含那些以完全不同的方式决定形式的人。这是一种不公正的要求"等等。事实上,我已经给探究带来了可能会有的兴趣,首先,是否实际判断的素材不涉及一种客观的不确定性,这样,判断自身就是决定的要素之一;其次,如果是肯定的话,是否结果并不一定是对观点的修正,这些观点现在是关于其他特定素材的,尤其是关系被观察到的材料、本质或属性。我不能想象,那些已经确信逻辑形式和素材或内容完全是相互独立的人会对我的讨论感兴趣——除非他们可能想要重新开启这个问题。同样的偏见看起来好像也支持罗宾逊先生的感觉:假如我不用逻辑稳定性程度作为决定命题形式的标准,那么,我必须使用实用性的程度作为标准。如果我已经开始接受罗宾逊先生所接受的那种权威,并且试图带一点我自己的新东西去重述它们,那么,这样一个概念就会显得很自然。当他认为我仅仅只是把他自己的概念转换了一个不同的形式时,他发现了许多含混之处和错误的概念,发现了清晰性上的缺陷,这一点并不令人惊讶。然而,我做的是某些更加根本的事情。

再举一个例子,他认为我必须学会认识到时间是无关紧要的(unimportance)。由于诉诸这一问题,我们关于其余的东西就没有办法讨论了。由于题材在一个**给定**的时间中的不完整性以及不充分的本性被当作决定判断特定类型的一种特殊属性,我几乎看不出来:为什么那些认为时间仅仅是现象的、主观的,或者从逻辑上说将来的时间已经全部包括在现在中的人,会费神地来讨论我的观点。如果为了混淆主题,将我的看法转化为罗宾逊先生相信的东西,这将使他认为这里讨论的时间乃是思考中的时间。我的概念尽管可能微不足道,但毕竟是我自己的概念,我很自然地不愿意看到它被任意破坏。所以我要说,依据我自己的学说,而非那些它已经被转译成的权威学说,被讨论的时间实际上是世界上某些特定变化所占有的时间。判断购买某种债券是有利可图,意味着有某种存在的变化(得到利益),如果按照特定的方式进行,这种变化会在市场的持续特定运动中自然产生。我为了达到这个命题可能花费的时间,与采取的立场没有关系。

然而,当一个人确实诉诸权威时,他的引用至少应当是正确的。罗宾逊先生证明他的诧异是有道理的:我没有把亚里士多德作为我的陈述中最伟大、最出色的例外加以提及——即,实际判断总是经常被忽视。但是,他暗示亚里士多德没有给予实际判断一种自身就有的特殊的逻辑属性,这当然是与事实相反的。我认为,亚里士多德将三段论断然区分为论证的和辩证的,而实际的三段论演绎属于后一类,这在亚里士多德思想中是非常根本的。我认为同样基本的是:这些区别是与他关于素材在可能性、偶然性、必要性、现实性(它们依次与时间在**素材**中扮演的角色相一致)上的区别相伴的。亚里士多德也需要学习一下时间的非重要性,那正是罗宾逊先生**通过**罗素先生想要我学到的。然而,亚里士多德实际上比我走得还要远,因为他将未来的不确定性引入关于未来事件(event)的所有命题的素材中;而且重要的是,这种引入是以一种影响所有判断逻辑特性的方式完成的。① 在特别涉及实际判断的主体问题时,亚里士多德不仅坚持认为,它们本性上是个体的判断,而非一般判断(所以,关于它们的证明,没有哪个是可能的);而且,他也在个体的理论判断和实际判断之间作了深刻的区分。前者在于通过已经存在的相应的现实化来实现感觉器官潜能的现实化,因此,相对于其恰当的素材,它总是正确的或真实的;而个体的实际判断依赖于习惯或在原先的演练或实践中形成的秉性。因此,它们可能是对的,也可能是错的,更有可能在它们自身已经是一个良好性质的命题这种程度上是正确的。亚里士多德始终把能否遵循适合于不同素材的方法上的差异性,当作对一个"受过教育"的人的检验和标示,注意到这一点是非常有趣的。②

我很遗憾地说,在剔除掉罗宾逊先生文章中那些在我看来建立在将我的讨论转化为其他观念,并由此指出我的讨论与所谓结果不一致这些部分以后,我在他的文章剩余部分中没有发现多少我想要发现的关键点。然而,我确实发现,他批评中的东西有可能使我能够澄清一些需要被澄清的要点。罗宾逊

---

① 见《解释》(De Interpretatione),第九章。我已经将 event 这个词标注为斜体,以便排除数学内容,以及那些与第一重的玄界等联系在一起的东西。严格来说,那里什么也没有。
② 《伦理学》(Ethics),第 1 篇,第 3 章;《动物志》(Parts of Animals),第 1 篇,第 1 章;《形而上学》(Metaphysics),第 4 篇,第 4 章。

先生开始批评的第一部分就有这样一种特征。在讨论实际判断作为一种特殊形式和宣称在某种意义上所有判断都可能是实际判断时,确实**存在**着严重模糊的危险;而且,我也没有充分展开我的讨论,以使它们免除那种模糊性。然而,注意到存在于不同判断之间的差异(在一些判断中,将要完成的东西构成明确或*清晰*的素材;而在另一些判断中,清晰的内容是描述性的或本质的,但却具有一种实际的含义),那么,那种模糊性可能很容易就被消除掉。国家最好让威尔逊总统连任,这样一个命题就属于前面的那种类型。威尔逊总统依赖外交照会的使用,就属于后面那种类型;然而,对事实(那些已经做过的事情)的判断其要点在于同第一种命题的相关性。现在,存在涉及这些陈述事实的问题。如果认为存在着议事日程中的清晰素材,那我就全错了。如果我认为,只有当我们为历史的和本质的判断找到与实际判断的关系(虽然这样的关系是间接的)时,这些判断才是可能的,我也是完全错误的。但是我相信,只要多注意一点我的陈述,就会非常清楚,我的陈述中并不包含逻辑上的混乱或不连贯。

另外一点是关于判断这个术语的双重使用——它既有"行为者的行动"之意,又有"所给予物的转变"之意。虽然在这里我不能为自己的粗心行为辩护,但这一点是如此重要,因而我很高兴有机会更加深入地讨论它。罗宾逊先生说,当我提到命题成为一种情境(除了关于追寻确定情境过程的决定性行为外,这种情境就是自身的素材)完结的一个要素时,这并不意味着任何东西。① 假定这种考虑仅仅是通过(或者忽略)对不依赖于行动者而独立存在的素材的判断,而判定在抽象概念中这个现成的行动者想要做什么,没有什么比这一点更常见了(是否这就是罗宾逊先生所暗示的呢)。除非正好认识到这种假定是成问题的,否则我的观点就不会被理解。我已经声称,没有什么关于行动者完成行为的判断自身就是可能的:关于追寻过程的行为的命题(这个命题中包含有一种深思熟虑的决定)总是这样一种判断,关于一种真实的客观素材可能会经历过程的判断,关于变化的可能性来自那持续独立于行动者之变化的判断。例如,那个购买债券的

---

① 我发现,在这里把我的讨论应用到罗宾逊先生身上有一点困难,因为他立刻着手进行另一个讨论,即我混淆了判断和一个判断之间的差别。他认为,他显然感受到了这一点,而我因为一些理由没有能够明白这一点,不能在讨论的东西之上将两种不同的解释联系起来。

命题就是一个个变化（增加金钱资源）的判断，它通过某些因为默默发生而显得不完全、不确切的独立变化（工业的发展和其他投资者的行为等等）才得以可能。因此，判断自身是情境完成中的一个要素，因此在其完整意义上，它也是一种给定物的转变。它们是言说同一种东西的两种方式，而非代表不同东西的两种表达。变化中的情境承认（或需要）一种特定的不一样的改变，这个命题是完成变化的一个因素。相似地，通过其作为一个要素的事实，只有当不确定的情形以一种确定的方式被确定——无论结果是获益还是损失，这才是一种逻辑上完整的命题。如果罗宾逊先生不是那么确定那种我必定通过"给予物的转变"而给出的意义，即那种他所谓的作为唯心论辩证法的意义，如果他将这当作存在中一种真正的变化，而这种变化来自那些进入判断素材中的变化之间的互动，那么，他就会发现，我的学说事实上比他认识到的更加荒谬。然而，那样的话，他就不会发现他表达出的那种特殊的困难。①

当我讨论判断的悖论——判断的恰当素材是其自身确定性的表述形式，我已经在心里将这种悖论看作由罗宾逊先生引发的、与判断单一性和多样性联系在一起的困难。只要涉及语言，我就仍然能感受到这种困难，但我并不认为这种困难实际存在。如果我们想要理智地说话或书写，那只有在确定的术语中才能实现。任何相信存在意义上的不完整性和非确定性的人，只要涉及语言上的表达，总是处于一个不利的位置。恰恰因为他所谈论的是不确定的东西，所以不能进行确定的陈述。人们所能做的，只是引起对某个特定情境的注意。如果这种引发没有被注意到，那么说什么都没有意义。以"他最好咨询一下医生"为例，罗宾逊先生会说，这不是一个判断，因为它"只能是给予物转变过程中的一个阶段"。② 这非常正确，它确实不是一个完整的或单一的判断。这一点也正是我试图要提出的，虽然不幸的是我原先没有像现在这样大胆表述。因为它形成了一

---

① 在罗宾逊先生的语言中，可以看出他没有抓住我的观点。他说，我有时候似乎"想通过心理行为的判断，以便能够在一个*决定性*的境遇中继续进行，当然，这种心理行为是一个*中介*的行为，它获得了与行为过程相关的一个决定"（斜体字为我所标）。这种说法对于我的观点毫无作用，我的观点是：境遇并非决定性的，也不存在中介，不存在决定性的中介，直到有一个判断，它是关于一种非决定性情境可能具有的决定性的。
② 我已经忽略了这些词语之后的"假定事实"，也即这些词语"进入到一个完整的行为中去"。因为它们只是包含了对于我立场的误解，这一立场乃是我刚刚处理的假定，即对一种行为的判断，能够从各种特殊、独立变化之相互作用的判断中被分离出来。

个只有当情境经历转变时才可以是**逻辑上完整的**判断,也就是说,它只是判断的一个构成要素,而不是一个(完整的)判断。不论对我在将它作为一个判断(我很乐于接受所有那些从未觉得有必要将语言当作进行实验之敲门砖的人所提出的批评)加以指称时的不一致作出什么样的批评,仔细考虑一下将它称为**逻辑上的未完成**究竟意味着什么,似乎更有益处。让我们举罗宾逊先生的一些陈述为例。他说(第428页),"他最好咨询一下医生"这个判断很显然是一个有条件的或假设性的判断,这个判断表示,"如果他生病了,他最好咨询一下医生"。既然他也说关于作什么比较好的判断的真或假取决于"那个人此刻的健康状况",那么,他就不可能认为这种有条件的陈述穷尽了关于去看医生这个命题的逻辑内容。"他生病了"同样是一个判断。

请注意这种变成之前确定假设性和确定性判断的解决方案,如何设定了那些我提出来的问题。对罗宾逊先生来说,整个问题已经解决了;关于它没有什么不确定性的东西。如果我想回击说,那个人并不确定自己是否真的生病,因此相应地,不能将原先的那个命题分解为罗宾逊先生已经解决了的两个假定性和确定性的命题,此时,罗宾逊先生可以轻松地反驳我。他会说,事实上一种一般化(generalization)已被确定并发挥效用:"如果有疑虑,就咨询医生";而且,那个人正疑虑的,也是原先已经确定的结论。然而,这种重新表述只可能使事情显得与罗宾逊先生认为的相比起来,显得不那么干净利索。如果那个一般化依然在建构过程中,那么,这些例子又会怎样?"向部落巫师咨询"的规则是否也同样有效呢?有没有哪种一般的命题要求在产生疑虑的时候向医生咨询呢?难道没有一种完全相反的假定性命题——"离医生和药品远点"?

我所关心的,不是为刚提出的问题寻找什么详细的答案。我只是想指出:在自身的环境氛围中发生论争的东西,与那种当转化为与罗宾逊先生思维模式类似的学说时所提出的假设,这两者有着本质的差异。我坚持的是实际判断的特殊属性,这种特殊属性是基于它们产生于不确定的情境中;在结束这种不确定的情境时(一种完整的判断可能会由此而被忽略),它们可能作为其中的要素而存在。罗宾逊先生回击说,我关于实际判断的观点是错误的,因为已经完成的素材在逻辑上已经是确定的——不过,很显然,这就是引发整个讨论的东西。

在刚才的例子中,罗宾逊先生的立场对例子中包含的事实是有利的,因为这些例子中整个行动的过程已经变得常规化或习惯化。① 然而,让我们假定此种素材是一种复杂的病症和医生针对复杂病症所给出的建议。在这样的例子中,是否因为它那样确定,规则或普遍假设性的命题就已经是给定的呢?假定在这个例子中有这样一些事实,如果这些事实被了解的话,它们会构成一个确定性判断的固定内容(比如"他正忍受着小儿麻痹症的痛苦"),那么,只有在那种涉及做什么最好这个假设判断的行为结果中,相关的材料才能被认识,这难道不够明显吗?我想提出对探究更加重要的两点:(1)实验的逻辑本质是什么?它是否完全具有逻辑上的意义?当涉及整个自然科学,现代的探究活动着手利用行动(在变动条件中的身体行为)和关于展开行动之种类的应用性命题,将它们当作关于普遍性、相关材料和事实的命题的条件,这一事实究竟有没有逻辑意义?(2)道德困惑是真实的,或仅仅是心理上的?是否行为的结论真的纠正了存在中的任何东西?对自身自然形成的纠正(结果)的性质是否在决定的素材中得到相应的考虑?对这两个问题的讨论,将会加入到论题中去。

罗宾逊先生将单一判断的可能性看作一种发展中的内容,这种讨论表明:如果在每一点上,我都能清晰地利用完整和不完整的判断这种术语,而不是偶尔做到这些,这些文本就会更清楚一些。他批评的重要部分就基于差异性被引入的时刻。在建构独自使得完整判断成为可能的变化中,不完整或假设性的判断是逻辑上必须的要素。这个学说可能是错误的;关于其可理解性,我看不到有什么困难。在言语上的原因之外,我并不确定罗宾逊先生拒绝作为素材和命题的连续性其深远意义何在。在各种各样的可能性中,如果我谈到一个判断系统,或一种由于题材的连续性而与其他判断相互联系的复杂判断,此时我的语言将在这些特定点上显得更清晰。但是,罗宾逊先生在某些点上走得更远。比如,他说,"每一个判断的素材与那个判断要求的一样完整"。我还没看到任何说自己可以

---

① 罗宾逊先生完全忽视了我的主张,即在这些例子中完全没有命题,而是伴随着充分的刺激物和行为。正如我急切地想要把话题集中起来,让我重复一下我前面说过很多次的东西。这些关于疾病的命题,关于向一个医生咨询的命题,现在由我和罗宾逊先生提出来了,这恰好是因为有一些不确定的素材,而这些命题是为了解决这些素材的原因而被提出来的。假如罗宾逊先生不是对自己很不确定,他就不会假定一种我在其中深感迷惑的情境、一种其他人可能也会陷入同样不确定性的情境。这完全是在一个很不充分的地方表述我的全部看法。我很衷心地欢迎一切讨论,如果这些讨论能够在消除模糊性的意图,与模糊性并不存在这一意义(或者即使它存在,关于它的命题也不是解决模糊情形的要素)之间达成和解。

清楚地谈论一个判断的人，在判断的内容发展时依然可以保持不变。在这个基础上对内容的发展何以可能？在这里，我可能不理解罗宾逊先生；但是，他的文章似乎企图把以观念论辩证法为特征的判断的发展理论，与新实在论的原子论多元主义统一起来。我认定，这种多元主义是一种不太可靠的承诺。

关于罗宾逊先生文章的最后一个特别之处，我只想说一点。他的整个讨论都是从这一点出发的，因为它受制于如下观念：我在六个标题下关于实际命题的陈述乃是"其内容被认为与一般的理论判断不一样的六种方式"。这样，他认为，当指出实际判断中有五种特点并不是独特的，判断的整个观念就被破坏了。如果读者认真地查看一下我的文本，会发觉六种枚举出的命题从总体上是与对实际判断的形式性质的独立分析发生关联的，这些实际判断是由它们的素材决定的。① 普通的理论判断的特点之间的相似与不相似问题，不是我的论题。事实上，只要同一性能够得到展现，它不会毁掉我的理论，而只会强化这样的假定：清晰的内容中的理论判断，在指称中却是实际性的判断。可能在涉及第五点时，也就是罗宾逊先生指出鲍桑奎先生(Bosanquet)已经阐明在所有判断中都有实在性和假设性时，上述那一点才最清楚。这很准确，因为一般性间接地是一种行为方法的陈述（就像我试图在本质定义的例子中展示的那样，这种行为方法包括那种推论的方法），而事实则关系到必须被认真对待的给定条件。作为一种个体的历史，观念论的逻辑（特别是在鲍桑奎博士那里被当作例子使用）这一特性，由于以一种完全没有解释的经验主义的方式被保留下来，成了将我引向所有判断具有最终实际关联这一观念相当重要的要素。②

---

① 有一个引述将会表明，罗宾逊先生是如何完全地被这个错误的观念误导了。在引述完我的第一个观点之后，即不完整的情境为实际判断提供了素材，罗宾逊先生说，当我在第二个标题之下，继续表明素材的尚未完成特性，同样也是理论命题中某个特定系列的特点时，我没有将这样一种陈述当作是具有唯一特性的。实际情况是：由于我从实际判断本身出发对它们进行分析，我所给出的命题系列本身就是累积性的。第二点表明，在第一点能够被作为充分的、对于特定目标的安排而得到接受之前，它应该进一步受到限定。
② 我可能会说和布拉德利(Bradley)先生的讨论一样的话，当然，在程度上远不及他。布拉德利先生的讨论乃是关于判断的实践属性的，而罗宾逊先生认为，这种讨论是我和布拉德利先生这些依然无知的实用主义者所热衷的。如果我分享贝恩(Bain)先生关于行为和思想属性的概念，我就会被布拉德利先生的论述说服。然而事实是，相比于我注意到贝恩先生思想和行为概念的缺点，布拉德利先生的处理方式让我更加清醒，因此也更加明确地意识到布拉德利先生完全没有涉及的，一个关于它们之间关系的概念。

乔治·西尔威斯特·莫里斯：一种评价①

在时光逝去数年后，我对莫里斯教授作为一名教师的主要印象依然生动鲜活：他对理智充满热情，对相当于精神热情的观念充满热忱。他对自己所讲授的并且十分钟爱的论题的态度，就如同他示范如何忠实于亚里士多德所谓灵魂是身体的形式和圆满实现的论题。他那简洁而紧凑的结构看起来只是实现思想的一个媒介。迄今还依然挺立在我脑海中的形象，被他从不衰弱的精力这个事实所强化了。他所强调的，看起来总是道德的而非物质的东西。他很有活力，他的态度从来不懒散，他总是自信地投入到他的启示工作中去。虽然他体格康健，但看起来还没有健硕到可以解释他对教育的满腔热情。他目光有神，神采奕奕。他有那种不过分炽热的激情和猛烈的活力：这是对思想生命力的一种展现。

我不应当给大家留下如下的印象：莫里斯先生是启示的传道士而非学者。许多年过去了，毋容置疑的是：他在构成我心灵图像的素材方面具有崇高的地位，这些正代表了他的人格和影响。但是，从本质上说，他是一名教书的学者。在极少数情况下，我会看到他因愤慨而激动——总是被一些在他看来不真诚，或者表现出某种等同于不真诚的现象所激怒。有一次，一个主要对其他学科感兴趣的研究生说，他要来听莫里斯先生的课，因为他想对哲学有所涉猎。很有可能，这个不幸的学生在这个学期的这个选择有些不适宜。但是，对于莫里斯先生

---

① 首次发表于罗伯特·马克·威利(Robert Mark Wenley)的作品《乔治·西尔维斯特·莫里斯的生平和著作》(*The life and Work of George Sylvester Morris*)，纽约：麦克米兰出版公司，1917年，第313—321页。

来说,将"涉猎"这个词应用到哲学学习中去,似乎概括了对这个学生所有应受到谴责的错误。他的不满,部分是因为哲学作为一门爱智慧之学受到了侮辱,这种爱对他来说确是一种柏拉图式的爱。其实,无论话题是什么,对学术研究和涉猎之间存在任何联系的暗示都会充分引发他的义愤。

也有一些教师很有鼓动性,但是,随着时间的流逝,他们的鼓动被证明大多只是体现为情感式的,因而是暂时的和不持久的。有些学者很严格和诚实,但他们对待学问的态度看起来即使不是冷漠和刻板的,至少是过于职业化,将之当作一种商人的事务。莫里斯先生属于为数不多的将学问和热情结合起来的那类人,其适当的技术方法使他们对激励好学之心有所助益。我无法想象对哲学冷漠的学生,或者主要以一种职业态度对待哲学的学生,在离开莫里斯教授课堂时,没有获得一种与利益无涉的对精神活动的尊重:因为学问不是财产或者外在成就的标志,而是生命攸关的关怀。

当我回忆在约翰·霍普金斯大学跟随莫里斯先生学习哲学史课程的更多细节时,我想起了主要用于进行有序、确切、明晰说明的更多东西。确定疑问,是亚里士多德和黑格尔唤起了这些高尚热情的展现,时至今日,这些展现在我的记忆中依然栩栩如生。在我更加熟悉了莫里斯先生讲授过的这些人的作品后,通过查询笔记,我十分震惊地发现:在转述每位作者的观点时,他从作者文本中挑选出来的语句占了很大的比重——带着学者的机敏,他把握住了文本中的典型词语,并且在作者的逻辑意义上,将这些词语串联起来。他的解释很严谨地区分于他的批评,虽然这种批评紧紧跟随着这种解释。在讨论英国作家时,他的批评是严厉的和不赞同的——就像人们可以从他的《英国思想和思想家》(*British Thought and Thinkers*)这本书总结出来的那样。由于特殊的原因,这本书比他的学术演讲受欢迎得多;然而,与对德国思想的看法相比,他也同意一种对英国思想的一贯轻视。我还是感觉到,在他对约翰·斯图亚特·穆勒(John Stuart Mill)的判断中,存在着一种真正典型的意义。穆勒的人格和动机对莫里斯有着强烈的吸引力,我更乐于认为,这是因为两人的性格存在一种真实的亲缘联系。但是,从莫里斯教授所珍爱的观念论立场上判断,穆勒在哲学上的立场和成就让他反感。我有一种感觉,就是他的讲课流露出他从来没有原谅那些英国经验论者的事实,因为"外在论者"(externalists)和机械论哲学家曾一度将他引入歧途。他判断的口气似乎受到如下事件的影响:他改变了自己对英国哲学的拥护。不管怎样，我还是忍不住要引用那些已经被我当作真实典型的表述："我的结论是，约翰·穆勒最大的个人不幸在于他是詹姆斯·穆勒的儿子，而不是费希特（Johann Gottlieb Fiechte）的儿子。"我确信，莫里斯教授自己也感受到，在穆勒的动机和他自己思想之间存在着精神上的亲缘关系；这种动机在穆勒那里遭到挫折，但是，他却发现在费希特的伦理观念论中得到了实现。

我并不是想要详细说明赢得莫里斯热切忠诚的观念论，但是，我可以以一个学生具有的印象为出发点来对它进行评论。从始至终，它都是一种客观和伦理学的观念论（objective and ethical idealism）。他在自身中达到了一种在许多书呆子学者那里肯定认为不可能的事情——实现了亚里士多德、费希特和黑格尔的结合。世界，这个真正被考察的世界自身是理想的，他坚持认为，正是世界的这种理想特征，通过理智的能量，支持和实现自身作为创新中的主要要素。不用说，在人之中获得一种至上位置的理智努力，实际上也是一种道德的努力；这种至上位置在宇宙结构问题上，具有本体论的地位。亚里士多德的目的论形而上学，因而在费希特的道德观念论中得到了一种顺其自然的补充。

莫里斯从黑格尔那里得出了他自己的方法。从作为一个学生形成的理智印象出发，我想说，莫里斯对黑格尔的辩证法有着奇怪的冷漠和着迷。他对辩证法纯粹的技术层面并不感兴趣，不过也从中引申出一种持久的意义。他习惯地将之称为主体与客体、理智与世界之间的有机关系。这是高级综合中对立面统一的绝佳实例，它保证了辩证法原则在每一点上的实在性。据我回忆，在他关于哲学史讲座的批判性部分和建构性课程（比如他所谓真正的逻辑）中，他的教学倾向中经常出现的就是在排除差异的同一性和位于差异之内并通过差异存在的同一性之间形成一种对照。就像他习惯做的那样，当他谈及机械性和有机性时，其中也包含这种对照。这是一种死亡与生存之间的对照，比生理学上的比较更加具有道德意义，也更加高尚，虽然生物学也可能提供某些暗示性的说明。他忠诚于黑格尔（对于这一点，我非常确定），因为黑格尔在某种程度上也论证了他的观点：在经验的许多方面，一个活的统一体以差异和区别为中介而维持自身，这一原则具有至上的实在性。

因此，莫里斯的学生非常熟悉如何从观念论立场看待许多反对意见。近来，实在论者又提出这些意见来反对观念论。我还记得他暗暗嘲笑贝恩（Bain）将外在世界的存在问题当作形而上学的重大问题。对于他来说，外在和物理世界的存在是一种过程的事情。哲学问题应该关心其本性,而非其存在。使这种本性心理学化,将之吸收到意识状态中,就是与精神的统一(spiritual unity)原则相左;这种精神的统一,只有通过对有生命的思想中差异和对立的克服,才可以得到维持。用新近的术语说,他在认识论上是一名实在论者,接近一名常识的实在论者。这种性质的观念论在其依附于思想的目的论中表达出来,而且它最终所依附的是行动中的思想。知识只不过是这种依附的一种显现,而道德存在是更加充分的实现。他用同样的精神去对待康德。总之,在他那个时代,英国和美国的观念论及其继承者趋向于把康德当作观念论思想的源泉,虽然这种源泉需要进行相当大的净化。另一方面,莫里斯往往宁愿把康德当作一位现象学家和不可知论者,而且会在其原初对主体和客体的"机械"区分中,发现他那不可克服的主观主义根源。可能是因为在这方面,我的思想在很大程度上受到莫里斯教授的影响,我总是认为,那些评论家已经将黑格尔当作一个从不一致性中摆脱出来的康德;与他们所采用的方法相比,在他对黑格尔和康德所做的对照中,莫里斯展现了一种更为正确的历史直觉。

对作为一名本科生老师的莫里斯,我没有什么直接的了解。然而,我将要提到一个与他所具有的总体声望相关的事情,这个事情典型地代表了他的人格。当他教大学本科生时,他就经受了一种折磨:他必须对学生进行测验。因为,据传说,这对他的折磨要超过对学生的折磨。他面临这样一种工作:就他讲课的知识以及讲课中参考的书本上的知识向学生提问,他早就把这些书本当作学生必须浏览的职责而指定给学生了。然而,他似乎从没有完全从考试的困窘之中解脱出来。对他的态度做部分的解释,就足够明显了。他温和的脾气,使得他很不愿意使他人处于不利的境地。他显然不是那种喜欢"捉"学生的老师。对莫里斯教授来说,他人的失败对他自己而言是一种痛苦的体验;他也分担那种羞耻感,我想,他常常比学生分担的还要多些。如果学生不能以某种形式回答他的问题,他就会尝试另一种形式。在他的课堂上,并没有与首要问题相对的一成不变的规则。

是不是我全凭想象相信他感人的地方不只是那种不同寻常的温和仁慈,而且由于某些他自己可能也意识不到的力量?我相信,所有依赖于随时提问、测验、打分和推销的教育方法都令他反感。如果他曾就这种事表达自己的情绪,我想他会说,让聪明才智屈从于这样的处理方法,是与理智的本性相冲突的——那就是把理性还原到那种他十分痛恨的机械层面上。在他看来,自由、从自身中产生的灵感、在实现自己过程中的快乐才是理智的来源。莫里斯十分讨厌把一名学生,甚至是那些普通的大学生,当作一种不具有理智潜能的东西加以对待。作为一名大学教员,他总是热心地支持所有能够将"大学"提升到有别于"学院"工作的事情。可能美国高等教育的发展有时已经受到推动人类本性的日常外在动机的影响:威望感等等。而莫里斯教授不是这种人。在理智自由和手头进行的探究活动的刺激下,莫里斯教授对大学工作方法的信念是深刻的和内在性的。对他来说,它们是仅有的可以与理智尊严相匹配的方法。我认为,如果我把他想成那种针对大学生的、所谓大学方法的创始人——这种方法使得大学生能够区别于那些低年级学生,并能使他们从出勤率、考试、处置学生的日常规则中解放出来,简言之,像对待研究生那样对待他们——那可能是有问题的。但是,他是这种方法最热心的支持者之一,这一点绝不会错。然而,这种规划并不像他所希望的那样有效运作,它渐渐地沦于无用了。这个事实,使得他非常难过。然而,莫里斯教授从来没有对这种方法在本科生群体中培养知识分子精英的本质正当性失去信心。深受莫里斯教授影响的每一个人,无论这个人是否接受他的专业哲学模型,都不会失掉一种感觉:真正的理智活动意味着一种自由精神、一种来自内部而非来自外部和机械支撑物(mechanical supports)的灵感。他在自己的教学中体现这种理想。他在学习和反思中体验到的愉悦,十分明显和令人难忘。

即使在 25 年之后,我依然发现,很难完全冷静地把莫里斯先生当作一个朋友来谈及。他在所有人际关系中都非常和蔼友善。他在本性上非常温顺——一种从来没有表现出脆弱的温顺。他有时谈及早期清教徒教育对他的压抑效果,并对其导致的使简单的情感表达受到阻碍的结果感到痛心。然而,虽然他的态度有所保留,却一点都没有受到约束的意思。无论他会感受到何种内在的困窘,他都将之转化成一种沉着和冷静。如果可以这么表达的话,我想说:在他的举止中没有松懈之处,没有过分与不及;在他的直率和冷静中,有某些古典的东西。他从来不自作主张地将自身强加到别人身上,但是没有人曾想到要利用他,或者在任何情况下把他当作微不足道的。他没有提及的一些他自己也没有认真考虑过的主题,他也不去管了。当他表达自身时,他的举止和他的言辞一样令人肃然起敬。

宜人的时光为所有的人类关系奠定了基础。在我们对所有真诚和坚强个性的回忆中,那些琐细的事情被抛到脑后。无用之物被净化了,真正的人纯粹地挺立出来。我不知道有谁比莫里斯先生更不需要这种记忆的净化工作。在他那里,理想的形象和有着一系列日常、平凡职业的个体这二者默默而又自然地融合在一起。

当前教育中的趋势①

有时候看起来,似乎可以把教育的趋势比作服饰的变化。款式和式样变化了,根本的外观依旧如故,甚至这些表面的改变终归也只是在一种循环之中。改变得越多,相同点也就越多。一方面,教育是可塑的、易转向的;另一方面,它是所有东西中最难改变的。因为要改变它,就意味着要改变人们的心灵;不是改变人们有意识的信念,也不是改变他们认可的理想,而是改变限制和控制所有意识的思考和欲望的心灵结构。以一种理想的方式来教育儿童,将是一件较为轻松的事情——如果父母和长辈不需要首先被教育的话。实际上,旧有的对完全的身体局限性的解释——使自身超出障碍之外——看起来不足以产生那样一种不可能性,即深思熟虑地努力实现精神习惯(mental habitudes)根本性改变的不可能性。

不过,在一个很长的周期内,服饰的变化远超过了时尚和款式的变化,虽然这个周期可能长达数个世纪。过时的骑士及宫廷女士装扮上的差异,超过了今天商人和女售货员之间的差异。因为宫廷已经荒废,过去的生活方式也随着它们一起逝去,宫廷只成了一个符号。这和教育的情况有点相像。教育改革者的影响,甚至不及服饰的改革者。一些人会做一些"稀奇古怪"的事情,并因而使得其他人更容易做一些感性的事情,使得他们比过去所做的更加偏离常规。同时,生命的有效习惯以没有意想到的方式发生着改变,并且,以这些变化为条件,构成了教育在其目的和方法上产生不可避免的转变的基础。一种对当前景象持久

---

① 首次发表于《日晷》,第 62 卷(1917 年),第 287—289 页。

和坚持的观察并不会告诉我们,在短暂流行时尚中,单纯的变化是什么;也不会告诉我们,持续变化的标志和证据是什么。不过,沿着更长的时间的延伸看一眼,就会发现巨大的断层。

当讨论当前教育中的趋势时,人们所指的可能是作为那个时代漩涡的趋向,无论它在多大程度上可能在消耗着个人的财富仓库;也可能是某种特定的、不可抗拒的、决定未来潮流的趋势。如果有人想要谈论后一种趋向,那么,他就将赌注压在未知的将来上面,或者,用更好听的话说,他就沉浸在作为人类主要优点的预言自由之中。如果他谈论的是前者,那么,他就在讨论一种职业的技巧、一种对从事这项工作的人来说是有趣的事情。对于普通大众来说,这种事情的兴趣不会超过他们对任何其他技巧的常规程序的兴趣——除非它们直接地影响了所有那些有孩子(当然,大家基本上都有)的人们,并因而很容易让那些人们产生兴趣,热烈地投入到争论中去。

相对立的书写体系,与语音学方法相对的发声学方法,这两者都与教授阅读的语词方法相对,都是某种程度上的提升,这就像我们过去的大多数讨论是关于古代和现代语言的对立,以及两者与自然科学的对立。它们最关心的是增加商业效率、优化和扩大产量,同时降低过高的支出,减少"周转率"。我认为,这就是为什么我们发现教育期刊并不与日报、周刊或月刊竞争,以争夺那些最上心家长的注意力。除非是通过现代先进的宣传方法,给出一种崭新的、解决所有年龄段教学问题的治疗方法,否则,挑毛病就是对学校关注的唯一确定的方式。

然而,我担心,我在介绍方面太过着力,超过我想要给出的自己的评论。但是,无论如何,介绍将比我文章的大部分内容来得重要;这种介绍在读者的脑海中留下了充分的感觉,即任何在其偶然、暂时的感觉中解释当前教育趋势的努力都具有不稳定特性。我已经不记得在勃朗宁诗歌的愤世嫉俗中看到多少次革命了,不过,教育的革命几乎每年发生一次,而且半年左右就会互相重叠一次。如果仅仅是让人意识到这样的事实,即寻求重大教育变革(这种变革有可能持久而富有成果)的地方并不在教育之中,而是一种持续忽视教育的重要社会变革,那么,观察和记录进取心的那种不确定感就显得非常重要。因为前面的那种改变多有反复,而正是后面的那种改变,形成了教育的目标和手段。在我对将来下的赌注中(这种将来被装扮为对一种当下的记述),我并未被自己将要在学校连续发生的事件中看到的东西过分左右,而是被那种我相信在这种学校事件与更大的社会生活趋向之间所具有的联系所指引。

因而,我将相当大的重要性系于在教育和管理中引入测量的尺度、标准和方法这种运动。我认为,这不是因为它们受到大量的关注,而是因为它们代表了一种渗入到"有效"概念的教育之中,渗入到在现代生活中不可避免的方法之中。这不是喜欢不喜欢它们的问题,对于我们这些已经发展出自身高度个体化的有效和无效模式的人们而言,对这种问题的第一反应可能就是反感。具有重要意义的事情是:现代工业已经迫使人们承认机械因素在任何工作中所扮演的巨大作用,因而承认这种机械要素必须得到客观、坦率的认可,并且要尽可能精确和流畅地被创造出来。学校是一种比工厂少些机械化的东西,这一点不用说。然而,学校终究还有其机械的一面和机械的基础,所有的学习都从最低等级教起,这就具有其机械性特征。

一种朝向标准化、朝向测量尺度的制度化运动以及对它的应用,只是对这一事实最诚实的感知。假定这种运动是引入和培育机械成分的运动的一种,实际上,就是忽视了在学校中已经没有什么东西比机械化得到更加深入的确立这个事实。对其进行研究就是试图发现:它是在其正当的范围之内还是之外,发现它是否实际上完成了假定会产生的影响。这个运动要花时间整理自身,而且,人们很容易发现,它就像讽刺漫画一样,在其"效率"运动的各个阶段都非常滑稽。不过,运动自身是科学实在论的一种表达。这种科学实在论表示一种随时可能完成结果的机械系统的运作;同时,它也表示一种疑问:是否机械系统能够像它可能的那样有效?我相信,这正是斯魏夫特(Dean Swift)那样的人所想说的——他说,除了认为经济乃是自由的有用工具之外,他对经济一无所知。最终,这同样必然被当作是对效率的言说。

在教学和管理中引入标准化方法的危险,不在于工具本身,而在于使用这些方法的人身上,担心他们忘记了那只是现存的、可以被测量和标准化的方法。在蒸汽动力出现之前,效率的方法已经被应用到各种依靠人类肌肉的方法中去了。在后者出现之后,人们就不能再依照这些方法来测量肢体力量与蒸汽动力的相对效率了。毫无疑问,许多现在处在一个试图标准化过程中的方法没有得到应有的关注。我们过于频繁地试图在三种或四种做事情的方法中判定哪一个是最好的,其实,有时候没有哪一种方法是好的。简而言之,效率运动的局限就是学校的技术方法中已经获得的东西的局限。这种运动或许能够确定在各种方法中哪一种方法相对而言是最好的。它却不能说明是否诸种方法中的任何一种与某些将来的发明有关,与对存在的要求相关。任何一种运动的对应物,即平衡因素,必须被当作一种创造、一种发明。我认为,当前教育中发展实验学校(experimental schools)的趋势可以表现出这一点来。

当然,我的意思不是说这些趋势只是作为效率和衡量运动的对应物而发展起来的。它们也依赖从学校之外广泛和深入地起作用的力量。以既定的标准衡量,无论它们的效率是什么,一般来说,直接原因都是不满意学校里面的流行模式所得出的那些结果。他们经常地,或者说总是在脸上流露出一种许多家长都会有的愿望,即孩子们拥有一个比现在更加快乐、健康的学校生活,包括反抗让人困倦和厌烦的一些老师。即使这样,他们还是抓住了其中的深刻联系。现代生活的灵活性和机动性、新鲜感和多样性,与一般传统学校中那种古板的规矩和枯燥的习俗形成一种不断强化的、令人吃惊的冲突。在更广大的社会生活中引发改变的相同力量,以及当人碰巧被迫进入严酷的环境时,使他停止下来的相同力量肯定会进入学校中。

这种灵活性和新鲜感的趋势(这是在民主的名义下很流行东西中的很大一部分),并不是在教育中产生实验运动时唯一起作用的力量。有的时候,实验学校——从它们的实践中判断,似乎是脱离常规的唯一选择——我几乎将其描写为越轨行为。它们把自己不仅从传统中,而且从管理性的观念中解放出来。不过,这种类型的实验代表的只是那种在阳光下伴随着所有生命运动的滑稽模仿的影子。事实上,实验是创造性努力的科学成果;是受约束的建构性发明的成果。它以理念为基础,是一种将理念带向成熟的持续方法。这种机械效率是现代科学精神的产物,这一点并不比科学精神同样唤醒了人的创造能力,并使他们具有实现其创造性观念(这种观念是放大了的,在其灵魂之中得到培育的事物的连续性景观)的手段来得更加真实。

我并没有完全列举目前教育中的重大趋势。但是,当我现在试图研究与产生持续能量的运动潮流相联系的、学校趋势之无数细节中的不断变化时,我上面提到的两点就出现在我的视界中。

教育中的实验[1]

121   我不知道现代的传播方法和古老的魔术之间的重要相似性是否已经被充分注意到了。最近的日报已经提供了这种同一性在某一点上的例证——命名的功效。洛克菲勒(Rockefeller)这个神奇的名字几乎无所不能。它将教育中实验的观念与世界和平、股票市场的泄密一起放在报纸的头版。但是,这样的一种行为却让人离开了教育实验的主要论题。然而,明显地屈从于这种诱惑就是遵从报纸自身的导向。如果有可能的话,最好能将这种观念从大量耸人听闻的标题中拯救出来,这些标题仅仅是突出了其隐匿的中心词。

这种拯救性的活动需要某种英雄主义。人们不愿看到的必然是有相当数量的社论现在对如下这个事实表示痛心:受过堕落的大学教育的百万富翁洛克菲勒投身于控制基础教育的阴险企图,并进而完成对国家的毁灭。倘若教育中实验的观念得以恢复,人们甚至必须努力忘记一些已经提出的准官方的表述。人们必须对"现代学校"这个术语中的"现代"一词无动于衷,因而可以记得,考古学很显然是一件非常现代的事业;当古代人在地上打洞的时候,他们肯定是在挖东西,但肯定不是在"开凿"(excavate)。然而,当人们试图不携带贴着文明与规范、职业与功利等标签的成堆行李进行长途跋涉时,真正的工作就到来了。与报纸上几乎能够成功隐瞒的情形不一样,所有这些东西不仅分散人们对教育实验

---

[1] 首次发表于《新共和》(*New Republic*),第 10 期(1917 年),第 15—16 页;重新发表于《今日教育》(*Education Today*),约瑟夫·拉特纳编,纽约:G·P·普特南出版公司,1940 年,第 122—125 页。

思想的注意力,而且还与之相抵触。它们都属于那样的思想氛围,即认为实验是至关重要的。我并不轻描淡写地谈论以这些观念为中心进行的争论。它们不仅应该由于其悠久而获得尊敬,而且它们也提供了让需要表达的事物获得发泄的渠道。然而,它们在一定程度上扭曲了自身,实验这棵娇弱的植物就先被遮蔽,然后枯萎和凋零。

所有这些术语都是宏大、总括性的,它们集体性地表达目标、理想和趋势流动。准确地说,它们是任何一种在自然科学之前——也就是说,在实验进入之前的学科中发展出来的术语。实验首先关心的,是将这种大的事物打散为小的、特殊的要素与问题。当它们被如此明确地区分时,体现在熟悉的警句、标签和口号中的观点往往会消失。比如说,正是在一种非实验的环境中,与科学相对的语言问题才繁荣起来。当被带入实验的媒介中时,问题就成为一种语言做了什么,又是怎么做的?不是泛泛而谈科学的教育其价值是什么,而是一种特殊学科的特殊方面是如何在这个有着特殊本质和工业背景的、特殊年代的个人生活中获得其有效性的?没有一种教育实验的立场,可以攻击这一领域中广泛的其他部分。依照已经在适应性科学初级和次级教导中完成的相对较少的方面来看,使自然科学成为新方案核心的、已经表达出来的意愿本身,是考虑得非常周到的。然而,这种意愿并不表示一种对教育问题独断的解决方案,而是表示一种适当的题材和方法依然发生的场所。对当前学校教育了解极少的人,他们并不会认识到:这种研究可以立刻使教育者陷入许多特殊的、困难的和令人困惑的问题。

在我看来,这一事实就是表明了任何一种在学校行为中体现实验态度的真诚努力所具有的意义(典型的意义)。它用细节的分析替代了粗犷的论断,用特别的探究替代了冲动的信念,用细微的事实代替了一些依旧保有模糊性的观念。正是在社会科学、道德、政治和教育中,通过巨大的对照,通过对秩序与自由、个人主义与社会主义、文化与效用、自发性与规训、现状与传统的戏剧性对比,思维活动才得以前行。物理科学的领域曾经被相似的"总体的"观点所占据,这种观点的情感性诉求与它们的理智清晰性相反。但是,伴随着实验方法的推进,问题不再是两个相对立的要求中哪个有权利成为这个领域中的一员。它已经成为一个通过逐渐的攻击行为而着手清除混乱题材的问题。我并不知道有这样的个案,即最终的结果像许多前-实验观念中的事物那样,有哪一方获得了胜利。由于它们变得与被发现的情境越发不相干,它们几乎都消失了;同时,由于这种被发现的不相干,它们变得没有意义而又无趣。在目前来说,任何一个实验学校可以对教育作出的最大贡献正是实验观念本身,也就是作为解决社会问题之灵魂的关于实验方法的理想。

  幸运的是,对于新事业的前景,普通教育董事会(General Education Board)的实验学校不是一个开拓者。已经有许多实验学校了,并且有更多大体上不算实验性的学校也在这样或那样的论题或方法上进行实验。对非-实验观念的严格坚持——而且,不管它们在理智上多么模糊,成为严格的教条是非-实验观念的本性——已经松懈了。沙土被搅动了,种子加速生长。已经完成的实验工作,使得寻找自身能够采取实验态度的老师(这是最难实现的一个条件)成为可能。建议适时而来——这是一个使得事业成型,而非仅仅是造就另外一所学校的时刻。将公众的思想集中在对开放和探寻态度的要求上;引导公众的思想去意识到,教育不应当被局限于在已经被明确表述的、相互冲突的路径之间作出选择,而在于为真正的发现提供一种场所,帮助人们看清楚进步完全取决于一种控制发现的方法:所有这些,本身就是一种成就。让公众熟悉这样一种教育方法的可能性,是一件比用最粗、最大的标题来宣传一所洛克菲勒学校还要令人感动的事件。

初等教育的联邦资助[1]

"初等教育的联邦资助"这样的论题出现在这个协会集会的议程安排中,是非常重要的。协会过去领导了废止童工的斗争。在儿童被排除于工厂、百货商店以及其他各种形式的非教育的雇佣工作之后,这种运动出现了一个具有重要意义的转折点,即提出这样一个问题:他们之后将会发生什么?他们想要做什么?废止童工的运动总是教育运动的一部分。假定给予儿童更多受教育的机会是运动的肯定性方面,那么,废止就是运动的否定性方面。当我们将儿童隔离在工厂等机构之外时,这个工作尚未完成。我们不只是要把他们留在学校里,而且要使他们所呆的学校在每一个可能的方面都值得他们留下来,也就是说,在将儿童从某些有害的东西中拯救出来的同时,我们要将他们送到某些崇高、向上和进步的东西中去。

为什么在这种运动中要对我国青少年更广泛、更完整的教育进行联邦资助?首先,让我带你们回顾过去美国教育的标志——红色的小校舍,地区学校。这种学校建筑是非常高贵和重要的标志。它代表了从这个国家历史上的拓荒时期开始,在美国社会中,家长们直接和积极地为他们孩子的教育所做的一切。我认为,在我们国家没有任何一种情绪如此流行:老一辈的一些人觉得,他们的孩子应该有一个比他们自己所得到的、更好的开始和更好的机遇。这种星罗棋布般点缀在我们国家各个地方的小校舍,代表着这样一个事实:家长们自发地行动起

---

[1] 首次发表于《儿童劳动学报》(*Child Labor Bulletin*),第6期(1917年),第61—66页。这是来自第13届儿童劳动会议上的演讲。

来,他们并不等待着政府——任何州政府,更不用说联邦政府将教育强加到他们身上。

现在,个人和地方的积极支持、展开工作的精力和兴趣是非常珍贵的东西。我希望能够向那些担心联邦对教育的援助举措可能在某种程度上削弱地方对教育兴趣(两种兴趣之间的目标是不一样的)的人作出担保:不会出现这种情况。这个新近成立并在童工大会(换言之,联邦对政府的资助大会)之后成为典范的组织,其目的在于唤醒那些对这种援助不感兴趣的社区,扩展、拓充和助长那种对此依旧有兴趣、不过变得有些冷漠的社区。与我们的许多社区一样,好多社区依旧清醒、积极,它们在照顾自己的孩子时提供设施和资源方面的帮助和支持。

在国会会议的最后一天,充斥着各种各样的其他事情。我甚至怀疑,这一天我想要提出议案是否能在我们成千上万的国人中引起哪怕一个人的注意;这个议案旨在为教育的联邦资助提供特定的机制。当然,并不能期待所有东西都在这次会议上解决,但是,将议案公开这一点还是令人欣慰的;而且,我们希望,全体公民不用太长的时间就能够具备关注这件事情的成熟条件。这种议案只有以州和地方行为为中介,给教育提供联邦资助。它并没有脱离现存的教育当局来对教育进行控制、指导和监管,它也不打算以任何形式把全部资金进行转移,从而使得州、郡或城镇变得贫穷。相反,它是基于一种我认为现在所有形式的项目中得到贯彻的原则。它打算给予的资助只是在这样一种程度上:各个州和社区自身主动地去做事情。无论每个州做什么,或者社团通过州教育董事会做什么,联邦政府在特定限度内都会给予满足和配合。

至于此议案中提议的对教育的联邦资助的方式,可能会显示出为什么人们会觉得有必要利用国家财政。议案提出了三种形式的资助:第一是刺激和改善全国范围内的乡村教育;第二是对一些有大量移民人口的州可能做的事情进行资助,这些人口要么是文盲,要么对英语一窍不通;第三是必须特殊地处理那部分成人文盲和将成长为文盲的青少年文盲,其典型代表是南方一些州的大部分黑人。当然,这一点不会在议案的行文中表现出来。

首先,关于乡村教育。我提到地区校舍作为我们先辈们在拓荒时期希望给予他们孩子较好教育条件的标志。我记得,当我还是一个小孩时,我被我父亲带到那个地区校舍,而在三十年前,他是小孩的时候就去的那里。我父亲告诉我,他上学的那个时候,那个校舍里有 50 到 60 个固定的孩子。当我上学的时候,我发现,那儿有 6 到 12 个小孩,学校通常是由学校地区委员会某个委员的女儿执教的,这些女儿们绝大多数是同一所地区学校毕业的。随着我们师范学校的发展和教育中专业兴趣的增长,这种情况有所改观;然而,在某种程度上,这是具有典型性的事件。

今天在场的有些人应该记得,数年前,一位美国总统候选人在一次政治集会上使自己成为笑柄,因为他说关税完全是地方性事务。因而,假如我们认为教育纯粹是地方性事务,那么,我们就会显得更加可笑。结果——好的或坏的教育的后果不能被局限于某个特定的区域。作为一项政策,或者从狭义上说作为一项对策,更大的社会或政治机构应该记住,最为重要的事情是:没有哪个社区能够通过自我教育使自己兴盛或衰弱、生存或灭亡。那些最需要增加教育机会、提高教育质量的农业地区,正是那些经济上最不适合提供这种需要的地区,这些地区的人们也最未能意识到这一点。

我们的改革运动将大部分注意力放在工厂问题已经很尖锐的城市和大型城镇上。而国家的那个部分——乡村部分,由于迟钝、贫乏的智力和冷漠而可能遭受更多痛苦这一点,却没有得到相应的注意。对后者的状况已经将我们的注意力集中于这样一个事实上:毕竟农业是我们生活的基础产业,如果不是整个国家都受难,农业就不能受难,乡村的利益也不能受损。我们的农业,过去无论以哪种方式都能够坚持下去的时代早已过去了。作为一名看到近几年来国家生活中发生的某些事情的城镇居民,我确信,我们没有任何一种教育的、社会的、经济的需要会比在农业地区和小村庄改善智力和教育条件来得更为迫切。我们有一种生硬的、漠然的教育模式,这种模式不能将孩子们留在学校里,不能将孩子们留在乡村生活中,也不能唤起他们对理智和社会的兴趣。我并不认为只要一会儿工夫,这种对教育的联邦资助就会突然引发一种奇迹,一劳永逸地消除糟糕的状况。但是,我确实相信,与其他方向一样,在这种方向指引下,联邦资助比仅仅是资金的数目要做得多得多。它使国民意识到,美国政府已经决定,值得为提高乡村的教育和生活水平而对各州进行国家补助。

我们都知道,有多少个南部的州部分通过自己、部分通过慈善家的帮助,已经为处理州内白人和黑人成人文盲的严重问题做出了卓越的努力。我们知道,这些社群中无知的文盲这一因素对国家的许多重要方面构成了严重的挑战。在我今天乘火车来这儿的路上,我考虑了在社会事务上,我可以称为律师的观点和

129　工程师的观点之间的差异。当我乘坐火车从一个州穿行到另一个州时,我并没有像在地图上那样在国土上发现一条将州与州、郡与郡划分开来的分界线。工程师的立场是:在我们国家所有不同部分之间,要有那种直接、恒久的交往和沟通。运输人和货物的铁路上的火车和铁路自身,并不会也不能意识到州与州之间的区分。问题是:是否我们打算在考虑政治统一时采取狭隘的、法律的和技术性的观点;或者我们打算采用工程师的观点,认识到人和货物持续的交流,国家各个部分之间互相依赖,会产生出尤其是南方一些州的黑人文盲以及北方一些大城市中的准文盲移民。上一届国会中,美国公开表明如下的意旨:假如是文盲的话,人们不应该从另一个国家迁移到这个国家并且定居下来。如果我们说继续保持绝大部分成年人处于一种文盲状态,而这个国家却没有继续产生更多的文盲这一点是正确的话,那么,对我来说,我们就处于一个非常矛盾和尴尬的境地。如果移民法案是一项英明的行为,那么,我们正在开始的、在成年人中废除文盲的积极运动,当然显得更加英明和明智。我认为,我们还没有清醒意识到在整个国家中这种成人文盲的数量,没有意识到这个问题并不会自己解决和自己灭亡的事实。相反,它的整个趋向变得自我延续和自我复制,这就像一切邪恶和疾病都趋向于自我延续、自我复制,除非发起一种积极、能动的战役去克服它。

科学教学中的方法[1]

方法意味着一种获得结果的途径、一种达成目标的手段、一种达到目的的路径。方法因而随着所要达到的目标而变动。没有对目标的清晰看法，我们就不能明智地顺着路途走向它。不过，当我们试图陈述科学教学的目的时，有可能发现自身卷入到模糊的一般性中；这样，所有人都可能使用一样的词汇。然而，在过程中的实际方法方面，却产生了根本性的差异。因而，唯一能做的是去弄清楚我关于方法的观点，而不要去阻止那种讨论（在讨论中我说，科学教学的目的是使我们意识到什么构成了对思想、理智最有效的利用）；唯一能做的是给予我们一种关于知识真实性质的有效感觉，一种合理健全的知识从仅仅是猜测、意见、独断信念或其他的什么东西中区分出来的感觉。很显然，科学不仅仅是知识，而且是最好的知识，是得到检验和具有最确切形式的知识。从教育学上看，将科学的价值与其他知识的价值区分开来的东西，就是这种优越的品质。除非进行这样的教学，以使得学生们对科学所赋予的优越性获得实际的感觉，否则，就要失去某些东西。如果我们问这种优越的知识类型是怎样存在的，我们会发现，人们在这方面已经或多或少有效地开动脑筋数千年了；而且，在相当长的一段时间里，这种思考并不是越来越有效，而是越来越无效。但是，最有效地应用或启动理智的方法，已经渐渐被选择出来并被加以培育。作为个人权力和资源的科学，是那些被发现最成功、最有效的工具。一个人可能很有教养，掌握大量的信息

---

[1] 1916年7月在纽约 N.E.A 科学部的演讲。本文首次发表于《自然科学季刊》(General Science Quarterly)，第1期(1916年)，第3—9页。

(关于事物的正确信息),但是假如他在处理某个题材时,没有在某一点上以科学的方法得到第一手的认识,那么,他就不能够确切地指出优质的知识和假冒品之间的差异,他也不能确切地知道怎么样或者什么时候,他才可以最有能力和最实效地应用他的理智力量。探究我们信念和理念中本真东西的能力,控制某人思想以便使它的作用发挥到极致的能力,这些都是珍贵的东西。因此,科学在教育中的正确位置应该是基本的,相应地,看到这种教育方法将会实现其正确的目的,这一点也是非常重要的。

当我们丢下这种一般性,似乎对我们而言,第一需要就是辨明在科学的教育发展中那些特定的阶段。小学属于必要的第一阶段,这是因为,我不认为在高中的任何努力能够弥补一个错误的开始或者一个在各个年级中未获得正确开始的错误。从表面上看,这与中学教师通常的声音相反:他们更喜欢学生在完全没有科学指导的情况下来到他们身边——大学老师方面,也有着相似的说法。我认为,这种不连贯性只是表面的。这种说法真正确证了正确开始的必要性。我相信,只有大学和高中老师与小学老师进行经验交流,并且互相对对方的工作感兴趣,成功的科学问题才会得到解决。

在这个阶段,目的应该对自然事实这一类清晰领域有第一手的认识,以激发发现原因、动态过程和起作用的力量的兴趣。我要强调"这一类"这个短语。我认为,就整体而言,在我们目前的基础性自然学习中,存在的主要缺点就是:当激起对观察的兴趣和累积对特定信息的储存时,这种研究实在是过于静态和过于混杂。所谓静态,指的是观察并不以某些动态过程为导向。这种类型的信息,怎么也不会为科学提供一种背景。然而,由于我没有详细讨论这一点的空间,其根本性的要点可能通过参照一些高中课程,即所谓的自然科学中的东西加以理解。就像研究自然的运动一样,自然科学的趋向受到摆脱非常成熟之科学的特殊技巧这一令人赞许的热望所推动。我不是说,为了学生的均衡起步而将这些研究降低为仅仅对词汇的认识,虽然存在着这样的危险。但是,除了少数例外,这种卓越的专家的科学,即使被很好地理解,依旧只是某种孤立的东西,是一种被附加到日常世界中的另一个世界的事物。可是,它本应该是一种对日常世界启迪性和理智性的控制。

作为返回更接近于学生生活的世界和离开仅仅为科学家而存在的世界的尝试,正如我刚才所说的,自然科学的趋势有其合理性。但是,我有一种印象,即在实际生活中，它可能意味着两种非常不同的东西。它可能从已经分门别类的各种科学中出发，简单地从物理学、化学、地理学、植物学等科学中挑选一些部分，并用这些不同的选择形成某种东西，以更专业的形式作为一种科学的导引。现在我相信，这种方法最终还是一种静态的形式。它给多样性和适应性留下了空间，并将与优秀的教师一起合作。但是，由于它被作为一种普遍的运动（general movement）而受到敦促，我相信，它依旧保有在其既成形式中以科学知识为开端的那些方法所共同具有的本质缺陷；而且，它也使自身很容易成为一种琐碎的和肤浅的工作，甚至由于那种真正占统治地位的科学需要的连续和严肃的思考而使自身变得惹人厌烦。

然而，自然科学可能还有另外一种意义。它可能意味着某位科学知识的专家暂时忘记了科学的常规区分，将自身置于学生关于自然力量的经验立场上，这种经验是与日常有用的应用联系在一起的。然而，他并没有忘记这些经验的科学的可能性，也没有忘记在科学原则中相对重要性是有一种序列的——也就是说，其中一些原则更基本，并且为了能够理解其他的东西，某些原则就是必要的并因此更有效和更复杂。

这样，当他可能从日常生活的普通和更熟悉的材料中得到他的素材时，他不允许这种具有明显和肤浅形式的材料向他指出以后学习的性质。这可能是一种掩饰物或清洗剂、漂白粉，抑或是一种汽油引擎。但是，他永远不会在他的教育主张中有片刻的时间允许这一东西成为学习的目标；如果这样的话，他又一次错认了基础性自然学习的类别。对他来说，作为一名老师，这些材料只是一种手段、一件工具、一条途径。这只是一种到达自然行为过程的方法，这种行为在其他现象中被广泛作为一种例证；并且，在它被把握之后，将变得更有意义和更容易理解。不过，就学生的意识兴趣而言，学生的注意力会停留于直接出现在他面前的现象上。这时，老师的职责就是：让学生在外表之下，感知经验中任何一种科学性的东西。这并不需要被打上原则或规律的标签——事实上，如果从一开始它就被打上这样的标签，那么，所谓的原则或规律也就仅仅是一种标签。但是，假如选择了更多的材料，以至于学生之前所掌握的东西可以用作理智的路径和理解的手段，那么，对他来说，它就成了规则或规律：他自己思考和探究的规律，他调查事实并试图将其还原为一种秩序的立场。

同样的程序方法当然意味着，作出选择是确定某人提出的熟悉的材料。利益和环境的占用,将在其中扮演一定的角色。一种农业环境往往提供一种出发点,制造电力设备的地区会提供另一种出发点,一个铁路中心提供第三个出发点。但是,在每一个例子中,存在着选择的空间。人们往往在倾向于在自身之内展开并在自身之内终结的材料,与很容易抽取出来给学生用作通向其他事物之契机的东西之间进行选择。

我的观点也许可以这样表述:在两种错误的进程之间存在着一种正确的进程。一种方法是琐碎的,它选择孤立的材料,仅仅是因为它们碰巧是学生经验之内熟悉的对象;或者这种方法仅仅是扩展和深化学生熟悉事物的范围,然后将之传递到其他事物上去。这个过程无论如何都不能成为科学的导引,更不用说成为科学,因为导引会导致或变成一个主题,而除了偶然情况之外,琐碎的方法从来不会让学生进入问题和科学的解释方法之范围内。当老师的想象力如此有限,以至于除了确定独自存在的领域、概念和术语(这些领域、概念和术语在物理、化学的标题下在书中确立起来,因而老师只允许在这些界限之内进行发挥),他不能构想任何的科学存在。此时,错误的路线就确立起来了。这种人忘记了,并不存在本身就是物理学、化学和植物学的材料;但是,当特定的问题被提出来并服从特定的探究模式时,一种特定的日常的素材才成为物理的、化学的或植物学的。学生们渴望的是:从经验的日常的、未分等级的材料开始,他将获得对观点、理念和方法的掌握;而正是这些东西,会使经验成为物理的、化学的或者别的什么类型的科学。

回到我原先说过的,动态的观点才是真正科学的,或者将过程理解为科学态度的核心论点。所谓物理或化学的东西,实际上是处理带来变化的符合规律的能量。掌握这些科学的方法,意味着无论这些事实看起来多么确定和固执,都将被看作一种变化、一种持续的更大过程的一部分。在这种意义上,它们在所有科学的理解中,都处于中心地位(仅仅处理事实中固定的、形式化和结构化一面的数学,也是如此)。坚持物理和化学作为科学中级课程的核心,并十分警惕地看待那些缩减其影响范围的任何东西,在这一趋势中存在着一种可靠的本能。但是,我们并不能导出:在课文中,在那些物理或化学的标题下区分特定考虑时,我们所发现的材料才是真正开始的材料。那正是我一直反对的谬论。动物和植物的生命、机械的运转、工业生活中常见的应用和过程,更像是提供一种真正的启发性的材料。所谓的原则,要求的是学生在其学习动物和植物生命、机械及其运作的过程中,将被导向那种使他能够理解在他之前东西的基本操作——不可避免地导向物理或化学原则。教育中最不幸的,是在生活的科学与自然科学之间作通常的区分。生活的现象是所有科学得以开始的自然和有趣的材料,尤其是在所有的乡村环境中。当它们被用于获得这样一种洞察时,它们在教育上是有重要意义的——这是对那样一些原则的洞察,它们不是植物或动物的原则,但是,当它们进行自我表达时,它们建构了物理和化学。将对自然的学习继续展开,变成为教育学上的不满意特征负责任的视野,这项尝试是一个错误。除非朝向一般科学的运动坚定地保持物理和化学原则的目标,否则,它将会重复这种错误。

根据我的判断,我已经讨论的方法的扩展将构成科学的中级课程,这一课程的理想状态应当持续四年或者六年的时间。我们必须记住,虽然我们在学校里总是把学生当作处于萌芽状态的科学家(他们在获得成就之前,有时莫名其妙地中断了自己的成才之路),但是大部分学生永远不会成为科学上的专家。对于这些学生来说,科学的价值在于给日常环境和日常生活中的普通事件一种附加的意义。不过,我们要求有这样一所高中,它往往吸引对专业探究有清晰要求以及已经开始着手进行探讨的学生。我只能表达我的信念:在学生总体中,这种情况的学生比我们现在成功挑选出来并坚持培养的人要多得多;而且,我之所以相信这一点,是因为我们在很大程度上遵循着从一开始就将他们假定为羽翼丰满、细致的专家而加以培养的方法。结果,大部分将来有可能走上科学探究之路的学生现在逃离这条轨迹,而进入工程、工业发明及应用之类更加具体、更吸引人的领域中——只是因为,他们被抽象的科学命题这些对他们来说显得早熟的东西倒了胃口;因为从熟悉的经验事实中抽离出来,这些科学的命题对于他们来说就缺乏意义。

比如,我相信,就算没有成百上千,也至少有几十个男孩子,从抽象物理学的课程进入汽车制造业之类的行业中;假如他们在一位意识到汽车之科学可能性的教师指导下开始学习,他们可能会走入抽象的物理学。

我可以概括地说,在我看来,我们当前的方法在很大程度上属于本末倒置。当我们意识到这种错误时,我们很可能完全切断本末之间的联系,并且放任这种本源,没有把住它。我们所要做的,是把日常环境和日常生活中的具体经验这头马套在装满专门的科学知识这架马车上。高中教育的职责不是将马车装满——

这是以后才要做的事。高中的职责在于做好连接性的工作,使所有在其影响之下的学生总能在自身中发现一种将其粗糙的经验转化为更科学形式的趋向,一种将他所闻、所见的抽象科学知识转化为日常生活中常见形式的趋向。如果我们这么做,我确信,科学专家的队伍只会增加而不会减少;同时,我们也会培养出一种在判断日常生活事务方面非常明智的公民。

工业民主社会中实业教育的需要①

我们可以从许多立场上来讨论实业教育的要求。实业教育可以被当作物质繁荣中一种不可或缺的因素,或者在国家之间商业优势的竞争中作为提升国家竞争力的一个要素——德国给这个观点提供了一个案例。或者可以从对工人的满意度产生的效果这一点上来看待它,或者将它当作一个提供一系列更稳定、更有效的雇佣关系,并进而减少大多数制造企业中见到浪费现象的手段。所有这些东西,都有其重要性。但是,它们都将教育当作达到某种外在目的的工具,它们轻松地忽略了在我们文章的题目"工业民主社会中的实业教育"所表达出来的主题。简而言之,我们讨论这一主题的立场基于如下的事实:一个很大程度上工业化的国家中具有培育民主的需要,这个国家中的这种需要被认为是要在工业中渗入民主精神。

因此,似乎需要对民主自身说几句话。民主有其政治的一面,这可能也是它最先向人们展现出来的。从政治上说,民主意味着一种政府形式,这种形式不把个人或阶级的利益置于其他个人、社团利益之上;民主也意味着一种法律和管理制度,它将所有人的幸福和利益置于同样的水平线上,在这种法律和管理体系面前,所有人都是相同的或平等的。但是,经验已经表明,这样的一个事态是不现实的,除非所有的利益都有机会被倾听,使得它们自身被感受到,能够参与到政策的形成中去。因此,普遍的选举权和直接参与选择统治者都是政治民主的

---

① 首次发表于《工艺训练和职业教育》(*Manual Training and Vocational Education*),第17卷(1916年),第409—414页。

本质。

但是,政治民主不是民主的全部。相反,经验已经证明,政治民主不能孤立地存在。只有在民主是社会性的地方——如果你愿意的话,也可以称之为道德性的——政治民主才能得到有效的维持。社会民主很明显地表示一种社会生活的状态,在这种状态中,有广泛而多样的机会分配,有社会的流动性或位置、身份变更的余地;有经验和思想的自由流通,以使得共同的兴趣和目的得到广泛的承认;在这个状态中,社会和政治机构对其成员的效用如此明显,以至于这些成员为了自身的利益热切而恒久地支持这些机构。然而,变化并不总是轻松的,社会在变化中分层为阶级,这些阶级阻止给所有人提供诸如公正和机会的分配那样的东西。这种分层的阶级变得僵化,封建社会就产生了。偶然事件而不是能力和训练决定了职业、奖赏和名誉。就其本质而言,民主禁止借助高压政治作用的高度集权化的政府,它们依赖被分享的利益和经验来保证统一,依赖个人对制度价值的赏识而获得稳定性和对之进行辩护。

民主的这种品质,即这种坚持广泛的机会、观念和思想的自由交流、把人们聚合在一起之目的的广泛实现的品质,兼具理智和情感的双重特性。这些品质的重要性,就是我们冒险地将一种社会民主称为一种道德民主的原因。这种品质并不是在灌木丛中野生长大的,它们必须得到栽培和养育。它们依赖教育。所有的民主都对教育给予足够的尊重,这一点并不意外。并不意外的还有,学校教育一直是它们首先和持续关注的对象。只有通过教育,机会的均等才不会仅仅停留在口头上。出生、财富和学识上偶然的不平等往往总是限制某些人,使他们与他人相比在获得机会方面处于下风。只有自由和持续的教育,能够抵消那些致力于以改头换面的方式来恢复封建独裁制度的势力。民主必须在不同的时代以崭新的方式产生出来,而教育则扮演了助产婆的角色。而且,只有教育能够保证普遍共同体的利益和目标。在一个复杂的社会中,有能力理解和赞同他人及其行为,这是共同目的的一个条件,而只有通过教育才能获得这个条件。在我们复杂的工业文明中,追求和经验的外在差异是如此之大,以致人们不能看穿将它们分隔开来的障碍物,除非人们在这方面有所训练。没有对共同生活的这种活跃、热切的情感,在个体中保证对于有组织的团体的忠诚就显得希望渺茫,而这种忠诚正是行动的活跃动机。

如果不是因为在考虑实业教育这个论题时有一种对这些普遍性和一般性视

而不见的趋势,对普遍性和一般性的回顾确实显得很无聊。实业教育可能经常被认为相对于其他既成的教育模式显得过于狭隘、过于讲究实际和技术性,它的这些特性可能——而且必须——被忽视。但情况恰好相反,如果民主是为了保持现实性,那么,正是因为工业在现代生活中所扮演的角色,以及为这种角色扮演做准备的教育,我们必须在思想中进行比其他形式更多的考虑。正是这些东西,为决定课程、方法以及实业教育的管理体系提供了主导性的意见。

工业社会有许多阶段,现正在进行的这个阶段却是与某种真正的民主不一致的;另一方面,现代工业和商业方法的发展也是要求政治民主存在的,并赋予一种对民主之社会憧憬的主要因素。在熟练劳动与非熟练劳动、技术方面最熟练的工人(不管是发明家还是实干家)与财务、市场方面的管理者之间,存在着极端严格的工作上的区分。这些往往把男男女女区分为独立的阶级。那些仅仅能够维持最低生活标准的人,与由于生活压力小、不用认真考虑支出而沉迷于炫耀性和闲暇生活的人之间,存在的差异从来没有像今天这么巨大和明显。过去那种主人和依附阶级之间的区分,趋向于以一种更加微妙的方式重新呈现。

另外,机器工业趋向于将劳动者数量减少到一定的水平,在那里,这些人的工作已经变得机械和屈从。工作失去了智力和审美因素,仅仅成为一种获得购买日用品之工资的必需。投入到机器操作中的操作员,变得与他照看的那种怪物的单调运动一体化了。只有当他在不得不处理新事物时,才进行学习。他掌握了那些不变的工作时,他的工作就控制了他,这种习性同化并吞噬了他。雇主们使用的方法缺乏能动性,而且实际上禁止了工人进行思考;然后,他们不断抱怨,因为他们找不到能够负起更大责任的工人。然而,邪恶远非被局限在劳动阶级中。当社会的职责是尽可能对财富进行消耗而非获取财富;当商业行为追求的不是社会的合作运作,而是获得个人权力的手段,心灵就会僵化和受到限制,民主仅仅成为一个称号而已。

要消除这些危险就必须认识到,在民主社会中有一些职责推动这种实业教育。要抵制机器工业的单调无聊和死气沉沉,就必须对创造性、理智的独立和创新性进行褒扬。因而,无论是以实践技巧的虚假神圣性还是以规训的名义,学校教育不能依照机器的机械性重复来塑造自身。个人对权力的控制,即对任何精神能力服从外在规则的强烈不满,必须成为我们首要关注的对象。想象力必须得到保持,这样,在不可避免的持续单调工作中,想象力可以提供艺术、文学和科学的有价值原料,而不是当作随意的、完全是感觉上的幻想而浪费掉。因为新的发明和对科学的应用积极地重构工业中的技艺和技术的方法,对直接的结果和功效的欲望必须被控制,以便保护那种使个体自身可以适应不可避免之改变的能力——这样,当工人受过训练而掌握的方法过时之后,便不会成为社会的无助包袱。而且,由于工人是自我管理的社会中一个必不可少的部分,在每一转折关头都必须耐心,以保证给工人们提供不只是一种特殊的、排他性的和实际的服务——就像一块皮革可能是为一位鞋匠准备的那样,他还要接受教育,获得识别和应用自身能力的能力——他被赋予自我控制、理智和道德的能力。

我们不要将这当作祈求延续更陈旧的所谓"通识教育",这种教育要求训练一般的能力以及使个体意识到自身和他周围的环境。这个传统的通识教育的材料,不适应工业社会的需要和行为。它(其方法也是如此)在各个时代都得到发展,而在我们现在的工业社会却不是这样。一个简单的事实是:还没有进行任何尝试,试图去发现科学和社会要素在当今工业社会和普通的民主生活中的重要性,以便把它们用作教育的目的,这就是我们的精神先驱在非工业化和封建社会中选择价值因素的工作。实业教育体系在工业的民主中所做的第一件事情,就是学习今天在农业、制造业和运输业中最重要的过程,以便了解构成这些产业的基本和一般的因素,进而能够发展出一种新的"通识教育",而为特殊的职业进行的更专门化、更有技术含量的训练工作则可以在这个体系的顶端进行。

就像需要新的题材一样,也需要新的方法。我们所继承下来的指导思想告诉我们,大体上有两类方法,其中之一是适应各种特殊的专门的技巧模式、重复和操作方法,以便达到自动化的技能。这种方法最有可能采用一种愚笨的工业训练形式。它适合在一种狭隘的行业内保证技术水平,却远不如另外一种继承下来的方法更适合于工业民主的特殊要求——这是一种获取、阐释和翻译文献资料的理论性和学院式的方法。所需要的是认识到劳动的理智价值——对从普通工业原料和过程中产生出来的各种事实、观念和方法的智力结果的认识,这些材料和过程是实验室(从其重要的意义上说)从有限的材料和过程中得到的,换句话说,所需要的是对实验室方法进行发展,使它们能够与人类通常的工业行为联系起来。在这样的情形中,不保护个人必须具有的洞察力和原创性,就具有危险性了。

更古老的人文主义方法的价值,在于它们与人类事务及利益具有一种至关重要的关系。这就是我们试图发现包含在当前社会生活中的人文主义,而不是实行那种轻视现在并试图回到过去的反潮流政策的原因之一。我并没有低估对当前工业社会进行精神上的探究并将其结果运用到教育中去所面临的困难。这样一种道德的检查,一定会将教育作为能更普遍地认识当前工业目标和方法中错误和缺陷的手段,作为使消除这些错误之手段的知识更为广泛传播的手段,因此,在这个过程中会出现强烈的阶级利益。对童工和成千上万人现在工作其中的卫生环境、为经济优势进行斗争的方法、工业和政治控制之间的联系,以及最好地治疗这种毛病的方法所进行的有效研究,乃是作为使工业民主脱离工业封建主义之要素的任何一种教育形式都需要的。但是,这样的提议会招致那些从现存条件的延续中获利最多的人的抨击。然而,由于这种知识明显地关系到群众,而且,我们已经有了一套适合于群众去维护一种控制的政治机器,这种精神在将来注定会极大地推动我们的教育制度。在大学里,虽然看起来和现存的经济势力联系得更密切一些,但这种科学精神已经渗入到教育中去了。随着布道者和博爱精神让道于科学精神,科学精神也可以在较低等级的教育中发现自己的踪影,它最终会成为群众的职业精神气质的一部分。

　　在即将结束处,再多说几句。工业民主中实业教育的管理要与普通的公共教育中的管理保持一致。如果使它成为一个分隔开来的、由来自具有不同目标和方法的官员进行管理的、有别于现成公立学校系统的东西,那么,就是对狭隘行业系统进行推销,这个系统事实上使得特殊的而非社会和民主的因素成为实业中优越的东西。自由和普遍教育的自然对应物是一种普遍的工业体系,其中没有游手好闲者,没有偷懒者,没有寄生虫。主导性的动机是为公共的目标提供好的产品,而不是为了私人目的去剥削别人。这就是为什么工业民主和实业教育就像手和手套一样互相适应。

学会获利：职业教育在公共教育综合方案中的位置[①]

144   设定和宣告"学会获利"这一题目有一种令人愉悦的清脆声响，其中的"获利"部分非常吸引人。但是，有些人非常讨厌看到获利与学习密切地联系在一起。由于词语常常对我们隐藏事实，所以一开始需要了解过去在这方面的实际情况究竟如何。与一般的观念相反，流行的教育大部分总是职业性的。对它提出怀疑的理由，不是其职业性或者工业化特征，而是它服务于一种贫乏（或者有人称之为邪恶的）的工业理想，因而对社会而言是低效的。所谓的文化教育，总是作为一种奢侈品留给小部分有闲的阶级。即使在那个时候，也已经有很大一部分为了职业而进行的教育，特别是为了那种有可能被当作社会的优势职业，或者为了那种在给定时期内对控制权力很有用的职业。我们的高等教育（higher education）、大学教育（the education of the universities）确定是作为一种职业教育开始的。大学为教士（priesthood）提供训练，为医学和法律训练人才。这些训练涵盖了政府职员、秘书和律法学者等所需要的东西，他们总是掌握了很大一部分政府管理事务。这种早期职业训练的一部分停止了其职业化的用途，变成文化和学科教育的主要内容。作为一般原则，如下陈述会被发现是正确的，即无论什么时候，那些原先具有功利目的的学习由于条件的变化而不再有用，它依然是一

145   种必要的教育装饰物（就像男人外套袖子上保留那些无用的扣子一样），或者由

[①] 在公共教育协会年会上的演讲，巴尔特摩酒店，1917年2月20日。本文首次发表于《学校与社会》(School and Society)，第5卷（1917年），第331—335页；重新发表于《今日教育》，约瑟夫·拉特纳编（纽约：G·P·普特南出版公司，1940年），第126—132页。

于它那样的无用,以致必须有益于对理智的训练。即使在今天,我们也会发现,在学院教育中,有相当一部分被视为纯文化的教育真的是在为学问上的追求、为在将来教授同样科目这个职业和成为完全的绅士做准备。人们总会发现,那些最强烈反对任何职业训练的人,正是自身对现今职业训练的垄断受到威胁的人。然而,让我们更直接关切的,乃是这样一个事实:基础教育、大众的教育已经不仅仅是"为获利而学习"了,而是一种遭到错误构思的学习;在这种教育中,学习者增加他人获利而非增加自身获利的能力这个特点,已经成为选择学习材料和确定方法的主要因素。听到我们国家学校的辍学率和退学率复查统计,你们肯定感到非常乏味:学校人口中只有九分之一的人读完了八年级,十六分之一的人进入高中,百分之一的人进入大学。然而,我们并没有足够重视这些数字的含义。如果我们进一步追问,那么,我们应当发现,它们证明了现在的基础教育方案首先是一个职业教育方案,其次是一个贫乏的方案。

  读、写、算加上一些地理知识,以及对其他事情的一知半解,这就是我们大多数人在离开学校时所带走的东西。一些人可能会多一点。当没有什么其他东西附加到上面的时候,这些东西几乎是纯粹的经济工具。当较为富裕的阶级发现,读、写、算的基本能力对推销员和零售人员在现有条件下是不可或缺的时候,他们就来到了学校。那些对大城市改善基础教育努力的历史了解不多的人,也有可能不知道反对进步的主要抗议声或许来自成功的商人。他们已经强烈要求将读、写和算作为初级教育本质的和唯一的材料——他们充分地认识到,自己的孩子应该能够掌握他们强烈反对教授的这些知识。因而,他们将那些没有与狭隘的经济目标挂钩的课程的丰富性抨击为一时的时尚和装饰品。让我们孜孜不倦地关注商业与必需品,这已经成了他们的诉求。在商业中,他们认为,在五年级或六年级离开学校时所掌握的文字和计算之类的常规技巧,已经使学生在他们的商业活动中非常有用了;他们不管学生在离开学校时是否具备了继续提高的能力,是否具有了一种雄心,试图去为自己的孩子守卫比他们所享受的还要好的社会和经济条件。在教育史上,最令人震惊的,莫过于听到某些成功的领导人把通过公共花销给予所有学生更充分教育这个尝试斥责为不民主——对于这些领导人来说,他们自己的子女享用这些教育却是理所应当的事情。

  近些年来,情况有了改变。更多有见识的雇主明白了这样一个事实,仅仅具有读、写、算基本能力并非就是好的实业训练;而社区中其他人也意识到,从社区的立场来看，这种训练是一种危险的、不充分的实业教育。因而，就产生了一种对职业教育或者说实业教育的要求，似乎这完全是一种新生事物；事实上，这是一种修正实业教育使之在当前机器工业、快速交通和竞争市场条件下更加有效的要求。

我已经做了这些大胆的陈述，因为它们向我指出了在当前公共教育中关于实业教育的真正问题之所在。问题并不在于是否会引入职业教育，以取代或补充已经存在的那种自由的、普通的教育——那是纯粹的浪漫。问题是：那究竟应当是一种什么样的实业教育，以及在这种教育的发展中，谁的利益应该优先得到考虑。现在，我相当明白，我这里是从教育的立场进行的讨论，赛缪尔·甘普(Samuel Gompers)先生随后进行的讨论是从受到上述影响的工人的立场进行的。但是，理解教育问题就要看清楚学校自身之中产生出来的差异，这种差异来源于我们将改善经济环境当作职业训练的目的，或者将为当前的体制提供更高级别的劳动者当作目的，或者为了帮助美国在世界贸易中进行有竞争力的奋斗。我知道，那些主要考虑后面若干目标的人，总是将产业工人自身增加的幸福当作更好的实业教育的产物。但是，毕竟仅仅意味着满足于一种身份的幸福，与一个训练有素的人为改善其地位的斗争所带来的幸福之间，有着巨大的差异。哪一种幸福才是我们的目标呢？我也知道，重点在于那种从更好的实业教育中获得提高获利的能力。这自然很好。但是，这是否仅仅意味着劳动者使用自己的技能去增加雇主的利润，同时通过避免浪费，从雇主的机器和材料中获得更多的劳动成果，甚至分享那些作为附带产品的劳动成果？或者，这是否意味着为了工人个人发展，提高其职业才智和力量才是首要因素？

我已经说过，回答这种问题的方式产生了世界上教育方案自身的差异。让我现在指出一些特殊的教育上的差别，这种差别来自教育中流行的无论哪一个实业观念。第一，就管理而言，无论有意还是无意，那些希望有一种教育能够使雇佣者更好地适应现存经济条件的人，都在争取一种双重的或者分开的管理系统。也就是说，他们试图有一种分离的资金体系、独立的监管部门，以及（如果可能的话）一种实施实业教育的学校。如果达不到这一点，他们至少会不断对自由、文明的教育和以挣钱为指向的教育之间的差异喋喋不休，并且会努力缩减后者，使之下降为工业技艺的形式，而这很容易使将来的工人温顺地成为实业大军中的依附阶层。

第二,实业教育的首要目标仅仅是为现在的体系准备更多的熟练工人,而不是发展具有重建现行体系能力的人。这样一种观念会努力把实业教育等同于行业教育——也就是为某些特殊的要求而训练人才。这种观点认为,假如女孩子被训练为熟练的制帽工、厨师、制衣匠,男孩子被训练为熟练的水管工、架线员之类,那么,实业教育的要求就达到了。简单地说,它将以与这个城市中伊廷格(Ettinger)规划为基础的、所谓的职业工作前的培训差不多的方式进行。

第三,这种建立在狭隘行业规划基础上的课程,会由于其目的而将历史和公民课程的论题当作无用的东西加以忽略。历史和公民课程会使未来的工人意识到在民主社会中公民自身的正当要求,它们对下面的事实保持警醒:如今的经济上的努力,只是为人类自由而进行的长期战役所经历的当前阶段。只要从根本上理解关于公民和社会的话题,就会看重那些强调对既定秩序所承担之义务的东西和一种盲目的爱国热情(它被认为在捍卫工人自身没有或很少分享到的东西时,具有重要的特权)。那种适合个人合理享受休闲时光的学习,那种发展个人的阅读品味和艺术鉴赏力的学习,会由于对那些在财富上属于有闲阶级的人有利而在训练熟练雇员时没什么用处而遭到忽略。

第四,就这项工作的方法和精神而言,它会强调我们当前体系中所有最常规和自动化的东西。它主要依靠的东西是:在其他人的指导下,练习过硬的技能以保证任务的完成。它会强调时间的限制和直接效果的压力如此之大,以致根本没有任何余地来理解科学的事实和原则以及所作所为的社会意义。这种扩大化的教育会发展个人的聪明才智,进而发展一种理智的抱负和创造力,而这可能对于在日常、从属性的职员工作和商店里的工作中获得一种满足感是非常重要的。

最后,只要这样一种训练自身与所谓的职业指导有关,它就会把这种指导构想为一种帮助就业的方法——一种求职的方法。它会通过成功找到工作的孩子们取得的工作证的数量来衡量自身的成就,而不是通过那些做好准备去寻找他们自己合适工作之前成功地留在学校的学生人数来判定自身的成就。

实业教育的其他观念是为每个个体做准备的,使他们能够为社群提供有用的服务;同时,它也培养个人,使之能够通过自身的原创性得到与他的自然能力相匹配的工作。它可能在每一方面都以一种相反的方式进行下去。我们不是力图把学校分为两种类型:一种是对被假定为将来成为雇员的孩子们提供行业相关的教育,另一种是给有出息的孩子们提供自由的教育。我们的职业教育的目标在于对现存的学校进行重组,以便给所有学生一种对有用工作的真诚尊重、一种提供服务的能力、一种对社会寄生虫的藐视,无论这些寄生虫被称为流浪汉还是"社会"的领导者。我们不是要把问题假定为给现存的文化性基础教育加入职业训练。我们坦率地承认,传统的基础教育主要是一种职业教育,这种意义上的职业主要限定为文员工作,这种职业太多地意味着有能力占据一个执行他人计划的位置。它确实会促进发动机和手工技能的发展,但不是促进那种程序化和自动化类型的发展。它把能动的、体力上的努力用作发展思想上建设性、发明性和创造性能力的手段。它会选择行业的原料和技术。它作出这样的选择,不是为了生产出熟练的工人,以便在特定的行业中雇佣他们;而是为了保护工业的智慧(intelligence)——一种关于当前制造业、运输业和商业条件和程序流程的知识;这样,个体可以作出自己的选择和调整,并且只要一直坚持,就能够成为自己经济命运的主人。由于这个目的,人们应当承认,在对材料和流程的实验室控制中,对科学和技术的宽泛了解比行业操作中的技巧更加重要。应该记住,未来的雇员既是消费者,又是生产者。只要这个社会是理智的和健康的,它的整个趋向就是增加休闲时间。那种不能使个人更明智地消费和享用闲暇的教育,在民主问题上只是一个骗局。就方法而言,这种实业教育的观念会重视自由甚过温顺,重视创新性甚过自动化的技能,重视洞察力和理解力甚过背诵课文或者在他人指导下完成任务的能力。

这是一个无穷无尽的论题。从我的立场出发,对我而言所能做的最好的东西,似乎就是指出真正的问题不在于实业教育要被附加到一种或多或少有点虚构的、文化的基础教育上去,而在于我们应该具有什么类型的实业教育。朝向职业教育的运动自身隐含着两种强大和相对的力量,其中一种力量会首先利用公共教育在当前经济领域里产生出更有效率的劳动者,同时给予这些劳动者一些附带的利益;另外一种力量会利用所有的公共教育资源来训练个体,使他们能够自己把握将来的经济生涯,从而对这种实业重组提供帮助,使之从封建秩序变为民主秩序。

目前,为农业和机械技术学院级别之下的学校中的实业教育提供联邦拨款的法案,已经为参众两院通过了。就代表雇主和雇员的条款而言,这一法案是一个公平的法案。就教育的益处而言,教育家所表达的显得非常不充分。原初法案确保了对利用联邦财政援助的州进行统一控制。随着法案的通过,其自身已经被改变了,以便为各个州准备可以选择的双重方案。我并不是说这些东西给法案蒙上了阴影。我提及它们,只是想指出,法案的通过正好说明了我们所处的整个形势。它并不解决什么问题,只是揭开了不可调和地对立的教育理想和工业理想之间斗争的序幕。没有什么东西与代表公共教育利益的公共精神具有同样的必要性。我们今夜聚在这里,就要觉察问题的本质,给地方政府、州和联邦的教育部门施加压力,让它们将重点放在教育方面而非训练方面,放在民主政治而非对工业的封建控制上。

现代职业教育趋势对大学中
专业学习和非专业学习的影响[1]

151　　在我的想象中,针对我这个题目中所指出问题的恰当解决方案,存在许多不同的判断,这些判断中重要的差异在于"职业"这个词汇在内涵上的不同。这些含义既不同于将"职业"当作一种直接经济目标的面包、黄油概念,也不同于人实践其道德和理智命运的职业概念。依据前者,人们不难将不断增长的职业化趋向,作为导致我们所有教育灾难的源泉加以抨击。使用后者,人们则容易将这种趋势称颂为一种把自由和文化教育的理想从形式化和沉闷的歪路僻径带回到具体的人类意义之中。

　　但是,那种试图进行必要定义的事实本身充满着危险。我们可能很想通过在术语和概念的恰当意义上达成一致来克服这个困难,而实际的情景停留在原先的状况中——充满模糊和重叠。因而,并不是要首先给出我关于"职业"的定义(我向你们保证,我保留有一个这样的定义,它可以提供给我安宁和慰藉),然后将之应用到现存的情境中,我更想对这种情境作一个定义。

　　实际上可以认为,职业趋势的一个意思在于:学院和非专业化研究生院越来越多地通过参照职业学校的需要和兴趣来决定自己的工作。学院越来越多地趋向于成为预备性的职业学校——即便这一趋势还不为很多人所知,我认为依然有可能发现,与原先的情境相比,现在的情境具有那种"越来越多"的特征。我想

152　起一所规模比较大的大学中一位动物学老师和我进行的谈话。这位老师说,当

---

[1] 首次发表于1917年11月美国大学协会《第19次会议演说和公报杂志》(*Journal of Proceedings and Addresses of the Nineteenth Annual Conference*),第27—32页。

他开始学习的时候,大多数无论出于何种严肃的原因关心自己学业的学生进行学习,都是因为他们对进化论学说的普遍兴趣。然而在今天,他自己的学生忙于越来越多的学习,是出于为将来学医或成为老师做准备这个目的。这样一种说明并非对一种独立趋向的证实,这种趋向表现为:在学习的分类已经使人能够从事以后的医学、法律、新闻业、商业、教学等工作之后,以一种或是规范性的或是建议性、咨询性的方式为大学生的学习增加安排。

当我们转向艺术和科学研究生院,也发现了名义上的专业和非专业的亲密联系,尽管这种联系是从一种略为有些不同的角度呈现出来的。由于进入研究所的大部分人有意为将来教授一些专门学问的分支而进行准备,研究生院总是有着某种强烈的专业化倾向。当然,不可能在那些因为有着在研究中与利益无关的兴趣而投身于教学的人,与把教学的兴趣当作一种谋生手段而投身到研究中去的人之间,作一个非常狭隘的区分。虽然如此,但是有一种区分可以适用于同一个人身上诸多纠缠的动机。说普通研究生的工作与为教学做准备之间的关系,给予研究生工作一种可以感知到的职业化气息——这种气息在我看来,并没有在形成大多数研究生人口的那些人中逐渐消散,这就足够了。所谓的专业方面,并不局限在这一阶段。一个人可能在一个纯科学的学院学习化学,而不是在一个纯粹的工程学院学习;或者,他可能在一个政治科学系注册,而不是在一个法律系注册。然而,前者可能在思想中进行实业化的准备,社会学或政治学的学生也可能使自己适应管理慈善团体、慈善事业服务的工作,或者服务于由现代的一些州和城市提供的不断增加的各种专业职位。

从熟悉的事实出发,并因而快速地回顾一下,它就表现出将一种确定概念赋予现代教育中的"职业化"的可能性,这样就可以为评估和批评提供一个确定的素材。我认为,我们很少有人准备进行不作区分的赞扬,也不准备对分隔开的情形进行赞扬。不加区分地批评某一个人的教育背景,就是承认现实的无能。这一点,我认为,即使是最热心的古典学学者和文化学者也会很不情愿地予以承认。不加区分的称颂,不是单纯地随潮流而动,而是要随着所有可能的逆流而动,同时放弃为理智的方向和选择提供机会。

说得更确定一些,极少有人会否认,即使是用最值得称颂的医学上的兴趣,完全替代应用到动物生命上的进化论意义和真相中具有的那些理智的兴趣,同样会有所损失的。把"自由的"这个术语当作一种意志,一个人就不能否认,当应用到后一种兴趣上时,它具有一种歌颂的色彩。当一个人望着一些只有在为将来的教学做准备时才充满活力的研究生时,他不能不想到那些不仅沿着老路在走,而且因为带着眼罩而对肥沃的土地和美丽的景致毫无觉察的马。

另一方面,人们一定要认识到,专业化动机的引入已经带来了越来越密集的学术行为,也带来了更大的确定性。不幸的是,并不是每一个过去的学生都对进化论感兴趣。无论怎么看,大多数人对这些东西还是不感兴趣,除非他们为毕业挣一点学分。当与将来的职业相联系时,许多这种类型的学生只能去从事固定不变的工作。由于我们注定需要老师,那些想当老师并带着确定目标去学习而不是随波逐流或者为环境压力所推动去学习的人当然更加合适,而且他们会为自己的职业生涯做更充分的准备。即使从坏处设想,也有相当多的对学术生活的刺激,以及在非职业学校中作为职业动机后果的一系列学术成果的副产品。

我重复一下,问题在于区分,而不是指责或颂扬。那么,这样的区分要采用什么形式?在我看来,最有希望的途径在对专业化未来的考虑中而非对自由式教育之过去的考虑中。尽管我忽视了专业教育的作用和问题,我大胆地假定,最终的结果可能是令人愉快的——这种解决问题的途径在很大程度上拓宽了专业教育的范围,深化了它的精神。无论它如何愉快地支持遍布各地的、所谓老式的或综合性的学院,在这些方向上寻求一般性的调整则是白费力气。我注意到,即便这些学院的管理者们——他们在其理论作品和演讲中贬低职业化和功利趋势带来的威胁,也用大部分时间对他们的课程进行实际的调整以符合这种趋势,他们只是用剩余的偶尔闲暇时间去做这些被贬低的事情。我也并不完全认为,这可能通过对范围和边界做机械化、形式化的标记来实现;同时,通过寻找某种特定的程序,在这些程序中,专业的动机得到了充分的认识,同时又为纯粹自由的学问留下了一个有限和自主的地盘。不过我确信,假如我们的大学成为专业教育的主要预备场所,而艺术和科学的研究生院除了标签之外完全成了一个专业学校,那么,这种损害会威胁到我们国家自由理智生命的成长。

随着这三条路径被封闭,我希望这样一种对职业化趋势的利用会使得专业学校的职业化自身变得不那么狭隘——不那么技术化。这样一种转型,并不仅仅是一种虔诚的热望。我们已经在业已变化的关系中发现这样的要求了。在这种关系中,专业向现代社会的条件靠拢;而且,如果我没有搞错的话,许多专业学校已经面临这种要求的具体表现。人们逐渐期望,律师不仅仅是提起诉讼或者给商业公司提供建议,而且要在当代环境中需要的立法和司法解释改变中负起领导的责任。也就是说,在法律职业自身之中,不管普通文化方面有什么独特的理由,有一种感觉正在发展:法律准备工作必须包含比原先社会哲学、政治经济学、社会学和政治科学更广阔的知识。很明显地,这种东西使学院和一般的研究生院屈服于专业化的压力,而这仅仅通过提供如下课程加以实现——它增加旧有的实践法律训练形式中的功效;同时,这也是另外一种东西,它支持那些通过给学生关于他所选择专业的背景和前景的理智认知,将必然拓宽他们特定的职业工作的准备要素。

关于法律和法学教育具有的变化关系(当陈述的必要改变得以形成的时候),同样适用于医学、工程学或商贸学。相比较而言,医学变成一种不仅仅是通过治疗某个病人、临床陪护收取酬劳的行为,更像是一种公共卫生事业、一种对工作和业余生活环境的公共管理。当医生们认识到他们不能排除立法者、管理者、业余慈善家而独自对贫民窟、卖淫及工厂和商店中的恶劣工作环境等等问题负责的时候,朝向后面那种方向的运动就只有延续下去。当职业兴趣和大众关注点一致的时候,这一点就实现了。朝向这种汇集的每一个步骤都要求对医学教育领域的一些流行概念作出改变,并且趋向于使职业教育得到更大自由而不是使非职业教育更加商业化来解决前者与后者的关系问题。

如果我说,当工程学校也遇到类似问题时,我们就开始接近这一时刻;此时,我希望我不仅仅是被一种私人预言的精神所驱动。当然,工程学校在一段时间里依然可能自身满足于培养了在技术上有能力设计和指导各种创新性和建设性事业的人,这些事业是与工厂、铁路、电报、电话等等联系在一起的。但是,正如目前的战争使得这些不同技术能力的公共方面得以突出一样,为了确保和平,就要强调以下的事实:得到训练的工程师必须熟知其追求之中所涉及的工业组织和社会重组的更大问题,除非他想沉沦为被巨大财政利益所雇佣的执行人。为了适应迫在眉睫的变化,需要自由的学习与专业的学习之间的密切联系——但是,这种联系是沿着对后者的人文化,而不是对前者去人文化的方向进行着。

我时常怀疑,我们是否在考虑类似问题时,没有发现一种从理智上可以给"自由的教育"中那个作为形容词的"自由的"赋予唯一意义的线索。当一种对人类的影响和公共目的充分认识表明法律、医学和工程学中的训练时,是否这种训练有可能并非真正自由的?是否这些职业生涯中一些固有的东西给予了这些准备一些狭隘和自私的意义,这些意义是"职业"和"技巧"这些词汇的日常用法所带来的?是否这种意义来自由于忽视或去除它们所包含的公共利益而强加于其上的频繁限制?可以肯定,在人文科学等同于文献杰作的趋向中,缺乏一种想象力;因为今天的人文主义只能通过体现在现代商业企业、法律、医学、教育、农业和工程学中理智和学问可能性的视野,才能得到充分的表达。

总之,我希望再多说几句,以避免对这篇文章内在意图可能的误解。它并不期望一种有利的环境,使得目前起作用的趋势把学院教育变成一种基础性的专业教育。它承认人既是消费者也是生产者,闲暇和劳动一样是生活的一个正常部分;而且,今天美国社会最急迫的需要之一,在于提供一种教育,为我们更具美感地享用劳动产品、更理性和更有秩序地进行休闲铺平道路。但是,这一结果显然不能通过那种故意忽视当代生活推动力的教育方案来实现。过去生活的意图,是通过给我们年轻的灵魂引入一种悠闲、自由的文化方式来实现的;而这实际上仅仅是在日常生活中将大多数人扔到运动场以及课外活动的行为中去,使他们心甘情愿地成为一掠而过的刺激、没有知识的庸俗热情(Philistinish zeal)、爱财如命的行为的牺牲品,而这些是美国生活中非常错误的部分。少一点担心,少一点嫉妒和羡慕,由所谓的自由教育赞成者表现出来的更自由的想象力,会对这个方向有更直观坦率的认识。这个方向会在充斥大量年轻人的今天唤起真正理智的回应。将学习的动机公开地和光明正大地与当今主要的社会兴趣同一起来所导致的理智力量的解放,与培养一种几乎没有人乐于进入的、隐匿的谋划企图相比,前者为以后悠闲的享乐提供了一种更好的准备。

对这样一个坦率的政策所面临之障碍的考虑,除了传统的惰性和对既得教育利益的保护之外,会让我们思考大学校园里的管理问题以及大学校园外的行政控制问题。无论你在何处,只要你发现一个社会的反动分子,你就会或者发现古典学问的狂热者,或者发现技术或特殊训练的热衷者——甚至经常会同时发现这两者。但是,除非我们坦率面对这种情境,否则,现在这种只是部分激动人心的景象恐怕还会持续下去。我们会发现,我们的大学成了无根基的土坯房,充斥着无用的"通识"教育,同时伴随着过分限定目标和内容的特殊教育形式;我们的研究生院,成了那些想要继续保持模糊不清之理性兴趣的人的避难所。这种理性兴趣是其他生活方式进行表达的障碍,也是那些希望为特定教育类型的永恒持续而进行准备的人们的圣地——这些人自身又是这类教育的产物。解放人类的动机——它们现在隐匿和消退了,理智将自由流动,我们不再需要考虑如何躲避所有高校专业化的危险,而是要考虑如何调整机械化课程以适应之。

学校中的民主和忠诚①

发言人的慷慨陈词和你们给予我的热情招待让我有些不知所措。我被深深地感动了。我感到,作为一名教师,能够与他的同行融为一体,那是对这一职业的一种补偿。我最同情的,是那些不再有想象力和不再有勇气与其他教师同事的兴趣融合在一起的老师。

首先,我想从一名对当前危机中的国家非常感兴趣的公民的立场来说几句话。这不是因为,我认为我个人的态度对除我之外的其他人来说有多重要;而是因为,这可以解释我处理这件事情的立场。自从威尔逊总统要求与德国断交以及后来要求与德国开战以来,随着他对我们为什么卷入这场战争所作的陈述越来越多,我完全赞同我们国家在这场战争中所扮演的角色,我也希望看到这个国家的资源用在那种成功的行为上。就像多次重申过的一样,这不仅仅是军队的战争,也是人民的战争。我们生活中没有哪一方面会显现出这场战争离我们很远,或与我们无关。根据我的判断,当战争以这样或那样的形式来到我们身边时,我们不应该依然保持中立的立场,而谈论保持中立的立场就是在说蠢话。

在这样的情境中,思想和努力的统一就显得非常重要了。我发现,有相当数量的人(我不想去描述他们的方法)四处活动,对自己不同意的人的意见做不负责任的谴责,因而大量浪费自己和他人的时间和精力。如果我依照这些人的样子,使用他们的语言,我会指责他们在最需要思想统一的时候背叛国家,对国家

---

① 演讲于1917年12月15日在德·怀特·克林顿高中(De Witt Clinton)举行,教师联盟在这里召开一次会议。本文首次发表于1917年12月19日《纽约晚报》(*New York Evening Post*)。

不忠。我很高兴读到威尔考克斯(Willcox)主席的信。我只是希望他或当局中其他说话有分量的人,再早一些以同样的魄力就这件事说些什么。如果这一点被更早一点和更积极地被谈及,我们可能避免已经发生的一些争论。

我不知道这些先生们是否严肃地问过自己:在公立学校中,当看到他们的老师就算不是被直接谴责,也总是被猜疑,认为其忠诚在被承认之前必须得到证明,这些会对学生,特别是对年长一点的孩子们产生怎样的影响。在这种情形中,当听到老师们很认真地谈论忠诚和爱国主义的主题后,那些具有嘲讽想法的学生可能会说:"看,他们不得不说这些东西,否则,他们就会失业。"

我现在重复一次:只有我们确保民主的理想,才相信会对这种冲突进行有力的处理;并且,我认识到,为了这一目的而使得情感和观念相结合的必要性。这些东西令我特别难过;它们不仅使我感到难过,更激起我的气愤——我们,或者说公众,只会赞同和鼓励这些不负责任的人,使他们受到短暂的重视,或者成功地实现他们自己的一些私人想法。我认为,我们不必为了在国外击败普鲁士主义,而必须在国内建立一种普鲁士主义。某日,一位有些粗心大意的朋友与教育董事会的成员谈话,他赞成目前合理限度内的言论自由。这个时候,他提到了我,"为什么,不,不会这样。杜威先生是同盟国的支持者。"也就是说,假如你是同盟国的支持者,很显然,你必须赞同在纽约建立普鲁士主义。这场战争将会成为自由的人民基于那种与其身份相称的行为所进行的战争。

我并不希望到今天还特意谈论对已遭到停职和调离的人进行审查的问题,因为我并不能够去听证,我并不希望对这个案例作出臆断,也不想简单地依据单方面的所见、所闻胡乱发言。但是,对三位遭到停职的人进行审查的证据和审判过程记录现在已经给我了,我会花足够的时间对这些文件进行全面的研究。我希望能够尽自己所能,在这些证词的基础上给出一个公平和不带偏见的意见。

160

我这样说,并没有包含任何语言暴力或针对他人的谴责。我只是简单地提出在我看来可以清楚地从陈述中推导出来的东西——这种陈述不是单方面的,而是出现在中学委员会之前所有人的证词。这样做的话,我将不解释德·怀特·克林顿中学老师的行为会在多大程度上促进我们探究这个问题的大部分内容,特别是中学教师委员会通过的不认可瓦伦(Whalen)先生的决议这一行为。在这一点上,我想说的只是,存在一系列十分特别的重合;甚至一名研究推理概率一般规则的数学家也有可能得出一些有趣的结果,这种结果是指向同样印象的许多重合的可能性。然而,所有这些就像是德雷斯勒(Tildsley)先生证言的一部分,像是一种推论,因而我对它们不予以考虑。我希望简单谈一下对待纽约市公立学校的方法,在这里,这些方法与对待教师的行为相关——我依旧倾向于相信,教师乃是任何学校或教育系统中的重要因素。

　　首先,现在的教师受制于纪律、一种严格的纪律,同时屈服于解雇的威胁,这种威胁常常基于过于含糊不清的指控,而这些指控在任何法院都不会得到最小的支持。我们的先驱者不得不进行斗争,我认为,他们进行得很好。我自己不是一位和平主义者,但也愿意为了个人在社会中的权利而在秩序井然、程序方法合理的法庭上进行听证。我并不认为所有起诉的专业性细节都是必需的,但是,至少那些能保护个人以使之免受不严格指控的专业性细节是必需的。以本审判为例,我们并没有让我们的教师享有这种普通的公民权利。

　　我只知道,在宣读证词之后要进行投票,我甚至不知道该表决些什么。我知道,德雷斯勒先生公开声明教师并非不忠;而报纸却说他们是不忠诚的;而且,如果我们询问街上的行人,十个人中会有九个人说教师是不忠诚的。如果这些教师在一种可以说忠诚也可以说不忠诚的条件下遭到停职,那么,他们其实并没有获得公正听证的权利;公民被判定有罪之前,在其生活的任何其他方,他都有权要求得到公正的判决。这些老师不是因为任何行为而受到审判。他们受到了谴责。请您注意,我并没有说不存在任何行为。很显然,从我提到的一系列奇怪的巧合来判断,确实有这类行为。我只是说,他们并没有因为任何行为而受到指控,就针对他们所提起的证据而言,这只是对他们的私下观念和私人意见的指控,除此之外,绝对没有任何东西。这些观念和意见并没有在学校中表达,就算在最不利的情况下,按照德雷斯勒先生和保罗先生的陈述,它们也来自纯粹私下的个人谈话。我不知道在1917年这被称为什么,但我知道它曾经被称为什么,在过去,这被称做宗教裁判(Inquisition)。我并不倾向于接受律师在法律审判中所作陈述的表面价值观,但是当史密斯(Smyth)先生说出以下话时,我相信那是一点都不夸张的实情:"这是某种可以与古老的萨勒姆巫术审判相比拟的东西:在那里,被认为是与共同体的观点不一致的人被推上审判台,他们被询问一些假定性的问题。这些问题不是关于他们已经做了什么,不是关于他们的职责要求他们去做什么,而是举了一个完全不相干的例子,问他们之后会做什么……?"

　　诸如"在这种情况下你会怎么做"的问题不停出现在证词中。当被询问者回答"不会有这样的情况出现"时,就会有另一个假设确立起来以支持第一个假设"你会怎么做"。这些都记录在案。当穆法森(Mufson)先生说他不会在他的课上讨论无政府主义问题的时候,控方律师在进行了一系列补充性假定之后说,"假定教育董事会命令你开展这样的讨论,你会怎么做?"而此时,穆法森先生的回应堪称经典。穆法森先生说:"假如月亮是由新鲜奶酪制成的,我是不是该让母牛跳过它呢?"女士们,先生们,如果这不是严肃的事情,那它就是这个时代最幽默的话语了。但它确实是严肃的事情,不仅是从这些个人的立场来看,而且因为这表明了当今纽约市公共学校系统中的每一位老师都屈从于什么东西。这本身是一件严肃的事情。

最后一点是:在特定的事例中,证词中确实有相当直接的冲突。在我看来,上面三个案例中至少有一个,其完全和唯一的指控与起诉方和辩护方的分歧之点和不同看法有关。我并不对证言进行司法分析。我并不认为有必要给这个案件提供任何建议。它们仅仅在对事物的看法上表现出坦率的差异。然而,当下这样一种通过模棱两可的叛国和不忠罪名而毁掉一个人职业的严肃判决,有可能使他再也不能从事自己的职业,这些都是以审判的形式实现的,而这种审判中却没有依赖证据的审查所生成的速记式谈话报告——这难道公平吗?这是不是现在惩罚任何人的依据呢?当问题不是在于你做了什么行为,而是你在低一级的法庭上说了什么,此时控诉一方起来说你已经说了某些特定的内容,以及其他的什么人、什么事,却完全没有任何的证据或者解释能够适用于他的陈述,那么,此时,如果把同一个案件提交到更高一级的法庭,提交到国家的民事法庭,会发生什么呢?这就是今天纽约市教师们生活环境的写照。

该得出结论了:问题不在于被控告的老师,而在于与老师有关的纽约市管理公共教育系统的方法。我并没有说当前的委员会要对其负责任。我没有说监管委员会要对此负有责任。责任要被追溯到支持这些指控的公众那里。我希望,今天这里的集会可以成为为大部分公众的利益和纽约市民的利益进行展示的活动中特殊的一种,可以成为一种我们对待教师的特殊方式。有那么一天,我们会实现对教育和城市中公共教育的尊崇,把它们当作严肃、进步的东西,因为它对事物有着理智的理解,同时支撑着城市中的市民,而教师会由于其对社会功能实现(这一点,无疑在公共生活中是最重要的)的必要性而被赋予责任和受到保护。

如果你想让我说具体哪一天会有令人满意的迹象表明教师职业将得到充分的保护（这一点，其实一直以来是它所追求的），我会给出这样的一个标准：当需要34票来辞退学校的看门人而只需要24票来解雇一名教师这一现象成为历史的时候。

教授和公共利益的案例[1]

报纸对于最近在明尼苏达大学和哥伦比亚大学学术事件的评论,较往常更清楚地揭示了大学校园内外流行态度之间的差异。对于一般大众来说,实际上所有上了头条的学术话题都是教学和言论自由问题中的一种。假如社论的作者或义务的通讯员觉得探究和讨论有被窒息的危险,特别是,如果一种形象生动的想象发现大学在资本主义霸权的控制下正在走向窒息死亡,其反应就会对行政行为进行非难。假如杂志的作者发现大学老师在与政治上、神学上的激进主义进行激烈斗争,或者甚至试图启蒙他们的学生,让他们随着现代激进思想而动,而不是把自己限制在已经建立起来的、谆谆劝导的解释正统中,那么,他们就会在同样普遍的原则上受到赞扬。请展现给我一个像埃利胡·卢特(Elihu Root)所说的那样对妇女选举权具有如此朴素看法的人——他"以许多年前的眼光来看待事物",并得出结论说,他从来没有发现任何重新开始的原因;而我会给你们展示另一种人——他抨击教授们采纳肤浅意见的倾向,欣喜于权威用强力手段对不负责任、放肆的思想进行的每一种控制。他们的身影在《纽约时代》(New York Times)的社论专栏里面随处可见。

相比起来,足够奇怪的是:人们很难在大部分大学老师那里发现对言论自由这个话题有多兴奋。他们通常关心的是程序问题,而这一问题最终取决于相关的权威机构。这些机构被这些委托人当作代表直接教育利益的合法雇主、监护人和职员。康奈尔大学校长舒尔曼(Schurman)在比尔德(Beard)教授退休仪式

---

[1] 首次发表于《日晷》,第 62 卷(1917 年),第 435—437 页。

上关于教职员工问题的陈述讲得更好,所以,我不打算为长篇引用他的话而感到抱歉,特别是由于他的官方地位,他的说法不会被指责为表达了一种过分的专业派头。

美国教授在位于一个董事会部门(a board of trustees)之下时易于发怒。在一种极端的情绪中,他会觉得这种部门完全与科学界、文坛形同陌路。即使以一种友善的态度,他也不会认为这种部门能代表大学。大学乃是一个知识分子的组织,美国的大学教授们想要大学的管理机构确认这一本质事实。教授们对大学管理机构的存在提出的责难是:这种机构提出和维持一种完全与大学本质背道而驰的理想、一种通过商业组织将教授们当作雇员并以绝对的、不负责任的权威手段来控制他们。

与公众的态度相比,教授们不那么爱动感情。比起流行的激进主义,教授们的态度中少一些英雄气概,这种激进主义要求搏斗的亢奋、压迫者的阴谋和受压迫者牺牲品式的苦难。教授们的态度很大程度上会产生形式和技术问题、程序问题——这在美国大学教授协会关于宾夕法尼亚大学斯科特·尼埃林(Scott Nearing)事件报告中就可见一斑。协会的一般印象将其从对极端观点的同情中解救出来。事实上,宾夕法尼亚当局的指责,从本质上说是基于没有界定范围、没有允许听证以及解雇的时间和方法这样的细节,并且通过提出过程的这些不规范性是由于对其经济原则要旨的异议没有得到公开承认之类的间接证据,而进行表达的。这一案例为通常的情境提供了一个相当直白的标志。

很显然,学者的态度并非那种自身可以从头版中获得尊严的东西。它过于技术化,而不够戏剧性和私人化。它甚至很容易偏向逆反的和没有同情心的陈述。教授们被表现为通过狭隘的阶级精神而变得有活力,联合起来不惜一切代价地互相保护,并将自己置于对上级——也就是他们的雇主——负责的日常规矩之上。通过战争轻而易举地赢得的同情,大声叫嚣着对思想自由的侵犯;而且,当斗争被揭示为更多地参与大学管理的时候,正常的教学活动就会受到损害和被异化。于是,有可能提出这样一种立场:老师请求公众的同情和支持,很容易被解释为一种为少数阶级争取特权的斗争。

当舒尔曼校长说,对老师来说,大学乃是"知识分子的机构",因而要求大学的实际管理机构必须遵从这一基本事实,他说到点子上了。如果有什么东西把教学团体的努力从推动个人和阶级的特权抬高到为公众的利益服务,当然就只有这个事实。如果知识分子机构的安全和责任对国家有任何价值的话,那么,教授们在大学治理中争取可靠的努力就形成了一种公共服务。假如保证高级知识分子生活的独立性免遭外在的和不幸的影响是对当代美国有价值的事情,那么,教授们就有权利要求公众支持他们与某种处境作斗争。用比尔德教授的话说,这种处境使得大学老师"比手工劳动者的地位还要低下,因为手工劳动者通过自身的协会,至少还能够对其职业的条件和环境提出一些意见"。在这些呼唤得到实现之前,在这个国家提升理智地位的要求依旧是不确定的、危险的和不完全可靠的。

大学老师的案例其实很简单。正是这个教学机构,代表和体现了作为大学本质生命的学术和研究功能;而从与现在的经济和理智条件根本不同的时代流传下来的法律和惯例,控制着那些"外在于科学和学术共同体"的人组成的团体。这个人非常清楚地知道这样一个事实,从法律上说,委托人(就像在哥伦比亚大学规章里面所说的那样)"应该从此以后永远拥有指导学生课程、规范学生纪律的充分权力和权威";而且,这个人也完全将"委托人的喜好"当作自己的立场。但是,他也意识到,这些文件反映了一个世纪以前的情形,那个时候,现代大学一方面似乎只是梦想中的事情,另一方面又很像现代大型的商业集团。当他被告知,在他接受这个工作时,他就了解其被雇佣的条件,因此不许对此有所抱怨。这个时候,他的回答不仅仅是说,由于委托人过于精明地规划,反而不能使他们的事业连贯地建立在法律权威之上;而且,他会答复说,他的首要忠诚是献给理念、职能和天职,献给学业和真理上的推进。而通过各种合法途径进行斗争,努力改变任何一种威胁他公共天职之功效的局面,这既是他的事业,也是他的权利。

没有什么比权威在其合法的持有人那里发生自发转移而引发的改变更令人期待了。但是,事实证明,过去在很大程度上把这些当作默认的、悬而未决的权力政策,很快成为一种不稳定的均衡,因而,必须通过明确赋予教学机构一种权威来限定和澄清这种状况。如果在上层缺乏通过自愿放弃而实现变化的智慧,那么,这一教学机构不得不面临的问题是:在何种程度上,它愿意成为那种由于说着公众不能理解的术语,而免受干涉的占据位置、技术性的专家团体。我已经提出它影响大学教师的问题,因为从这个角度上说,我对这一问题是非常熟悉的。然而,这一问题实际上影响着我们所有学校的一切教学机构。同样,除非将公共学校教师与商业工会联系起来的普及运动当作这一问题的一个部分,否则,我们没有办法理解这个运动。那部分指责老师们诉诸行业工会以求得保护和支持的公众,假定他们有责任去确证,教师在他们工作行为中努力争取一个更负责任的声音是与公众直接相关的。最后,无论在大学还是在其他教育机构,都是公众而非教师、教师的合法雇主及调节者决定了这个问题的解决。说最终的问题是美国人到底有多在意国家理智生活中的完整性和责任问题,这一点也不为过。

教师的专业组织①

关于战备,我们已经听说了很多。在过去的日子里,报纸让我们陷入一种战备的狂热之中。现在,我认为,我可以毫不夸张地说,在任何有价值的战备中,教师大军比陆军和海军更加重要。当然,我说这些话并非不尊重后者的意思。

现在,假定某个完全对陆军和海军外行的先生——他的姓可能以 J 开头,他的名字可能以 L 开头——会判定,由于不喜欢一个人头发的颜色,或者他的宗教派别,或者他的经济观点,军队中某些将军、上校或舰长就应该被解职。你能想象发生这种事情吗?但是,某些完全对现实的和现行的教师专业感到外行的人们的确持有上面的立场,而当有人问起原因时,他们却声称自己没有义务给出回答!正是这些人占据了官方的位置,并且列出那些他们要予以解职的名单。

这种事情是如何可能的?我认为,我们应该承认教师自身也应该为这类事情成为可能负很大一部分责任——当然不是所有老师,而是那些尚未组织起来、尚未意识到自身职业利益以及公共责任的教师。这种情况显示了过去我们教师自身的缺陷。我们还没有足够的理性,以使自身变得充满勇气。我们缺乏一种对我们的天职、对彼此之间的忠诚感,由于这个原因,我们没有完全承担作为共同体中的公民的责任。

在我看来,这才是形成此类组织的最重要原因;这种组织附属于其他的劳动组织,它们有一定的权力,并试图像劳工联盟那样行使权力,也就是说,在教师团

---

① 首次发表于《美国教师》(*American Teacher*),第 5 卷(1916 年),第 99—101 页。这是来自美国教师联盟集会上的演讲,该集会是 N. E. A 于 1916 年 7 月 6 日在纽约召开的。

体自己身上施加反作用以增强他们的勇气、他们对职业的承诺以及彼此之间的诚信;意识到他们是共同体的公仆,而不是作为某个临时机构的雇员唯唯诺诺地按照雇主的意思去做事。

在楼下的那个标记边上,有一个通告:所有的参观者在进入大楼之前,必须向某个办公室提出申请——这是一种合理的规则。可以进一步说,这种规则也可以应用于教育董事会的雇员。我被告知,这是针对蒸汽管装配工和门卫的助手的。但是,教育董事会的卓越代表们不止一次地谈到老师,并将这些老师的职责定义为"董事会的雇员"。

这是一件很普通的事,甚至在大学里也可以看到。现在从某种意义上说,我是某个董事会的雇员。从特定意义上说,你们老师也是由某个董事会支付薪水的职员。不过,就像在我之前有人已经很好地说过的那样,以这种能够控制对老师的任命和设定其工资级别的官方团体为基础来界定教师职业的权利、义务和责任,就像把美国最高法院的法官们当作总统和参议院雇佣的职工,因为他们恰巧是由相关各方选举和任命的。

就像任命最高法院法官的总统和参议院,仅仅只是受特定公共利益的委托一样,学校董事会甚至芝加哥教育董事会会长之类的显赫人物(他们似乎有权力不对其解雇忠实能干的教师这一行为作出解释)都只是公众利益的委托人。他们仅提供一种任命机制,将那些不是他们的雇员而是为整个共同体而非其中某个阶级的利益服务的人任命为教师。

正如芝加哥联合会的历史所展示的那样,这种联合会的扩张及其附属于总的劳工联盟的最大原因在于,这样做有助于增强老师们作为共同体公仆的感觉,增强他们为共同体负责的感觉,并给予他们正视事实情况、继续前进和做正确事情的决心和勇气。

整体而言,我们有两种教师协会。一种是纯粹的教学协会,它讨论教授字母表、书写法和乘法表格的方法问题。据我所知,没有人听说这些协会遇到什么麻烦。这是非常好的事情。它们是为一个非常有益的目标服务的。在美国,还没有什么不怀好意的兴趣,不愿意把对某些诸如"教学"和"教学方法"等特殊方面的最终决定权交由教学团体来掌握。然而,在美国大多数城市和乡镇中,只要涉及教育中某个一般的话题,教师团体的意见在当前对作为它们共同体之学校的基本教育政策的决定方面会有什么实际的、正面的和建设性的影响,这一点是不确定的,或者说是没有可能性的。就我们所知,对于长远影响共同体的生活、资本和劳动等关系这些东西来说,这种纯粹的教学协会团体内的讨论和商议实际上是无能为力的。

另一方面,还有一些组织不把自己称为工会,也不以任何方式依附于劳工工会。这些组织在保护教师的特殊个人利益、工资利益、职位任期和办公安全方面,完成了必要的和有益的任务。令人奇怪的是,这些组织的某些领导人在完成照顾教师个人利益的纯粹私人性工作之后,似乎对事实上和劳工工会相关的另外一种联合会感到极大的恐惧。我不知道为什么这样。但是,我们知道有两种情况:一方面是纯粹处理教学问题的教师组织,另一方面是实际上照顾教师团体中个人利益的具有保护性性质的组织。

现在,在我看来,今晚在这里出现的教师组织必须努力把上述两者结合起来,把以一种纯理论形式讨论教育的兴趣与那些更加实际的关心结合起来。我们应当有这样一种组织。它不是仅仅在一方面讨论细微和遥远的教育之主体问题,而不确定它们得出的结论怎样能够在实际中发挥作用;也不是在另一方面单纯地在乎教师个人的、多多少少有点自私的利益。但是,我们必须有一个由自尊自重的教师和教育家组成的团体,在其中,他们会发现,他们在教育事务上的观念和经验确实能够在共同体中发挥作用;同时,为了发挥作用,他们会认同共同体的利益,会把自身当作公民、当作公众的仆人,而不仅仅是某种特定组织的雇员。这是因为,我希望看到教师团体占据他们本应占据的作为社会领导阶层的地位。令我们自己惭愧的是:我们必须承认,我们过去并没有在这样的位置上,故而我欢迎所有这类运动。

一般来说,由于联合会依附于劳工工会而招致各种非议。我认为,这是一种势利的特性。我不会停下来与这种事情上单纯势利的特性作争辩。我想指出,这种劳工工会参与到提供有用的服务,它们也是公众的公仆;同时,如果这种组织能够更有启发性和指导性(也就是说,像教师那样的共同体中比较有学问的部分)地将自身置于同那些从事必须和有用服务的人构成的组织一样平等的位置,它们就会在其他组织考虑自身工作和劳动的时候推动时代的进步。这不仅是从个人利益以及保护个人利益的立场出发的,同样重要的,是从为一般公众服务的立场出发的。

我还想说另一件事。为什么教师——已经不再依靠双手劳动为生,不遭受许多职业工会成员会遭受到的贫穷和困苦——发现在这个时代绝对有必要寻求改变以获得积极的支持？为什么他们不是求助于工厂主协会、银行家协会和律师协会之类所谓共同体中令人尊敬的组织，而是必须求助于有组织的劳工联合体？我认为，这是使部分所谓受人尊敬的阶级感到羞愧的原因；但是，另一方面，我认为，这也是劳工工会会员自豪和自尊的来源，也是为什么所有教师都为附属于劳工工会而感到自豪的原因。

受审的公共教育①

社会情境从来都不是简单的,而在战争期间除了情感之外,什么都不简单。导致一所纽约高中三位老师被解雇的教育环境,同样如此。但是,如果能够将这件事情看作学校系统中代表官方的上级与下级构成的既定、传统关系所具有的一个极致表现,看作两种相反的社会和教育哲学之间激烈冲突的证据,那么,我们就能被引导走出这个复杂的迷宫。不过,由于这些原因已经被战争环境和战争心理所加剧,因而现在最需要做的是讨论这件事中所谓"忠诚"的观点。

差不多快到这些人被解雇的会议召开时,至少是报纸社论专栏的读者会得出这样的印象:这些教师由于某种程度上的不忠诚而受到指控。但是,到了最终会议召开的时候,指控又被以另外一种方式提出来。这些人不再被指控为公然的不忠,而是被指控为缺乏国家对其支付薪水的雇员有权要求的那种积极向上的忠诚,尤其是在战争期间。缺乏和缺失现在成了消极的东西;而除非争论的事情真的是确定无疑的,否则,显然难以证明自身的清白。关于忠诚的爱国精神的精确性质,甚至在专家那里也是众说纷纭的;还没有一种标准化的举证责任来施加给那些断定忠诚是否缺失的精确实验。

记住这项指控消极特征的观察者,会理解其他许多费解的证言(经过考虑,我在这里用证言而不用证据)和审讯现象。通常地,一个人在被证明有罪之前

---

① 首次发表于《新共和》,第13期(1917年),第245—247页;重新发表于《今日教育》,约瑟夫·拉特纳编(纽约:G·P·普特南出版公司,1940年),第133—138页。

是清白的。对缺乏某种东西，尤其是那些尚未被清楚定义的某种东西的指控，很显然是回避了问题的关键。只有在能够提出令人信服的证据显示某人确实符合某项必需的条款时，他才能被确定为有罪——这可能是为什么消极指控在更开明的国家法律程序中并不受到鼓励的一个原因。更有甚者，对缺乏某种东西进行指控，会助长人们的猜疑情绪。随着指控和忠诚的誓言在学校中的增加——这种誓言很自然和那些德国支持者（pro-Germans）的标志一样正规和令人振奋，情境接近于那个古老的说法给我们阐释的要点："除了你我，在正统的宗教集会中没有别人——而我对你又不是很有把握。"随着积极好斗的忠诚而来的，是另外一种缺乏，即在判定和衡量指控时需要的一种理性谨慎的缺乏。缺乏的积极忠诚被认为如此普遍，以至于作为一种献祭的祭品，即使看起来有点像替代品，也会得到上帝的欢迎。为了证明缺乏某种东西而过分详细地讨论一些正面的证据，显得十分荒谬。存在着不信任的氛围。人们认为，惩罚这些人至少可以使另一些人更加积极地参与到爱国主义中去。

带着这种观点去读证言卷宗的人，不怎么费劲就可以理解：这种判决强调的是观念，而不是事实；这种观念带有各种假定条件，而非那种实际上发生的观念；或者，它要把个人诱骗到这种令人厌恶的陈述中去。这样一种氛围孕育了猜疑、指控和暴力行为，以及宗教裁判所现象，这在托尔克马达①（Torquemada）、塞勒姆（Salem）②、法国大革命时期的公共安全委员会，以及纽约的教育当局那里都可以看到。

然而，这一点涉及学校中的情绪和气氛，涉及地方特色，而不是学校的实质和结构。就像已经提到的那样，这些可以在与教师有关的学校管理中非常成功地建立起来的方法中找到。亚瑟·佩里（Arthur Perry）先生是我们学校督学中最不动感情的人之一，他对于这样一个事件无动于衷。他曾写过一本关于新的教育董事会所面临问题的小册子。在其中，他坦率地指出，教育董事会的机构给人的一般感觉，就像是一个专讲废话的办公室；而在教师之间，又实际上缺乏全城范围的团体精神；由于缺乏这种精神，"超过两万名成员所拥有的巨大热情和聪明才智，都令人可惜地被浪费掉了"；老师对学生的热情奉献（这是普遍存

---

① 托尔克马达是中世纪西班牙残暴的宗教裁判所的大法官。——译者
② 指 1692 年发生在美国马萨诸塞州塞勒姆镇对于"巫师"、"女巫"的审判。——译者

在的现象),现在取决于个人良知的教诲而不是来自其领导才能;教师普遍感觉到,他们不能指望从他们的直接雇主(教育董事会)那里获得支持和帮助,他们必须通过利用立法和公众舆论的压力来反抗他们的雇主,获得哪怕是"最普通的关心"。

这是一种适度的甚至是温和的表述。它显示出一种特殊困难得以凸显出来的背景。假如在支持战争方面存在一种"积极的"忠诚的缺失,那么,被指控的就不会只是三个人,甚至不仅三十人,也不仅三百人。但是,这反映的不是个人忠诚的缺乏,而是反映了名义上的所谓领导者的领导能力的缺失,反映了一种团体精神的削弱、一种广泛的怀疑主义甚至犬儒主义、一种本不该由教育工作者承担的迫切职责。不只是被指控的老师,而且整个的教学队伍都被剥夺了灵感和对任何建设性政策的指导,因而很容易受到各种不负责任的干涉和外行压力的影响。

教育管理中上级与下级关系的紧张和近年来在米切尔的管理下持续增长的教师工作者普遍的不安状态,已经是众所周知的事件了。对于教师而言,这种管理呈现了其最残忍的一面。纽约那个已经不存在的加里(Gary)系统的消息灵通的支持者已经意识到,假如不是以上面详细描述和强制实行的那种独裁的方式来判决的话,其成功基本上是一种妥协。在丘吉尔(Churchill)的领导下,与教职员工更具合作意味的关系已经开始培养起来。在联合管理与之分道扬镳之后,就像卡莱尔(Carlyle)所描述的那样,情形更像无政府状态加警察俱乐部。

众所周知,纽约的记忆很短暂。但是,假如有人回头看选举之前的报纸,他会发现,上面充满了学校暴乱和罢工,因为联合运动的管理者并不称职,他们所有的行动几乎都只是维持。指名道姓地说,丘吉尔先生、苏默尔斯(Somers)先生和教育董事会的其他成员对此是负有责任的。德·怀特·克林顿(De Witt Clinton)高中的学生在反对延长教学时间(七小时)的罢课中,显得尤为积极。对这一延长教学时间优缺点的讨论,并没有通过对照它所呈现出来的、更多的专制性和压迫性这一事实而说明当前的目标。教师的直接感受不是去考虑其可能的结果或者最佳的管理方式,以便减少许多学生的辛劳(这些学生把部分的时间用在赚钱上,以维持学业)。教育董事会的中学委员会主席瓦伦先生一方面被这种骚乱和罢课行为所激怒;另一方面,大概由于他作为一名坦慕尼协会①的成员,尤其不满他们对于坦慕尼的不公正谴责,发表声明说他将关闭学校而不是任凭教师和学生来"接管它们"。

这种声明看起来有一点扮演众人皆知的稻草人的意思。学校咨询委员会的成员——其中大多数成员是被解雇和调离的老师——准备了谴责瓦伦先生专制态度的决议,并号召几乎全体一致通过决议的学校老师开一个会议。书面裁决紧随其后而来。没有证据表明瓦伦自己在鼓动此事。教师说出和没有说出的东西以及提出的问题在种类和数量上的一致,等于说是对两种事物之间的联系进行精确的论证。调查开始于德维特·克林顿高中,也关涉到那里的教师,这并非偶然。而且,那个学校中教师方面的行为并不是孤立的。在此事件之前,这所学校就已经声名显赫了——或者如果有人愿意的话,也可称为声名狼藉——它是动荡和独立的中心,是抗议专制管理的中心。如果确实需要一个范例的话,这就是要开始的地方。如果曾经对不服从提出过明确指控的话,听证就可能已经澄清事实了。摩擦的真正原因将会被呈现出来,公众将被置于判定事实真相的位置上。但是,更圆滑的是:把指控变得模糊不清,并在对官方的上级管理者缺乏忠诚与对国家缺乏忠诚之间建立一种微妙的关系。

教学方法的教育哲学与处理学生之纪律的教育哲学之间的直接冲突,从另外的角度呈现出两者之间的矛盾。像数学家所说点对点的情形一样,老师和学生之间的情况相当于老师与他们雇主之间的情况。因而"教授本能的顺从"和"同样地尊重权威"(在形而上学意义上强调"同样")这两种表达,是这次审判对教育学文献的永久贡献。不向学生灌输一种盲目的、"像狗一样"忠诚于所有权威的教师,自身也不太可能屈服于它。那些认为有可能把自己深思熟虑的经验作为重要的因素应用到对学校管理中去的老师,也会尊重他们学生的聪明才智。这就设定了基本的论调。是否自发的日常习惯或者反思性思考习惯的发展是教学和规训的支配性目标呢?从来没有什么能够清晰地指出后者是"危险的"而前者是"安全的"——被小心隐匿起来的危险和安全,它们与不忠的微妙联系,可能

---

① 坦慕尼协会(Tammany Hall),1789年5月12日建立,最初是美国一个全国性的爱国慈善团体,专门用于维护民主机构,尤其反对联邦党的上流社会理论;后来,则成为纽约一地的政治机构。——译者

是通过暗示呈现出来的。尽管战争心理可能使得与深思熟虑相对的自发习惯成为教育目标的暂时权威,进步论者(它没有使个体陷入不公之中的危险)仍旧对如此清晰地提出这一论点感到高兴。理想和原则之间冲突的这种事实,是许多冲突和差异的来源。它经常装饰着许多不相干的事实,包含在各种颂词之中。这种审判以一种直接的、赤裸的和不妥协的形式,把这个矛盾呈现出来。记录是有效的。像大多数保守派在问题一经被揭露时就欢呼胜利一样,这一审判记录将成为进步主义者逐渐战胜保守的社会和教育哲学的一个历史里程碑。

战时我们的教育理想[1]

战争已经使教育政策问题变得十分突出了。战争的发展检验着每个参战国教育系统的目标和方法。随着战争的进行，这种检验四处寻找各种裂缝。随着各种长处和短处在战争的需要中暴露出来，许多中立国也在用高倍放大镜去看待它们的体系。那么，它是如何在我们身上发挥作用的呢？

从外在的角度看，关于我们的系统，最明显的事实在于其前后的不一致性。在环境和当下要求的压力下，我们已经对其进行了修理、修补和自由拓展。然而，我们觉察到的哲学依旧怯懦而传统。即使当现实的紧急事件已经引起巨大的断裂，我们依旧尽力对我们自己隐瞒所做事情的意义。我们已经延伸了传统的理性外壳，直到它从观念上覆盖了那种断裂，回到享受文化和规训的传统口号给予我们的那种安慰。人是直觉和习惯的动物。行动，公开的行动，总是要比思想来得容易——行动是一门艰苦习得的艺术，人们还远没有达到得心应手的程度。我想对那些觉得世界的其他部分都异常艰难因而在强迫性的无为中感到压力的人说，他们的精力最好导向理智的审查和建构，而不是冀望于直接的行动——这些几乎不会超过各种减轻和释放精神压力的行为。在道德和理智的审查问题中，国家教育的事宜首当其冲。

当我们看到战争呈现出来的、不断放大的英国和德国教育的图景时，关于我

---

[1] 首次发表于《新共和》，第6期(1916年)，第283—284页；重新发表于《人物与事件》，纽约：亨利·霍尔特出版公司，1929年，第2卷，第493—497页；同时发表于《今日教育》，1940年，第87—91页，编者都是约瑟夫·拉特纳。

们自己教育目标的教训就很清晰地呈现出来了。展示出来的长处和短处互相补充，而且它们设定了我们自己的要求。德国在科学和专业化教育方面获得了成功，而相对而言，英国至少在普通教育和人文教育方面有所发展。而我们在两方面都做了一些工作，但并没有什么明确的意向认为我们在一个方面已经完成的足以抵消在另一个方面得到的成果。我们还有一种很好的本能，拒绝让我们自己单独地信奉这一方面或另一方面。

所有回忆1870年战争的人都知道，老套的一般观念是如何成为如下一种言论的：德国的胜利是德国中小学校长的胜利。德国知识分子的出色声望，主要是从那场胜利开始的。德国在目前战争中应获得成功是技术教育的成功，不管他们怎么给他们的学校贴上标签，这种教育都充满技术性和职业化的味道。一位作家曾经说过，当德国人对所谓的文化高谈阔论时，他们文化形式中处于最高位置的无疑是所谓的农业文明。这几乎同样适用于表达各种工业技艺。将受过训练的知识分子持续地被应用到特殊的实际问题中去，以发展和使用一种成熟的技术，这些给予了德国独有的效率。她引以为豪的观念论现在不是情感性的和浪漫派的，而是一种对理智之信仰的观念论——从在日常琐事中加以点滴应用的科学方法，到所有需要做的事情。将德国的普鲁士化仅仅限定为军国主义的教导，而没有认识到普鲁士在教育方面为德国所做的工作，这是非常愚蠢的。普鲁士的训练有素的德国，将科学上的专业化运用到处理各种事务上去。让我们在说明其缺点的时候，同样对她的这种特征给予肯定。

所谓优点和缺点，是相伴相随的。在训练高度专业化的劳动分工中，不可能不产生类似于机器的社会自动化行为。所有东西都必须适应于其他东西，否则马上就会产生不可救药的混淆。在战争早期，众口一词的说法是：像德国那样被训练得服服帖帖的国家，在需要创新性的时候就会出故障。这种说法并没有考虑到，德国人的训练是一种依赖于科学的劳动分工，而非仅仅依赖于机械习惯作用的智力训练。只有当整个机器停止运转时，其中的某个部分才可能停止工作。而这所需的张力尚未达到，可能在这场战争中也达不到。然而，由此形成的思维习惯既非民主的，也不是纯粹军国主义的。事实上，没有科学的、有组织的劳动分工（其中每一部门从其他部门的工作中得到提示），一种持续有效的军国主义几乎是不可能的。对于我们来说，如果把这种系统当作唯一的模式，将意味着我们不再是我们自己。

因为一种不可能的企图，已经成为德国长处的东西，而将成为我们的弱点，至少在其达到一个特定的点时是如此的。超出这个点之外，这就将成为德国自身的弱点。一个人无需具备专业的外交知识就可以知道，德国在评估其他国家方面已经惨败，无论是涉及它的交战国还是中立国。德国的白皮书在国内显然很成功。据估计，作为白皮书宣传对象的民众，其精神狂热达到难以置信的程度。但是，我很怀疑，是否先前被限制去表达自己对目标之正义发表看法的局外人，不会得出结论说：倘若这就是德国必须为她自己言说的，那她的动机就是坏的。那些以表达让人印象深刻的中立观点为目的的知识分子所发表的文章，在这个意义上同样是有说服力的。这些日子中，当事件接踵而至的时候，记忆似乎变得短暂了。但是，我怀疑，是否有人可以重新阅读《对文明世界的演讲》，而不会再一次被那些陈旧的怀疑和惊讶的情感所征服。我们曾经训练过向上进步的男男女女，是否有可能以自己的名义支持这种混合体，即使在爱国主义热忱充斥的时候？

仅仅从少数例子就加以概括，显然有些唐突。但是，大体而言，德国的失败和她所获得的成就一样显著。对于前者，一般和广泛意义上的人类因素是主要的原因；而后者则是一个专业化的效率问题。有人可能会在这两点之间产生混淆。对于累积起来的、关于德国民众没有能力判断自身或其他人的证据，中立世界几乎不会看错。除非以国民教育的失败为基础，否则，我看不出该如何去解释这种盲目性。发展一种普遍化的社会感觉，应当是人文教育的对象。以此去判断，德国的教育不是一种人文教育。

英式教育已经颠倒为德式教育了。想象一位德国部长严肃地宣称，人们最近发现可以从肥皂脂肪中提取甘油，因此肥皂被当作违禁品——在其被允许进口到德国数个月之后！确实有一些情形，在那里，警告不是来自一种独立事件的爆发——即使在社会事务中也是如此。英国已经为其热衷于文学教育支付了高昂的学费，比利时甚至整个世界也是如此。设定在这种条件下任何程度的强制兵役都将让英国做好准备，这只是看到了事物的表面而已。另一方面，在外交事务方面，英国充当世界公民已经有很长一段时间。即使那些谴责其声明着实是残忍和狡猾的人，也不可否认英国维持着文明的外表。与其长时间的全球性责任相联系，英国的人文教育确实实现了某些东西；而在德国向世界展示的东西中，我们不可能发现这些。

我不知道我们如何在这个国家实现科学教育与人文教育的结合。我甚至怀疑是否有人会了解这个问题。但是,我十分确信的是:这确实是我们的问题。我们必须坦率地承认,人文教育的衡量标准在于其结果——它产生的社会和社会化的意识。我们必须放弃那种将人文主义等同于文学训练兴趣的迷信传统。不管它在别的地方会取得什么结果,在我们国家,这种传统产生的只是虚弱的、自命不凡的文化自豪感。我们必须利用科学,那是为了进行灵活的、机敏的适应,而不是让我们的社会组织变成死板的劳动分工部门。可以确定,在我们朝向一些细微、表面的一般性的趋势后面,存在着某些东西。有时候,似乎所有东西看起来都是细微的、表面的,那我们就会变得永不满足。我们本能中有某些力量,它带着对效率和物质主义的崇敬,使我们远离系统的专门化。我认为,这个东西是我们人类广阔和自由的交往范围所形成的思维习惯。当我们通过科学方法和科学知识方面的训练来学会与其他人的人类意识相互渗透时,就会发现:我们自己是受过教育的。

作为普遍服务的教育①

I

我们美国人的习惯是:如果我们发现教育结构的基础不能令人满意地增加一层楼或一个侧厅,我们会发现,增加一门学科、一门课程或者一个学校,比重新组织当前的条件以适应我们的需要要来得容易。手工培训学校、商贸学校、职业学校及其各种课程,现在则有职业预备学校——明年可能是前职业预备学校和后职业教育学校——这些证实了,当我们的教育系统似乎与当前生活的需要不一致时,我们是如何对它进行管理的。现在,我们已经发现系统中的新缺陷,并为一直督促我们前进的教育体系增加了新的内容。这些缺陷是:我们教育的衡量标准不能吸收在外国出生的人,而且它们也没有发展出公共意识(public-mindedness),即一种关于公共服务和公共责任的意识。有些人可能认为,治疗的方案就是改进当前的教育机构,同时使我们现存的公共组织——包括政府——更好地为民众服务,因而也唤起民众更强的奉献精神。但事情显然不是:让所有其他东西继续如其所是,而让我们增加一个特别设计的新机构,即增加一个普及和强制兵役服务的学校,这就是其中的把戏。

我们的国家存在着大量的移民,他们始终没有同化,似乎从来没有进入这个国家的大门,承认这一点是很令人高兴的。然而,需要质疑的是,从什么都看不

---

① 首次发表于《新共和》,第6期(1916年),第309—310、34—335页;重新发表于《人物与事件》,第2卷,第465—473页;同时发表于《今日教育》,1940年,第92—100页,编者都是约瑟夫·拉特纳。

见到看见红色,这种界限的跨越真的意味着很多收获吗?我们原先在词语"熔炉"(melting-pot)中安静地入睡,现在转向词语"归化",表示的是在惊恐颤栗中最不愿意去做的事。寻找一些不可思议的、普遍的兵役是为了替代教室成为融合和酝酿的场所。伍德少将(Major General Wood)说:

> 我们人口中的很大一部分成长于种族地区,他们读的是方言报纸,在成长阶段受制于本地的利益。必须建立一些服务共同体,以便能够对美国公民的义务和责任作出正当和必要的赞赏。我相信,最好的办法是通过系统化的军事训练,培养出一般普遍的性格特征。

要使观念社会化,并使之从公共的角度进行思考,没有什么比得上在军事主导下的服役。伴随着习惯的军事装备场景、军事命令和服从的传统规则,这些是不是不证自明的呢?

伍德少将发表在费城报纸上的演讲,更生动地说明了这一点。

> 在这个国家,放松对埃利斯岛码头上各色人等的控制,放松他们使之对这个新岛屿的责任感荡然无存,这是相当危险的情况。这些人来自种族地区,在我们的学校中以少数族裔为团体活动,并被方言的新闻舆论所控制。在使这些人明白他们是美国人,至少是形成中的美国人方面,我们绝对是无所作为的。

伴随着忽然的直觉,他提出了治疗方案。"没有什么可以像强制兵役那样解决这个问题。"就那些在这个国家呆得更久的人带着轻蔑和怀疑盯着新来者这件事,我不会说这有多么的无知和势利。他们确实可能持有这种观点,虽然我怀疑把玛丽·安廷(Mary Antin)的《允诺之地》(*Promised Land*)理想化,是否真的比饭后在埃利斯岛各个部落之间进行长距离的调查要来得安全。我甚至也不会探究,是否相比于最有教养的新英格兰地方风尚给出的美国定义,种族平等主义(interracialism)这个概念并不会更加真实,是否"熔炉"这个比喻自身并不违背美国的理想。认识到与我们人口中异质性的、多元化的要素相关的真正理智上和道德上的问题,这就足够了。

但问题在于,并不是要把这些人简化为无个性特征、受过训练的同质人,而是尽可能细致地吸收每一种传统和文化所提供的最好的东西。假如真正的美国不是各种文化和种族交叉哺育的结果,它也应该是各类不同要素的并置,而不是一种营房的混合体、一种其一致性不会比士兵制服的一致性程度更深的混合体。承认所有那些能够被说成是赞同欧洲兵役体系的东西,承认我们应该远离原先的全盘批评而转向全盘赞颂,假定我们可以在美国的土地上通过建立强制的制度而复制其优点,这一看法有点天真而任性。我们忘记了其功效在多大程度上取决于先天存在的传统和观念的一致性,而在我们这里,正好缺少支持它们存在的理由。我们忘记了,欧洲大陆每个人脑海里的"边界那边都是敌人"的意识是多么真实和持久;我们忘记了,在他们那里,合作的意识在多大程度上就是一种关于仇恨的常识。我们要不要刻意去培养一种关于被入侵的危险感,要不要去假想敌人以便得到这些刺激物,从而将我们自己统一起来?强制的普遍服役计划的支持者们诉诸这种要求的倾向,不小心泄露了这一事实。把煽动对祖国的恐惧和厌恶当作确保热爱一个收养国的手段,这看起来并不是一种很有前途的程序。

不过,也没有必要对兵役政策横加指责。真正的问题在于,我们发现,推崇这种政策比治疗我们现存系统中的缺陷要容易得多,而正是这些缺陷产生了正在被讨论的那些危害。任何一种真正的教育体系都应当先于问题、预防问题,而不是跟在问题后面,掩饰和消解问题。在我们至少开始将教育系统国家化之前,把诉诸军队、行军以及露宿军营帐篷的方式当作弥补国家意识缺乏这一问题的最佳办法,显然是不成熟的。当李普曼先生(Lippmann)提议,将运输和通讯手段的国有化来作为保护一个完整、协调一致美国的手段时,他的一些批评者宣称其计划过于物质至上主义。美国一些地区的校舍——经常是那些最深切痛恨外国入侵的地区——有着独立的地区控制权,而这是一种精神上的地方主义的征兆。这种地方主义是对一个统一的美国的藐视,而且,这种藐视决不逊色于那些种族地区和方言读物。在我们得出结论认为兵役制度是产生一种共同意识的唯一途径之前,应该至少尝试使我们位于华盛顿的联邦教育局不仅仅成为一个文案记录和写论文的部门。罗斯福先生曾经满怀热情地签署文件,支持国家对职业教育和消灭文盲的援助,以及国家为移民而提供的对夜校和继续教育学校的援助;现在,他同样满怀热情地支持兵役制度。作为这个国家的一员,我会认真地把他当作关于操练、射击和在军营中生活有哪些教育好处的权威。

我能够看到这样一幅场景：一个国家的政府对外侨既表现出父亲般的兴趣，又有科学的兴趣。它有关于收留和分配这些外侨的特定政策，它警惕地保护他们免受工业的剥削，在这一点上，甚至做得让它的儿女们都感到嫉妒。在其控制范围内，它在每一个合适时机都为他们提供教育的便利。假如所有外侨中的文盲都有接受强制性教育的义务，假如他不仅有机会而且有义务学习英语，假如他发现劳动条件维护了自己的健康利益和他作为经济人的整体性利益，假如他学会在国土上的任何一个地方（在这些地方，他会发现，他不是与行政区、乡镇和州联系在一起，而是与联邦联系在一起）将这些东西联系起来，那么，强制性服务也就离他不远了。如果它要被完全彻底地进行讨论，就可以被作为一种军事命题而非一种教育命题。只有我们发展出一种独立和完整的教育政策，那种把兵役当作公共教育有效工具的趋势才会被发现是一种糟糕的自我欺骗。有时候，我认为，在事实上以及理念上与军国主义相关联的最糟的缺陷，就是创造这种幻象的力量。兵役是对绝望——一种对理性能力的绝望——的治疗。

187

II

相对于诉诸移民在恳求中表现出的明显需要，为了教育目的而推行普遍兵役这一论证，显然在基于一般基础时显得更有说服力。海军少将古德里奇（Goodrich）说过："普通的美国男孩既不顺从和有用，也没有礼貌。我们已经明白，这些东西不能在家中被教会。确实需要某些东西，那就是普遍的训练。"对土生土长的美国人及其家庭生活的这种控诉如此彻底，以致于它破坏了这种控诉本身。这暂且搁下不谈。一种更加广泛的社会观点提出的声明认为，训练的要求将发展出一种比现在更广泛和更重要的责任感。概要地说，我们备受宠爱的年轻阶层更多地是为了自己而做事，不怎么考虑回报，也极少培养自己的公共意识。从政治上说，他们是被宠坏的孩子。年轻人如此专注于当下的实际需要，专注于短暂的休闲放松，国家对他们来说是一个遥远和苍白的实体。我们的随和脾性、我们的舒适、我们的才干、我们拥挤的小镇、瞬间的诱惑与个人主义传统相结合，在我们考虑到有组织社会的要求时显得令人失望。我们过分热衷于个人成功和享受，很少被教导去服从公共利益或者培养有效的能力，以便为了公共利益而进行协同合作。没有两个人会以同样的措辞发表声明，但是，通过许多不同的声明却可以看出其中的家族相似。

强迫性的军事训练作为一种治疗方法得到推崇,其主要目的不是为了战备,而是作为社会化教育的一个手段。就像对移民进行美国化的例子一样,我觉得,为强制服役作论证,描述一种邪恶比提出一种治疗方案更为有效。存在着一种诱惑,使人偏离主题,并询问是否战争所引发的情绪并非是对军事训练的道德可能性进行理想化的真正原因。因为一种占支配地位的情绪总是容易不顾事实地进行理想化。面对紧迫行动中的紧急情况,豪迈的语气是好的;而在进行清晰思考时,陈述的语气显得更可靠一些。我觉得许多努力强化忠诚的人想象着那种作为他们主动态度的精神,以某种方式作为强制训练的结果在他人那里涌现出来。确实,这是信奉社会的魔力。

只有在极不情愿的情况下,我才会屈服于忽视细节的趋势,才会忽视过去伴随着普遍服务出现的各种缺陷——它们似乎与我们的例子并不相关,而去详细探究其社会化的可能性。这一论证似乎来自感觉而非理智。但是,这毕竟不是重点。我承认各个机构需要创造一种关于国家理想的有效意识,并形成一种习惯,使这种意识成为行动中的一种控制力。我的这一观点也并非是自然而然提出来的。然而,首要的问题是:国家的理想是什么,它与什么类型的普遍服务相关?

我们需要一个新的和更加政治化的爱默生来警告我们不要与理智的和道德的模仿相对抗。在对社会主体中的成员进行更为有效的美国化的伪装下,我们被号召引入与那些习惯的努力和社会关系有着深深敌意的目标和方法,单凭这些努力和关系就可以为我们建构出一个(除了领土意义)任何意义上的国家——这是一种排外的和怯弱意义上的国家。如果我们的前提是,对那种有战备意义的普遍服务的需要只是一个副产品,其首要的目标在于引发我们投入既让我们烦恼又维系我们的伟大社会中去,而我们最终的结论却是引入一种基于相互畏惧和防卫需要之上的服务体系,那么,我们的理智甚至不是归化的美国精神,而纯粹是一种欧洲主义的。

我们并没有深深依附于我们有意识地继承下来的社会哲学,我们许多人是在有意识地疏远它。因为这种哲学呈现为一种合乎法律的个人主义,它经常被用来支持经济不平等以及产业分化。而且,它还不是本土的,而是从外国传统中借用来的。但是,这并不能成为我们抛弃它进而急切地抓住另一种相反的传统方法的理由，而且，这一传统同样外在于我们奋斗所追求的东西。我们需要一个真正本土的社会理想，它能够统一我们的思想，凝聚我们的情感。而我们现在有意识地接受的理想并不能实现这些。倘若它最终能够使我们意识到这些事实，我们可能会认为当下的不安和表面上的分裂破碎是值得感谢的。然而，只有作为力量有意识表达的那种理想，在其无意识运作的时候才能成为自愿的和理智服务的对象。承认我们实际的趋势与推进法律和商业规则的传统哲学一样，都是个人主义的；并力求在那种与当前情况中的实在性没有关系的理想中寻求改变，这实际上就是事先承认失败。

但是，没有人真正相信情况如此令人绝望。尽管意外分歧的显现让人难过，然而，每个人都知道至关重要的整合力量正在起作用。我们有许多关于真正统一的理想的素材，尽管这些素材需要凝聚和组合。某些关于普遍服务形式的建议，只要它不是基于那些纯粹防御政策中存在的恐惧和怯懦，实际上就是一种推进其有意识感知的努力。为什么不从对这一情形中借用来的军事方面内容的关注中挣脱出来？为什么不问问什么样的普遍服务形式能够与我们的才能、努力相关联，以便加强和巩固其他的教育机构？为什么假定我们需要普遍服务是因为这些机构必定会失败，或者只是为了一种附加的、不连贯的要素就要摒弃现存的教育体系？

我所听到的关于这些问题的唯一答案是：任何事情开始的时候，必须以某种人们已经熟悉的东西作掩护，而强制性兵役观念只是一个遮挡物，在它背后可以确立一种建设性的社会风纪。考虑到美国人对所有与军事相关的东西的暴躁态度，我不能不怀疑这一政策的实践智慧。国会有关军队的投票，对此项政策给予的支持极少。但是，这一政策的严重缺陷其实在于，它表明了一种不愿对社会生活的实际状况认真思考的态度。美国人当前似乎处于一种异乎寻常的自我不满情绪之中。但是，我们却以这样一种方式引导我们的批评：它几乎不设法让我们面对真正的不足。我们由于缺乏勇气、能量、冒险和行动的能力而对自身进行惩罚。这些东西是我们的优点——如果过分的话，也会成为我们的缺点。不愿意安静地坐着，不愿意思考，顽固地进行批评性的歧视（这是一些浪费时间的行为，而时间本来可以用来"做点什么"），渴望把握实现目的的捷径，这些才是我们的弱点。为什么要热衷于一种不去治疗这些缺陷而是使这些缺陷成为典范的普遍服役计划？这种计划所达到的并没有为当前的实际情况打开一个富有想象力的

190

视域,而只是复制外国的方法且进行一些极小的改动,并且止步于组织我们现存公共教育系统中各种社会可能性的尝试。

美国这个国家有充分的现实感以及既成的、统一的目标,可以回应任何能够表达自身理想的普遍服役计划,那就是现存的社会实践和社会期望的意义。然而,与原先已经存在的计划相比,这种计划更多(而不是更少)地体现现实感和社会趋向的统一感。我相信,除了一些紧急军事情况,任何其他普遍服役的想法都会让美国民众处于一种深沉的、寂静的惰性状态。如果我被询问国家可能回应的那种计划的本性是什么,我只能说,回答这一问题的能力,意味着一个人已经深入我们无意识的实际努力之中,并察觉到这些努力的方向。但是,我非常确定,这种计划的目标在于教育而非训练;它会被导向工业对自然的征服,而非军事对人的征服;它是积极的、包容的,而非防御性的。例如,我可以想象美国人普遍致力于结束战争;却难以想象他们这么做是为了保护自身免受一种可能的、遥远的危险的侵害。美国人比其批评者更理想化,更昂扬向上。

学校和社会战备①

我在先前的文章中写下一些关于战争情形下教育形势的观点,基本没怎么涉及学校的特殊工作。然而,回到学校、教师、课本、学习课程、教室中的教学方法和纪律,教育就随之而来,与教育相伴的还有关于社会事务有意识之方向的主要内容。公立学校是我们社会系统自愿的承担者,它是节制忍耐的真英雄:让别人去做吧。无论什么时候,任何一些热心的人,他们想要保存那些受到威胁的东西,或者改变那些稳定的东西,都会联合起来要求公共学校教授这样或那样的东西:从"节欲保健法",到善待动物;从作为保护共和政体不受颠覆手段之一的宪法问答式指南,到为了传播艺术品位的古典画家传记,无不如此。

若干年之后,我们的立法机关可能遭到那些国际和平热心拥护者的围攻——这些人保证说,假如所有的孩子能够学习十四周关于"和平"的课程,就能保证世界将来的和睦。然而,就在当下,战备的叫嚣者得到了广泛的关注,每周两三个小时的军事训练在高中成为强制性的。那些热衷于这一新负担的人组织起来进行造势,而学生和即将成为学生的人则谨慎地保持沉默。大部分公众是惰性的,或者至少是不积极的,他们只有通过消极的抵抗才会展开行动——他们起先是温和中性的,然后就沉溺于执行立法规定存在的那些计划。在学校课程结构中,所有这些机械呆板的信心,带有讽刺意味地证明了我们国家对教育效率的信在。同时,它让学校处于困难的境地。一个人可能会认为,那些对军事准备

---

① 首次发表于《新共和》,第 7 期(1916 年),第 15—16 页;重新发表于《人物与事件》,第 2 卷,第 474—478 页;同时发表于《今日教育》,1940 年,第 101—105 页,编者都是约瑟夫·拉特纳。

感兴趣的人已经明白,14到19岁之间离开学校的年轻人是那些最需要接受他们允诺提供的身体训练(同时包括其他各种形式的训练)的人,而训练那些已经放弃学业的人并不会让他们在离开学校时有额外的压力——尤其当这些政策是以德国的方式被提出时。但事情不是这样的,我真诚地认为,大多数善良的美国人会对这个思想退避三舍——他们认为,它指明了对公共学校缺乏信任。结果,那些课程超载、负担过重的学校,心烦意乱的老师和学生有机会成为"先行动后思考"这一祭坛上的牺牲品。

倘若经验没有表明几年的时间足以实现转变,并像我所宣称的那样,足以湮没老师和学生都不欢迎的附产品,我将对前景感到更加悲观。幸运的是,既存在一种吸纳和消化的无政府状态,也存在反叛的无政府状态。但是,所有这些关于战备的显眼和喧闹的形式主义,都有一个更加持久的恶劣后果。它吸引了注意力,满足了良心,并有效地遮蔽了探究的双眼。学校与我们整个国际政策问题,以及与同它相关的国内凝聚力问题之间的重要关系得到缓解,并消失在人们的视野之中。假如长时间的和平幸运地发生在我们当下良心上持续的不安之后,应该让我们的学校教学回复到情感上与世界事务相隔离的状态,正是这些事务主导着当前历史和社会学科中的课程。

早先的一代人,从圣经知识中得到一些被忽视的东西。在1492年世界历史真正展开之前,就有一些世界历史的暗示。在犹太教终结和美洲历史开始之间,至少有一种困惑、迷茫的意识遍布于希腊和罗马,以及模糊意义上的"欧洲人"之中。今天,上高中之前就离开学校的那些学生(很多人确实这么做),只会对1492年作为一个普通的年份却有其奇特意义感到惊讶;他们可以继续学习美洲历史的课程,而不会对如下这个欧洲感到疑惑:这是一个探险者启航和殖民者出发的地方,这是那些用邪恶计划把美洲拖入战争的人的居所,他们的事业和政府一般而言就是如此,因此,美洲人越少与他们打交道越好。

当我重新阅读我所写的东西时,我怀疑自己有夸大的成分。但是,我依旧对许多美国同胞下意识的不诚实而感到诧异——他们坚持认为,威尔逊总统应该对美国在当前斗争中的道德冷漠负责。我问自己:他们是否可能并不知道他不仅正确地反省了"不卷入结盟"的政治传统,而且反思了从深深扎根于教育系统的欧洲事务中独立出来,形成关于美国历史和命运的各种想法?当一个有统计意识的社会学家沿着美国海岸线旅行的时候,他可以根据报纸上对不同地区关注程度的不同,在方格纸上分列出这些地区对战争兴趣的差异。我们是一群爱好和平的人,并且主要是向善的人。我们对生命的逝去,对欧洲点燃的仇恨烈焰,感到遗憾。作为一个民族,我们并不把这些当作对我们而言如何特殊的事务——除非作为我们力图置身之外的事务。我已经听说,这样一种思想状态完全出于一种怯懦,归于我们质朴活力的衰退,归于一种唯利是图的商业至上——在这种关系中,常常被当作一种腐坏——也是一种蓄意的自私,等等。我并不相信这些解释中的任何一种。武断一点说,我了解得更清楚。这是我们教育体系的自然结果。我承认,在这种广泛的地方风尚中存在一些并不那么令人厌恶的东西。在这种自我满足中,有一种特定的生机勃勃的健康。不过,它也是危险的。事实已经改变了。现实情况是:我们是同一个世界的一部分,不仅欧洲存在于这个整体中,而且亚洲也正在加入进来。工业和商业把我们的命运交织在一起。维持我们古老的思想状态,就是培育一种危险的幻象。在国家的战备中,相对于花几个小时对男孩子(他们还惦记着课后放松的那几个小时)进行敷衍的军事训练,以一种完全不同的方式教授美国历史才是至关重要的因素。必须根据实际情况进行教学:很大程度反应欧洲的运动和问题——例如,像我们所看到的那样,在每次移民潮中所出现的问题——以及国内利益和问题的逐步发展,这些问题和发展依然受到欧洲生活所发生的各种改变的影响,并由于各种世界性力量的作用而与整个世界正在进行的东西相呼应。受美国历史事实而非美国神话教育起来的一代人,不会在发现和表达诸如当前危机中的统一观念时不知所措——这种情况依旧可能发生。

　　比尔德(Beard)教授最近已经证明了,我们关于公民的教科书"和粉笔一样苍白"。这样平淡的无特色并不仅仅限于公民的教科书,它渗透于学校所有社会课的氛围中。我们过去的历史呈现为一出天使之光与魔鬼黑暗之间、自由力量与奴役力量之间的戏剧,而正义的一方总是获得最后的胜利。我们的宪法和制度一般而言,就是最终达到的、善的胜利体现。假如孩子们怀疑还有什么邪恶存在,在他们之外尚未有完全的善的特性,那么,这种邪恶就被认为不可能在制度上和社会上实现自身。它被当作个人的,就像他们自身的缺点一样。这种不加区别的、歌颂式的语言漂白,掩盖了那些使社会生活变得困难、不确定以及有趣的东西。我们并不特别需要关于社会贫民区的课程,但是确实需要某种方法来让我们从理智上弄清:从来没有纯粹善和纯粹恶之间的斗争,而就像曾经有过的那样，现在存在的是法律、制度以及社会契约所呵护的利益与进一步启蒙、解放的要求之间的斗争。一个国家，在真正把握住产生问题的力量之前，就习惯于以问题和斗争的思维模式来思考它们，以便解决它们；这样一个国家，会给公共生活准备一些东西，但不能塑造人们的性格特征。这种理智习惯与考虑对外关系的连贯性思维活动之间的联系，并不是太难弄清楚。我们已经谴责了我们的管理者所采取的温顺方法，也建立了一种对我们自己的解释加以判断的方法。我们是否要期待某种所谓抽象的民主的东西，可以为了我们的利益而创造奇迹？我们是否总是没有确定政策地飘荡着，而且就像现在所做的，似乎把相互指责当作政策的替代品并以此在关键时期放松我们的神经？除非人们在被社会中那种脆弱、黑暗和动荡的困难所征服之前就被教育成在理智上熟悉这些问题，否则，对社会事务的"民主控制"这一术语有什么意义？我们的大学必须指引出路。但是，除非大学培养的那些批评性分辨的方法扩展到中学中，并至少间接地扩展到小学中去，我们才会发现与这样一种过程联系在一起的民主控制——这个过程交织着慵懒的倾向与令人兴奋的爆发期。相对于我们用真正的学术思维去处理的那些论题，使我们学校成为对社会困难和冲突进行严肃思考的阵地，这才是学术自由的真正问题。

美国的教育和文化[1]

人们可以预测一项声明在一些人中可能引发的嘲讽。该声明认为，国家教育学会（National Education Association）当前会议的中心议题是文化的教育。数百万疲惫的学生和老师全神贯注于字母组合和算术的日常事务，文化和他们每天的任务有什么关系？是什么把文化与贫乏的历史、文学概论捆绑在一起？迄今为止，这一景象只能说可悲而不是进行讽刺的缘由。但是，也有人预见到如下现象：这些批评者，自我选择进行补救的幸存者，愤怒批评我们教育系统自愿屈服于功利的目的，及其沉迷于短暂时间内的要求和对实用性的迫切需要。当高傲的批评家沉痛地质疑过去优秀方式的回归是否太迟时，或者有可能作为一种对话主题的文化教育选择，会因为它作为一种迟到的忏悔标记而受到欢迎。

有一些意见控制着大部分教师和教育领导者的思想，对于与这些意见密切接触的人来说，假定他们放弃了对职业和实业的崇敬，则显得很滑稽。每年这个国家的教师到欧洲大教堂和艺术画廊朝圣，真实地表明了对文化中更古老理想的自觉尊重。除了那些批评家就这些问题发表的谈话之外，没有什么能让教师如此迅速地组织起来。批评家和劳动者的批评的共同点，在于抓住各种口号和感伤情绪。"文化和风纪"作为一种期望或达成的优越性的象征，作为解决个人思想中遇到之麻烦的口号。在这后面则出现一种感觉：我们缺乏对自省性文化

---

[1] 首次发表于《新共和》，第7期（1916年），第215—216页；重新发表于《人物和事件》，第2卷，第498—503页；同时发表于《今日教育》，1940年，第106—111页，编者都是约瑟夫·拉特纳。

的自我意识。我们反抗的东西太多了。我们的姿态暴露出一种姿势上的笨拙，这种姿势费力地抵制着各种可能性。相反，那种全身心放任于其未开化状态的野蛮人的质朴中反而存在着一种优雅。

虽然批评家完全错误地判断了教育体系的管理者的自觉态度和意图，不过，他们关于今天强有力的教育潮流的判断还是正确的。当用过去那种标准进行衡量时，这些不能被称为是文化的。那些标准是关于过去的——那些曾经被言说和被思考的东西，而那些在我们教育中活生生的和激发人们兴趣的东西，则朝向某种未知的将来进行运动。在这种有意识的理想和我们的行动趋向的对照中，产生了我们的疑惑和我们盲目的不确定性。我们认为我们在考虑一件事情，而我们的行为却需要我们去注意那些根本不同的思考对象。这种理性的约束，是我们文化的真正敌人。文化的开始是停止对我们过去文化进行哀怨的追颂，停止追颂那些在其被淹没在今天的噪声之前只能前进一小步的东西。文化要对某些可能性尝试进行具有想象力的洞察，虽然这种可能性盲目而粗糙，却如此真实地存在着。

实际的趋向和保守的忠诚之间的差异，包含了文化教育的所有问题。只要涉及公共教育，文化的原因就消亡了——此时，我们用其他方式而非迄今为止尚未达到的可能性进行衡量；这些可能性，只是一种使隐匿文化令人惊骇地萎缩的力量。事实上，这些文化的原因，除了还存在于保罗·埃尔默·莫尔（Paul Elmer More）先生和他的继承人以及代理人的书中之外，在其他任何地方很难找到了。严肃的问题在于，我们能否提供帮助使各种力量进入思想和感觉的新形式中去。我们需要对各种关系中表现思想的事实进行理想化解释，而更古老的文化将这种事实当作纯粹的材料，并把人类和道德的主题感知为工业中纯粹的物质性力量；此时，通过古老的起源观念对今天举步维艰的教育努力进行评价并非没有益处，虽然这种观点有点残酷。

文化的开端剥夺了自我主义的幻象这样的说法，会产生一种迄今为止没有文化的感觉：我们的文化是某种要去获得和创造的东西。这样一种感觉，给予国内教师团体以极具代表性的尊严。学校中的教师们被视为是在为将来可能实现的东西而非现在的东西进行冒险。实际上，他们并不是致力于保护一种隐蔽性的文化免受今天美国物质主义和功利主义的凶猛攻击。只要他们不是在复述那些意义已经被忘记的警句，就是在努力将这种力量转化为思想和感受。这项事业颇有英雄的味道。要想塑造日益萎缩的古典主义的保护者,需要的只是接受学术训练的机遇,拥有闲暇,合乎推理规则的记忆力并能记下一些警句,以及流畅的文笔。这个社会建立在工业之上,它还没有被教化成为这样一个社会,在其中为了民主的文化而支配知识和工业力量。而要对这个社会作出改变,需要能够进行有灵性想象的勇气。

很多人将任意形式的政治和经济社会对艺术和科学(即大致可以被称为文化)的贡献看成是对其唯一的检验和证明,我也是持这种看法的人之一。即使有点难过,但很显然,美国尚未如此证明过自己。辩解说,首先需要完成的是对一片土地的物质征服,这显然是一种本末倒置。平定一块大陆,就是将其纳入到秩序中;而这发生在伟大的理智和伟大的艺术之后,而非之前。这种证明的完成因而是非常困难的。因为这完全意味着发现和应用一种从民主的利益出发征服和处置自然的方法,也就是说,虽然群众人数众多,但他们应该构成一种有着确定思想和情感的共同体。不用说,这尚未实现,甚至还从未被尝试过。因而,某些微不足道的不相干物从过去的阶级文化中流传下来,成为衡量我们努力的准则。

取得成就的异常艰难就意味着它有可能失败。不存在命中注定的成功。但是,假如失败来临,它将成为悲剧的主题。这既不是自满的悲哀,也不是任性的讽刺。因为,当成功不是命中注定的时候,就有一些力正在运作,它们就像命运一样,独立于有意识的选择或者意愿。不存在有意识的目的——无论荒谬的,还是明智的——正将实在的、实际的和工业的东西强行纳入到教育中去。并非一种有意识的审慎导致大学校长们在学位授予典礼那天歌颂纯粹的文化,而把工作时间用于安排技术和专业学院的事务。并非一种有意识的偏好导致学校管理者在教师会议上发表演说,赞颂老套的规则和文化,以便向董事会要求新设备、新课程,以及学习更"实际"和更吸引人的东西。外在于他们的政治和经济力量主宰这一切。他们也将依然外在于我们这些真诚面对现实的人的控制,他们自身将继续忙于研究他们传授的是什么教育,以及在他们的教化中会产生出什么文化。

作为这种英勇事业中的要素,当前美国教育中的趋向可以得到评价。由于我们不能在不背弃文化和自身的情况下祈求或者借用一种文化,那么就没有一种东西可以保留下来以产生出另一种文化。那些过分虚弱或者过分苛求以至于不能参与这项事业的人,将继续寻求避难所和医院,他们会将这些地方理想化为宫殿。其他人或者在机械工业主义的罗网中继续前行,或者征服工业机械以适应人类的目的,直到这个国家被赋予灵魂。

特定的普通事情必须被重复,直到它们的重要性得到承认。工业革命来自一种新的自然科学。任何一种不仅仅是对古代民主共和国政府进行模仿的民主,都必须来自我们喧闹的工业主义这一发源地。科学使民主政治成为可能,因为它减少了对大量人工劳动力的依赖;因为它使利用非生物的力量替代人类的肌肉能量成为可能;也因为有资源进行多余的生产和由此产生的从容宽裕的分配。古老文化对我们来说渐行渐远,因为它建立在政治力和精神力联合的基础上,建立在一种统治阶级和闲暇阶级平衡的基础上,而这些已经不存在了。有些人谴责那种标志着我们今天特征的、粗糙浅薄的思想和感情,但他们并没有过于残酷,以至于期待古老政体的回归。他们只是过分不明智,以至于在缺乏产生条件的情况下,在面对着已经使结果不再可能的条件时,依旧想要那种结果。

简而言之,我们的文化必须与现实的科学以及机器工业协调一致,而非作为逃避这些东西的避难所。而且,虽然不能保证一种使用科学并将工业控制过程作为其正常部分的教育一定会成功;但可以确定的是,那种使科学和工业与其文化理想相对立的教育实践一定会失败。自然科学在应用到经济生产和交换领域以后,会带来一种只计算数量的工业和社会。教育的目的就是让科学之光和工作的力量帮助每个人的灵魂,使之可以发现其品质。在一个精神上民主的社会中,每个个体都将实现自身的特点。文化在人类历史中破天荒地成为个人的成就而非阶级特有的东西。一种与我们的理想应用相适应的教育,乃是实际的力量,而非一些意见。

我们的公共教育是一种将现代生活的机械特征转化为情感和想象力的潜在方法。我重复一句,我们可能永远都跳不出机械性。我们可能在赚钱、寻找幸福和取得对他人的短暂胜利时,放纵地保持那种强悍的、仅凭力量的能量输出。即使这种状态也缺乏一种文化上的雄壮气概,这种文化的方法是怀旧的,它的胜利是发现一个避难场所。但是,通过对过去的贵族政体中最好部分的反对来为民主政体的合理性作辩护是不够的——即使已经不再可能回到这种贵族政体。给下一代人的意识中灌输一些今天生活的潜在意义,将之从一种外在事实转化为一种理智的感知,是创造这种文化的第一步。面对这一事实并试图利用今天重要的非精神化的手段,以便实现对一种更需要被认识之人类意义的感知的老师们,分享着这种创造的行动。要想在现实的科学和强制性的工业系统中以文化的名义,使一种冰冷的传统得以永恒,就要以最原初的方式自由地传授课程。当前教育的乏味趋向以及粗糙的功利主义需要的不是责骂,而是同情心和理解的引导。

国家化的教育[①]

202   "国家"和"国家的"这两个词具有两个截然不同的意义。只有清楚地意识到这两者之间的差别，我们才能有效地讨论教育的国家化。一个意义指向某种值得期待、可以通过教育培养的东西；而另外一种意义代表着那种像邪恶的瘟疫一样避之不及的东西。将运动导向民族化的观念，是上世纪的特征之一；其社会生命力在于，意识到历史和目的的共同体要比家庭、教区、地方和省份来得重大。民族国家的建立已经用广泛区域中的感觉和目的的统一以及交往的自由，替代了早期的区域隔离、猜疑、嫉妒和仇恨。它迫使人们超出狭隘的地方主义，成为更大的社会单位中的一员，并创造一种使微小、自私的利益屈服于国家的忠诚。

    然而，要是没有立刻意识到国家主义还有其另一面，一个人就不会这么说了。现代世界中的民族国家是通过斗争建立起来的，而我们国家有可能是个例外。一个充满魅力的地区中，那种统一意识的发展总是伴随了厌恶和敌意这些外在的东西。娴熟的政治家和其他只追求自己享乐的人，总是明白如何机灵地处理爱国主义，处理其他民族的无知；总是知道如何将国家主义与一种潜在的对其他国家的憎恨统一起来。毫不夸张地说，当前的世界大战就是国家主义这方面特征的结果，就是其赤裸裸的丑恶表现。

203   在过去，地理上的隔离已经在很大程度上保护我们免遭国家主义中那些粗

[①] 首次发表于《教育》(*Journal of Education*)，第 84 期(1916 年)，第 425—428 页；重新发表于国家教育协会的《演说与公报》，1916 年，第 183—189 页；同时发表于《今日教育》，1940 年，第 112—121 页。

糙、自私和排外方面的影响。缺少外在的压力和来自强大邻国活跃、紧迫的竞争和敌意,可能对如下事实的发生起到了作用:我们没能为作为整体的国家发展出一种感觉和观念上的统一性。随心所欲的个人主义过于活跃了。我们对任何强力的国家统治机构都有着天生的猜忌,也往往让事情随波逐流而非设计一种重要的、控制性的政策。但是,战争的影响使我们意识到,地理上隔绝的时代一去不复返了;也让我们意识到,我们缺乏一种整合性的社会感和政策以适应这个作为整体的国家——尽管它还有阶级和地域上的区分。

我们现在面临的困难是:发展国家主义中好的方面而丢弃那些坏的方面;发展作为国际主义的朋友而非敌人的国家主义。因为这是观念、情感、理智和道德的情操和态度问题,它能否成功取决于教育机构而非外在机制。在这些教育机构中,公共学校占据首位。在遥远将来的某个时候,当对这些叙事进行总结时,当公共的东西从私人中区分出来,而公共学校中只记录有个人的成绩时,需要回答的问题就会变成:在使一种地方的、区域的、狭隘的和派系的精神屈从于所有美国人民共同目标和利益的过程中,美国的公共学校做了什么?它又在多大程度上教导人们在观念上进行足够开阔的思考和感觉,以便包容所有派别和阶级的目标与幸福?除非构成共同体观念和道德风尚的机构能够阻止这些力量(它们总是有利于利益的划分)的运作,否则,阶级和派别的观念和感觉就会占据统治地位,我们的民主将成为碎片。

不幸的是,当下的战争产生的刺激因素所导致的一个结果是:许多有影响力和善意的人试图通过诉诸我们的畏惧、猜疑、嫉妒以及潜在的仇恨,而培育一种囊括性的国家主义的成长。他们会在破坏性的战争中,使我们国家的战备措施达到其他国家的水准;而不会在建设性的和平任务中,使我们国家适合与其他国家进行合作。他们困扰于国内暴露出来的分裂,困扰于国家缺乏完全的整合性,这样,他们对迟钝的教育政策失去了信心。通过使我们对我们国土之外的民族感到恐惧,他们会激发一种我们相互独立的感觉;通过强调我们与其他人的分离,他们会在国内实现一种统一。当前的情形使那些关心教育的人更需要经受住国家主义普遍的强烈要求,这种国家主义基于歇斯底里式的激动和机械的训练,或者基于这两种要素的结合。我们必须要问:一种真正的国家主义,一种真正的美国主义,是什么样子的?因为,除非我们了解自己的特性和目的,否则,不可能明智地选择促进它们的方式。

我只想提及我们教育需要培养的国家主义中的两个要素:第一,美国这个国家自身是复杂的和混合的。严格说来,这个国家建立的过程是跨种族和国际性的。它由许多不同的民族组成,人们说着不同的语言,继承不同的传统,怀有不同的生活理想。这一事实是我们的国家主义区别于其他民族的国家主义的基础。我们国家的格言,"多中生一"(one from many),深刻而高远。它表明了一种毫无疑问会给获得真正统一带来困难的事实。但是,它也极大地增加了达到目的的可能性。无论一个人如何高调地宣扬自己的美国主义,倘若他主张任何形式的种族派系以及任何一种构成性的文化,也提供了一种其他的派系和文化与之相一致的样本,那么,不管这一派系和文化多么早就存在于这片土地,或者在这块土地上证明自己是多么有效率,持这一主张的人都是美国国家主义的叛徒。我们的统一,不是与欧洲各个分离国家的统一相似的那种同质性,虽然我们的人民来自那里。这种统一是吸收和组合每个有贡献的种族和个人所提供的最好和最有特色的东西,并在此基础上创造出和谐的整体。

我发现,许多扯着嗓门谈论需要一种至上、统一美国主义精神的人,只是在说某些他们碰巧喜爱的、特殊的准则或传统。他们有某种偏爱的传统,而他们想要把它强加给所有的人。假如由此用构成美国精神的某个单一要素来衡量整个美国精神,那么,他们就完全误解了这种精神。无论英格兰主义还是新英格兰主义,清教徒精神还是骑士精神,条顿人还是斯拉夫人,除了为这出巨大的交响乐提供音符之外,什么也做不了。

换句话说,处理归化精神(hyphenism)的方式就是欢迎它,但在它从所有民族那里提取出特殊优点的意义上欢迎它,因而,它将屈从于一个它已经为之作出特殊贡献的智慧和经验的共同源泉。所有这些屈从和贡献结合起来,就创造了美国的国家精神。危险的事情是:一旦它们可以被转变为一种真正的美国精神,每个要素都要求自身独立,并试图挣脱过去,将自身强加到其他要素上,或者至少使自身保持完整并因而拒绝接受其他文化给予的要素。

随着这种归化精神中的"连字符"(hyphen)开始变成某种将人与人之间隔离开来的东西,人们有理由反对并阻止它。诸如爱尔兰裔-美国人、犹太裔-美国人、德国裔-美国人这些术语都是错误的,因为它们似乎假定有某些原先存在的、可以被称为美国的东西,而其他要素可能是外在地连接在它上面。事实是:真正的美国人,典型的美国人,自身就是归化了的(hyphened)。这并不意味着他是部分的美国人,加进了某些外国的因素。就像我说过的,这意味着他在成长过程中是不同人种和国家的混合。他不是美国人加波兰人或德国人。美国人自身就是波兰—德国—英国—法国—西班牙—意大利—希腊—爱尔兰—斯堪的纳维亚—波希米亚—犹太人,等等。重要的是,看到这个连字符是联系而非隔离。这至少意味着我们的公共学校应该教授那些使我们互相尊重的东西,并尽力启蒙所有的人,因为我们这个共同体中的每一个支系过去都曾作出过伟大的贡献。我希望,我们在学校教授美国历史时可以更多地考虑到伟大的移民潮,正是通过移民潮,我们这片土地在过去三个世纪中得到了持续不断的建设;我们也应该让每个学生意识到,我们国家天性中的宽容大度。当每个学生都意识到那些参与我们形成过程的各种要素,他将持续珍视和敬畏那些来自他自己的过去的东西;不过,他会很荣幸地把它看作形成这个更加尊贵和更加精良整体的一个简单要素。

简而言之,除非我们教育的国有化是通过一种承认我们国家主义的特性就是国际主义的方式进行,否则,我们只会在那种保护统一性的狂热努力中产生仇恨和分裂。对于这一事实的了解,我们这个国家的教师要远远胜过许多政治家。当政治家们为了增加选票的筹码而热衷于促进一种归化主义(hyphenatedism)和地方主义的时候,教师们一直致力于将被分割和反对的信念和感觉转变为一种太阳底下的新东西——这是一种包容性而非排他性、友好而非猜忌的国家精神。通过个人接触的影响力、合作性的交往和分享共同的任务和希望,他们做到了这些。那些在促进土生土长的人们,非洲裔、犹太裔、意大利裔以及许多其他民族为达到解放和启蒙进行共同斗争方面积极行动的教师,不会与这样一种观念为伍:美国是这样一个国家,它在构思其历史及希望上要比其对人性的看法显得狭隘——让政治家们为了其目的而随心随意地喧嚣去吧。

我提请大家注意的另一个关于构造真正美国国家主义的要点是:在我们的大部分历史中,我们都是在征服自然,而不是征服他人或其他民族。我曾经听到两个来自不同国家的外国来访者讨论美国人令他们印象深刻的主要特征是什么,其中一个说是活力、年轻和蓬勃的能量,另一个说是友善、相互宽容的品性和不嫉妒其他人的成功。我情愿认为,虽然这两种归结出来的特征背后有相同的原因,但后者更为深刻。并不是我们比别人更有美德、更纯真或更成熟,而是我们有着更大的空间和更多的机会。因而,过去重视积极和乐观能量的相同环境,现在允许人类从更加友善的本能出发去表达自身。原先并非为人类独占的广阔土地已经被激发出活力,并使人的行动从与其他人作斗争转到与自然作斗争。当人们通过共同开拓荒野得到他们的财富时,他们并没有任何相互不信任的动机,这种动机在他们与他人斗争时产生出来。我最近刚听到一个故事,在我看来,这个故事典型地反映了这方面的内容。某些厂商正在讨论劳工问题,他们大声地抱怨,他们尖刻地反对工会的苛刻,他们斤斤计较效率低下。然后,他们中间的一个人说:"哦,得了吧,可怜的家伙!他们什么机会也没有,他们必须做他们能够做的以便坚持下去。假如我们在他们的位置上,我们同样也会那么干。"其他人都点头赞同,接着谈话就结束了。我把这称为具有典型意义,是因为假如不存在热切的同情心,至少也有一种宽容和消极认可(passive recognition)的精神。

但是,与此相关,同时与我们的混合性构成相关,环境正在发生改变。我们不再拥有一大片未被占据的土地。拓荒者的时代过去了,自然资源已经被占有了。存在着一种危险:导致其他国家中邻居们大打出手的原因,在我们国家将会产生同样的结果。我们不再齐心协力对抗自然,我们已经开始和其他人作战,不同阶级之间进行争斗,富人和穷人也爆发斗争。这种改变给予学校一种明确的责任:维持我们真正的国家精神。我们早些时候相互尊重、人性的自制和良好祝福这些美德是环境无意识的产物,而现在必须作为塑造最深刻性格之源泉的教育产生出来的有意识的果实。

当更早时候拥抱被压迫者的理想主义被当作一种脆弱的多愁善感,当对不幸者以及缺乏公平机会的人的同情被视为一种对效率毫无理由的打击时,教师是所有人中最有可能感到伤心的人。在这些方面,传统的倾向现在必然在公共教育中成为核心的动机,它不是作为谦虚或者施恩,而是作为维持真正美国精神的本质所在。所有这些使学校担负起一种责任,而这个责任只能通过拓宽学校工作的范围来实现。学校现在需要通过有意识的指导,通过发展个人的力量、技巧、能力和首创精神来弥补被剥夺继承权的民众,因为随着拓荒者时代的结束,外在的机会也丧失了。另外,力量有可能越来越多地被转移到富人手中,我们必须以理智、艺术的文化与经济力量的结盟来终结这一点。经济力量归于富人,是过去被各种各样的文明所诅咒的东西;而民主的理想主义之父们认为,这个国家将会终结这种现象。

由于国家的理念是为所有的人提供均等的机会,因此,国家化的教育意味着让学校成为实现这一理念的手段。曾经有一段时间,人们认为,这一点很容易通过提供校舍、课桌、黑板或许还有课本来做好。但是,那个时代已经过去了。学校只有把使所有人都成为自己职业命运的主人当作积极的、严肃的事情,机会才有可能是均等的。所谓的实业或者职业教育的蓬勃运动,现在悬而未决。假如它在实践中如此被建构起来,以至只是为低级办公室和商店提供更多合适的员工;假如它的目标就是把少男少女训练成有特定机械技巧的一类人,使他们能够执行其他人的计划,那就意味着不是以我们国家的精神来实现教育国家化,而是放弃斗争,重新使教育封建化。

  我还没有谈及我的标题最自然地提出的要点——行政方式的改变会使整个国家的资源配置处于一种更为落后和不那么幸运的状态。资源意味着不仅仅是钱,而且包括专家的意见和各种指导。毫无疑问,我认为,在未来,我们应该放弃一种仅仅是对公共学校的区域控制,朝向那更核心的调整方向运动。这次我不谈及这件事情,不仅因为它会引发技术上的问题,而且因为这方面的问题涉及的仅仅是一种国家化教育的机构和机制问题。将美国的教育国家化,就是利用教育去提升我们的国家观念,也即是民主的观念。这是国家化教育的灵魂和精髓,除非行政上的转变得以实施,以使之体现这种灵魂;否则,它们将仅仅意味着一种官样文章的发挥、一种机械的统一、一种自上而下的逐渐削弱的监管。

  正是由于战争的处境将国家和民族的观念带到每个人的思想前沿中,最重要的是记得有这样和那样的国家、这样和那样的国家主义。除非我犯了错,否则一定有某些人正在利用美国国家主义的呼声,利用强化的爱国主义来促进那些作为欧洲国家特征的观念,尤其是那些在战争中最积极的人;而这种利用,是对我们国家理想的背弃。因此,我在这里占用你们的时间来提醒你们这一事实:我们的国家和我们的民主是同义的术语,我们的民主意味着对整个人类(包括那些在我们国土之外的人们)的友善和善良意志,意味着所有人的机会均等。因为,作为一个国家,我们是由所有民族的代表组成的;他们来到这里,与其他人和平共处,逃离作为旧世界国家特征的那些仇恨和嫉妒。将我们的教育国家化,这意味着使之成为积极、持续的压制战争热情的工具,成为积极培育人们尊重和友谊这些感情的工具,而不管这些人住在哪里。由于我们的民主意味着这样一个理想,即用所有人的机会均等替代旧世界不同阶级得到不同的机会,以及通过人所属的不同阶级对其进行限制,所以,教育的国家化就是使公共学校成为发展每一个个体首创精神、勇气、力量和个人能力过程中一种有活力的和自愿的工具。如果我们可以在这一方向上实现教育的国家化，行政机构的国家化运动将最终自行发生。因此，我呼吁教师们在面对各种歇斯底里式的情绪浪潮时，在面对各种险恶阶级利益的微妙诉求时，记住他们首先是民主理念的神圣仆人，拥有这种理念的国家是一个真正有特点的国家——在其中，所有人友善、互助地相互交往，每个人服务共同体的最好途径就是以最好的方式、最大限度地发挥自己的能力。

力量、暴力和法律[①]

什么是力量,我们要怎样处理它?我倾向于认为,这是今日世界社会哲学领域中的尖锐问题。注视着所有历史中力量最为惊人呈现的一代人,除非发现了关于这一展示所导致的问题的答案,否则,他们不会感到满足。是否因为见过了持续大规模的爆炸景象,我们今后就可以真诚地谴责无政府主义者零星、小规模的爆炸?或者我们应该说,他们原则上是正确的,只是错在他们对力量的使用是偶然的和私人性的,而不是集体的和有组织的?我们应该"准备好"。我们如何确定这种诉诸力量威胁的自发性是对最终忠于理想的保证,或者是一种对过往人类劳动果实的持续蔑视,而劳动被认为是我们区别于动物的唯一东西?是否力量是最高种类的辛勤劳作,或者它就是对辛勤劳作的否定?

要是不对我们的质疑进行拓展,就不能询问战争的力量问题。一旦提出这个问题,文明中的一切东西都会成为我们的阻碍。从兵营到警察局、监狱,只是一步之遥。监狱后面冒起了工厂的浓烟,而工厂的大路通向会计室和银行。是否我们的公民生活只是一种残忍力量的伪装争斗?是否警察和看守是社会秩序的真正守护人和代表?是否我们的工作生活只是一种强弱区分的持续争斗、一种仅仅变换了外在军备和盔甲的战斗?是否国家自身只是有组织的力量?在17世纪,政治理论家坦率地用力量和权力这样的词语进行讨论,而我们现在发明了一套更文雅的术语。现在更多谈论的是共同意志和共同意识;国家被描绘

[①] 首次发表于《新共和》,第5期(1916年),第295—297页;重新发表于《人物与事件》,第2卷,第636—641页。

为一个道德的人格，或者至少作为一个裁判者。是否随着我们的语言变得充满感情和彬彬有礼，我们的思考就失去了清晰性和确定性？

然而，常识依旧在坚持一种中间道路；这种中间道路的一端是托尔斯泰式的，它认为所有的力量都是暴力，而所有的暴力都是邪恶的；另一端则是对力量的称颂，认为当战争引发狂躁情绪时，这种力量是很适度的，而且只要竞争统治着工业，它就仍然持续着（在乔装的形式中）。我很高兴能够让这种常识得到更清楚的表达。作为最初的启发，我会让大家想起这样一个事实：力量扮演着不同的角色。它有时候是能量，有时候是胁迫或约束，有时候则是暴力。能量是美化意义上的力量，它指的是做工作的力量，它被支配以便完成目的。然而，它依旧还是力量——如果你愿意称之为野性的强力，它只有通过其结果才实现合理化。而完全同样的力量，如果不受限制、随意蔓延的话，就可以称之为暴力。反对暴力，不是因为它涉及对力量的使用，而是因为它是对力量的浪费，是对力量随意的和破坏性的使用。我建议，所谓法律的东西，应该始终被看作描述一种经济、有效使用力量的方法，以便用最小的代价得到结果。

无论理想主义者还是乐观主义者怎么说，世界的能量、可以利用的力量的数量都是复数，都不是单一的。存在着不同的力量中心，而它们各行其道。它们产生争论，引发冲突。原本要用在对某物的作用上的能量被用于进行摩擦，这就是浪费。两个人可能会公平地进行各自的事业，而且他们的事业可能都是值得尊敬和重要的，然而他们各自的能量支出可能并不协调。他们背道而驰，但是，他们的交通工具却发生着碰撞。随后在争吵中产生的浪费，与公路车祸的直接损失一样确定。每个人应该向右转的规则是：以一种方式将独立和潜在冲突中的能量整合进一个方案中以避免浪费的规划，这个方案允许最大限度地利用能量。如果我所言不差，这是所有法律的真正宗旨。

或者是我错了，或者是那些大吵着要"用法律替代力量"的人至少严重混淆了他们的语言。而持续使用混淆的语词，有可能在观念中产生一种有害的混合物。力量是世界上唯一影响一切的东西。照字面上说，用法律替代力量，可以说与试图用数学公式来使发动机运转一样"明智"，这种数学公式表述了其最有效的运转方式。毫无疑问，使用这种表达方式的人是真心实意的，他们意指某种能够规范力量消耗的方法，以便避免当前方法中容易产生的浪费。但是，这种表达总是和理智混乱相关联。在力量观念中，自身存在着一种真正的情绪上的敌意。

说一种"力量哲学"通常意味着轻蔑和愤怒——这多少有一点像某位工程师轻蔑地谈论一种能量科学一样。

在我生活的各个时间段,我疲惫不堪地出席了各种托尔斯泰信徒和非托尔斯泰者之间的讨论。在答复前者强烈反对战争、警察和刑罚措施的过程中,我也听到了那个有着悠久历史的质询:当罪犯攻击你的朋友或孩子的时候,你该怎么做? 我几乎没有听说过这表示,由于一个人不可能在不用力的情况下走过街道,所以,人们可以和其他人讨论的唯一问题是如何在特定情形下最有效地利用力量以达到目的。如果一个人的目的是保护灵魂的完满,或者保持某种特定情感的完整,毫无疑问,力量应该用来抑制自然的肌肉反应。假如目的是别的什么东西,一种猛烈的打击可能就是实现它的方法。令人难以忍受的是,人们只会一般地谴责或者赞颂力量,而不考虑它是作为达到目的的一种手段。只注重目的且藐视为其提供保证的手段,这是理智的道德败坏之最后阶段。

力量作为力量是对抗性的,这种对抗是本质上的。它使和平运动在很大程度上成为一种反对-运动(anti-movement),其所有的缺陷与主要是作为反对-事物(anti-anything)的那些东西联系在一起的。由于不能构想那种组织现存力量,以便使之达到最佳效率的任务,和平主义者除了将怀有邪恶情绪和邪恶思想的人谴责为导致战争的原因之外,几乎没有什么可以借助。有一种信念认为,战争来自仇恨、好斗、贪婪的情绪,而非来自利用这些情绪的客观原因。正是这种信念,将和平运动降低到一种劝告性布道的无效层面上。军火商的贪婪、报纸对轰动性新闻的偏爱以及人类精神的堕落,毫无疑问,在战争的产生中起到了部分作用。但是,它们之所以参与引发战争,只是因为,在给予人类机会和刺激的社会中,人的能量的组织具有特殊的缺陷。

假如法律或者规则只是一种保护力量分配以使其不互相冲突的工具,那么,发现一种新的社会协定就是用法律代替战争的第一步。一般的和平主义者的办法,类似于试图通过告诉人们相互关爱而不是确立一个道路使用的规则来阻止道路使用的纷争。在和平主义将其信念置于建设性、创造性的理智中,而非诉诸情感、布道词之前,世界中不同的、没有组织的力量会继续引发暴力冲突。

然而,这一原则有利有弊。我知道,没有什么词汇比"目的"这个词在意义上更贫乏,更容易被简化为一种纯粹的情感筹码,而我却随意地使用它。人们诉诸目的以证明求助于力量的正当性,而此时目的对于他们来说,只意味着无根的欲望。一种目的是关于结果而非热望的东西。当用幼稚野蛮的刑事方法对付犯罪时,我们是以正义的名义证明力量使用的正当性。但除非这种使用实际上是保护特殊结果的一种有效的经济手段,否则就是用暴力解决直接的冲突,而不费力去进行思考和建构。因而,人们用一些假如不以情感的力量加以填充就会很空洞的语词来证明战争的正当性——这些词语包括尊敬、自由、文明、神圣目的和命运,他们忘记了战争和所有其他东西一样,在地球上有其特殊的结果。除非战争可以表明自身是保护这样一些结果的最经济的方法——这些人们向往的结果,是最不合意之结果中最合意的部分——否则,战争就意味着浪费和失去:它就一定会被宣判为暴力,而不是对力量的利用。尊敬、自由、文明的未来和正义这些词,像职业和平主义者的口号一样,成为同一种系列中的感性幻象。他们的情感力量可能让人们继续前行,但并没有阐明前行的目标和路径。

  我不希望怀疑任何旨在感知事实以及按照自己方式行动的东西。一种旨在加强和平的国际联盟的想法,一支国际警察武装的想法,只是现实的调剂品。不过,并非当力量从外在强加到一种场景时,而是当其在场景中作为各种力量的组织时,力量才有社会意义上的有效性。并不是因为我们的父辈建立了美国并为之装备了行政力量,我们才欣赏我们国家中那些共同的利益,以及友善的交往活动。美国的形成,是因为已经存在的利益共同体和友善的对话。毫无疑问,这个国家的建立,推动并促进了它所凝聚起来的各种力量;但是,它所拥有的力量无论如何都不能将商业、旅游、传统和观点的同一强加到最先独立的十三个州上。这个国家是它们的联合、它们的组织。如果一个加强和平的联盟想得到繁荣发展,它必须是对已经起作用的具体利益进行建设性调整的自然产物。不仅是出于各自目的对战争与和平的歌颂,而且对外交、威望、国家身份和力量以及国际裁决的同样的歌颂,往往会让人们的思想参与到情感性的抽象中,并使人们厌恶对与此相关的特殊力量进行感知。只有当所有的牌都摆在桌上的时候,当引发冲突的客观事实被认识到的时候,当聪明才智被用于设计一些机制(这些机制为正在工作的力量提供条件允许的一切满足因素)的时候,法律指导下的力量的环节才会出现。

论理解德国精神[①]

I

许多心理学家现在说,思想始终如一的源泉是希望。在意识的表面生发出理智的结构,我们幻想自身是理智的主宰。有些人论述的范围更广泛一些,有些人则稍逊一些;有些人摇摆不定,有些人较为坚定。但是,我们想象所有东西都通过冷酷的理性这一建筑大师构建起来。然而,这些心理学家告诉我们某些至关重要的本能、模糊的倾向、起作用的急切的偏好;这些东西位于意识表层之下,形成了看得见和看不见的、但是要呈现自身的信念系统。就像看不见的形式构成了大海中的岛屿一样,这些被掩藏的希望和恐惧的躁动创造了我们的思想。这些心理学家可能有点夸张。但是,当前战争中那些理智的公开声明看起来证明了他们的观点。

战争中的情绪不安是非常严重和普遍的,任何置身事外的人都能看到整个过程中对理智的引诱。思想和信念之间天然的差别现在变得清晰明确了。在一方看来光荣的东西,在另一方带有偏见的单一视角看来,就是赤裸裸的和恬不知耻。思想的公正和超然都是一些值得怀疑的特征。当国家的命运安危未定时,一种忠诚和严肃的灵魂似乎不会准确地权衡各种证据,也不一定能多么细心地得出结论。一位曾经按照哲学方式思考的英国人,现在写下了"和平在战争

---

① 首次发表于《大西洋月刊》(*Atlantic Monthly*),第 117 期(1916 年),第 251—262 页;重新发表于《人物与事件》,第 1 卷,第 130—148 页,标题换成"论德国的精神"。

中"这样的句子。由于一种情感事先如此完整地席卷了一切，以至于只为一种思考方式、一种信念形式留下空间，并提供一种美妙完整的确定感觉。其中，原先一直伴随着一种批评性理智之努力的区分和怀疑现在被湮没了。

情感的特征是只发展那些支持、强化自身操作的观念。它们最细微的工作是发现那种被观点有效地屏蔽的理智结构，无论这种工作中发现了什么糟糕的行为。提出一种滋养欲望的信念是很简单的事情，而建立一种阻止对欲望之内不可欲望的东西进行感知的信念则要复杂得多。即使在那些不道德的行为中，人还是有沉重的道德感。尤其在人们集体和长期的行为中，他们更需要一种正当性良知的支持。没有比对某个人动机的正义进行持续的怀疑，更能使行动麻木瘫痪。如下的观点尽管流行很广，但是十分荒诞：人们可以从自己的利益出发，在损害他人利益的情况下持续、谨慎地行动，只是因为人们把他人的利益也感知为自身的利益。理想的目的和道德的责任总是被唤醒，而只有未受过教育的玩世不恭者才能在其解释中虚伪地对意识进行调节。人必须通过道德的理由居于其严肃的事业中——对于那些只知自身不知法律的人来说，这是必须的。我们可以从王权神授原则的盛行中学到一些东西。只要绝对的君主获得当下事件的支持，他们就不会祈求超自然证明的支持。只有当他们的权力变得可以被质疑时，才会求助超人类力量的支持。

在和平时期，人们有可能把战争理想化。听任想象力自由驰骋，忘记了战争的不愉快而专注于思考其荣光。在战争时期，痛苦、不幸、破坏的烦恼过于直接和急迫，以至于不允许这些过程被以绝望的无情或者绝望的浪漫保存下来。因而，理想化行为被转化为战争爆发的原因。即使最正义的战争，也包括许多这样的幻觉。战争越是缺乏正当的理由，情感就越会发展各种观点和信念，以掩饰正当理由的缺失。关于参战国自身理由方面绝对正当性的热切信念，就像是儿童们在令人畏惧的、神秘未知的墓地吹起的口哨。但，这是肤浅的。在深层意义上，这代表了为行动提供一种道德正当性的欲望所引发的行为。只有那些最平静、最细微的存在，可以忍受其道德必要性中缺乏信念这个事实。没有对道德正当性的确信，对战争的恐惧怎么可能产生？

每个国家用其历史已经熟悉和适应的言辞来自然地表达自身的道德基础。准则的选择合其他国家的胃口，也有说服力——比方说，中立国家——在某种程度上，它们也会用一种熟悉、可以理解的语言表达准则。普通的美国人可以理解英国迅速作出的道德辩护。其表达中的辞令,也在我们自己的辩护中被很自然地引用的。只要相互间的隔阂允许我们去作出判断,战争期间所有国家中最不喧闹的法国,其辩护也以一种我们可以理解的语言得到表述;即使和英国的道德言说相比,它对我们而言,显得不那么自然。但是,很显然的是:同情德国的美国人(除了德裔美国人),并不用德国人偏好使用的语言来解释和证明自身理由的正当性。他们提出的理由是权宜和实际的政治需要,而后者提出的则是广泛的道德原因。

入侵比利时这件事明显与之相关。在美国的辩护者寻找技术和法律的正当理由——条约来源于普鲁士而不是帝国的担保,等等。他们忽视了对正当理由的诉求,这个正当理由来自一个卓越的国家使命,来自一种学说——该学说认为,由于小的民族阻碍了人类组织的建立,它的时代已经结束了。真正的德国人,完全不考虑他们的美国辩护者提出的那些法律技术的细节。他们唯一一致赞同的,是由军事需要所授予的权利。而这种需要学说的提出,对于大多数美国人来说,标志着他们这些同胞的理智和同情心都已经德国化了。在一种非常字面的意义上,德国的观念对于我们是陌生的,我们不下一番工夫是理解不了的。

II

我重申,每个国家都通过其过去历史创造的最清楚的观念,也就是它自己的国家哲学来表达自身的正当性。英国人传统上是新教徒、福音主义者,以及意识层面上的个人主义者。他们的道德辩护,本能上采取了一种个人的、道学的形式。他们自身良心上的清白、动机的高洁——比如,对条约的圣洁以及他们的誓言作出的辩护——支持着他们。由于他们的行为已经和他们的意识不同,在很大程度上变得商业化和帝国主义化,因而,并不会让人吃惊的是:英国的虚伪和拘泥于形式,在其他有着不同思想倾向的国家之中成为众所周知的东西。由于具备善良意图的情感是一个完全真实的现象,英国人真的对外界的那种指责感到迷惑。没有什么比意识上的两面派,更远离他们那过于热切和直白的坦率。美国在很大程度上是以英国的传统进行教育的,以至于它也要承受整个欧洲大陆对虚伪的指责。但是,我们确实可以看到,每个国家都有自己特殊的利益,因而也有对自身利益的运作或者掩饰或者正当化的不同方式。

法国对一般观念和对客观规则的贡献,与英国对个人动机之正当的贡献一样明显。他们的辩护理由,总是恰当地在理性、人性以及文明观念中得到表达。英国人在过去对这些抽象观念的回应,就是将其斥责为一种幼稚的自大以及对花言巧语的偏好。大陆那边将其指责为不诚信,而海峡那边却指责其难以置信的轻浮。但是,我认为,一个聪明的局外人,将会在寻找和发现精神支持(这对于有效的行动是必须的)的方式中发现一种差异。

在任何一件事情上,英国和法国长久以来都保持着相互联系。他们已经学会了对方的辩解和指责的口号。就国际交往而言,很难想象,他们会在理智上让对方吃惊。但直到战争时期,德国人的自我辩护意识对于英国人来说,实际上还是完全陌生的。当然,它注意到前者的实际行动。一直到17世纪早期德国获得国家统一的时候,甚至到19世纪德国海军发展的时候,这些行为都是得到英国默许甚至是赞同的。在所有事件中,基于双方都相当熟悉的原则,德国的行为对于英国来说,都是可以理解的。而同样的原则是否能够促进德国对自身行为的理解,他们却不怎么关心。他们没有乘机让自己熟悉那种道德解释的支撑物,而从拿破仑战争时期,这种支撑物就在德国竖立起来了。即使考虑到的话,他们也没有认真对待。他们似乎对德国人那种内省的形而上学的特殊兴趣进行无罪推定或证明。

因此,英国在理智上对战争没有做好准备——他们没有准备好理解德国赋予证明自己行为正当性的意义。他们对德国的观念没有预警意识。这也可以解释尼采式神话的迅速发展和传播。正如大家看到的那样,尼采曾经极力主张所有道德理想和道德律令的含义都是虚弱的表征和源泉。这就出现了那个完全代表这一原则的民族:这个民族在国际政治中自觉地摆脱一切需要道德基础和目的的残余物,这个民族深思熟虑地把力量的学说当作自身的正当性理由。

唯一可以为德国观念——是观念而不是行动——提供线索的东西就是最伟大的"绊脚石"。我指的是德国所谓的观念论,在其他地方,我也称之为自我意识和自我正当(self-righteous)的观念论。在认真思考过这种观念论的大多数英国人看来,从一种内省、多愁善感的哲学来说,它看起来是一个缺陷——无用但是略带和善。由于获得理解的唯一方式遭到忽视和误解,因而当理解尼采时,人们对任何解释都进行狂热的控制,对救赎进行齐心协力的呐喊。那些反-普鲁士的个人主义者,那些反抗统辖和臣服哲学的人,在特赖奇克(Treitschke)和伯恩哈迪(Bernhardi)那里被描绘为与匈奴部落中战争之神在一起的人。特赖奇克已经确证了从黑格尔和费希特在观念论哲学中提取的关于国家和历史的哲学,并将其实证地应用到当代事务中,这一点没有被注意到。伯恩哈迪著作中遍布的关于范畴的绝对命令和德国观念论的使命这样的暗示,也没有引起什么注意。

关于德国自身概念与英国对其精神和道德特征解读之间的差异,有数十种说明。*文化*（Kultur）,战争时期的流行语,实际上等于一切。很容易理解,英国人一旦了解德国人大吹大擂的优越*文化*,他们就将会把鲁汶（Louvain）、兰斯（Rheims）和路西塔尼亚号（Lusitania）轮船接受为*文化*的标志。随着战争的进行,这是一个相当伤感的事情。但是,他们同时相信,这些事情对于德国人的意义和对于他们自身的意义是一样的:深思熟虑地认为强权是唯一的公理,声称免除义务和人性。从下面一份德国有影响力的报纸关于路西塔尼亚号沉没的报道中看到,这和德国观念的表达有多大的距离:"我们将行为基于对更高人性的要求,这种人性是所有国家生活的基础。对于美国人来说不人性的,实际上是更高意义上的人性。……国家的自尊要求一个政府不要搁置其神圣的责任,即使履行这种责任看起来有一些残忍无情。但愿美国人可以把握住人性的这种含义。"要完全理解这些话的意义并不容易,大概除了在战争的情绪压力中,德国人也很少使用它们。但是,只有暂时忘记我们听到的关于尼采等人的东西,并将自己置身于这些表达的氛围中,我们才可以踏上理解德国精神的道路。对于这种观念而言,发动战争就是为了保存*文化*,而*文化*是所有人性的神圣需要。真正的理想不是力量,而是为了让组织的理想战胜混乱的个人主义的理想,让科学战胜盲目的胡闹,让一丝不苟的工作替代表面的展示。通过投身科学和正直耐心的工作,对所有力量进行系统组织,不论它们是自然的还是社会的。不能用各种手段利用各种力,不能保护这样一种对力的占有,就是对德国理想的背叛,因而是对人性理想的背叛。这样一种精神上的懒散,可以留给其他国家。

即使那些保持足够的公正性,以便承认有效的组织、科学的细致应用和耐心的工作已经打上德国生活标记的人们,可能也没有看到,当前的战争是一场保卫那些值得尊敬的特征免受外在贪婪、嫉妒和仇恨欲望攻击的战争。但是,假如我们想要达到德国精神对其自身的一般理解,尤其是对其自身在这场战争中的理解,就不得不严肃和真诚地了解持有这些观念的德国人的见识——这些观念在呈现给我们时,我们难免会以带有讽刺的眼光来看待它们。就像我们理所当然地认为,法国会把自己当作合理性和文明交往的特殊守护人,英国人觉得自己充满着高贵的动机一样,我们必须学着将德国当作一个深信其优越的观念论以及观点普遍性的国家。就因为他们的世界观有优越感,所以存在一种与其说是他们自身不如说是人性本身的责任,他们将用所有的准备(包括科学的、技术的以及个人的)来捍卫它,并获得对它的认识:这就是他们对自己的看法。

III

我强调一下,英国人显然没有做好理解德国观念的准备。法国遭受更大的灾难,但是它的大声疾呼被抑制了。不只是拉丁民族长期以来认识到日耳曼人只部分地实现了文明开化,而且法国人受到了德国的精神气质的特殊"教育"。1870年的失败,使法国一代人的观念德国化。他们在《法国科学院院报》(Comptes Rendus)上表现的清晰的好奇心和无穷的能力,在许多令人振奋的情报信息研究中都产生了成果。我可以列举出十几部甚至可能是数十部法国作品(主要是1890年后出版的),而在英国几乎看不到与之相匹配的情况。在后者的语言中,他们有着显赫的政治史,有令人羡慕的政府、管理、国内以及市民生活研究。但是,人们很难找出任何能够与众多的法国著作相比拟的关于德国的观念、特殊的德国精神脾性的解释。如果有人想要了解德国的民族心理,想要在社会和政治哲学中了解他们信念的背景和发展,想要了解精神特征而非仅仅是伴随着这些特征的经济行为和经济理论,想要了解他们的宗教观念,想要了解他们认识和书写历史的方式,他可以从事法国研究。一个人会发现对事实的记录,发现伴随着事实蕴含的对情感和道德倾向的洞见。外国人不能很好地判断法国的军备情况,而判断他们理智上的准备则无疑是可以的。他们的说明不仅清楚而客观,并且对许多德国的方法都夹杂着稍许的讽刺和钦佩。

只有当一部分英国人因为心理上没有做好准备,才会让尼采神话的兴起成为可能。说来奇怪,随着1870年之后那代人对德国专业哲学兴趣的扩大,这种未准备不是减少而是增加了——这一代人反对洛克以来统治英国的经验主义。甚至从表面上看,19世纪最后十年典型的观念论在英国比在德国还要繁荣。关于康德、费希特和黑格尔令人惊叹的著作也出版了。但是,对德国哲学的兴趣,只是增加了对那些为哲学增加吸引力的德国性情的忽视。

部分而言,这只是哲学思想的历史被过于经常书写这一不幸方式所造成的结果。它只是太习惯于离开社会语境去讨论思想体系,太过严肃地进行撰写,似乎它们是数学体系,唯一的问题就在于绝对的真或假。这一习惯当然会导向学术和技术上都是精确的说明,但却忽略了作为国家精神征兆的一切东西。这是一种不管体系产生和繁荣于希腊、土耳其、月球还是火星的冷漠。但是,这个一般的原因在这个时刻被英国思想的特殊需要所强化了。从表面上看,英国的传统哲学远非随波逐流,其经验特征伴随着一种有点狭隘的个人主义。在19世纪后期,极端的个人主义是危险的源泉。

德国哲学被利用起来,作为一种武器攻击原先英国的官方哲学。德国观念论在英国的盛行,与反对政治经济中放任自流(laissezfaire)的自由主义,与不断增长的集体主义相符合,这绝不仅仅是一个巧合。在宗教方面,德国观念论与教条式的新教主义的不断失败相符合;同时,它还与一种保存信念中道德和经济内容的欲望相符合——在字面上,这些内容已经不被人们接受。在宗教中,更古老的自由主义已经被证明略显不足,德国观念论增加了一些东西。因此,英国的态度不是关心德国观念论在德国意味着什么,而是与它能在英国做什么有关。所有不能对这个目的有所贡献的东西都被忽视了,或者被当作没有什么重要性的技术上的瑕疵。

德国哲学不仅是无害地、值得信任地,而且是值得称颂地被接受了。它提出了"有机的"建构原则,以与历史上英国特殊主义的明显缺陷作斗争。出现了荣耀光环中的"范畴的绝对命令",而这来自与一种机械的"收益损失"(profit-and-loss)理论相对照。黑格尔的国家观念在其与一种政府的警察观念相对照后被理想化了。历史作为绝对理念之内在演化的德国观念,在与一种历史连续性的道德价值感的缺失相对照后,显得熠熠发光。这种缺失被约翰·斯图亚特·穆勒(John Stuart Mill)当作其自身精神先辈的缺陷。

没有什么比将德国唯心论当作一种国家辩护的工具,最不利于对它的确立作出正确评价。似乎一种对德国思想过于苛刻的态度,会削弱其在英国的战斗价值。下面我们就阐发这个明显的过程。德国思想被完全从其自身的社会背景和倾向中抽离出来。据认为,假如它能够成为一种本土化的产物,它就可以适应当代英国的特殊要求。它是社会创伤的镇痛剂,是宗教疾病的良药,是一种教育和政治重建的工具。没有什么比去理解德国在其先天、绝对的观念论,在其自身的历史哲学中发现的东西更不适宜的了。那样的话,在争取国家独立过程中形成的德国思想,从1814年开始直到1914年间形成的连续性就被忽视了。那些将德国精神解释为英国式的思想者,实际上就是那些对德国精神最感到惊奇的人。认为有一种哲学如此明显地适合英国并为其所需要,还能迅速成为维护欧洲和平和英国安宁的武器,这是不可能的。以尼采权力意志为特征的精神革命必须已经经过观念论哲学的德国这一过程。作为德国古典观念论的一名信徒,穆尔哈德(J. H. Muirhead)先生除了将当前的哲学当作一种"伟大的背叛"之外,别无他法。

IV

猜测英国是否在其社会和政治潮流的转型期受到重大的挫折,是一件非常有趣的事情,因为除了坚持一种老旧的本土哲学,以及为了一种外国哲学的引入而完全摒弃这种本土哲学之外,人们在英国找不到别的选择。虽然专业的圈子中流行的是后一种方式,但它在大众思想中并没有走多远。在约翰·斯图亚特·穆勒殒落之后,英国就没有本土哲学了。这一事实是否有可能与其含混不清有关?这一思考很有意思,但它是另一回事,除非它也和英国理解德国精神的困难有关(而美国显然同英国有些类似)。与那种旧思想与新思维之间完全断裂的虚构幻想相比,法兰克(Francke)教授在 10 月份的《大西洋月刊》(*Atlantic Monthly*)上发表的文章,表达了严肃和真实的观点。他赞成这样的看法:今天的德意志帝国时期的德国精神,与康德、希勒、歌德时分裂中的德国具有的德国精神之间存在根本的连续性。他不是求助于尼采,而是求助于费希特和黑格尔得出这一点的。

注意,是连续性而不是同一性。连续性允许发展,甚至是转化。连续性可以从任意一种目的来理解。我们可以用前期来解释后期,也可以用后期来评价、理解前期。因而,连续性这一事实,对于某些人来说,是对古典哲学的批评;对于另外一些人来说,则是对德国当前精神的辩护。在探究那种给予德国道德意识以连续性的观念,以及探究一个世纪以来耶拿和列日(Jena and Liége)之间的颜色变化后,我们就处在一个比较牢靠的基础之上。

我发现,法兰克教授的表述中没有什么需要删减的。无条件地屈从于义务,通过不断的意志努力获得拯救,审美文化中的道德使命——在它们的限度内,这些对我来说就是那形成德国持续精神的观念。假如有别的观念增加进来,那么,它一定不能与上述三个观念相冲突。用不规范的表达方式来说,这是历史主义

(historicism)的观念。为了目前的目的,是否将这种观念与赫尔德(Herder),或者莱辛(Lessing)、费希特(在其后期)和黑格尔联系起来,这并没有多大关系。提到历史主义,我指的是能在人们日常生活(至少是德国民众的生活)的延伸中持续被发现的一种理想的观念、一种天职、一种命运(Destiny)。在民众生活之光中,发生的事件得到理解,而且通过确定对这些观念、天职、命运的忠诚与否,民众自己也被指责或者辩护。

然而,这第四种概念与其说是对上述三种要素的补充,不如说阐述了上述三种要素被理解的方式。19世纪,这些首先被应用到个人身上的观念被转移到国家身上,这个时候,似乎国家成了一个个体,获得了一种新意义。这一转移在康德关于义务的观念中非常明显。对康德而言,义务意味着个体与人性之间的连接环节,它表达了什么是真正的人以及人的普遍性。但是,"人性"尚未被组织起来。当人性被从地方或者国家的公民身份中区分出来时,并没有任何社会制度可以将人性具体地表达出来。它表达的仅仅是一个理性的理想,某些应该被实现却尚未被实现的东西。因此,康德自己宣称,当人依据义务动机行动时,义务只是一个空洞的概念;它必须在经验环境中让这一概念得到充实,得到其自身特殊的内容。

这听起来可能只是一个哲学上的细枝末节,其实不然。康德把义务看作一种命令(command),用他的话说,是一种律令(imperative)。德性的本质是服从。康德认为,这是对理性抽象法则的服从,而这一法则代表了未实现的人性理想,这一点表明了人自身高贵的热望。但是,人类绝大部分不能够以这一遥远的抽象法则来引导自身。把道德本质与遵守律法等同起来,使得无论哪种律法影响个体,他都对道德本质有一种绝对的顺从。现代社会继承了中世纪把道德性当作主权命令服从的思想。即使到了17世纪的英国,政治和道德理论的核心问题还是反抗既定权威的合法性。到18世纪,英国和法国的思想不再像中世纪那样,把服从作为道德的核心问题。而康德是在德国思想中,坚持这种观念的一种方法。事实上,康德给予了这个观念一种不同寻常的崇高特征,使它能够在各种力的作用中保存下来,这些力在别的地方已经破坏了道德性和服从权威命令之间的同一性。

德意志国家实力的提升,推进了道德责任观念与政治服从的融合。当需要默默顺从的权威被当作"大地之上神的显现"时,当用法兰克教授的话说,国家被认为是"在其自身内部联合所有精神和道德热望的有机体"时,很容易就把道德义务与政治利益统一起来。集体性国家理想在历史发展中体现的神圣目的,把握住了康德的责任观念;它替代了孤立主体在其自身卑微领域内的努力,实现了法律与人性等同的理想。一个农业的、半封建的、虚弱和分裂的德国具有的世界主义理想,现在变成一个同一、帝制、工业化和繁荣的德国中一种高涨的国家主义现实。因此,我认为,法兰克教授说的从康德开始的,道德上的改造在德意志国家提升为一个至上伦理实体的过程中达到了顶峰,这一点完全是正确的。但是,当道德的责任被建立在政治服从和政治利益的基础上时,也存在着一些恶化的危险。

无论如何,德国思想中依旧包含一种几乎已经在其他现代国家文化中蒸发消失的道德概念特征;这一事实使得非德语世界的人在理解理智的德国人,形成他们观念和论证他们的实际政策时,感到困难重重。德国人总是说,美国人缺乏对德国同情的原因在于总把英国作为获得信息的来源,因而并不理解德国。这并不是一个信息来源问题,而是我们观念的来源问题。而且,这并不是过去一年或者过去二十年的事情。两百多年以来,我们的心智是在英国政治观念中受到教育的,德国的思想则外在于这些观念;一百多年来,我们的观念来源于一种更加不同的社会哲学,即法国为自由而斗争的哲学。有个事实毫无疑问,即我们美国人的自由概念与德国发展的那种义务观念是不相容的。我并不打算判决说谁对谁错。我只想说,某种理想中滋养出来的精神与另一种理想中培育出来的精神如此不同,很难相互理解。

V

在德国持续的传统中,第二个要素据说是不停和不断奋斗的理想。奋发生活的道理和因其自身缘故产生意志能量价值的道理,有时被认为是美国人所特有的。法兰克教授相信,这一点在德国人那里也非常突出。我认为,他是对的。一个美国人说到底,也需要有一个目的来唤起并凝聚他的行动。证明行动的正当性时,结果是需要的。否则,他不停的努力和紧绷的干劲会被当作一种神经衰弱。我担心,关于目的的特征或者结果的属性,我们并非知道得十分详细。从赢得一场球赛,或者建立世界上一个最大的商业公司,到使一个社群成为比利·山达伊的拥趸(Billy Sundayism),我们几乎可以无所不能。但是,必须有一些解释能量消耗的目的。否则,对意志的崇拜是绝对不可能控制住我们。因此,当我们发现威廉皇帝被称赞为"这种奋斗精神尤为显著的表现",被当作一个"获得成就的普遍和热情本能"的例证时,我们的反应是冷嘲热讽而非赞赏敬佩。我们告诉自己,那只是关于我们期望去寻找的那类例子而已。除了将这理解为有点病态的爱出风头之外,我们很难真正理解它。我们可能是错的,但必须承认,我们并不能理解是如何以及为什么会犯错。因为我们根深蒂固的观点是:能量的运作必定是为了某些目的。对仅仅作为不断奋斗的行为的回应,可能体现在我们国家最特别的俚语所表达的东西中:让我们歇一会儿。

另一方面,对于德国人而言,我们的这种无能是功利主义和俗气文化的证据。但是,我认为,即使德国人也会承认,不断奋斗作为其自身目的的观念是浪漫主义的一个产物。词语的相似性,经常是相互理解的障碍。德国人说 Wille,而我们说 will。因此,一个的意义的共同体就比较容易被设定。但是,我们的用语都被清教徒道德的精神所影响(如果你愿意,也可以说传染),被政治自由和经济节约的斗争精神所影响。这些用词要求个人的决心和面对不顺心机会时的忍耐力。然而,Wille 这个词要求的是一种通过个人渠道进行表达的非个人、绝对能量的奋战。它是被浪漫主义运动所影响的。这一概念意在给予行动一些热情的气息,否则,它就变得平淡了;它用情绪的普遍性(或者说神秘性)装饰了已经做过的特殊工作。但是,它也确实很美妙地被考虑作为保护性的道德策略。"太过于人类"的行为,有着确定的、被期待的实际利益目标的行为,似乎摆脱了追求个人享乐的缺陷;而且,当被感受为一种普遍性超越意志(Over-will)的表现时,它们也得到了一种神圣的特征。当唯物论的东西被看作一种观念论投身于不断奋斗的真理而产生的结果时,当它被看作精神意志对事物征服的结果时,这些东西看起来大不一样。毫无疑问,这种学说自身陷入一种理智混乱和自我欺骗之中。

此外,这一概念也被国家主义的观念所侵入——被作为历史中展现的一种精神力之特殊具体化的德意志国家这个概念所侵入。更古老的浪漫主义至少被限定在一种在自身领域内,为更广阔的文化成就而努力的优越人格中。将精神能量的出发点从为个人自己生活富足而奋斗,转移到有组织的公共国家为其自身权力的扩张而奋斗,你就可以得到类似于最近日耳曼人为当前这场战争所作的辩解。毫无疑问,我相信,有一些德国政客非常清楚目前这场战争是为什么,也清楚何种特殊具体的利益受到威胁。但是,对于德国的"知识分子"而言——参见他们向我们发表的宣言——战争完全是浪漫的东西,是文化的扩张,是德国特殊思维方式和感觉方式的传播。简而言之,战争是为实现包含在德国民族中的 Wille 而付出的不断努力的一部分。法国和英国会考虑某些特殊的对象,获得某些特殊的利益,以及需要避免的特殊的不利因素,在受过很好教育的德国人看来(如果我们可以相信他们的语言),则存在一些特别基础的东西。德国统治者发表讲话时,经常有一种对国民政治能力的轻蔑,这一点并不令人惊讶。但是,必须质疑:政治能力除了被导向浪漫主义的通道之中,是否不存在其他任何可能性?

VI

对中世纪与浪漫主义联系在一起之兴趣的显著复兴而言,这是一个广为熟悉的事实。我们现代对那个时期现实生活大部分的评价,都归功于这种复苏。然而,我们可能会问:我们现在处理的是一种复苏,还是一种修正?中世纪浪漫精神的情感似乎是对其中世纪特征的一种表达。我并没有妄想将浪漫主义精神刻画为在德国已经体现出的特征。但是,可以确定,它的一种显著特征就是不受抑制的想象力的兴盛,以及一种对展现在这样的想象力中的情感附属物的反省。德国哲学已经在多么大的程度上在内在世界和意识世界中寻找庇护之所,又在多么大的程度上使内在生命的特征成为实在的标尺!从一个不是浪漫主义主体的人的立场出发,这只意味着一件事:浪漫主义精神故意躲避了对情感、观念的检验和筛选;它已经拒绝为了评价而使这些情感、观念服从严格、严肃之事实的检验;它也拒绝行动中试图进行的检验。对那些相信人类意识是想象力奔放狂欢的人来说,一旦人类按照它行动,并将其带入现实的检验中,浪漫主义就只能表示一种任性的想象和一种精神的不成熟。

说对科学有贡献和具有服从权威习惯的德国人给现代政治世界带来了对尚未经验和磨砺的中世纪精神的想象和感觉,这听起来有点愚蠢。然而,我想说的是,他们把行动的外在世界中至上的纪律,与思想的内在世界中至上的自由结合在一起。我指的是,当他们自己说德国人作为一个民族缺乏今天自治国家中的政治感觉和政治能力时,他们到底在指什么。因为这是事实上对未成熟的东西、未成熟的思想的承认,而这种思想是与对人类行为的至上关切联系在一起的。

我们生活在一个政治上觉醒的年代。在血和泪浇灌下的政治自由之树结下了许多苦果。在我们的失望中,我们没有注意到,为自我治理而进行的斗争给那些参与其中的人带来了什么。至少它已经磨砺了人们放肆的想象力,发展了一种现实感,并作为结果带来一种确定的思想上的成熟。

现在,不仅勃哈第(Bernhandis),而且俾斯麦(Bismarcks)和范布劳(Von Bülows)也告诉我们:德国人明显缺乏政治感觉和能力,他们没有自我治理的天赋,他们只有在权威自上而下的领导下才能获得成功。当他们这么说的时候,除了表明,德国人就算再有成就,也失去了一种伟大的经验(这也就是英国、法国和美国被教育并使之成熟起来的国家精神),他们还说到了什么?我们所有的缺陷,乃是在一种"社会化的德国"中对技术效率的衡量、对舒适轻松的衡量,是一种对缺失的补充。此时,我说的不是政治民主,而是只有在为自由的斗争中,在道德和社会行动的负责中给予人的那些经验。我重复一下,与这种自由相比,那种内在意识中不负责任的自由似乎超越现代世界,进入中世纪那种放任的精神之中。

假如这一概念中存在着真理——而且,除非其中存在着真理,否则为民主而斗争就缺乏理智意义——我们可能就把握到德国精神与其他民族在相互理解上困难的根源。从政治上说,我们并没有说同样的语言,因为我们的想法不一样。然而,我最终的话并不是关于这些令人气馁的注释的。它更多地是表达一种希望,而这种希望与如下问题相关,即什么给予美国如此多困惑——"连字符"(hyphen)问题。在情绪面临压力的时候,在那些德国世系家族发现,关于他们古老的土地,各个方面说下去都很困难的时候,德裔美国人很自然会沉溺于理想化他们曾经的祖国,会满怀热情地提出当前批评家所忽视的德国的许多好的东西,会愤怒地挑出他们现在入籍国家中那些不好的东西,并苛刻地批评其制度。但是,我不相信他们中任何一群人生活在这里,却不为那种斗争所影响,这种斗争致力于获得对公共事务进行负责、自重的公共管理。

战争在所有民族中带来了浪漫主义精神的复兴,带来一种放任精神的修正。站在一片冷漠的土地上、一片还不熟悉的土地上,对于大部分热烈的浪漫幻想而言,都是一个刺激因素。但是,当情绪的张力消失时,同样会有朝向日常生活的修正,以及伴随着一些平常的目标以及对这些目标的阐释。而这些是通过这种想法实现的:我们已经一起投入到获得人类思想和情感的最伟大事业中去了——对生活在一起的人的共同利益获得一种公共的控制。我不知道是否德裔美国人会试图教育他们祖国的同胞,使他们意识到任何缺乏自治原则基础的现代国家文化一定会有天生的缺陷。这是一个真诚被期待的成就。但我确信,除了一些外国移民仅仅在身体上与我们有无法改变的差异之外,所有人都会热情地回应那些用较长时间适应下来的美国人所提出的要求,回应那些使我们自己在负责任地自由进行的实验中变得更加实在的要求。毕竟,这种回应是对忠诚于美国制度的最后检验。

进步①

在当前关于进步的讨论中,有些人看到的只是讽刺。没有什么比持一种悲观主义更容易的了。其他人则会在其中发现一种对勇气和信心的良好展现,而且发现这种展现是令人振奋的。确实存在着失望的理由;但是,失望为一个更有理智的勇气提供了机缘。如果我们的乐观主义过于自得,那是因为它过于粗心和过于感性。我们可以更好地将我们对其可能性信念的肯定建立在各种基础之上,这比建立在我们过于盲目依赖的东西上要好。而在达到这点之前,寻找进步依赖其上的条件,对我们来说从来没有显得太过多余。

假如我们一直活在一种虚幻的乐园中,在一种自动、连续进步的美梦中,我们最好被唤醒。假如我们把自己的信任都放在虚假的偶像上,那动摇我们的信心就是一件好事,即使这种动摇显得有点粗鲁。我们可以被推动去寻找更真切的神。假如我们依赖的是靠不住的助手,那最好去发现他们的缺陷。假如我们已经看错了方向,现在有足够强烈的刺激因素将我们的注意力转移到别处去。不能仅仅因为战争使我们思考,使我们意识到称为思想的那些东西有多少是慵懒的庇护所,我们就欢迎战争。但是,由于战争已经来临,我们可以欢迎它对我们的愚蠢和粗心所做的任何揭示,我们可以着手建立一种在进步中更有男子气概和责任信念的制度,而非过去我们沉湎于其中的制度。

大多数信念是幼稚的和不负责任的,这一事实不可以被忽视。我们把改变

---

① 首次发表于《国际伦理学杂志》(*International Journal of Ethics*),第26卷(1916年),第311—322页;重新发表于《人物与事件》,第2卷,第820—830页。

的速度与进步混淆起来,把自己舒适和安逸中得到的收获作为一种标志,表示宇宙力量必然是为了改善人类事务的整个状态而运作的。我们放任的想象力在没有耕种的地方就得到收获,并被置于历史力量的核心处——无论这种力量是否展开进步的历程,而且不断地从这种力量中得到好处。很容易理解为什么我们的精神被变化的景象所抓住,为什么我们会把进步与变化混淆起来。没有必要重复解释那些使得千百年来人类社会处于静态之中的障碍。各种发明促进了移民和旅行,推动了观念的交流和沟通以及相互的批评,也为商品在世界市场中的生产和分配提供了帮助,因此正是它们,打破了那些障碍;除了提到这点之外,并不需要作更多的解释。能量的释放持续了一个半世纪,达到了某种我们依旧没有办法认识的程度。人和物不断地被重新分配和整合。固定的东西让位给机动的东西,稳定的东西让位给自由的东西。显然,不可避免的是,与固定的条件和理想相对应,这种机动和自由应该被视为进步。这在某些方面是不容置疑的。但是,就我们的理智而言,如果它没有使我们认识到这种条件的迅速变化提供的只是进步的**机会**,而不是进步本身,那当前的危机就是无益的。

我重复一下,我们已经把变化的速度与进步混淆起来了。我们也混淆了使提升得以可能的打破障碍与提升本身。除了与不断哀叹所有改变都是破坏的保守派相关,这些陈述在我看来,很好地概括了正在离去那个时代的理智历史。经济状况、与巨大财富相伴的贫穷问题、与文化和无限机会相伴的生活中公平机会的忽视或缺失,确实已经被用来提醒我们。毕竟,我们处理的是进步的机会,而不是一种已经完成的事实。它使我们想到,使得社会进行革命的力量可能会以两种不同的方式发生转变:它们实际上是被用于两种不同的、相反的目的。但是,这种呈现并没有足够戏剧化,没有到耸人听闻的地步而在国内产生教训。战争以一种足以令人惊讶的方式展示了这一教训。

我们已经被告知,工商业的发展带来了民族之间的相互依赖,这样,战争自此以后就不再成为问题了——至少在一个很大范围内是如此。现在正在战斗的人,过去针对这一效果进行写作和发表演讲。但是,现在很清楚的一点是:商业也产生了嫉妒、竞争和猜疑,而这些都是战争的潜在因素。我们被告知,国家在现代条件下不可能长期为战争提供经费,经济学家也从满足他们自身和他人的角度证明了这一点。我们现在可以看到,这些人低估了财富的生产,以及财富可以被调动起来用于破坏性目的的程度。我们被告知,科学的进展已经使得战争在实际上不再可能。而我们现在知道,科学不仅给战争提供了更加致命的武器装备,而且在战争到来时增加了人们的抵抗力和忍耐力。倘若所有这些还不能证明在社会结构中带来复杂、广泛变化的各种力量并不自己产生进步,我不知道还有什么能够证明这一点。难道人们征服物质自然,只是为了释放不在他控制范围之内的各种力量?

有两样东西非常明显。首先,进步不取决于社会变化的存在,而是取决于人类处心积虑地给予这种变化的方向。其次,社会变化的缓和是进步的条件。仅仅是动力上的替换或者对静态社会进行简单的社会结构改变,并不达到进步;与这个事实类似的是另一个事实,即这种替换为进步提供了机会。我们不能过于坚持这一事实,即在人们控制自然力之前,文明只是一个地区性的偶然事件。它取决于小部分带着信心指挥其他人劳动和服务的人的能力。任何主要基于开发人的能量的文明都是不牢靠的,它在国内反叛和国外入侵面前都显得无能为力。通过探究散布在地球表面的许多废弃物,我们只是开始学会有多少过去兴起的文明最终竟沦为废弃物。一个人的统治凌驾于其他人的劳动之上,这是文明极其不牢固的基础。这种基础上的文明,从未获得稳定性。对自然的科学探究,至少给予了我们另一种基础。我们现在有了一种可靠的方法,使文明大规模持续的衰败已经不再可能。只要存在着一部分理解物质科学的方法并熟练掌握其应用的人,即使在最坏的条件下,文化中物质基础的复原也是必然的和相对较快的。当现代人被其创造的进步数量所蒙蔽,尤其是被进步的自发确定性所蒙蔽时,他关于在历史上人类第一次把握进步的可能性这个想法却是正确的。剩下的由我们来阐发。

我几乎也可以在这里停下来。因为在我看来,我现在对于进步的将来所能说的一切就是:它取决于人们要不要这个将来。如果我们要这个将来,只要我们乐于付出努力,特别是才智方面的努力,我们就可以拥有它。条件就在我们的掌控之中。我们当然并没有完全控制自然的能量,也不可能这么做。但是,我们有一种方法,可以预测我们想要的自然变化,并开始保护这些变化。这和过去三百年科学革命的可靠成果是一样的。我们也知道,不可能在带来这些自然变化的同时避免导致巨大的社会变化。发明固定式蒸汽机和蒸汽机车的人,以及此后把蒸汽和电能利用到各种目的中的人,引发了社会的变化。亚历山大、凯撒和拿破仑产生的社会变化与之相比,是微不足道的。只要应用科学继续着,同样的过程就持续着——无论我们认为它的价值何在。但是,我重复一下,虽然社会改变代表一种不可避免的进步条件已经到来,但这并不提供一种对于进步的保证。后者取决于深谋远虑的人类洞察力和社会建构工作。因此,我们必须首先改变我们的态度。我们不再像我们习惯做的那样,庆贺我们的存在和确定性,将之当作神的礼物。我们必须认识到,这是一种人性的和意向性的产物,从原则上说,它是和一部电话、一项水利工程和一台自动收割机一样的东西;而且,实际上同样依赖于那些更加复杂和难以捉摸的要素。

进化的学说很普遍地被用于为人类事务中自动的、大规模的进步提供一种宇宙论上的支持。我们的部分,人类的部分,就是简单地享受这种收益的结果。进化因袭了神圣天意(Divine Providence)中所有的善,以及存在方式中各种有利的条件。为了打碎这个幼稚而自私的迷梦,即使以一个大规模的、破坏性的战争为代价也不会太过。进步不是自动的,它取决于人的意向和目的,取决于为了生产对责任的接受。这不是一个批发的事件,而是一项零售的工作,必须在一个个部分中被签订合同和得到执行。我怀疑,是否整个人类历史展示的只是恶和道德败坏的伦理,而非近来广泛传播的信念:我们每个人作为个体和阶级中的成员,能够安全和自得地将自身投入到增加物质的、理智的和艺术的财产中去,因为进步无论如何不能避免。

在思考把进步想象为一种责任而非禀赋这一需要时,我首先主要强调对理智的责任,对预见、计划和事先建构的力量的责任。我们被带着冲动、情绪和情感的自然所征服,我们总是被诱导着过度依赖于这些东西的功效。尤其是,当它们以颂扬的名义(比如,利他主义、友善和平和的感受)发挥作用时,我们就希望把自己的命运寄托在它们身上。但是,不管通过增加这些情感因素来衡量进步的教条是怎样的,我知道没有理由对数千年来这些情绪的基础积累已经有可观的增长感到惊讶。有这种情绪的人,天生就会同时具有恐惧、愤怒和怨恨。事实上,一种情绪的增长和另一种情绪的减少中呈现出来的,是他们的社会机遇和社会路径的改变。文明化的人在听力或视力上并非比野蛮人有更好的天分,但是,比起野蛮人,文明人的社会环境给予他更重要的东西去听和看,而他也具备智慧去发明一种强化自己听力和视力的工具——比如电报和电话、显微镜和望远镜。但是,没有理由认为他比野蛮人较少有自然的攻击性,或者有更多自然的利他主义——或者说终究会有。但是,他可能生活在一个对友善行为的呈现有着相对较多要求的社会环境中,这种环境将他的攻击性本能转入一种不那么具有破坏性的路径中。在任何时候,人那里都存在着一种充分的友善冲动,这使他能够与其同伴一起生活在一个友好和平的环境中。同时,在任何时候,他都具备那种争斗的冲动,这使得他与他的同伴处于麻烦之中。一个人表现得强势可能会伴随着其他人表现得强势,唯一的差别在于社会性的排列导致友善的感觉朝向一组人表达,而敌对的冲动则向另外一组人呈现。因此,就像所有人知道的那样,对于外来者的仇恨作为战争中一个民族的特征,伴随着一种所有交战双方内部成员之间相互感情和爱的特殊呈现。人是很好的心理学家,他说希望地球可以和其他星球作战,这在他看来,是在地球人中发展一种世界范围内利益共同体的唯一有效方式,这种事实是颇为典型的。

我说这些,不是想宣称所有的冲动都一样好,或者不可能对它们中的任何一种进行有效的控制。我的目的中有一部分是指出,试图通过诉诸我们天性中最好的感情来保护进步是无益的。大体上,这种感情有一种充分的积累。所缺乏的,只是与引发不那么热切的情绪的社会条件相比时,为了使它们发生作用而进行充分的社会刺激。而我的主要目的是指出,由于那种无常的原因,可以无限被改变的要素就是唤起和引导冲动、情绪的社会条件,而进步的正面意义就在于运用理智以建立一个合适的社会机制。从理论上说,有可能进行社会安排,使之在好战和掠夺性冲动的不利处境中支持人类本性中的友善趋向,而且引导那种好战的冲动进入一种危害最小的作用方式,甚至使之成为善的手段。从实际上说,这关系到在研究社会条件和设计社会机制时坚持不懈地进行反思。

我已经说过,进步不可缺少的基本条件是由科学发现到发明创造的转变提供的,这种发明创造把物理能量、太阳能、煤铁能量转化为利润。无论是发现,还是发明,都不是无意识的物质自然的产物。它们是人类的贡献和应用人类欲望、耐心、巧智和天生智力的结果。我们现在面对的问题,即进步的问题,在本性上是一样的,只是在素材上不同而已。当我们发现这种集中性的人类本性聚集在地球表面的民族和国家组织中时,这是一个发现集体性人类本性中需要和能力的问题,也是一个发明一种社会机制使可用的力量为满足这些需求而运作的问题。

这是一个大订单。但是,由于合理的限制,这不是一个无望完成的订单。它更像是在合法想象的界限之内,而非像五个世纪以前对于物质自然的征服(这种征服已经实现了)。主要的困难在于首先的一步：它要让足够多的人相信其意愿和可行性。尽管物理科学的成就带来了学科规范，我们的想象力还是胆怯和不可靠的。我们并不相信学习、深思熟虑和计划会对人类的人际关系提供帮助，就像它对人与物质的自然关系所做出的那样。

我们依旧生活在一种放任主义哲学的统治之下。我并不想通过这点提出一种反对社会性哲学的个人主义哲学。我指的是那种相信对人类事务的指导来自自然、天意、进化或彰显的命运——也就是说，来自偶然——而非来自计划好的、建设性理智的哲学。把我们的信心放在集体的国家上而不是个人行为上，这和将它放在那种个人自发冒险精神上，是一样的放任行为。唯一真正反对那种放任自流哲学的是另外一种哲学，即为了建构人们所要求的那种特殊的社会机制而研究特定的社会需要和社会不幸。

到目前为止，我避免对所谓的进步态度和保守态度作任何对比。我不能再有所保留了。然而，大体上而言，反对进步的态度与其说是那种保守主义，倒不如说是对建构性社会工程之可能性的怀疑，而那种保守观念可以说是传播这种怀疑的重要因素。严格的保守派，是那些不认为现存的章程、制度以及社会协议乃是实现社会结果之机制的人。对于这些保守派而言，它们只是结果，是结局。假如他能够试着有一次消除这种幻觉，他将很乐于承认这些结果是在偶然和交错的目的中发展起来的，是在非常不同于当前的时代中发展起来的。承认这一点，就等于说他准备设想这样一种可能性，和优于用意识控制自然的物质工具一样，它们对需要完成的社会结果而言也是一种粗劣的机制。之后，他将获得自由：不是仅仅对某些大体上称为进步东西表示情绪上兴奋的自由，而是自由地考虑当前时代需要的、用以提升社会机制和装备的东西是什么。

你会说(而且非常公正地说)，所有这些都太过笼统，太过模糊。在快要结束的时候，请允许我通过陈述当前的国际环境给出一些说明，这将使我的概念稍微显得不那么模糊。战争爆发时，我有一个朋友远在日本。他与一个熟人谈及此事，那个人恰好是他所在那个地区的美国领事，我的这位朋友料想他在进行美国支票兑换时不会有什么困难。而那位领事回答说：相反，他甚至要花大约两天的时间来兑现一张政府支票。我的朋友继续从这一事件进行概括。他说，事实上，在商业中，我们正运行在一个国际基础之上，商业依赖于一个国际信用系统。但是，从政治上说，我们是以这种形成于现代商业兴起之前的观念为基础来做生意,是以孤立的国家主权为基础从事贸易。他猜测说,由这种冲突产生的僵局不会持续下去,或者我们必须使古老的政治机制国际化,或者我们必须使商业观念和行为符合政治。就个人而言,我同意他对必要治疗的说明;但是,无论其他人同意与否,对于我自己要进行说明的意图而言,这并没有带来多大的不同。这一情境是真实的,而且它要求某种建设性的社会计划。我们现存的人类交往行为,需要某种它尚未获得的机制。我们可以随波逐流直到某些不幸变得无法忍受,然后采取一些临时的措施,或者我们可以预先作出计划。

另一种类似的例证,就是中立国家现在发现自己的处境。当有轨电车某个部门的员工进行罢工时,他们就处在一个公众的位置上。企业和员工展开竞争,公众忍受痛苦而且无言以对。现在应该清楚的是:作为反对参战的国家,中立国家在所有事情上都有着至上的权利——不是由于它们所拥有的美德,通常是由于一些不幸的因素。不过,在现存的情境中,它们代表了人类的道德旨趣,因此站在正义一边,反对参战者;即使与参战的另一方相比,它更接近于站在正义的一边。但是,假如现在的情形使所有东西都很清楚,那么,可以看到缺乏一种制度;通过这种制度,那些持续表现文明的要素可以使自身的主张更加有效率。我们非常准确地评价了这种国际法中卑下要素(beggarly elements)的存在,但也表明了那种我们如此拼命想要依附于既成传统,并等待着通过冲突和胜利的事件产生新法律的保守或者放任思想;与此相反,我们不再让自己去深思熟虑地咨询,以便建立国家交往行为中所需的法律。

这一说明可以更详细一些。当原先的国际惯例由于路西塔尼亚号轮船的沉没而被违背的时候,国家感情的同一就变得相对容易了。以保卫国家尊严和保卫国际惯例相结合的名义点燃这种情绪以至于演变成战争,这并不很难。但是,注意,这总是防御。每场战争事实上都是防御性的,是为了保护今天的所有人。防御总是内省的和保守的,即使在其进攻性最强的时候,也是如此。一个提倡国家协商的建议中,国家会在协商会议上明确表达它们从此以后的权利是什么,而不管过去可能是什么,因而这一建议最终会变成对理智的建设性利用;但在当前很难引起民众热情的喝彩,因而也不会引起依赖于民众支持的政治权威的兴趣。

另一个例证来自当前的国际形势。当前危机中,国际社会主义运动的相对失败已经被充分注意到了,有些人表示悲痛,有些人则明显欢欣鼓舞。但这一事件的事实很简单:相对于从其他国家和国际组织得到的东西而言,当前劳动者可以在自己的国家通过立法和行政上的让步得到更多。他们可以利用战争强化自己的要求，因为能够做出让步的唯一权力只能是来自人的。当黎明破晓，当劳动者在国际组织那里比在一个单纯的国家那里得到更多的公正，战争就将不再可能。但是，相比于努力迈出组织建设的第一步，很容易试图通过诉诸个人情感停止战争，后者一定会证明相对而言，前一种方法几乎是徒劳的。

　　我希望这些评论至少通过进步建立在预见性、计划性理智之上，以及通过指出进步是一项零售工作而说明进步意味着什么。我只能指出对和平有进一步兴趣的要求，只要它们与进步的兴趣一致，与国际贸易委托、国际关税部门以及国际殖民机构（这种机构与那些还很野蛮的落后民族是一种监管的关系，或者可以说，这些民族是被经济上较为先进的民族所同化）的兴趣一致。这些东西都不是完美的意见。只要真正认识到进步的保证在于完善与特殊需要相对应的社会机制，上述那些东西实际上都是可能的。

力量和强迫[①]

与力量和法律关系问题相关的经验上的困惑,既是多种多样的,也是真实的。战争给国内的我们带来的,不仅是力量与国际法的关系问题,而且还有力量在人类经济生活和进步之中的位置问题。现代战争成功进行所需要的、对力量多种形式的组织,在什么程度上可以成为对社会组织工作的公正检验?从另一个角度说,对刑法以及刑事方式(penal methods)的改革,迫使我们去考虑力量的重要性。托尔斯泰的信徒坚持国家自身就是暴力的典范,并且为导致暴力之邪恶提供了证据,这种说法是否正确?或者,从另一个角度说,是否所有法律的本质都是强迫?在工业领域,直接的行动主义者引导我们探究是否力量的呈现(如果不是公开的,就有点危险而隐蔽)不是带来社会改变的唯一有效方法,这些社会改变有着严肃的重要性。难道一般的参与罢工现象没有向我们表明,普通的法律形式仅仅是文雅地遮盖住力量冲突的一种帷幕,而这些冲突都是确定无疑的?难道我们有效的法律制定不仅仅是记录争斗的结果,而这原本是人类在战场上通过比拼耐力解决的?在许多社会领域中,改革者现在通过监督和调节的方式来为政府行为的扩展而斗争。难道这种行为不总是等于一种在社会一些领域拓展力量运作的努力,而且伴随着一种其他人对力的相应约束?虽然事实是,17世纪和18世纪的政治思考已经过时了,但当我们承认所有政治问题只是共同体中的特殊团体进行扩展和限制力量运作的简单问题时,难道那个时期的思

[①] 首次发表于《国际伦理学杂志》,第26卷(1916年),第359—367页;重新发表于《人物与事件》,第2卷,第782—789页。

想家不比我们更加头脑清醒吗？是否当前对道德和共同意志、对法律和道德人格这些观念论术语的引入，除了混淆我们思想中认为社会问题实际上都是力量的应用和占有这一确定事实，以及同样确定的，我们政治和法律只是为了保护力量其他日常使用形式而对其进行的力量安排这一事实外，其他的什么都没做？

当我们阅读理论家的作品时，很难说服我们自己相信他们有多少一致性。除了一些明显的例外，国家依赖于某种东西或者国家本身是共同意志的学说最终似乎产生一些术语，用于证明对力量的使用是正当的。难以忍受的胁迫和约束的行为，当以"意志"的名义被直接打上"力量"的标签时，似乎就变得值得赞美了，虽然它们从其他方面看没有什么改变。或者，如果这一陈述极端一些，认为国家的真正职能在于使力量能够被承受是最让理论家们印象深刻的，而紧随其后，是一些证明力量运作的理论原则，这些似乎是毫无疑问的；在许多情形中，诸如共同意志、至上意志或者法律人格之类的术语，都是通过代表正当理由而成为赞美性的术语。有一点很明确，即对力量的使用被认为是需要解释和批准的。使力量自身成为最终的原则就是将之感受为一个整体，这个整体赞扬无政府主义，诱惑人们通过诉诸武力，较量出谁更强大，以此来解决他们所有的困难。而且，我猜想，所有政治学的学生都会深信的是：一切政治斗争，实际上都是为了得到控制和得到权力而进行的斗争。

虽然我提出了许多问题，但并没有雄心壮志——回答它们。我只是勾勒出一个大范围，其中一些较为次要的东西可以在其内进行活动。我认为，首先可以通过澄清进入讨论范围的那些概念来达到一些东西。我认为，我们应该恰当地区分三个概念，即力或者能量（power or energy）、强制的力量（coercive force）以及暴力。力或者能量是一个中性的或者褒义的术语，它指向操作的手段，某种执行、实现目的的能力或才能。实现一个值得的目标，力或者能量成了一个褒义词。它只意味着可以实现令人满意目标的条件总和。任何一种政治或法律理论如果宣称与力无关，并且这种力在决斗中是一种力量，而所有力量都是野蛮和不道德的，那么，这种理论很显然会被批评为一种纯粹的感情用事、一种虚幻的道德。正是力量，驱使我们挖掘隧道、建筑桥梁、旅行以及制造；在口头辩论和出版著作中应用的，也是这种力量。不依赖于这种力，不利用这种力，简单地说，就是无处立足地存在于现实世界中。

当能量挫败或者阻挠目的而非执行或实现目的时，它会转化成暴力。当炸药包炸翻人而非岩石,当结果是浪费而非生产,是破坏而非建设,我们就说这是暴力而非能量或者力。我们可以公平地说,强迫的力量在作为能量的力量和作为暴力的力量之间占据了一个中间的位置。作为行进中的一个插曲,向右转是力量的一个范例:是用于目的的手段。在大街上横行霸道,是一种暴力的情形。利用能量使人遵守道路的规则,是一个强迫的力的范例。直接地说,就他的行动而言,这是一个暴力的案例;间接地看,当它被用作确保目的的成功实现所需要的手段时,这是对力量的建设性利用的范例。约束或强迫,换句话说,是在特定条件下的某个情境中偶然发生的事件——也就是,实现目标的手段并非自然地就在手边,因此,能量必须为了使某些力量成为实现目标的手段而被消耗掉。

当我们描述结果时,就要涉及这类事情。法律是对能量组织条件的一种说明,而当能量处于无组织的混乱状态时,就会产生冲突,导致暴力——也就是破坏或者浪费。我们不能用理性来替代力,但是,当力是一种行动中的有序因素而非以一种隔离的方式独立运作时,它就变得合理了。受篇幅所限,我将在以后涉及作为一种功效的力的组织,但我想请求你们注意的是:对这一术语的使用总是意味着一种实际或者潜在的冲突,意味着由于缺乏分配其中所含能量的计划而导致的最终浪费。

这些概括可能会遭到反驳,说它们乏味而且没有意义。所以,它们是抽象的。让我们考虑一下一场罢工运动中对力量的辩护问题。当然,我并不认为已经说过的东西会告诉我们对力的使用是否已经被证明是正当的。但是,我坚持认为,它提示了一种在给定的例子中找到答案的方法。从本质上说,这是一个关于实现目的之各种手段的效率问题(包括经济问题)。假如在危机的时候,社会的目的可以通过现存的法律和经济机制得到更有效的促进,采取一种更直接的物质行动就没有必要了。然而,假如它们代表一种对实现所讨论目的之各种手段的无效组织,那么,诉诸法律之外的手段可能就是需要的;假定它真的有助于那些讨论中的目的,那么,它的资格问题就会受到关注。在一些环境中,求助于直接的力,是对当前有效能量中存在的不足的补充。

这样一种学说肯定不受欢迎。在工业斗争中,它很容易被解释为通向鼓励诉诸暴力和暴力威胁。但是,这儿包含了一个很大的"假如"——这个"假如"与经济和效率有着紧密的联系。当如此考虑时,思想中立刻产生这样的想法,过去的经验已经表明各个团体以自己的角度来作出判断并不总是有效的:公平的仲裁是一个在能量方面保持节俭的事情。人们也会想到,不管当前的法律机制有什么缺陷,它都代表着一种花了很大成本建立起来的社会制度,而且忽视其对特殊挑衅之作用的趋向会降低这一机制在其它情境中的效率,在那里,局部的收益很容易超过对可用于实现其他目标的能量广泛流失作出的补偿。第三点,经验表明,存在着普遍的假定在支持间接、文雅的能动性而反对粗糙、直白的运用力的方法。使用一块手表去计算时间的精细机制,要比举起一块砖头的行为更有效率。因此,反对任何一种学说的偏见,初步看来是通过手段运用中的效率原则来证明自身合理性的;这些学说看起来在任何条件下都鼓励诉诸个人和简单使用力的方法,而反对更客观的社会司法机制。

在这种简单的假定之外,我们必须承认,我们的组织机构依旧效率低下,以至于说明一种诉诸粗糙方法的持续威胁,在多大程度上可能会是引起更文雅方法运作的必要刺激,这已经成为一件很棘手的事情。政治上有一种一般性的假定,反对在弄清楚必要性之前做任何事情,而潜在的力的暗示成为一个必要的标志。换句话说,社会重组通常是对遭到威胁之冲突的回应——这证明了当前"战备"的煽动性。

暴力意味着求助于相对更为浪费的手段,这个结论可能会通过思考刑事措施而得到加强。总的来说,当前看起来颇为流行的观点是:在这些事例中,力仅仅由于是国家所使用的就被神圣化了,或者由于它为了"正义"的利益而运作这一事实就获得了神圣化——一种抽象意义上的惩罚,或者优雅地称为"对法律的维护"。当力的正当理由以这样一些抽象描述的方式被寻求时,关于力的使用的效率不会有任何问题,因为它不被看作是为了实现特殊目的的特殊手段。正是国家对力量的这种使用赋予它神圣的特征,使得托尔斯泰主义者尖刻地控诉国家是第一罪犯——它在最大限度上诉诸暴力。除了说所有东西都取决于方法对目的的有效适应,我看不到出路。针对国家的认真指控,不是在于它应用力量——不使用力量会一无所获——而是它没有聪明地或者有效地使用力量。我们的刑法措施依旧主要处于这样一种水平,即通过打倒一个人而非教育来说服他。

我的处理方法当然非常简练。但是,我希望它表明了我的主要观点。没有对力量的使用,什么目的也达不到。因此,没有任何假定会反对一种方法——无论是政治上、国际关系上、法律上,还是经济上的方法,因为方法总包含了对力量的使用。力的过分拘谨不是观念论的标志,而是浮想联翩的道德的标志。但是,前提性的和抽象的原则不能被用来证明力的使用的正当性。价值的标准在于,力作为实现目标的手段在其作用过程中的有效性和经济性。随着知识的进步,力的优雅、微妙和迂回的使用总是会替代粗糙、明显和直接应用它的方法。这是对反对使用力的一般感觉的说明。在可以使用更加经济而不那么浪费、相对细微而优雅的方法时,对物质性力量的使用被认为是野蛮、暴力和不道德的。这种力量是粗俗、感性和明显的自以为是。

从上面所说的可以得出,所谓"道德化"的力量问题,实际上只是对其使用的更加理智化:一种使用神经系统而非粗糙的肌肉力量作为达到目的之手段的问题。非道德的使用力量,是一个愚蠢的使用。我有时候听到一些对已经发生的战争的辩解:指出所有社会生活本身在很大程度上就是敌对力量之间那种被掩饰的冲突。因而,他们指出,我们的经济生活只是对面包的争夺,其中劳动者的磨难,甚至是他们的生存,都与雇佣者的资源相竞争。只有想象力的缺乏,才看不到经济战争,看不到经济战场真刀真枪的训练和相互残杀。还是承认这点吧!依旧真实的是:关于力量得以在其上继续作用的效率和经济水准问题,是决定性的问题。我们现在的经济方法可能太过浪费,太具破坏性;与其他人力所及的方法相比,显得太粗俗。不过,相对于战争方法而言,竞争性的商业方法可能代表一种利用人力和自然资源方面的提高。就它们所包含手段的更多间接性和复杂性而言,可以被假定为一种提升。然而,如果走向另一个极端,就会变成不争主义的教条。除了在沉静原则上不比在高柱上苦修的圣西门(St. Simeon Stylites)所采用的更加彻底外,这种不争主义的教条仅仅意味着,在特定条件下被动的抵抗力要比明显的抵抗力*有效*得多。为了征服对手,讽刺可能比殴打更有效,而注视可能比讽刺更有效。只有在这样一种适宜的原则上,一种不争主义的学说才会得到极力主张,而不是我们自己陷入那种认为所有力的运作本质上都是错误的观念中——这种东方的专制主义,使得世界在本质上就是邪恶的。我只能认为,假如战争和刑事事件中的和平主义者能够改变他们的态度,从认为使用强迫的力在本质上是不道德的观点,转到认为当前使用强迫的力的方法相对而言效率低下而且愚蠢,那么,他们的善良意愿会更有成效。

我的目标是澄清一个观点而非去说服谁,让我举另外一个例子。在劳工斗争中,我们有时会听到诉诸一种自由劳动、自由选择的权利,以反对要求只雇用某个工会会员的运动。像埃利奥特(President Eliot)校长那样的人,真诚地相信他们是在继续为人类的自由而斗争。他们可能是吧。我并不想装腔作势地对这一问题的价值发表意见。但他们可能 只是为了保持那种浪费的方法,反对那种有效组织的方法而进行斗争。曾经有一段时间,我们的先辈拥有对冒犯者实施惩罚的个人权力。当有一种趋势开始限制这种职责,使它成为少数被任命的政府官员的权力,并最终剥夺了大部分人所拥有的这种先天权利,人们可能会奇怪埃利奥特校长这些精神上的先辈,是否并没有抵抗神圣个人自由的入侵。现在很清楚的是:权力的出让是一种组织的事件,为了保证对进入其中的资源的有效利用,这种出让是绝对必须的。将来可能会发现,这种只雇佣某一工会会员的运动也是一个劳动的组织事件,而其自身实际上是为了实现对人类力量一种更有效的组织。

换句话说,对个体权力、自由或权利的限制问题,最终都是为了目的而最有效地利用手段的问题。在某个特定阶段,自由会作为某种本质上先在、神圣的东西被提出来,这是再自然不过的了。这种自由代表了一种过去被忽视的重要因素。但是,作为一种有效的要素,它的价值必须最终得到评估。经验证明了自由构成了效率中的一种中心要素这个观点,例如,我们当前资本生产的方法效率极其低下,因为就劳动者的身体而言,它们受到如此严重的强迫。效率需要方法,而方法则会支持个体重要的兴趣和关切,以及情绪和理智的自由。关于这种能量的释放,旧有的和粗糙的自由形式可能是个障碍,效率可能需要强迫性力量的使用来消除它们的作用。

这样,本文的主张可以总结如下:首先,由于目的的实现需要方法的使用,法律本质上是使用力量的一种表达。其次,证明力量正当性产生的唯一问题,就是其使用过程中的相对有效性和经济性问题。第三,当暴力或者不恰当强迫依赖于浪费和破坏性的手段而达到结果时,它就应当被反对。第四,存在着一种可能性,即被认为对力量合法的利用可能非常浪费,实际上就是在使用暴力;相反,被指责为仅仅诉诸暴力的方法在特定环境下,可能代表一种对能量的合理利用。古老或者先天的原则仅仅可能被假定而决不可能被要求:争论中的问题都是为某种目的而对方法的具体利用。

休斯的竞选活动①

假如一个人从共和党领导者们采取的竞选风格作出判断,他将得出结论说,在当前的竞选中不会有什么争议了——如果不把威尔逊先生从其总统任期上卸任与否称为一个争议。我并不认为,我对政治竞选活动中被期待的那种美好的合理性价值还有不切实际的幻想,但就其呈现在表明的东西而言——包括休斯先生演讲辞的大部分内容——当前共和党一方的竞选活动,是我能想到的愚蠢中最愚蠢的。活动中的军乐队、火炬照亮形式比较起来显得有点粗俗,它至少是诉诸了一种本能性的、长时间的偏见。

但由于筹备这场竞选活动的人都是精明的领导者,毫无意外,在他们的选择背后代表了一些他们的态度。我想,这就是这样一种信念,即认为威尔逊先生与事件过程的联系已经冒犯了不同团体中的许多人,而获得成功的最佳途径就是让这些怨恨来打败他。坦白地说,以一种具体的方式讨论实际问题,可能会引起这些团体之间的意见不合,从而使他们中的一些人不是由着自己的情绪而是用他们的头脑作为投票的基础。当然,在共和党自身内部也有巨大的、难以愈合的分裂,使得一个消极的政策在程序上却是最安全的;每个人愿意的话,都可以给这个政策加上想要的各种意义。极端的德国拥护者被威尔逊先生对德国的指责惹恼;极端的同盟国拥护者甚至更加对这个国家依然保持一种勉强的中立感到恼火;有着不满情绪的爱尔兰团体、职业的反天主教主义者以及天主教徒,由于政府在墨西哥支持一个执行反牧师政策的政党而表达愤怒;依旧对地方问题感

---

① 首次发表于《新共和》,第 8 期(1916 年),第 319—321 页。

兴趣的美国北方人、好斗的军事家,还有那些在长期战争过程中产生一种摧毁某物、伤害某人的不安欲望的人,如果所有这些人释放自己累计已久的情绪,他们会期待选举休斯先生——不是因为他的缘故,而是为了打败威尔逊先生。令人高兴的是,对这种矛盾混乱的掩饰是"纯粹美国式的"。进一步完善无论以何种方式呈现在你面前的这些团体的名单,然后给那些关心如何击败威尔逊先生的人增加反对的兴趣,这可不仅仅是感情用事。我想,这样就勾画出共和党人整个竞选活动计划的概要。

可能还要再看看这个方法会显得多么可怕。在那些愤世嫉俗的理论看来,大多数人都很愚蠢,特别是在政治事务上,这一点为成功提供了一种公开的保证。但是,那些喜欢想象自己拥有并使用一般政治常识,以及那些过去并没有和任何党派有关联的人,会发现这种理论令人讨厌。我发现,我自己和那些过去没有对威尔逊先生特别热情的人,反而现在每天都对他越来越热心。当一个政党没有政策,只有竞选伎俩,而另一个政党却有着成熟、积极的立法行为记录作为支撑,在我看来,独立的、依照自己的判断而非情绪进行投票的人在这两者之间作出选择是很容易的事。

所有这些都建立在这个理论基础之上,即便没有真正的基础问题——竞选活动只是关于保持或者产生一个特定政府的简单问题。但正像我说过的,如此描述的情境足以决定我自己的投票选择,我不认为这个宣言对于整个情境而言就是足够的。我相信,存在着一个真正的问题。简单而言,就是下面所表达的。从历史上说,除了与奴隶主结盟外,民主党确实曾是"群众"的党。由于同情心和章程规定,它成了不幸者、穷人以及许多没有受过教育的人的党。但是,它的国家-权利哲学使它在将它的同情转化为行动时显得有点无力。面对将独立的地区、老式的拓荒者和农业个人主义扫地出门的工业变革,它在建构方面显得没有办法。它唯一的资本就是其关税政策,而这个政策与共和党只有程度上的差异;以及一种对"平等权利"的情感上的信念,而其传统哲学禁止这个信念产生出实际效果。威尔逊先生有充分的理由,依旧作为这种政策在理论上的拥护者。但是,在实践中,他已经展示出了政治上的智慧。他欣赏驱动当前工业生活中的各种力,同时没有让传统哲学阻碍那些需要做的事情。这可能就是他的敌人们尖刻地指责他"见风使舵"的一个例证。如果一个政党实际上与共和党一样,是民族主义的;但却把这种民族主义与大众的利益而非富裕阶级的特权结合在一起,在我看来,这个党就是这个国家最需要的。在威尔逊的领导下,这个党的承诺构成了当前竞选活动中真正的问题——那些真正关键的东西。

因此,过去几年完成的对进步立法的真实记录,比行政措施自身的变化更有意义——这些变化和记录都相当可观。而几乎所有的措施都与传统民主党哲学相矛盾,而又与这个时期的社会需要相一致。因此,在罗斯福先生提出的口号"做,不要说"中,就有一些幽默的东西。没有哪一位政治领袖曾经像罗斯福先生那样在美洲大陆上滔滔不绝。他几乎把自己说进了美国人的心坎里。他知道普通公民想要说什么,然后,他就充满热情地把这些说出来,即使有时候普通公民想要的只是某些"一方面,另一方面"之类含糊不清的东西。我并没有忽视这个事实,当罗斯福先生开始他的宣传时,他谈论着,就好像他是被需要似的,这种谈论自身就是行为,没有它,后来的建设性步骤几乎不能开展。但是,我认为,罗斯福先生热情的啰唆所引起的回音充斥着今天人们的耳朵,甚至包括那些进步的投票者,以至于大家都对实际完成行动的状况视而不见,结果忽视了他通过口号"做,不要说"强加给大家的那种原本习惯的、与之相伴的大声疾呼。这个事实显得有些讽刺意味。

考虑到关于民主党获胜的可能性问题的重要意义,似乎没有必要继续讨论当前这个有趣的难题:"休斯先生怎么了?"但是,在讨论政治时,不可能不涉及个人的人格。作为一个两次投票选举休斯先生为州长的人,在这次竞选活动问题上,有两点或三点是我要说的:其一,回忆一下他第二次竞选活动期间,我在支持他的阵营中所做的评论——那是一个受到广泛赞同的评论。"我真希望他更多地与犯罪作斗争,而更少与恶习作斗争。"简而言之,我相信休斯先生过去的记录和他现在的谈论风格,这表明他的政治智慧是个人的和道学式的,而非是社会的和道德的。其二,他似乎属于这样一个阵营,这个阵营的人认为,共和党并非仅是实现目的的手段,也不仅仅是目的,而是一个理想。我们的政治受够了党派政治认同造成的痛苦,因此将休斯先生所代表的进一步的认同神圣化是不明智的。他的记录再次表明,他的"独立性"是个人的——是不墨守成规者良知上的独立。它是私人性的而不是合作性的。他形式上的按部就班,可以在他对威尔逊总统对待英国的态度,以及对八小时工作法的批评中看到(假如他那些泛泛而言有什么意义的话)。我相信,假如他当选的话,这种按部就班会变成另外一副模样,会让他现在的支持者中较为理智的那部分对他的行政领导产生巨大的失望。因为篇幅的原因，我已经避免涉及任何与外交政策相关的东西，因为我认为，当休斯在演讲中用五分之四的篇幅谈论对威尔逊外交政策的批评，而用五分之一谈论对其内政的批评时，他几乎已经完全颠倒了两种事物的相对的重要性。但我将得出结论说，就外交事务而言，当战争结束时，相对而言最重要的是选择一个对国家面临的全球形势了然于心的人。这比因为他原先偏离了我们自身偏好所设定的行为界限而对他进行报复，比选择一个第一次和最后一次对国际关系的评估看起来可以用律师的话归结为"保护每个公民的权利"的人重要得多。威尔逊先生最近对美国政治过去的"法制时代"的敏锐评论，击中了休斯先生外交和内政政策的缺陷。

国家犹豫不决的时刻①

假如我是一个诗人,这将是一篇颂歌,即使冒着引入比喻的危险。但是,哎,我既没有热情,也不懂艺术。我只能记录一种无数人在一个巨大空间内运动的模糊感觉,甚至也不能保证那条模糊的界限标志着一种可见事物。它们可能只是感觉,这种感觉有太多小心翼翼的好奇,以便去发现允许它们点燃激情的东西究竟意味着什么。

在这些文字印刷出版之前,我们国家的犹豫不决可能已经在外在的行动中烟消云散了。但是,如果我对这个犹豫的解读是正确的话,这样一个非确定性的解决方案应当是不完全的。我们已经决定了一个小事情,即做什么;但是,大事情,大到关乎导致这种犹豫的原因并使之永恒的东西,可能依旧保留下来了。关于我们意志的方向,我们可能依旧不确定。在做的过程中,我们可能(这是真的)学习了一些我们将会做到的东西。但是,它也可能表明即使在做那些对我们来说必须的事情时,我们的犹豫也会成为一种更大的疑虑。因为,我看到的犹豫是一个国家的犹豫——它可能认为时机尚未来临,时候还不成熟。成长的力量尚未成熟,就像其他重要的过程一样,它们是不能被强迫的。国家犹豫不决的时候,正是缓慢而确定地迈向一个目的的时候,这一目的既不会被预见也不会被阻止。命运的时刻凝滞了,而在它到达之前,真实的方向是不会被言说的。与此同时,它被悬置了。

---

① 首次发表于《七艺》,第2期(1917年),第3—7页;重新发表于《人物与事件》,第1卷,第443—446页,标题换成"一个新世界的出现"。

这不是对我们过程的一般描述。我们中间最响亮的声音告诉我们：我们的犹豫不决最好不过是无知的地方主义，最坏也不过是一种爱护钱财的平安无事中产生的懒惰怯懦；我们对内在的区分和困惑感到犹豫不决，因为我们不是一个国家，而是一个外侨的栖居之所，因为我们被过多的繁华和一种多情的、人道的和平主义所腐蚀。我们的性情变质了：我们现在是软弱的。我们被告知，我们通常是被嘲弄和鄙夷的对象，而我们国家的犹豫不决则是一种国家性的耻辱。当一位公民同胞说，在德国大使被遣返后，这是两年来第一次可以挺起腰杆，正视别人的眼睛。此时，他只是说出那种每一天、每一周都在重复的越发响亮的东西。这就是我们对拖沓、根深蒂固的犹豫明显却非聒噪的解释。

这样的表述对论证或者反驳来说，是不够具体的。一个人只能看他所看到的，甚至很难谈论它。但是，这些说明已经被充分证明了。我们的耳朵被各种咆哮声所刺疼，这些声音来自告诉我们去做什么的人，来自那些因为我们没有做到就用尽各种脏话辱骂我们的人。如果老天知道这些，我们会被告知：国家由于缺乏领导而停滞下来。我们已经低头，任凭言辞的暴风雨掠过。我们已经等着倾听一些东西，那些我们并不知道的东西，但确定不是那些讲台和新闻媒介喋喋不休向我们表达的东西。一大堆的事件并不以这种方式等待和怀疑。他们总是以惊慌失措作为回应。在这种不断增加的尖锐刺耳声中，我们批评家的尖刻语调表明人类存在的那种惯性和稳定性，只有那些融入一个单一存在的人才能持续地在这种喧闹和世界不安中等待着。我们可以保持不确定，仅仅因为我们确信我们的命运并没有断言自身。那些以先知形象出现的人们已经表明他们更像是历史学家，回忆那些大多数人已经慢慢遗忘的殖民时代的往事。那些哀悼缺乏领导的人宣称，通过他们的哀悼，一个融合的民族已经承当起领导责任并在寂静中等待着提出自己的指导。美国人民从来没有如此问心无愧，因为在这之前，他从没如此拥有过这种感觉。

倘若有如此令人难忘的统一，为什么还会有持久的犹豫？因为虽然我们已经成为单一体——由此形成一种惯性，由无知变得冷漠——并且拥有我们自己的感觉，我们却没有找到一种国家精神、一种关于成为什么的意志。被贴上标签很容易，被告知某人的观点是什么也很容易，接受并信任由此构成的一种想法是谦虚的表现。但是，实现一个观念并不容易，因为这仅在世界以某种形式呈现时才是可能的。我们在形成观念时表现的犹豫不决，只是因为我们不想随意形成，而希望参照呈现在面前的情境。而这一情境总是灰暗的,而不是澄明的。

这一事实自身就证明了新世界最终会成为一个事实,而不仅仅是一个地理的指向。我们不能再在一种旧世界的语言中被言说并作出回应。我们必须用自己的术语进行言说。我并不是带一种自满或者庆祝的心态来说这些,而是将它作为一个事实记录下来。对于许多人,这并非一个讨人喜欢的事实,尤其是对那些我们觉得最友善的人。它也多少会令我们自己感到讨厌,我们会达到一种状态,而这一定会让我们精神上的近亲以及拥有我们热切同情心和良好意愿的人(除了我们自身之外,他们反对任何人)在理智和精神上感到厌恶。在法兰西国土上为民主政治和文明的英勇斗争,不同于我们的斗争;而且,没有痛苦和疑虑,几乎是不可能实现这种斗争的。实际上,随着过去的岁月带给我们的启示一点点积淀,这一事实慢慢地展开自身。它不是我们的,因为不论好坏,我们都为另一种民主政治和另一种文明进行斗争。它们的本质,我们还不清楚;唯一正确的是,它们都不一样。这是一个新世界的事实。《独立宣言》不再仅仅是某个朝代的和政治的宣言。

由于这些原因,我坚持,认为只要公开投入到反对德国的战争中,我们就可以终止这种犹豫不决,这个观点自身并不涉及我们犹豫不决的终结。这就像那种许多利益受到影响,而最关键的利益没有受到影响的东西一样。就像我所写的,我们看起来正要达到我们的结论,即我们不能通过被动的顺从帮助国家获得胜利,这个胜利看起来如此必要,以至于所有能够导致胜利的方法不仅是合法的而且是神圣的。我们不希望未来有这样的邻居,当然更不希望作为被动的同谋去促成这一点。迄今为止,我们的犹豫给行动让路,因为情况显然已经很清楚了。我们只是遇到一个清楚提出的挑战。

但是,由此就假定我们更深的犹豫到了终点;假定尽管我们与无限制的精力相结合,但也达到与整个心灵和灵魂的结合,这些都是徒劳的。在几乎不可能的东西发生之前,在同盟国按照我们的意见为民主和文明而战斗之前,这些是不会发生的。因此,我们会继续犹豫,因为巨大而缓慢的机体看不到目标和路径。当总统用自己的方式提到,让美国人自愿修复与将来国际伙伴之间关系所需要的条件时,里面实际上夹杂进了一些东西;但是,民众整体并没有作出回应,即使这种要求是通过法律和情感性术语的结合而得到表达的,这种结合是我们所珍爱的政治措辞。在俄国革命中,有一种更明显的震动。可能通过一些震撼,一些缓慢到来的调整，将会呈现出在耐心劳动和兄弟礼仪下达到世界未来的条件；可能会有一个权威的揭示，在其中，我们可以看到并了解自身，而且还能认识我们的意志。更有可能的，是存在一些局部事件和局部结论。但是，有一件事情确实发生了。战争表明了，我们不再是某个欧洲国家以及作为整体之欧洲的殖民地。我们是世界的一种新机体、一种新精神。这至少是我自己在我们国家犹豫不决时刻形成的一个自愿的、意外的印象。

良知和强迫①

与青年有接触的人们都知道,在美国宣布参战的数周内,相当一部分人承受着沉重的道德压力。更多人需要进行道德调节,假如不算内在生命的悲剧,这种调节只有在一些对灵魂中所珍视的美好部分进行笨拙的蹂躏时才产生作用。它怎能成为另外一个样子?我怀疑,与1914年之前那为了和平的十年相比,是否所有宣传活动的展开都带有更多的持续性或者更多成就——只要它具有动人的感情。那个时期如此成熟,以至于运动几乎不需要推动。我们与国际敌意的直接事件相隔离,美西战争带来的可怕回忆,从成功的工业主义中产生的满足,作为社会问题的征候及解决方式的政治进步主义是一种普遍人道主义,计算的理性主义逐步取代更古老的浪漫的爱国主义——所有这些东西和大部分人都同意的、作为美国之根本的善良意志的一般精神,引发一种极为糟糕的对战争的感觉。然后,战争来临了。但是,依旧存在一种感觉,即战争是"在那边的";而我们处于和平状态,我们是世界陷入疯狂时的健全心智的守护者。这种意义上使用的一些说法被威尔逊总统用来攻击我们当前的同盟国,但它们只是最能表达当前普通美国人感受的一些说法而已。

我们最终是有获胜希望的。成千上万在过去带着道德的严肃性参加和平运动的年轻人,发现自己心烦意乱,这难道不奇怪吗?已经有一种试图模糊过去的努力了。据说内战之前的和平主义是一种感伤、怯懦与一种过分舒适的、堕落

---

① 首次发表于《新共和》,第11期(1917年),第297—298页;重新发表于《人物与事件》,第2卷,第576—580页。

的、物质主义的混合。没有什么东西可以超越真理。当前的和平主义认同有益的商业、慈善、道德和宗教。把卡耐基(Carnegie)先生和布莱恩(Bryan)先生结合起来,你就可以得到你想要的近乎典型的美国人。尤为准确的是,教堂作为一个重要的道德出口,成了和平的原因。牧师们帮助人们避开政治问题,因为这些问题与为经济权力而进行的斗争紧紧联系在一起,这种权力乐于在主体安全且依旧"存活"的情况下给离婚和禁酒加入安宁的因素。美国人用道德词汇讨论政治问题的习惯,可以在战争与和平中找到完全发挥的空间。在大学中,基督教青年会(Y. M. C. A.)成员甚至比大学间活动的社会主义者俱乐部都要热衷于推动和平的情绪。

我们并非是在精神上过分灵活的民族。没有人在我们从友情中立到参与战争的转换过程中描绘出无边的道德痛苦。我几乎不能相信,这一转变在并不比威尔逊总统灵活的领导人手上实现,只要他创造了这样一种信念,即仅仅因为和平的道德推动力保持了所有的正当性,而为了达到其完整的实现,德国必须被打败。其实,那是一座桥梁,在上面,良知不是与机灵聪明平衡地交错,而是频繁地发现那种必要性。然而,还是有许多人怀疑、疑虑,以及被困惑所笼罩。错误的东西怎么忽然就变成正确的了?提问者中有许多人,我们习惯称之为观念论者,他们最难区分习惯、流行的东西与正确、好的东西。正是在这些东西中,当忠诚的冲动、服务的冲动和统一的冲动与他们战争时的道德仇恨发生冲突时(他们学着把战争看成谋杀、一种特别愚蠢的谋杀),一出真正的悲剧就上演了。征兵行为并不来源于道德经验上的危机,但它确实更强烈地使这种行为成为焦点。

我只能认为,不能仅仅停留在指责这些年轻人——从拥护德意志主义和社会主义的罪行到成为一种背叛的不忠者,这种对他们的"痛击"(用报纸上的话说)是报纸非常乐意做的。不过,这种痛击没有把握推动他们这么做的立场,而这是真正有良知的反对者会在作品中表达出来的;当这些东西被表达出来后,可能就会在那些年轻人的良知上添加最后一根稻草。国家必须在精神上足够强大,就像它的人民也需要一样强大;必须在各种各样完成的任务中足够强大,以便完成这一个过程。但是,有点让人害怕的是,假如地方法官从目前的报纸斥责中获得启发,他们会认为自己有责任惩罚那些反对者,把他们当作危险的犯罪分子而不是询问给他们安排什么样的任务是最有效的。然而,这不是我提出的、实际管理的问题,而是在我们美国人对战争反感中展现出来的道德教育的本质问题,以及为战时的强迫所困惑并陷入两难境地的人们采取的方式中所表达出的同样的本质问题。在我看来,最坏的情况是大部分作为道德上天真、不成熟之受害者的年轻人,实际上确实被他们承受的道德训练所塑成。

可能我们已经为自己善良的本性和善良意志不同寻常的发展受到了惩罚,在这些善良本性和意志中,我们的道德训练强调的是情感而非理智、理想而非特殊的目标、个人动机的培育而非社会机构和环境的创造。把战争置于反对谋杀的戒律之下进而对其进行处理的倾向,相信通过不行动,通过对战争沉默不语的方式就尽到自己责任的信念,相信无实体的道德力量——这种道德力量只需要一种对运作的感觉氛围,就可以得出什么是对的——存在着的那种稍显感性的信念;无论如何控制,对力量功效的拒斥都改变了力量的部署;简而言之,根深蒂固地分割目的和手段,并把道德与目的混同的习惯被取消了,诸如此类的东西是大多数良知复杂混淆的根源,而持理想主义的青年人深受其害。福音派的新教传统促进那种把道德定位在个人感觉中而非对社会条件控制中的趋向,我们的法律传统已经产生了把感觉系于固定规则和命令而非社会条件和行动结果的趋向,就像这些东西都展现给理智的审视一样。

我并不费心地去争辩说,一种处理道德问题的不同方法,一种更多社会性而更少个人性和福音主义的方法,会使我们所有感到困惑的理想主义者认为,我们在战争中的参与是正当的,而征兵是使参战更有效率手段中必要的一个部分。但是,我知道这会导致重视对那种现在基本被忽略的秩序,会使问题超越对内在意识情绪性的催促和压抑而进入客观事实的领域。我可能通过我现在随手使用的引文来指出这种变化的本质:"过去一万年,圣人们用双手所能造出的釉瓷砖总数赶不上现在两个罪人用现代机器能够生产的。"双手与个人美德的对比,生产砖的物理器械与维持和平使之可以表达自身的社会机制间的对比,我想,无需我过多阐发,就能呈现自身。然而,对于当前情形中单纯的个人道德而言,它过于顺利以致失去效用;因为双手就是物理器械——力,直到它们离开;而即使是那种在欧洲正在死去的、朝向伤痛的、最热情的个人善良感觉,也是在自身内部开始和终结的。一个人越热爱和平(当然,我并不是指那种仅仅消除军队战争的和平),就越会询问自己:机制、特别且具体的社会性设置是如何精确地与物理的工程设备相对照的,因为持续的和平由此产生。行进在此基础上的良知会以另一种形式运作,而原有的这种形式主要关注点在于保持自身的内在清白,或者表现为寻求一种证明自身的固定规则。与这些事情联系,我最郁闷的体验之一,就是当战争真正被宣布的时候,许多年轻人仅仅愚蠢地将他们的良知从"不可杀人"命令之下赶走,定格在"遵守法律"命令之下,虽然他们依旧像往常一样对情形看得很清楚——而且这些人的数量不少。

人们对痛苦感到同情,而充满困惑和怨恨、被践踏的良知所引起的痛苦是真正的痛苦。人们同情受害者。但是,仅仅善良的和有良知的人是每一社会危机的受害者这个事实,会引导我们去探究他们是否并非道德无用论的受害者。假如在一个危机的时刻,事件中的驱动力对于良知来说总显得太过,那治疗的办法就不是谴责运作事件之人的邪恶。这样一种良知,在很大程度上是自我虚幻的。治疗的办法,是把良知与朝向另一个方向运作的力结合起来。这样,良知自身将变成强制性的力量而非永远的受难者和强迫者。

和平主义的未来[①]

美国人是深刻的和平主义者这一事实,与他们对当前许多公开声称的或职业的和平主义者的行为非常不耐烦之间并不自相矛盾。把后者称为德国的支持者并采取相应的行动,是表达当前事件中他们之行为具有的一种不合时宜感觉的最简单方式。但是,战争会过去。美国人对和平、友善、无障碍及顺利交往深切渴求的将来,乃是一个与战争本身紧密相连的话题。因为无论其持续的思考是达到一个秩序更加良好之世界的冲动会得到满足抑或遭受失败,这都已经使美国人接受了战争。我知道,没有什么方法比思考和平主义者(没能最终决定已提前皈依和平主义的国家进程方向)宣传的失败更能导入主题了。

我以为,这一解释既让双方媾和也让双方交火,或者就像当前情境所充分证明的那样,这不仅仅是双方的问题。他是一个糟糕的政治上的判断者,他没有从每天关于路西塔尼亚号轮船的消息中——或者从苏塞克斯(Sussex)信息所提供的事件中——认识到美国加入战争是取决于德国的行动。其他任何国家与威尔逊总统真实的信念完全不合拍,正是这种信念在最需要严肃认真的时候,使他带有一种几乎难以理解的草率。那些投他票、选他做总统的人是基于他"会使我们远离战争",可当我们卷入战争时,他们感到委屈,而只能埋怨自己。他清楚地划出一条界限,只要德国进入最终接受的界限以内,冲突就不可避免。

职业的和平主义者对毫无用处的手势、姿态所提出的指责,看起来依赖于对

[①] 首次发表于《新共和》,第 11 期(1917 年),第 358—360 页;重新发表于《人物与事件》,第 2 卷,第 581—586 页。

政治上行政机关的无限权威信念的接受；这可能意味着其中包含这样一个信念，他的首要步骤不可避免地指向国家。然而，这种推论仅仅是表面上的。它忽视了威尔逊总统的行动已经得到国家批准这一具体事实。我不会讨论法律中立问题，但这个国家从来也没有在道德上中立过，可能威尔逊总统所做的唯一愚蠢的事情就是在他早先的公告中假定道德可以中立。这把我们带回这样一个基本事实，在一个为了战争组织起来的世界中，至今还没有任何政治机制可以让一个带着强烈同情心的国家变得有效率，或者可以通过军事参与使之得到保存。此外，正是对这一事实本能的感觉促进这样一种观念：不支持战争的和平主义者，一定是德国的支持者。

从我讨论战争开始，我见过从和平主义者立场作出的最好的说明来自亚当斯小姐(Miss Addams)。她认真地反驳那种认为和平主义者立场是消极或者放任主义的观点。她坚持关于和平主义的流行看法是错的，这种看法认为，和平主义意味着节制以及面对麻烦时置身事外；她认为，这一观点支持一种积极的国际组织，其中这个国家将成为世界所有国家的领袖，领导它们"进入合作行为更加广阔的阶段"。她坚持，现代环境下国家的成长包含必要的国际因素，而且承认"只有通过尚未出现的国际机构，才能有适当的处置方法"。简单地说，和平主义者"要求美国不是对道德问题和自由、民主政治的命运漠不关心，而是积极致力于领导地球上所有国家进入一个有组织的国际生活中"。

聪明的和平主义者支持这一目标，而和平主义者中最聪明的人，比如亚当斯小姐以此种方式看待情形是不需要怀疑的。但是，就像亚当斯小姐在同一个演讲中说到的那样，有许多类型的和平主义者。我怀疑，是否任何一个理解领会和平主义者文献(这些文献是我们卷入战争前一两年出现的)的人都从中得到这种观念，即亚当斯小姐归于和平主义那种支配性的理想，认为美国在世界的政治重组中应该扮演"重要的积极的角色"。但即使这就是理论上要求的那种普遍观念，环境的力量还是阻止在战争时期退缩了的和平主义者将这个表述过的理想变为现实。

在我们进入战争前几个月，和平主义的文献是投机取巧的——它们让人气喘吁吁，几近疯狂。它并不处理高级的国际政治策略，而是处理直接的、日复一日在战争中免于死亡的策略。由于职业的和平主义者信奉什么都比参与战争好的观念，他们对一般性国际重组的兴趣没有什么表达的机会。他们处于两难的境地:一边是试图完成只有特定政治机构才能达到的效果,另一边是承认这些机构尚未被创造出来。因此,他们离开了为这种机构的发展而工作的一般立场,而进入一种非常基础的态度,即如果没有一个国家允许自身加入战争,那么无论有多么激烈的挑衅,战争也是不可能的。因此,持续地求助于退让和计划,特别是彻夜谋划,以便适应外交情境每个方面的变化,最终达到躲避战争的目的。其中的逻辑看起来还不错。但是,其方法却是治标不治本。在最好的情况下,这种方法有可能与新出现的症状保持一些距离;而且,在致命的疾病中,当疾病与症状一体以至最终人们束手无策的时候,关键的时刻注定会到来(就像我们自身例子中,那些被证明了的事件一样)。所有这些似乎都涉及和平主义的过去而不是其将来。但是通过排除法,它指出假如得到繁荣发展,那么,和平主义的将来会是什么样子。这存在于促进能够给现阶段带来新的国际控制机构的东西中,要是没有这些机构,和平主义者的努力会变成空气中没有意义的姿态。其更直接的将来,在于看到战争自身将会被解释为一种带来这些机构的手段。继续在一般意义上抵制战争,特别是抵制这场战争,把努力用在阻止战争而不是决定采用哪些手段去停止这场战争,这就是在其无效性显现之后重复早先的策略。不能认识到这一战争提供的重组的无穷动力,不能认识到所需的真正国际融合的亲密性和程度,等于和军事家把战争作为被掩饰的幸事这一观念一样愚蠢。

我对那些热衷于为一些重大危机保存影响力却从未在任何当下紧急状况中冒险使用这种影响力的人,几乎没有什么耐心了。但是,我能够感觉到,当和平主义者如此精力旺盛地反对参战时,他们在浪费而不是投资他们的潜力——这一战争几乎已经是世界性的了。在一个可塑性极强的时刻,和平主义者没有利用他们的能量去构建我们进入战争的条件和目标。很难说在什么程度上,这种遭到浪费的力量可以被重新获得。当然,一种额外的责任被加在那些认为自己是根本的和平主义者的人们身上,虽然他们在事实上相信我们参战是一件必然的事情。他们能够证明他们立场的唯一方式,就是通过应用他们的力量来协助把战争变成实现那些理想的一个要素(在战争之前和刚刚参战的时候,威尔逊总统向美国民众表达过这些理想)——只要这个国家可以影响战争的最终结果。所有这些和平主义者——在我看来,他们是由美国民众中大部分人组成的——必须看到,这些理想被强加于我们的盟友上——无论他们多么不乐意,而不是被战争的残骸所掩埋。倘若我们国家被真正的和平主义,即一种对永恒结果而非对短暂方法感兴趣的和平主义成为主导,我们就不太可能在事先遵循一些协议的情况下进入战争。实际上,我们(迄今为止,至少像所有人知道的那样)天真地拒斥一切协议,因而使将来的任务显得更为困难。

并非所有的困难都在国外。国内有许多国际外交方面的保守分子和官僚主义者,毫无疑问,他们的立场通过被展现为我们战争动机和政策的真正代表而得到了强化。当他们的想象力被限定在平面图上时,他们为战后情况所做的理智准备就在于重新描绘欧洲和世界未来的地图——这是一种室内运动的形式,即使英国的文人今天几乎抛弃了这种幻想,这一事实很好地表达了他们的态度。因此,建设性和平主义者的当前任务,是使人们的注意力离开流行的口号;这些口号在战争时期很容易替代事实,以及回到现实的观念。例如,考虑到对塞尔维亚和比利时不公正的入侵,小国的权利趋向于成为自身的目的,成为一种达到德国"毁灭"的手段。除非在未来将引发火灾的燃料已经得到储存,否则在文化方面,国家的原则必须按照战争协议得到确实、充分的满足。但是,仅仅在地图上建立更小的独立国家,只是任性地为将来埋下战争的隐患。假如大国为争取独立国家主权的时代已经由于新的工业和贸易被认为是一种错误,那么,小的政治团体、小的国家就尤其如此。爱尔兰的例子,东南欧诸多国家引起的混乱,所有小的中立国家现在都因为似乎是敌对力量的附庸而非常苦恼的事实,都表明食物的供给问题、煤和铁的问题、铁路和水运交通线问题是关系到国家构成和秩序的大问题,它们比无论是大国还是小国的独立原则问题重要得多。德国在其信念中,现实主义地认为,小国的时代——在其传统意义上——已经过去了。德国悲剧性的错误在于:它的自我中心主义,使它不能认识到,孤立的大国的时代也已经一去不复返。

所以,我认为,一个人可以一个个仔细地检查那些措辞,这些措辞现在被推到前台用来把战争的目标定义为和平的条件,并指出和平主义的兴趣是与保护那些机构联系在一起的——这些机构可以清楚地表明经济的能量。我们具有一种继承的政治体系,它像一套紧身衣一样套在这些能量上;而在这种政治体系形成之后,这些能量就已经存在了。这些力是不能被压抑的,它们是现代世界中流动的和控制的力量。战争或者和平的问题,就是它们是否继续隐秘、盲目地运作的问题,它们可以通过一些操作的诡计建立国际外交的游戏;这一问题是这些力能否被真实地认识,或者政治体系能否适应它们的问题。战争并不保证后面一种结果。这带来了一个巨大的机遇,一个可以证明此冒险之正当性的机遇。军人继续在17世纪划定的界线内思考,现代"主权"国家在那个时候形成了。政治家们在历史学家和那些把暂时形成的历史事实提升为一种抽象、确定科学的政治科学的引导下,以和军人一样的形式工作。结果,太多有影响力的个人是纯粹的浪漫主义者。他们表达那些不再与现实有任何关系的理想。这种老套的政治浪漫主义给予和平主义者报复的机会。他们的理想主义必须在严酷的现实主义过程中,经历一些经济力量的作用;这些力量实际上构成了对人的联合和组织,而未来则是他们的。

美国人为什么而战？[1]

政治意味着做特定的事情。有些人，不管是被选举出来的，还是自我任命的，负责作决定和执行决定。在一个民主的社会中，这些统治集团得到大多数群众的赞同和支持。而如果他们做的事情与习惯、成见以及群众的利益相违背，就必须诉诸某些特定的操作机制。更古老的政治心理学学派，即边沁和穆勒的政治心理学，教导人们，在一个民主国家中，统治机构除了做那些有利于自己统治的事情外，不会想要做任何其他东西。但是，经验已经证明这一观点太过于天真。实际的政治心理学主要是专家们为了某些目的而操纵所有人的技术，这些人是看不到这个目的的；但是，他们被引导着去相信，这些对他们是非常重要的。

因此，专业政治家的心理学就像变戏法一样。注意那些将有影响力的人，就是关注那些习惯已经使之变得适宜和有吸引力的对象和行为；并且，关注某些非常不同的东西已经转变为一种未知的结果。作为一个规则，最有效率的动机形式是把诉诸理想化目的与直接的效益结合起来：一面古老的国旗和一笔拨款，阻止邪恶反对派的计划，外加农作物的高价格与经济的普遍繁荣。

然而，政治领袖总是不断地忘记，公众想象和兴趣的状态是流变的。当微小变化的累计效果如此重大以致于人们不能在旧的模式上被"管理"时，这种变化的时候就到了。这样，政治家继续重复古老的口号和呼唤，却困惑于不能得到类似以往的回应。当与战争引起的，对强烈、统一之动机的要求相关时，这还会发

---

[1] 首次发表于《新共和》，第12期（1917年），第68—69页；重新发表于《人物与事件》，第2卷，第561—565页，标题换成"美国与战争"。

生吗?有一种在战争期间提供动机的古老而确定的办法。许多报纸和一些公务人员现在看来并不能以其他别的什么方式作出反应,因此,他们也不会想到人们已经在完全不同的道路上前进了。假如这些人猜错了,而且他们在确定大众诉求过程方面有较大的影响力,那么,实践心理学中的错误将会带来空前可怕的后果。

正统的方法在每个战争海报收藏品那里得到最全面的展现,而在每个爱国诗歌集中则得到了更为优雅的展示。故乡和家庭、保卫祖先的祭坛和墓穴、荣耀和尊敬、勇气和自我牺牲都是其熟悉的话题。

目前对这种程序模式的可行性提出质疑,是有其严肃原因的。过去几年来的国内政治活动和争论,直到我们加入战争才报告给美国人民的战争历史,我们在地理上的孤立性以及人种的构成,这些东西结合起来使得对它们的依赖变得非常不稳定。然而,有许多热切期盼战争的灵魂,以及质疑国家过分冷淡的人,正在努力促进对它的全盘依赖。自路西塔尼亚号沉没的消息最近被宣布开始,一家报纸驻华盛顿记者就不停地谈论我们参战的问题。他说,有效地说明一种普遍的冷漠并不难。经常把国家拖入战争的动机,一定是国家的利益、对眼前危险的恐惧和潜伏的仇恨习性,这些都很容易燃起火焰。但是,美国已经故意避开了所有全国性的夸大,它并没有真正相信国家的命运和安全受到威胁,而我们被正式警告要放弃敌意与仇恨。看起来,这些前提似乎指向某些当下诉求的心理学,而不是历史悠久的心理学。不过,这个作家的推论,由他对一架齐柏林飞艇(zeppelin)或者海岸边上德国潜艇的渴望而得到说明。他似乎想说,等着,直到我们的人加入战争,然后伤亡名单出现。然后,恐惧和仇恨将会被唤醒,而我们可以期待对战争的"狂热"。当坚定的和平主义者指出战争的邪恶时,人们期待他们可以这样提出论点。但是,当这一观点来自一个致力于讨论战争原因的杂志时,它表明了对流行的心理学的误读可能会产生多么严重的影响。因为,假如恐惧和仇恨是主要引发的东西,难道就没有这样一种可能性:它们在我们历史性的承诺中被转化为对战争本身的反对,而不仅仅是对德国的反对?

对于人类情绪而言,这是一个极限。所有交战国都表现出对战争的厌倦。在某种程度上,这是因为不可能年复一年地像它们开始出现时那样保持相同程度的情绪。我们这些已经卷入战争的人,只能间接地、仅仅通过阅读才经历一种类似的厌烦。早些时候,在列日和鲁汶时期,在路西塔尼亚号时期,希望和恐惧在焦虑中颤动,不能释怀。伴随着这些感情,形成了政治上的怀疑论。虽然我们可以在行动中显得冷酷无情,可是,在我们的判断中还是和蔼亲切的。民众中很大一部分,包括那些强烈支持同盟国的人,都曾系统地自学过如何减少对激情过分强烈的要求。由此引发的怀疑论,几乎扩展到传统口号的整个机制中去。那些曾经热烈的尊敬和荣誉、威望和权力之类的口号,在耳边变得冰冷了。人们在被这些理想积极搅动的同时,也被教导着去相信德国对他们的屈服是造成世界悲剧的原因,这并非是一种恰当、自然的态度。当大多数人确信国家的爱国主义应该首先为战争的爆发负责时,通过诉诸"爱国心"的要求而创造一种战争的动机,是违反事件发展潮流的,而且几乎会引起失败。无论人们的要求多么热切,死灰不会复燃。

假如有人要求一种替代性的动机,到现在一直都在进行的对动机的分析看起来可以给出答案。对一种工作的感觉,必须通过一种讲究实际的方式才能被体会到。对这个世界,我们有一种模糊但真实的印象;但是,由于我们多少参与到世界中那些相当令人厌恶的任务,这种印象完全不一样了。脑袋中出现一副年轻人在训练中回应长官要求的景象。没有欢呼声,没有对光荣和伟大的幻想,没有热情——如果热情意味着对目标感到兴奋和陶醉,没有仇恨,没有复仇的欲望。由群体的催眠术所引发的传统英雄主义和自我催眠,被一种严肃的热忱所替代;这种热忱的主要特征是对一种要被完成之工作的感觉,这是艰难的却是必须去做以便完成的工作。这种动机缺乏传统战争心理学中那种迷人、激烈的冲动。作为一种补偿,它为理智准备了无限的潜力,而且符合我们习惯的国家心理学——一种讲究实际的民族(businesslike people)的心理学。

然而,我们的观念如此传统,以至几乎感觉不到那种强烈集体动机的有效性和功用。美国人民继承了浪漫的欧洲传统,在这种传统看来,商人的聪敏气质只是一种唯利是图、追逐金钱心理的表现。因此,我们假装它拖累了我们。假如我们了解到这一传统后面封建、地主和掠夺者的偏见,将会认识到一种商人心理学是对目的最明智的感知。这是一种熟练、有效的选择,是对执行手段的有序安排。我们国家的理智在这方面的精明和迅捷,就像它在感觉和持续仇恨问题上的迟钝和麻木一样明显。任何人只要留心观察存在于他周遭的战争兴趣的类型,而不是使他的眼睛充满希望和恐惧,他就会注意到,在多大程度上,这是一种对特殊结果以及实现结果之技巧的兴趣。但是,其他过程中总是包含一种对政治教育的低估——在过去几年中,美国人已经接受了这种教育,以及对人们平均政治智慧的低估。我们处于特殊的情境中。存在着对欧洲的传统、历史、政策的重大忽视;但也有对事件的大意,以及将要达到之结果类型的生动而相当准确的感觉。通过知识使自己熟知这种感觉,将期待中的渴望转化为一种有效的衡量方案,使美国人民对必须做的事情以及做的方法充满信心,这些方法与那种好战的豪言壮语相差甚远,但却被证明为更加有效。

完成一项工作的意义与基本的国家理想主义是分不开的。在这里,历史同样是预言性的。各种社会团体通过诉诸恐惧、憎恶和仇恨,以及不断强调权利和荣誉等手段来煽动美国人民的方法,威尔逊总统在其演说中也使用了,但它们都彻底失败了。因为,人们要求的是通过民主国家的联合而产生的持久和平,以及民族之间确定的团结友爱。必须完成减少国际公害的任务,但在完成过程中,存在着对一个世界性组织的期待、一种超越单一国家边界和利益的公共控制的展开。在我看来,说这些目标是明显和现实的,有些不太公平,它们依旧是尚待完成的。而说它们仅仅是空想的假象,仅仅是战争苦药的外层糖衣,也是荒谬的。它们表明了真正的可能性,以及对一种似乎合理的冒险的拒斥。每一天中,事件的不断变换过程几乎都可以给予它们一种有趣的现实性。如果那一天真的来临,代表生命欲望的十字军般的热情将让自己同时对代表必要任务的熟练行为感兴趣。其间,那些热衷于保护战争必要动机的做法,会为这种强化和完满力量的降临保持开放,扫清障碍。

思想的征召[1]

社会心理学家,尤其是特洛特(Trotter)先生,在其对群体心理学的解释中,已经描述了战争对普通民众的特殊精神效应:模糊暧昧的全面焦虑和恐惧;对孤立的担心,联合起来以加强信心和信念的欲望;快速和易于接受谣言,实际上,甚至是对谣言的热衷;对于好的、坏的新闻都极端轻信;一种随处都可以发现间谍和敌人的怀疑态度;悲观地捏造各种关于在高级位置上不能胜任,以及在所有方面都不忠诚的流言——这些是在结果尚不明朗而人们情绪泛滥时,大众心理学观察到的事实。不需要把表现的多样性化约为一种单一的原则。但是,要处理所有这些问题,就意味着为了执行战争而需要一种团结。这种战争是与面对成功和失败的变化全景时情绪上的不稳定结合在一起的,而这种不稳定性会持续损害团结。

至今为止,我们在这个国家,尚未经受过战争情绪的严重侵袭,战争那一幕离我们过于遥远了。而实际上,战争第一年中,欧洲的所有现象都被我们小规模地复制了。对现在最重大的影响,乃是对意见多样性表现具有的那种病态敏感。伴随着反常情绪状态的,可能是一种对神志清楚的特殊感受。条件越是不够理性,沉着的理性伴随的感觉就越是强烈。因而,这种感觉现在就伴随着我们。我们对异议和批评的回应主要是对非理性的回应,而这取决于紧张神经的敏感程度。但是,我们在理性的基础上证明我们的攻击和镇压是正当的,因为社会的凝

---

[1] 首次发表于《新共和》,第12期(1917年),第128—130页;重新发表于《人物与事件》,第2卷,第566—570页。

聚力是必要的,而我们只是采取措施保护这种团结。这种合理化行为是一种自我创造出来的伪装,只要我们想起所有试图预先压制思想和感觉却没有效果的经验教训,这些伪装就会出现。

我并没有质疑战争期间社会团结和步调一致的重要性。就像士兵那样,普通民众同样需要靠拢、集中编队,需要对齐同时并排前进。不可避免地有一些人会为了自由与和平而投降和放弃抵抗。无论是否乐意,人们为了面包和牛排付出了许多;在无数重要的关头,他们都必须问问自己是否可以与伙伴一起欣然为团结的意义而牺牲,抑或是古怪、倔强、满是不乐意地为更多的隔离和孤单而牺牲。另外,行动中需要的团结是伴随理智和情感统一所得到的最好的东西。没有一种对尚未分开的信念和情感的特殊清理,外在行动的统一可能会是机械和仿造的。所要拒斥的,正是那种力的有效性,以防止将思想与情感分割开来。

在宽容的历史上,有一些奇怪的东西。几乎所有人都从过去关于异教徒和隔离的宗教宽容中学到许多东西。我们惊讶的是,人们怎么会对不同的意见和信念如此怨恨和残忍?当我们读到异教徒被当作一种如果不加以消灭就会蔓延四方的瘟疫时,我们感到不知所措。我们与那种认为不可能通过蛮力征服思想、不可能通过棍棒改变观念的哲学常识一起进行思考评论。我们回想起,这种直接压制思想的意图经常以增加令人讨厌的信念之生命力而告终。我们也引用那种说法,即烈士的鲜血是教会的种子。我们也惊讶于领导人没有充分的常识,允许不受欢迎的观念自身灭亡或者被耗尽。但是,当我们自己时代中的一些事务需要凝聚性的行动和激发深刻的感受时,我们立刻就通过迫害的说法来美化那种不受欢迎的原因;我们给这种热情加上强烈的怀疑情绪,使之成为虚伪做作的关注中心,并通过被压制的我们所做努力的显著特征给予它以重要性。

在这个国家中,可能没有人不意识到我们之中有许多人是抱着同情态度的德国的支持者。也有一些人对一切战争都持反对态度,而有一些人认为战争是不受欢迎的,另一些人则把注意力集中在反对征兵制度上。这是人所共知的事实。没有证据表明,它们的影响力可以阻碍战争的成功推进。存在着一些平常的法律机制,这些机制多少借助于诉诸"战争的力量"而得到了加强,因为这种力量照顾到那些缺乏理智和情感同情心的人,使他们可以公然地攻击法律和政府。不是判断力,而是不稳定的情绪,为自身在行动中缺乏直接的发泄途径所困扰;这种缺乏给简单事实加上了重大的、隐含的意义,比如在德裔(German type)那里发现潜在的叛徒,以及在格林威治村的和平主义者或者社会主义者会议中发现的破坏军队武装的力量。随之而来的,是求助于"世俗武装"、管理机制以及有组织的公共煽动带来的压力。对于我们来说,这些行动不是为了说服持不同政见者,而是为了堵住他们的嘴;不是为了发展一致性,而是为了推进从其将要繁殖和衰败的情境中分裂出来;不是通过幽默和文雅的淡漠而放弃无害的区分,而是为了制造重要性和创造意义。对于那些认为确定的征兵观念就在于表达一种惊人的恐惧、一种仇恨的惊讶的人来说,这当然是技术的一个恰当部分。然而,除非他们与那种无知狂热的人一样在理智上有缺陷,他们必须略带讽刺地表达他们的不满,并且每天祈求上帝让他们的敌人重新来拯救他们,并将他们的宣言传播到国外,而这是他们自身不能完成的。

因而,我并不是特别关心我们中间面临的思想和言论自由问题,当然也不是以持续的方式表达这种关心。过去的战争消灭了许多伟大的可能性,今天它还在持续着,因而我不会由此产生任何真正的悲痛。事实上,极端的社会主义者聚集在埃利胡·卢特(Elihu Root)的古老旗号下,宣称神圣的个人权利和宪法保证,大声疾呼早期维多利亚时期所有政治上的陈词滥调,这一幕还是很有趣的。而我关注的乃是那种把思想的征召当作推动社会团结的手段已经被历史证明是无效的,以及那种导致其目标失败的不必要的愚蠢做法。然而,确实存在一种方式,这些东西以这种方式破坏思想的自由:不是那些被抨击的人的自由,而是那些进行抨击或者同情这种抨击的人的自由,即使这种同情只是消极被动的。思考的缺位,理智的冷漠,才是思想自由的首要敌人。这种草率的、缺乏良好考量的、想要压制对不那么主流的观念进行讨论和对政府的行为进行批评的企图,培育了一般意义上的理智懒惰。那种由兴奋情绪产生的活跃的感觉引起了一种精神上敏锐和警醒的幻觉,严肃思考所需要的精力在猜疑和敌意的草率方式中被耗尽了。

现在,美国有效地参与到战争中的行为,更有可能是受累于缺乏那些只能从讨论以及知识和信念启蒙传播中产生的观念,而不是放任一些团体自由地展示其集团的神圣徽章和宗教口号,不管对于大众来说,后者的行为有多么讨厌。美国参战的根本不在于钱财,也非人员,而在于因为钱财和人员的贡献而得以对和平政策的最终决定。存在着一种趋向,它把对观念的征召的渴望,从彻底"停止战争"的讨论,扩展到那些真正期待对美国战争目的与和平政策进行全面讨论的人们那里。存在着明显的恐惧,担心这种讨论转移了猛烈战斗的直接任务中的能量——好像如果那些不实际投入战斗的人被禁止思考和谈论美国在战争中的真实利益,以及如何界定这种利益并使之在细节上有效,他们就会把工作时间花在缴纳所得税和节约食物上。在这里,我想重申的是那种"嘘,别思考,只要感觉和行动就好"(就像思想征召的每一步要求我们去做的那样)的政策中存在的真正危险。与那些草率、随意思考的人,以及那些没有充分思考的人相比,我们有效地参与战争所存在的危险不到他们的 1/10。假如这些措施是向一个理智上平乏而又尚未做好准备的民族提出来的,那么,即使总统准备在适当的时间提出和平措施中最明智的那一种,我们也将错失战争给未来的国家整合所提供的最伟大贡献。我们可能会拥有和平的自然事实,无论它究竟是什么,但却不能掌握其含义。我们应该采取一个步骤去克服与世界之间物理的和领土的孤立,但是,我们应该在思想和利益问题上继续保持独立。最重要的是,我们可能已经错过发现美国国家生活意义的重要经验——通过把它当作一种对重塑世界生活的反思。没有这种经验,我们将错失战争为创造一个团结的美国所带来的贡献。

即使天塌下来，也要伸张正义[①]

有人曾有用一个短语来概括绝对主义道德的幸福想法。所谓正义的东西就必须被伸张，即使它使天堂崩塌。这是一种与行为的环境以及生活条件毫无关涉的伦理学的最后之言。但是，发明这些短语的技巧已经因为其狡诈的一面而变得迟钝了，这种狡诈掩盖了这样一种事实：这种短语是对不考虑后果的所有道德规范的讽刺性概括。因为，如果抽象的伦理学不总是破坏其结果，那只能算是一种意外。然而，推荐这种坚定道德格言的人，总是带有一种神圣的外表，虽然他们任性地忽视了在要求为一种永恒正义辩护的借口下进行报复可能产生的后果。

我们原初人性的根本趋向之一，就是获得平等。抵抗是健康的动物防御工作的一部分。这种动物性的反应非常本能地采用一种精确的形式，要求一种精确的起始点。这是本性特征的一种，它可能取决于某些审美对称性的混合。在野蛮民族那里，关于以眼还眼、以牙还牙的格言是最高的描述，这一点还得到了加强。有这样一种真实的记录：一个人如果把另一个人从树上推下去致死，他就会被宣判坐在受害者原先所处的位置上，并允许其他人把他从上面推下去。这种荒谬的行为表明了原初报复冲动的非理性特征，而温和地忽视第二次要被推下树的人的危险，这明显是对本能行为中产生的结果的忽视。

[①] 首次发表于《新共和》，第12期(1917年)，第237—238页；重新发表于《人物与事件》，第2卷，第592—595页。

但是,虽然报复的本能先在于理智,产生在本能行为之后并注视这种行为的理性;却通过给予那种盲目的冲动以所谓正义的赞誉,去取悦那种被激怒的、好斗的动物性。之后,因为在行动中发泄自己情绪、易受激情蛊惑的人充斥着巨大的满足,他开始确信,他是从这样一个出发点开始自己行动的:对理性的正义之庄严道德原则的沉静之爱。理智只有当本能地通过对结果的预见来进行引导时,才是有效的。此时,理智又堕落为动物激情的殷勤同谋者。使某人受罪,不只是为了享受成功的权力乐趣以及满足本能,而且似乎是为了证明某些普遍的宇宙正义法则。因此,正是拥有健康体格的人,通过变成道德家,并实践正义而独自被道德化;而那些具有较为惨淡学术脾性的人,则因为缺乏直接和有力的本能发泄途径,只有通过替代别人想象一种能够神秘达到正义的客观律令而得到补偿。

当伤害被造成,情绪激昂时,群众心理也以同样的方式开始运作。当语境使得正义意味着把德国当成首要冒犯者来出气,而不考虑这种惩罚会对将来造成影响这一点变得很明显时,它经常辩称"正义"需要这需要那,而一种永久和平的条件也在考虑之中。实际上,它经常意味着在德国被给予公正的惩罚之前,讨论国际关系之将来的努力是胆怯的,甚至几乎是懦弱的。让天塌下来,让战争持续,让战争给我们和我们的敌人同时带来的痛苦和破坏继续,如此才能"伸张正义"——也就是说,如果惩罚被加在德国身上,所有过往的才扯平。在这样一种气氛中,一个记住过去已经过去并且不能被取消,而且再多将来的痛苦也不能取消过去哪怕最微小痛苦的人,对于那些热切投入原始感情不负责任爆发的人来说,倒成了愤怒之源和怀疑的对象。他被认为是拒绝了正义的根本原则,并且幸运地逃脱了被指控为敌人的利益服务。

然而,将来是我们单独生活于其中的将来,更不用说是我们单独对之产生影响的将来。无论战争持续多久,可以肯定的一点是,战后的时间是无限长远的。正是这一事实,使我们值得承受战争的痛苦和破坏。正是这一事实,把报应性正义的探索者与"不惜一切代价阻止战争"的和平主义团体联合起来。双方都被当前的情况搅得坐立不安,和平主义者是被悲伤和报复性的惩罚者、被引发这些错误的人所打扰,他们看不到将来绵延的展开,以便使战争在值得的时候也能确定其公正的目标。人类事务中合理性的要点在于时间的视角。对报复性正义的热情,甚至对和平的热情,都会抹去所有东西,除了那正在发生的时刻,它们可以不断扩展以形成整个景象。

为不当行为而受苦,实际上包含在针对未来的决定性理智策略所产生的结果中。说力量绝不会如此运作以至于影响人的观念,因此,相应的失败,无论是实际的或者预期的,对于革除德国在精神上和政治上进行垄断的贪欲毫无助益,这种说法就是过分感性了。力量,即使是力量的震荡,都可以强迫一个国家或个人超出关于精神孤立的自我修养幻想,并且提醒它其他人将之考虑在内,并且必须将之考虑在内的世界现实。尤其真实的是,承受诉诸军事支配过程带来的邪恶后果,将永远影响德国将来的精神。就像德国的辩护者喜欢说的那样,当德意志帝国在为胜利而战的战场上创造出来的时候,对一个有组织的独裁的军国主义政体的信赖,被德国过去所带来的成就证明是正当的。马恩河(Marne)的胜利将巩固德国狂妄自大的不理智,因为没有人知道这会持续多长时间;因而发现这种政体是不值得尊重的,这才是改变德国气质的条件。但是,把失败和痛苦的要求当作一种影响将来的要素,这在根本上与将之当作一种对正义王权的辩护是有差别的。其中一个进程具有尺度和限度,它欢迎使用理智来发现时间、地点和代价。另一个进程既不知道边界,也不知道尺度,它是对无限的盲目癖好。它非法而又不负责任地陶醉于自己作为绝对执行者的使命中。它嘲笑把结果考虑在内的行为,怀着扮演原始宗教赋予神的角色的那种雄心,对自身生命力所具有的破坏作用视而不见。它没有考虑所承担的任务的特殊性,而是假定那个全能者创造了一个全能的幻象,以决定与军事和经济事实无关的事件进程。这并非对德国的感伤同情,而是一种聪明的利己主义,它要求对将来进行一种实用的考虑;一种对抽象正义的激情,并不能主宰对战争目的与和平条件的讨论。

民族性的原则[1]

民族性及其未来的问题对于犹太人来说是一个非常特殊的问题,尽管可能不是独一无二的问题。过去三年所发生的事件,已经使数个世纪以来犹太历史中非常重大的问题得以缓解。

其中一点,在于"民族性"(nationality)这个词意义上的那种奇怪的模糊性。一方面,它与我们所说的一种民族的"国家"密切相关,这是一个主张自身完全独立的领土国家相当现代的发展,并与形而上学的"主权"观念有着密切的关系。因此,当我们有时谈论民族性时,指的就是"国家"这个词的一般含义,比如美国、法国和德国。另一方面,在某种意义上内涵着一个民族国家的"民族主义",却在其另一个意义上接近民族性的原则。这一原则在19世纪伴随着对政治国家主义的承认而被意识到。虽然没有人在"民族性"被应用到爱尔兰民族、波兰民族、吉普赛人或犹太人的意义上,给予它一个令人满意的定义;但是,我们知道这个词语的意义,尽管这些民族至今还没有建立民族国家。

民族性的两种含义

有一种尝试力图在种族的基础上界定民族性,但是这种种族的定义建立在一个不稳定的基础之上;它在某种情况下还能行得通,但在另一些情况下却不能自圆其说。一个种族、一个血统的国家概念的发明,主要是为了解释特定的不清晰的民族性观念,而非表述一种生理事实的存在。

---

[1] 首次发表于《烛台》(*Meonorah Journal*),第3期(1917年),第203—208页。

民族性有一些非常明显的特征，比如语言的共同体、文学艺术的共同体，以及一种传统的特定的统一性和连续性、历史回顾、共同记忆。这种传统、观念和信念的共同体，或者对生活问题的道德观念，是永存不朽的，而且或多或少会被语言、文学所巩固。它创造出了被强有力的纽带清晰地联合在一起的民族。同一个国家的民族经常被系于一个特定的领土上，虽然在犹太人的例子中，一种民族性的感觉可能在没有固定地理上联合的情况下得到维持。可以确定的是，构成这种民族性的不是政治独立或者政治联合或者主权，而是一个文化上的事实：人们共同生活在理智生活和道德情感的共同体中，生活在情感观念和共同实践的共同体中，而这些都基于共同的传统和希望。

伴随着政治上的国家主义，存在着文化上的民族性。有一种流行的说法认为，从政治上说，19世纪是一个国家主义的世纪。这是一个现代的民族领土国家兴起的世纪。只是在一代或者数代人之前，德国和意大利才开始成为民族国家。同样普遍的还有民族国家的发展，它可以公正地被当作这个世纪支配性的政治概念。但同样普遍的是，19世纪也是一个各种文化民族性以及国家的自我意识越来越重要的世纪。这在爱尔兰人的雄心壮志中非常明显，这甚至可以在凯尔特文学艺术和民间传说的耕耘培育中被看到。虽然遭到政治和经济上的压力，波兰人还是保存他们的语言；而吉普赛人为了保持他们文化的独立性和同一性，强化情感和行为的内在共同体，甚至创造出一种语言。当前的战争强化了许多民族成为拥有领土的政治体的雄心。

文化权利必须被承认

一个人越是从理性而非偏见的角度看问题，就越感受到涉及"国家主义"和"民族性"原则之间交互关系时那种确定、奇异的反常。德国是把政治上的国家主义与国家具有完全主权，以及国家主义是一种崇拜和宗教这些问题整合起来的最突出的代表。俾斯麦非常有意识地坚持这样一种观点，即文化上民族性的时代已经过去了，国家必须在商业和工业利益的基础上通过政治力量组织起来，而这些利益又带有一种浓重的文化特征。从那以后，德国就成为一个国家了。这条原则解释了德国国家构成的许多特征，如果依据德国也是表现民族性之巨大的同质性国家之一这个事实，这些特征就很难理解。另一方面，英国——自从自由主义开始传播的格莱斯顿（Gladstone）时代开始——就是作为小的民族国家的权利的代表,就像它早期被认为致力于把希腊以及其他民族从土耳其的控制下解放出来那样。但是,不列颠帝国,从其内在构成的立场上看,展现了民族性最大限度上的异质性。在美国,我们的情境截然不同,我们可能是唯一一个民族性原则中没有政治立场的民族国家——除非政党发现,为了保证选举,使它们的选票代表多种多样的民族性是一个非常方便的举措。但是,除了在一种非正式的途径中,民族性的原则并不会在像我们这样的国家体制内得到承认。在这里,公民身份和民族性都是独立的。

我已经强调了政治意义上的国家主义原则和文化意义上的民族性原则之间的冲突,因为在我看来,这正好说明了问题所在,而这些问题需要花费大量的聪明才智去进行适当的调整。试图逃避问题和试图完全独立于历史条件去解决这种两难处境,是完全没有意义的。然而,存在着一些非常明显的一般性。其中之一,是由于迫害、敌意和缺乏忍耐而产生的将文化上的民族性变成一种政治上独立国家的热望。在爱尔兰人、波兰人、吉普赛人,以及我认定还有犹太人中,由于没有得到公平的对待,应该享有的政治、经济和文化特权没有得到应有的保护诸如此类的事实,他们敏锐的民族性意识已经被激发出来并得到加强。我们知道,很长一段时间以来,德国都试图根除德属波兰地区的波兰文化,阻止使用波兰的语言和文献,并用德国语言替代之。这种反应强化了波兰民族以一种非常独特的方法保持自身文化、传统和理想的决心;同样的结果发生在爱尔兰人、吉普赛人以及其他各种民族身上,尤其是那些在土耳其控制下,比如说塞尔维亚和巴尔干地区的民族——那个时候,土耳其和今天相比,在政治上更有权势。有一条原则看起来非常清楚,那就是,假如想要得到持续的和平,一定需要承认文化权利和每个民族的特权,承认它拥有自身语言、文学艺术、理想、关于世界的道德和精神观点、完全宗教自由的权利;同时,政治的自主性也一定与维持普遍的社会统一相吻合。

应该鼓励文化上的交流

文化中一致和统一的概念有点让人厌恶,人们不能幻想世界上所有民族都说沃拉普克语(Volapuk)或世界语(Esperanto),产生同样的思想、同样的信念、同样的历史传统,以及对未来的理想和渴望。多样性才是生命的情趣所在。社会制度的丰富性和吸引人之处,取决于各个独立单元之间文化上的多样性。如果民族都是一样的,它们之间就不会有交流。但是,最好还是要交流。我相信,从地理分布的角度而言,这样的观点也是有益的。美国是一个非常有趣和有希望的地方,这正是因为,它有着如此多的地方性差异;正是因为南方人和新英格兰地区的人是不同的,中西部的人和最西部的人也不同。这些分散的区域性,为美国人的生活贡献了自身的多样性。种族熔炉的理论总是让我非常难过。主张美国所有的构成要素——包括地理上、民族上和文化上的要素——应该被放进同一个熔炉中并被转化为一种统一的、不变的产品,这个观点是令人讨厌的。同样的感觉会让我们承认其他人的个性,在人与人的关系中尊重其他人,也会让我们尊重在文化特征上非常多样的各种要素;正是这些要素,标示出我们的国家的生活。比如,我希望芝加哥永远不要试图成为另一个纽约,一个纽约就足够了。在一个具有许多独立健康生活的地方,人们会为了进行内在交流和文化上的交流而提供民族性。

假如这还没有阻止团体之间灵活和方便的交流,那么,它就会刺激每个团体文化上的创造力。因此,我相信,在朝向将来的每个长期组织中,我们必须为每个民族性保持一个机会,以培养自身独特的个性,同时使这种个性不会成为其他民族或团体福祉的威胁。

小民族在政治上的独立是不可行的

在政治问题上,我不认为民族和文化民族性的原则能够成为未来稳定政治组织的基础。以爱尔兰人为例,大多数美国人相信爱尔兰人应该进行地方自治。但是,在爱尔兰地区建立一个拥有完整政治独立性的国家看起来几乎是行不通的,也是不合适的。这和经济趋势是相违背的,甚至可能威胁而非保护世界将来的和平。任何未来国家生活组织的坚定和稳固的基础,都必须考虑商业、工业和财政要素,而这些要素的运作是跨越民族性分界的。政治上真正独立的民族的数量,看起来正在减少。不考虑圣马力诺、哥斯达黎加等国家,只有五十个民族在世界上有政治主权。如果把刚才那些国家都算上,我相信,数量会增加到六十六个。战争使这一事实变得非常明显:工业力量扮演了一个主导性角色,因此,从一种低层次上说,不重视经济的政治体成了寄生性的机构,而商业上独立和富有进取性的国家呈现出更加重要的地位。商业和经济的要素应当通过一些独立的标准成为现实,从而把主权学说从形而上学的领域中解放出来;而在我们当前的政体下,小型的经济体如此互相依赖,以至于对它们来说,主权成了一种虚构。比如,美国的经济资源对其政治前景的保护,要好于任何规模的常备军队所起的作用。

因此,要确保世界将来的和平,就必须考虑到民族的文化自治,也必须考虑到经济上的相互依赖。小民族的权利不能通过任何战略性的边界规划以及外交上法律义务的计划而得到保全,除非这些安排被另一些充分的考虑所补充,这些考虑包括对支撑世界贸易的原材料、食品、土地和水利渠道的所有权。这一点在罗斯福先生最近对里雅斯特(Trieste)的关注中能够得到说明。他说,考虑国家人口方面的因素,这个地方必须给予意大利,但由于其是奥匈帝国的出海口,后者必须在这个地方享有完全的商业权利。从较古老的立场看,这就像是说,为了之后在某物上面涂黑,我们要先在上面涂白。我们旧有的、依赖政治上主权独立的政治方案,并不考虑在自身领土内进行经济上的调节和让渡,就像独裁的帝国不会考虑辖地内小民族的文化权利那样。持续要求完全的主权不会提供补救,而必须提供最大化的文化独立性,同时系统地考虑解放工业和经济的独立性。一旦我们允许政治上国家主义原则践踏另外的两种原则,我们的国际关系就处于危险的境地。

为什么犹太复国主义会诉诸政治家

291

把这些原则用来说明例子当然是非常困难的。但是,有些东西是需要原则的。当用于犹太民族性时,只要它涉及犹太人在任何一个可以发现其民族性的政治体中对于公民权、政治、语言和宗教自由的公正要求,这种原则的应用就显得非常清楚了。目前,没有某种确定的政治地位标准,很难保护和维持这种文化自由。如果我没有搞错,犹太复国主义对那些对未来国家间和平交往的组织感兴趣的人提出了许多要求,因为这种组织不仅保证在新国家建立的特殊场所中能自由地发展文化,而且它提供了一种在所有其他国家产生和发展文化民族性的杠杆作用,而这些国家常常聚集着大量的犹太人。另外,犹太国家在世界上的建立会成为反对不平等行为获胜的一个鼓舞人心的符号,也是民族性成为自身权利的一个符号。从这种观点来看,我认为,犹太复国运动是一种有权利要求引起政治家以及所有关心世界和平组织未来的人的兴趣和同情心的运动。

对我们退步的解释①

在发生的事件面前,我几个星期之前为这些专栏所写的关于思想征召的东西很奇怪地有些暗淡和不着边际。针对宗教偏见讨论的不宽容发展得如此迅速,以至于好像过了好几年似的。面对现在盛行的剧烈反应,对理智的赞赏听不见了;而在激情的阵阵咆哮中,理性的声音变得很小了。面对背叛和不忠,既不可能也不会有对话。不可能有比著名的学术权威提出的构成背叛和不忠的观点更流行的了。这些权威说,随着美国参战,原先的固执己见成了反叛,原先的愚蠢变成了不忠。当简明扼要的雄辩替代法院的判决,当这样一种言论在为武断地解雇大学老师辩护时被热情地引用的时候,诉诸理性就没有意义了。我们不可能忍受背叛,而如果你想知道什么是背叛,答案既确定又滑稽:背叛是惹恼大部分忠诚公民的所有观念和信仰。暂时地,宪法保守的支持者都站在道德暴民统治和心理私刑的一边。在这样一种环境中,一种镇定地查找固执和愚蠢原因的努力自身会显得不忠。

不再诉诸理性,而是诉诸事件。事件的结果将会如何,很显然要取决于历史事实。每个地方,即使在那些不像美国人这般习惯于自由批评和自由谈论的民族中,那种想要使观念服从团队(club)、信念服从胁迫的努力都会被自身打败。唯一尚未解决的问题,是关于回应的时间和采取的方向。一个人可能希望,开始的突然性会预示快速的恢复,虽然他并不赞同那种认为它将变得猛烈、极端的期

---

① 首次发表于《新共和》,第13期(1917年),第17—18页;重新发表于《人物与事件》,第2卷,第571—575页。

待。除非要求停止,否则,大多数安静镇定、有序地实践自己意志的美国民众会被激发出一种赞同公平条件的意外愤怒。就像我写的那样,是否拥有一种米歇尔(Michaelis)也会嫉妒的权力的华盛顿官方,会拒绝披上命令和冲锋的外套。如果他这么做了,可能这种行为就标志着一种转折点。如果这种举动不选举希尔奎特(Hillquit)做纽约的市长,那就很接近像俗话说的那样,这么做一点都不好笑。

因为是这些事件,而不是哲学家所说的理性的话语,现在成为决定性的因素。因此,我们最好探究一下忽然退步的原因,而不是说一些没用的话来进行反对。和平主义者和狂热的爱国者——他们的思维模式有很多共同点——都告诉我们,并不需要解释,这种现象是战争心理学不可避免的伴随物。对此,我是持怀疑态度的。根据各种各样的报道,我们几个月来在固执的道路上走得比英国几年时间走得还要远。法国太忙,也太严肃,以至于它不能这样放纵自己。我们必须到德国去寻找一种一模一样的同类,就像我们必须到德国教授中去寻找一种和美国大学中应用科学领域一些教员的行为非常相似的东西,他们的行为甚至会说服一名实用主义者相信纯粹科学和应用科学之间存在差异。而德国,正像我们充分意识到的那样,由于一些特殊的原因表达了其愤怒的不宽容态度,尤其是因为统治的是温顺的人,而且在事实方面受到误导。不,我们不能接受所谓战争心理学这种随意的解释。发现特殊原因的要求唤起了好奇心,而实际的发现有助于一种合理的恢复。

在我看来,第一种解释表明自身并没有给我们什么启发。在某种程度上和在某些例子中,忠诚以一种热烈而又固执的方式表现为实现个人目标的手段——无论是一种长期看中的妒忌带来的满足,还是一些从长期经济斗争中获得的直接胜利成果。毫无疑问,有些人决心要以这种方式来利用战争形势。但是,成功取决于有一些经过更少的考虑、具有更多自发性和普遍性的要素在场。在这些要素中,我首先要对我们国家统一的程度提出怀疑。当前许多不宽容所产生的暴力证明了这样一种疑虑,我们人口中的多元要素毕竟还没有像我们期望的那样融洽。在战争之前,关于归化的美国公民的问题有许多不明智的言论,没有爱国心的军国主义者如此放肆地纵容自己谴责我们国家的移民,这引发了一种微妙的不安。我们有充分的证据表明德国人的阴谋,以及对一种全面防止分裂行为要求的不忠诚,而这种分裂的行为从法律上说才是真正的背叛。但是,各种各样自以为是的领导者和喧闹的社团在通过不信任而促进分裂上,并非问心无愧。对那些胆敢在政策上同他们持不同意见的人,他们就散布这种不信任。这样一种不确定的狐疑气氛,正是那种最有可能引发背叛的东西。这种由各种方法制造出来的背叛,产生了一种不确定性,而这在原先是不存在的。考虑到我们远离欧洲、历史的独立性以及人口的多样性,认为将来的历史将对我们国家行为的确定和统一感到惊讶,这是一个非常可能的推测。让我们期望,它不会被要求认定,记录中严重的缺陷来自那些人的分裂行为——他们在兴奋地准备去发现和揭发时产生了一种不一致,而原先存在的实际上只是一种不能赞同的意见上的不一致。尤为特殊的是:假如最终表明因为俄国革命,来自俄国的移民可能已经赢得了美国战争政策的热烈支持,这种政策与用一种冷淡的道德压迫替代一种同情的诉诸争论所提供的支持是不同的。那么,当前顽固的爱国者就会被加上一种沉重的责任。

对我们来说,另一种解释会显得更加可信,并预示一种健康而又快速的恢复。我们不习惯战争的方式,就像所有热切而积极的新手一样,我们积极地努力着。自宣战以来,在许多方面,我们都遇到障碍。即使不那么优雅,那种展示也并非完全讨人嫌。就所有狂欢的年轻人来说,显现引起的乐趣是与情感交织在一起的。我们不熟悉战争的方式和方法,我们不能展示诸如法国式的规整庄严,他们在国家危机的冷静呈现前已经生活了数十年了,这并非我们的耻辱。参战确实打破我们长期保持的平衡,并非因为我们反对战争;而是因为我们不只希望完成好这项工作,而且希望迅速、广泛地完成它。处理所有事情并立刻行动,提供最多的战争贷款、最多的飞机等等,这就是我们的期望。

我相信——虽然我的希望可能是我信念的来源,我们对观念多样性的不宽容以及自愿以忠于民主的名义压迫民主中公民自由的行为,仅仅是我们匆忙、有效地参战的一部分,是动员的冲动的一部分。谢天谢地,只是因为我们历史的和既定的非军国主义传统,这些必须临时准备。只要情况确实如此,积极的成果将恢复理智,因为它意味着达到成熟、自信以及有序的纪律,而这些意味着从幼稚进入成熟。同时,对那些相信战争比之前更加有侵略性的自由主义者而言,这个也适用于他们反对那些信仰战争的反动派——以及那些相信恢复已经严重丧失信用的政治权威,最好的办法就是一看到背叛就对其大声指责。让那些因为权宜之计被动地忍受自由言论和行为侵袭的自由主义者也一起商议,以免他们成为国内保守派以后胜利的垫脚石。

为农庄征募[①]

国家之间的战争乃是系统的社会和经济实力的较量。军事力量只是国家组织中的一个要素。最终决定胜利的,却可能与农民有关。据说,获得胜利的是那种能够把最后十万人推上战场的国家;可是,如果这些人胃里空空,那把他们推上战场也没什么用处。

由于他们能给国内的人民和武装部队提供食物,轴心国给他们很高的评价。专家们观察来自战场的报告还不如说是来自农庄的报告。对德国来说,比另外百万人更重要的,是即将到来的谷物收成。对我们来说,比一支千万人的军队更重要的,是忠诚的美国农民。食物决定我们能赢得战争。我们必须关注一切能够帮助生产和经济消费的东西。美国学校的学生可以确定和有效地服务国家,通过帮助耕犁山姆大叔的土地而实现教育的结果。

世界面临严重的粮食问题。国际农业研究所的报告表明,多年来首次在世界上所有能够得到的玉米、小麦、黑麦、大麦和燕麦供应中存在着一种严重的不足。大卫·鲁宾(David Lubin)估计,缺口大概在1.5亿蒲式耳,小于国家开放贸易的正常需求量。这个问题并不是一个普通的问题,而是我们在国内的美国人必须面对的问题。刚刚发布的粮食报告表明,小麦的供应量比去年少了54万多蒲式耳。在堪萨斯州和内布拉斯加州,冬寒和干旱会对这些地区的总产量产生巨大的冲击。

[①] 首次发表于《哥伦比亚战争报》(*Columbia War Papers*),第1季,第1册,纽约:哥伦比亚大学情报与宣传部门,1917年。

与这些连在一起的,是农业劳动力的普遍短缺。在中西部,普遍的工业发展,使得农业的劳动力流向工厂。在大西洋北部的各州中,军需品和其他战备物资的生产,使人们离开了农业。南方的黑人前往北方,在北方的铁路或者其他企业中工作,他们在那里的劳动可以得到更丰厚的报酬。与这些合在一起的是另外一种同时发生的要素,即自 1914 年仲夏开始,就没有移民从欧洲进入美国,而因为公开的敌意,却有大量美国人逃到欧洲去。现在没有足够的人手来管理我们的农庄。假如我们征召学校的孩子们从事这项工作,他们肯定可以给他们自身,也给这个国家赢得有益的收获。

那么,学校的职责是什么?在为食物而战——这一定是一场战争,学生可以有所作为。训练学生用铁锹和锄头进行播种,比拉着美国的年轻人绕着校园操场来回跑,会得到更好的结果。对 14 岁的男孩进行军事训练,没有什么价值。拿着来福枪瞎比划,对他们没有什么意义。但是,有一种工作对他们来说是重要的、有价值的和有教育意义的。它首先给教育者和教师提供了一个机会去发展一种建设性的爱国精神。它使得教师能在一代人的成长中,帮助他们在与自然的伟大斗争中发展出一种普遍服务(universal service)的理念,这是某种美国特有的且非常伟大的东西,这不是从欧洲移植过来的一种军事观念。它提供机会来表达那种为国家服务的观念,这种观念不是那种破坏性的观念。绝对不能怀疑一种"军国主义"的影响。农业性质的工作,允许我们在伟大国家和超级国家(super-national)竞争中动员我们的孩子。为了经济的生产,它将雇佣许多没有经验的、因为过于年轻而不能参军的劳动力。它也会给孩子们一种健康有益的训练、一种意味深远的实在感,而一种在履行工作中服务的感觉是非常有帮助的。

战争期间,我们只能提供一种时尚,那就是去进行农业劳动。但是,如果只是 12 岁,来自伊利诺伊州堪卡吉的小威廉·考宁·史密斯(William Corning Smith)在他尊敬的父辈面前,把他的小铁锹插进黑土地中,那是没用的。在土地上进行个人的、未加以组织的、没有进行农业方面恰当准备的工作,可能比没用的劳动还要糟糕,它有可能是浪费。没有一个综合利用学生群体的一般规划而进行的盲目努力,是愚蠢和误导性的。州、县甚至国家机构都需要使这种潜在力量得到利用。纯粹孤立的努力,不会在给国家提供帮助和教育孩子方面有什么成果。有组织的工作会带来增进凝聚力的巨大精神效益,同时也会让孩子们对国家和共同体的服务感兴趣。它也会引发一种团体精神,而这能够成为国家使用的资本;也会使那种正常、自然的、通常是对于体育的兴趣,转化为打开朝向忠诚工业教育训练之路的工作。

有组织的工作会保持学生的兴趣。其中,没有那种来自独立工作的苦差事。一种恰当的体制会利用社会和集体性的本能,成功地维持一种没有社会支持就一定会减弱的兴趣。对于本地区的学生有科学的动员,使得他们可以分布在种植、采摘果实和收割的各种服务中。在匆忙的工作季节,在有效率的单位中,他们一定会非常有用。不过,他们却不会被劳动市场所打扰,也不会成为"工贼"。

当然,乡下和农村的学校有最好的机会组织他们的孩子们进行农业劳动,但城市中的孩子也可以被送到乡下安营扎寨,同时在土地上工作。特别是在假期,这是非常可行的;同时,也会让孩子们从拥挤的城市街区中抽身出来,给他们新鲜的空气和健康。在我们城市周围,许多旧时代的农庄现在都变成有钱人的庄园。特拉华山谷和长岛有许多这种庄园。在这些不再进行经济生产的肥沃土地上,学生们可以组织起来进行有效的工作。他们在那里会获得一种关于自然世界的知识、有效工作的纪律、对乡村生活的熟悉和开阔的视野。学生的这种迁徙可能会导致一种有秩序的、每年从城市流动到农村的制度,这将会给身体和教育带来巨大的益处,并且有助于改变从农村到城市的潮流。

内政部教育委员 P·P·克莱克斯顿博士最近说:

在美国的都市、城镇、郊区以及制造工业区和采矿区的学校中,有近六百万年龄在 9 岁到 16 岁之间的学生。他们中大部分人,一年有一半时间都无所事事。他们一年在学校的时间少于 1000 个小时,一天有 10 个小时可以用来睡觉,而醒着的时间中有超过 4000 个小时不在学校——平均一天超过 9 个小时,还不包括星期天。国家和州法律使他们中的大部分人不能在工厂、矿区或商店中从事任何有利可图的工作。他们中的很多人形成了懒散的习惯,变得堕落了。即使在放假的那几个月中,也只有大概 10% 的人从事有收益的工作;只有大概 5% 的人,离开家几天。尽管如此,他们也要生活,要吃饭穿衣。

这些人中的四百万人可以使用后花园、侧庭、前院和空地,这些地方都可以像小菜园一样被耕耘,以生产蔬菜和浆果。许多人居住在很容易被腾出来养殖鸡、鸭和鸽子的地方。对不少于六百万的较大的男孩和女孩以及成年男女来说,他们在办公室、商店、工厂和矿区完成每天常规工作之后,最好的消遣和休息是花一两个小时在菜园中劳动。他们也很容易为此腾出时间。

在一些明智的指导下,这些学校中的学生以及较年长的男孩、女孩、成年人,很容易就可以在可利用的土地上通过种植蔬菜和浆果平均每人产出75美元的价值。这些蔬菜和浆果可以自己食用,也可以卖给附近的邻居。这些东西在当季的时候新鲜脆嫩,也可以很卫生地进行包装、保存,留待冬季的时候享用。这可以在没有运输和储存费用、没有中介费用的情况下,给国家最佳的食物供应形式增加7.5亿美元的价值。正如许多实验所表明的那样,这种估计还是相当保守的。

除了经济收益,这也是为了孩子们的健康和体魄,使他们远离堕落的诱惑,使他们受到最好形式的教育;而对于较年长的人来说,则可以在户外休息和消遣,享受观察事物成长的乐趣。

这项工作必须被计划和引导,以便能收获其教育上的价值。孩子们不仅应该获得一些农业的知识,而且必须努力在耕耘中学习、探究作物的生命和成长,研究昆虫——那些帮助农民和那些危害他们的小东西。此外,还应该安排一些机械和算术方面的基本训练。

这不是一个梦,
它可以实现。
美国的老师们,
这个学年只剩下六周的时间,
现在正是开始规划的时候了。

学校董事会和教育机构应该着手制订计划,拖延是危险的。假如老师和家长与学校当局通力协作,这项国家教育和生产的工作就会取得成功。就算我们没有参加战争,就算没有粮食短缺的情况,这项工作也是值得的。但是,鉴于我们已经加入战争,并且已经出现粮食短缺,家长、老师和学校就有责任考虑把学生组成一个个农业生产小团队。

就像孩子们不会以孤单和分散的形式行动那样,老师们也应该寻找各种合作的方式。比如,争取学校董事会、有影响力的公民、农民以及诸如玉米协会、罐头加工协会等所有现有机构的同情;请农事顾问、农业大学和实验站帮助制订计划和进行监督。给予能干的男孩、女孩尽可能多的领导权。可能一些人在书本学习中并不灵光,可一旦给予积极的实际职责,就会显露他们的才能。这项工作是为了整个共同体的利益,那么,就让它在一种共同体精神中完成。

不过,第一步还是要由教育者迈出。他们才是既和年轻人又和共同体中的其他成员有联系的人。如果他们能够应付自如,那么,这项工作一定可以完成。而如果他们认识到这项工作的性质,他们一定可以应付自如。这是一个把学校同生活联系起来的机会。这是在世界历史上第一次在战争期间发展一种建设性、实业性而非破坏性、军事性爱国主义的机会。没有种族和信仰的区分,甚至对原先支持什么、同情什么也再不计较,所有人都可以加入进来。这不仅是为我们自己的国家、为我们与之一起战斗的那些国家服务,也是在将来和平再度降临时,为整个世界服务。

评 论

职业教育[①]

《学会获利》(*Learning to Earn*)
约翰·拉普(John A. Lapp)和卡尔·H·莫特(Carl H. Mote)
印第安纳波利斯:鲍勃斯-麦利尔出版公司,1915年

  这个叮当响的题目,并不能恰当地概括这本书。这不是一种以人们熟悉的"商业学校"模式为纯经济教育论证的观点。这是对于改组国家传统公共学校教育需要的一种有力、合理的陈述。这一需要是从组成国家的人民的社会福利立场出发提出来的。对于传统教育的指责,并不在于它不能使接受这种教育的人赚到钱,而在于它适合那些有着极佳经济机遇的少数人,却"不由分说地应用到大多数的孩子身上,他们中的大多数在14岁的时候就离开学校"。在改组的规划中,压力不在于金钱上的收益,而在于一个真正有普遍教育的国家中的必需品问题;这将使得对所有人而言,机会的平等成为一种真实,而对不同的个人能力和兴趣的适应也包含在这个理想中。我赞同作者的这种观点,过一种有益的、体面的生活的能力,是实现这一理想程序中一个非常重要的部分。我唯一的批评,在于书的题目不必要地给了那种反对教育变革的顽固派一个可乘之机。

  书的副标题显然更具有描述性:"对职业教育的一种呼吁和规划"。考虑到书中的内容,这个副标题应该被理解为对一种教育制度的呼吁和规划。在这种制度中,所有的教育都应该有利于个人的幸福和理智进步,有利于物质上收益的生活;同时,有利于在产品和方法上对团体有用的生活。更重要的,在于这样一个事实,即这个国家已经过了粗放型、大规模的阶段,而进入一个强调质量和调整细节的阶段。前者的标志是对自然资源的浪费和对人类生命的冷漠,同时伴随着把注意力仅仅放在原始质料以及粗糙的方法上。除非情况开始恶化,否则,

---

[①] 首次发表于《新共和》,第6期(1916年),第159—160页。

将来美国的显著特征一定是保护资源和生命。同时,给个人装备上训练有素的聪明才智以及丰富的技能,使他们可以在一个复杂的社会中熟练地行动。

这一开阔的眼界,使作者不会把实业教育仅仅作为世界商业竞争中的一个要素,也不会使他有那种倾向,即把这种教育仅仅作为给雇主提供更多熟练工人的策略。问题的复杂性已经被认识到了。书中清晰地指出:"没有关于工商业生产过程的充分知识,工人的要求或者实现成功和效率的条件只有在一种合理的工商业教育的基础上才是可能的。"它认真地指出,工业和教育之间恰当关系的建立,"可能意味着对工业的完全整顿,以便在国家决心确定工人就职标准的时候,适应新的状况"。假如更多地强调细心的工业学习的要求,以及工人的需要,更坚持国家对与工人教育效果相关的工业的控制,本书的基调会显得更加激进。我希望,在这些问题上能有更多的讨论。但是,一个人不可能在一本书里做一切事情,况且对这个问题尚未有什么陈述,能对问题的各个方面作详细研究。我自己都不知该说些什么。不过,总而言之,这本书是最完整的调查,一节一节地从不同的方面讨论现存教育中的工业问题。它甚至包含一节关于为了职业目的而对图书馆进行的利用——在这个主题中,许多为农庄、家庭、商店、商业进行就业指导和训练的人,也可以学到很多有用的东西。总之,作者提供了一个袖珍指南。对于在我们日常生活中有机会接触公共学校系统重组的报刊撰稿人来说,可能也有必要参考本书的内容。

德国精神的悲剧[①]

《德国哲学中的唯我主义》(Egotism in German Philosophy)
桑塔亚那(George Santayana)
纽约:查尔斯·斯克里布纳出版公司,1916年

除了桑塔亚那先生,没有其他人能够写这样的书。这本书试图指出,自从新教革命以来,德国思想在目标和方法上都一贯是唯我主义的。唯我主义意味着"思想上的主观性和道德上的任性"。思想上的主观性,宣扬不存在真理的标准和观念的完满;它们是无目的的,因而与其说有对错,还不如说(就像所有直接经验表明的那样)"就像一部音乐作品,或多或少都会有丰富、精细或者激烈的一面,或多或少会与自身一致"。道德上的任性,意味着与外在世界的对抗扩展到厌恶民族的原初经验,厌恶那种包含在制度和古典文献中,能够为生活提供方向的集体智慧。它绝对地相信意志、冲动、瞬间的偏见,就好像在有意识的欲望和意向中展现自身一样。德国的道德家都是"轻率鲁莽的。他们并没有说不怕麻烦地去解释作为一种天赋的、多方面的、无意识、不怎么变化的人性,而是从仅仅作为一种态度、有些偶然、刻意和狭隘的绝对意志开始"。他们没有学会尊重人性运作其中的条件,因而他们的道德"在理想中终结",而不是在艺术中终结。这些理想只是激情投射的影像,而激情和理想又"与经验混合起来,并被应用到物质中"。

德国思想的这种流行气质在最初的新教教义中就表现出来了。这是一种宣扬每个人灵魂的职责,以便在自己的精神中重新解释《圣经》的权威和教会的职能。这也预言了德国的先验哲学,因为这首先是为了消除公认的所谓知识进行的一种批评,然后就是一种外在于证据或者不考虑证据,同时遵照内在冲动的赌

[①] 首次发表于《新共和》,第 9 期(1916 年),第 155—156 页。

博或者要求。在莱布尼茨、康德、歌德(有所保留地)、费希特、黑格尔、施蒂纳、叔本华和尼采那里,单纯自我的言说伴随着它已经给予自己的各种表达。总之,任性的主观性与"异教崇拜"(heathenism)是一致的,也就是说,与一种极具稳固性的、批判一切来自外在强迫和权威控制和指导的动物本能是一致的——这是一种由于其自身当下原因对生命的直接之爱,它批评把快乐当作一种不足取的与将来结果的妥协,当作一种自我在外在事物面前的退让。要快乐,一个人必须被训练或者"驯服",这就背叛了生命力的原则;当这种原则成为绝对的时候,就会把外在世界当作自身的观念,把自身当下的冲动当作无条件的命令,就像异教徒所做的那样。当它不批判艺术的控制,而是发现一种艺术(即音乐)非常适合其自身的天赋时,这个原则就发现了自身的最佳表达。德国的天才已经注意到那种由于把天赋耗尽在对对象的兴趣中而经常默默无闻地消失的东西——也就是那种灵魂总是对对象进行判断的情绪性内在意见。如此专注于感觉,也就是居于分裂的世界之中;当感觉不奠基在外在事物中时,它是自我决定、自我强化的。音乐是这样一种精神艺术,对它来说,世界依旧是外在异质的。这既是一种特权,也是一种缺陷。"在世界中不觉得安适,首先因为可能出现在灵魂中的回应而珍惜它,拥有一种能够做出回应的灵魂——这些难道不会成为比一种完全肤浅的精神、一种只能反映这个不太美丽世界的感光板更令人羡慕的天分吗?"

我说过,只有桑塔亚那先生能够写出这本书。然而,他所描绘的这幅图景可能被许多批评家涉及过,但后者缺乏他的简明扼要——整本书加起来没有超过两百页,也缺乏桑塔亚那先生特有的优美语言。要引用这些优美语言,几乎就会引用整本书,但是有一个例子连我自己也无法拒绝,虽然可能只有专业的哲学家才能够意识到它的妙处。"莱布尼茨允许自身的精神在其孤独界限内运行,对于外在广阔天地的推论则更谨慎的康德还原为在内在监狱墙壁上进行的涂鸦。这种涂鸦,康德正式地称为纯粹——也就是无需证实——理性的观念;然而,在其自身的能力范围内,他逐渐继续同意莱布尼茨并相信这些推论是正确的。"但是,别人无法做到的,还有把透彻的批评与对某些根本上说非常不错和有希望的东西的同情结合起来,这些东西来自人们把目光从传统和权威上转移到基本的人类利益上去。

即使当桑塔亚那先生嘲笑德国主观主义的时候,人们也经常会有这样的感受:他在咒骂的时候,也是在赞美——就某种程度上说是如此。好像当从拉丁精神,也就是古典和天主教的精神立场批评德国的天才时,他的注意力也从没有放在要阴谋上,也没有那种难以控制的嫉妒。无论如何,他以一位艺术家具有的敏感,公正地对待任何被他批判的学说中他认为正确的东西。因此,他在谈到尼采时说:"他感到——这是他强力、明智的一面,是他对将来的寄托——生命必须依照它所是或者可能是而被接受,而错误的信念、空洞的期望和伪善以及强迫性的美德应该被抛弃。"当桑塔亚那先生看到并宣扬幸福只来自生命力与艺术的一种结合的时候,他也看到他自己古典的先辈所没有看到的东西,看到德国哲学和理性提倡的使命是什么——即艺术自身终究是,在本能与自然以及人类互动所创造的条件下,本能和生命力、动物性偏好的成果。因此,他的批评并没有像那些在古典传统中、在理性和艺术跌落中保持信仰完整的作家那样完全和彻底。即使他对浪漫主义进行了严厉的攻击,其中也有一种在那些作家中完全找不到的细微的同情,但是为什么要指名道姓进行批评呢?

　　已然如此,为什么不能走得更远些?桑塔亚那先生省略了德国制度方面的很多内容。他提到,德国哲学的辩护性特征——除了叔本华和尼采之外——毕竟从路德开始,已经承担起在直接人类经验的所谓权威中恢复了教会和国家中传统权威的整个职责。但是,这种方法允许他只把不那么重要的东西赋予它。可是,他发现的那种如此令人不快的特征、无节制的唯我主义,难道不可能根本不与诉诸人类经验以及太过人性的自我有什么关系,而是与这样一个事实相关,即虽然有各种批评和分离呈现,但是从一开始,人类经验就被迫成为为权威建立起来的东西辩护的理由?桑塔亚那先生说,德国精神"把它所接触的所有东西都变成其自身生命的一部分,这是个人的、自发的、真实和原初的。它是充满活力和自给自足的"。有什么东西比发现自身被迫去证明,旧的、强迫性的、受管制的、被训练的、非人的、强制的东西恰好是原初的和真实的自发性会从自身中发展出的那种东西这一点,让这样一种精神受更多折磨,对于结果的真实性更加致命?桑塔亚那先生已经注意到德国思想中内在自由与外在屈服之间的巨大裂缝。毫无疑问,我本人的意见使我强调把这种精神当作德国思想中令人厌恶部分的原因,以至于认为这反映了德国人的生活。但是,假如德国的天才果真如桑塔亚那先生说的那样,那么是否不大可能精确地持续局限于政治路线——这些路线与如下的责任是对立的:从对经验中原初、质朴、有生命力和非强迫性事物的真诚的、全面的兴趣,转化为一种受折磨的和不快乐的唯我主义?它缺乏外在的条件,单凭这些条件就能确保其在生活艺术中的表达不得不依靠自身,并为了在一种理论上和情绪性上自作主张的任性放纵(self-as-sertion)中得到补偿,这种自作主张进而给予那些天才从根本上反对的事物以附加的实践性的力量。

  由此产生的问题,不只具有哲学上的意义。它还涉及德国与其他国家将来的关系问题。假如我可以证明我的问题,那就是德国必须获得民主政府,只有这样,它才能成为它自己;同时,当它达到那种对于其天才而言是天赋的表达时,它将在组织性的社会生活中增加一种人类快乐的形式和支撑,而这些是其他民族的民主尚未达到的。但是,假如思想和意志中的唯我主义是天然的,而不是生命冲动和对应的制度设置之间冲突的结果,那么,德国自身变得越令人钦佩,它对于其他国家而言,就越发是一种梦魇和威胁。

赫伯特·乔治·威尔斯,神学编码[①]

《上帝,隐形之王》(God the Invisible King)

赫伯特·乔治·威尔斯(H. G. Wells)

纽约:麦克米兰出版公司,1917年

现在回顾起来,威尔斯先生长时期地着迷于奇异非凡之物,开始呈现出某些特殊的意义。他对奇异之物的天赋现在展现为一种神学,这看起来与其说表明了对事物其他方面的兴趣,不如说是对这些其他方面非凡独特之信仰的兴趣,或者以一种更直白的语言说,把其他方面当作是超自然的。他在冒险中的陶醉,并不表明一种可能在表面平凡事物中的浪漫感觉——一种像斯科特(Scott)或者史蒂文森(Stevenson)说过的感觉,而是表明在某物之后一种非常紧急的状况,这是威尔斯先生想要的、一旦缺少了就不会高兴的东西。假如我承认一种在对现在的尽情展现中呈现出来的满足看起来总是内含其中,那是因为我发现一种对那隐匿愤怒的辩护。这种愤怒,是威尔斯先生的启示在我心中引起的。

《上帝,隐形之王》(它的出版,很幸运地与威尔斯先生攻击地球上君主政体的言论相一致),带着令人惊讶的明晰性,标示出布里特林(Britling)先生的神学暗示——这种暗示没有后面的标签,可能会被当作是宗教性的。在布里特林小说的最后部分中,一个愤世嫉俗者已经说过,布里特林先生发现自身独自处于黑暗中,发明了上帝来与之交往,同时也保证黎明的重新降临。但是,一个更有同情心的评论家可能在这本书中已经发现一种清晰的感觉,各种力量协作朝向一个更好的人类组织移动,即使在最黑暗的时刻;当对更好的感觉,对可能性的感觉照耀在最令人沮丧的现实上时,没有什么更加令人同情,也没有什么更高贵的

[①] 首次发表于《七艺》,第2期(1917年),第334—339页;重新发表于《人物与事件》,第1卷,第78—82页。

了。尽管偶尔把上帝暗示为有人称和有意识的,一个人还是很容易在这本书中发现对桑塔亚那关于宗教说法的一种例证:"我们所谓拥有一种宗教,就是有另一个可居住的世界——不管我们是否期待进入其中。"

然而,在《上帝,隐形之王》中,威尔斯先生不仅进入这个世界,而且拥有这个世界。他是一个向导,给需要引导的旅行者展示另一个世界中所有有趣的特点;他还是一个导游,当进入某些生命中黑暗的、未解决其不确定性的"视域"时,会变得前所未有的口齿伶俐,能言善辩。如其所示,已经存在一种"现代宗教"。而威尔斯先生没有成为先知的野心。对于他来说,成为收集者和记录者就足够了。威尔斯先生像教皇一样宣称:"这是一种已经作出的解释。这是一种陈述和记录,不是一种理论。在这中间没有什么东西是作者发明和建构出来的:我只是我同时代精神的记录者,我至多是把我遇到的事物和思想收集和放在一起——我已经把'科学'的陈述转化为宗教术语,我拒斥绝对的定义,同时重新整理那些成为对立面的命题。"阐明现代宗教是多么简单的一件事,而且还不只是一种现代宗教。

与所有东西都已然存在这一事实相对照,需要的只是收集、整理、定义、术语化,现代宗教的真实内容在我看来,反而变得不那么重要。但是,人们得到这样一个印象:威尔斯先生的例子没有这么断然确定,对他来说,过程的问题在于现代宗教必须在那里,而重要的问题则在于构成威尔斯先生是速记员这一正确信念的不到39篇文章。我不能挣脱如下感觉,即认为从既成宗教的事实到对其详细说明之间有一种巨大的落差。这个时候,我发现,我一定会从我的立场记录威尔斯先生记下的那些要点。"上帝是一种精神、一种单一精神以及一个人:他已经开始,永不终结。"相应的不利言说并没有被很清楚地表达出来。尽管有异端,一个人还会推论上帝是"三位一体"的,就像异端会把这个命题建立在上帝不存在的命题上,而认为上帝是物质的、非人格的异端思想要比认为它不存在受到更少的指责。虽然存在着"现代宗教不诉诸权威教义,不诉诸神秘事物"这一事实,现代宗教还是把上帝描述成"非物质的","其特性在于思想和意志的特性。在其本质中,他不仅与物质没有关系,而且与空间没有关系"。因为他已经开始并且不会终结,上帝确实与时间有关。"他存在于时间之中,就像思想之流一样。"而且,上帝是有限的且在生长的。他帮助我们,我们也帮助他。关于我得到的这两种帮助之间的确切关系,我必须承认,我没有清晰的想法。不时就会出现这样的说法,"现代宗教揭示"(威尔斯先生最喜欢的表达方式),上帝在人之中,并通过人产生出来;没有人的帮助,他什么都完成不了,成为不了。但是,它更经常"揭示",只有通过人完全忠于上帝产生的启示保证,人才会逃出自我主义,并达到极致。在公开的宗教象征主义中,这样一种不一致并没有什么。但是,在一种从科学转化来的确定的神学中,由于取消了绝对,它认为在收集和调整中存在一些困难。

与威尔斯先生保证记录现代宗教原则同样不同凡响的,是他深深相信在他的计划中,最近有一些非常引人瞩目和自由的东西。我想不到还有哪一种现代观念在对"三位一体"理论的怀疑中,在上帝作为一种个体创造性的全能力量上,在完满观念上,在为维持宗教需要一种教会组织等问题上,如此清晰,如此强烈,如此积极。威尔斯先生警告那些不能在神学理性主义的陈词滥调中跟随他前进的人,要离开热衷于冒险的精神、勇敢的热忱,这是对理性特征进行的富有启发性的评论,而威尔斯先生认为他的听众应该具备这种特征——否则,就会表明其自身只是刚刚受到教育的。他假定传统神学不是一种收集、一种刻画、一种定义和调整,以及原初时代中流行东西,这种假定中的纯真,表明我们可能正在处理与威尔斯先生及他自己想象出来对之言说的听众一样的思想状态。很难抗拒在提到威尔斯先生时责难的情绪,这种责难认为,各种委员会、宗教议会和集会在其时代也是一些"收集者"。

我长期怀疑,所谓盎格鲁撒克逊族领土上的福音思想是否比信奉正教或者清教徒主义来得更为根深蒂固。这一怀疑被威尔斯先生阐述伦理学(《生活规则》)的那一章所证实,这意味着一种对现代宗教的揭示。文学功能的多样性范围很广。"在为上帝服务中,我成了一名骑士,我成了我兄弟的监护人,我成了君主的一个负责任的大臣。"人们通过某种方式看到——或者,这仅仅是想象的错乱——"基督徒奋进会"成了圣殿骑士、独裁者的联合,首相指令和隐形王的全权大使,这些都带着福音主义作用的光彩而面带微笑。为什么因为他仍旧说一种在文化中不再时髦的方言就与桑代兄弟吵架?无疑,我们说的是同一件事。有时候,威尔斯先生甚至不需要去定义,或者把一种语言转化为另一种,也不需要重新调整。在新的宗教下,"对于所有人而言,都有特定基本的职责;一种持续的努力以便使自己适当而又聪明地为上帝服务……一种对低级动机的持续隐秘的警觉,这是一种对恐惧、懒散、贪婪、欲望、嫉妒、怨恨、无情的警觉。"根据充斥着这些启示素材的章节,我很乐于预言:这个国家中许多福音主义讲坛会表态,欢迎信徒接受威尔斯先生;同时,也会对他没有看见全部的光芒表示稍微的惋惜。我想,只有在英格兰,威尔斯先生才能实现那种全面抨击现代和危险倾向的雄心。

要不是有下面这一段,我几乎不会从所有这些中得出任何东西来。威尔斯先生说,仁慈的无神论者和那些"已经找到上帝"的人之间的差异在于:"仁慈的无神论者在其自身的善良意志上孤立存在,没有参照,没有标准,信赖他自己的善良冲动,依赖他自己的道德力量。……他并没有真正献出自身或者离开自身。他没有那种可以为之奉献的人。他的升华是以自我为中心的,是自负的。他……的奉献只是自身中的善良意志"等等。总之,对于威尔斯先生,从一种完全的唯我主义逃脱的唯一办法就是求助于巨大的另一个我(Alter ego),而这另一个我被冠以上帝的名号。然后,在我的脑海中出现了被称为"投射"(projection)的心理机制。当一个个体发现自身之内一种令人不快的、他不能有效和直接解决的冲突时,他就将之"投射到"另一个人身上,然后获得休息。不舒服的和痛苦的自我主义,在自身之内找不到安息之所,就创造了一个大到足以成为我们国王、领导者和帮手的巨型自我,虽然它是有限的并且不是世界的创造者。

然后,我想到每个时代、每个地方的那些卑下之人,他们生活在将他们与其他人、空气、日光连在一起的无限联系中,同时他们忍受痛苦和享受幸福的力量每天都会通过联系和交往而得以恢复,有些人感觉到这一点,但大多数人是模糊的。然后,我发现可以更好地理解下面两点:唯我主义给世界带来战争;同时,通过对现代观念中上帝进行新闻宣传而被提出来的唯我主义,沉迷于装饰一种停滞不前的唯我主义。依据世界大灾难的观点,这可能就是当代人的宗教信条。

为民众的战争行为[1]

《国家服务手册》(National Service Handbook)
公共信息委员会编辑出版,华盛顿:政府刊印办公室,1917年

当我为这些专栏撰稿呼吁一种应该诉诸理智的要求而非盲目情感的战争心理学时,我得到了一本信息手册的新书样本。这本书是由公共信息委员会的公民和教育合作部门准备发行的。这本有250页的书不是一本需要评论的"著作",而是一个信息的概要,已经被高度浓缩了,不可能再做什么概要——比如说,在内容表中,有十页仅仅列举了与战争相联系的公共行为的不同方面。有些较大的标题,只是主张劳动的标准;福利以及国内的博爱服务;救济欧洲战争的机构,有一百多个名字和地址详列其上;还有举行仪式的宗教组织;专业人士能够用到的各种能力技巧;战争的财政状况;战争对工商业的特殊影响;农业和食物供应;医药和救护服务——除了这些,还有关于陆军、海军和空军各种服役政策的完整信息。正如许多例子所展示出来的,工作的性质等于其范围,它通过区分的智慧而被熟悉。这本书可以用作图书馆和报刊办公室中的参考书,也可以为提供服务的个人和想要知道如何以及到哪里去提供服务的人提供帮助。它的这些作用并不是被高估的。但我承认,我的目的与其说是为了让人注意到它是一本非常有用以及制作精良的作品,还不如说是让人注意到它所指向的道德问题。这是一个样本。在一个特定但却重要的战场上,诉诸知识和理智引导,努力朝向确定理解和陈述的目标,这在我看来,是我们战备中显然需要和有效的东西。我只能认为,这本书如此直接地就是在华盛顿自愿服役的年轻大学生努力的结果,而这一事实是一个好的预兆。人们希望,这确实是我们国家气质的真实表现,而不是一种盲目的和用来启发我们的党派性的宣传。

---

[1] 首次发表于《新共和》,第12期(1917年),第139—140页。

杂 记

《实验逻辑论文集》序言①

1903年,芝加哥大学出版社出版了一本题为《逻辑理论研究》(*Studies in Logical Theory*)的著作。这本书是芝加哥大学"十年出版物汇编"的一部分。书中除本书作者也即《逻辑理论研究》的主编的四篇文章外,还包括汤普森女士(Drs Thompson)[如今的沃尔利夫人(Mrs Woolley)]、麦克雷南(Mclennan)、阿希礼(Ashley)、高尔(Gore)、海德尔(Heidel)、斯图亚特(Stuart)、摩尔(Moore)等人的文稿。那一版本的《逻辑理论研究》最近已经售罄,出版社的主任建议仅将我自己的四篇文章连同我在这个领域所写的其他论文一起再版。原始版本的各个投稿人热忱地表示同意,而现下的这本就是再版成果。第二章到第五章是从旧版本中选出的代表文章(进行了编辑修订,主要是做一些删节)。第一章和导言是专门为这本再版所写的;其他文章部分则是再版的,部分是重写的,它们来自我给不同哲学期刊的投稿。我愿意指出,名为《逻辑思想的几个阶段》一文先于取自《逻辑理论研究》的文章,在1900年已经出版,另一些文章是在那之后完成的。同时,我还要指出,这些文章的心理学方面是在现在已经变为行为主义心理学的观点上完成的,虽然它们中的一些早于其作为表述性称谓的术语的使用。

---

① 首次发表于《实验逻辑论文集》(芝加哥:芝加哥大学出版社,1916年),第5-6页。

《实验逻辑论文集》引言[①]

320　　对这些以此方式再版的论文主旨的理解的关键,存在于经验性的时间发展过程中。由知识意味着判断(因此,思想)的信念(这些信念在文章写作时比现在更流行)出发,这些论文试图表明:(1)诸如"思想"、"反思"、"判断"这些术语表示探究或探究的结果,而且,(2)探究在经验的发展中占据了一种中介、调节的地位。如果承认这一点,马上随之而来的是:那些在逻辑学理论中起重要作用的,关于区分和关系的哲学化讨论取决于在它们当时语境中合适的定位;因为没有这种定位,我们倾向于将一个阶段论题的特性转化为另一个特性,造成一个混乱的结果。

I

　　知识的中间状态(就是说,知识包含反思并且拥有特殊的理智属性)意味着一个不同类型的先验状态,它在论文中作为社会的、情感的、工具的和美学的等诸多方面被不同地表达出来。它可以很容易地在消极观点上得到表述:它是这样一种经验,不歪曲"知识"这个词语和经验,它就不能被称作知识经验。它可能包含由先验的探究产生的知识,它可能包括在其自身内部的思考,但它们并不因此支配情境或是赋予它特殊意义。可以肯定的是,认识到如下区别的人是占了
321　大多数:当水作为一个纯粹的事件来消除口渴时的经验,与水只是知识意义上水的经验之间是不同的;或者朋友间社会交往的快乐经验,与对某一谈话参与者性

[①] 首次发表于《实验逻辑论文集》(芝加哥:芝加哥大学出版社,1916年),第1-74页。

格的专门研究的经验之间是不同的;或者对一幅画的审美评价的经验,与一个鉴赏家对其进行考察来确定作者的经验之间,以及一个有着商业兴趣的经销商决定它可能售价的经验之间是不同的。对于那些不遗余力地去回忆在没进行反思或探究的时候自己在做什么的人来说,这两种类型的经验之间的区别显而易见。

但是,既然一个人只在他思考时,也就是说,只有当理智的或认知的兴趣是支配性时,他才思考知识,那么,专业的哲学家只是倾向于去思考所有的经验,就好像它们属于那种他专门从事的类型,因此,他有意无意地把它的特性放到和它并不相同的经验里去。除非在他用头脑对比刚才说到的那些经验之前,他就带着朴素的警惕,否则,他通常会形成一种习惯:假定根本没有性质或事物完全呈现在经验中,除非是作为某种理解或认识的客体。忽视然后否认,事物和性质在大多数时刻出现在大多数人面前,是作为在珍视和讨厌、探寻和发现、交谈、快乐以及苦难、生产和使用、操纵和破坏的情境中的事物和性质。他认为,事物要么在经验中整体缺席,要么在那里作为"意识"或理解的客体。这种习惯对反思和由其产生的知识所具有的**重要性**来说,是一个贡献。但是,通过一个误解而不正当地开始的、对知识的讨论,是不可能繁荣、发展下去的。

所有这些并不是否认反思或者推论的某些要素,在"经验"一词在某个方式上适用的任何情境下都是被需要的,比如在相比关于一个牡蛎或一株生长的豆类藤蔓的"经验"意义上。人们经历疾病。他们经验到的,当然是和理解的客体非常不同的某些东西。然而,极有可能的是:使疾病成为一个**意识经验**的东西正是理智因素,此因素干涉把某些东西确定地当作其他事物的代表。我写的关于非反思性(non-reflectional)经验的主要性质的论文,并非有意排除这个在我看来极端似是而非的假设。但必须注意的是,即使在这样的情形下,理智因素还是嵌入在一个语境中的。这个语境是非认知的,而且在其内悬而未决地保存着一个巨大的,关于其他性质和事物的联合体。在经验自身中,这些其他的性质和事物是尊重或厌恶、决定、使用、苦难、努力或反抗的对象,却不是知识的对象。在一个随后的反思经验中,当我们回首并找到这些事物和性质(可感特质将是一个更好的词汇或评价,如果后面的这个词不是如此公开地被误解的话),我们只是倾向于假设它们当时是它们现在所是,一个认知关系的对象、智力表示的主题。因此,那个错误的结论是——事物要么只是出自经验,要么是(多少有些严重地)被认识的对象。

　　无论如何,学习那些在我们如此多的经验中仅仅是附带性的认识因素的最好方法是:在它们最显著、最有支配性的经验中,简而言之,就是在认知最初关注点的那类经验中学习它们。通过一个反思涵义,这种学习会极大地缓和经验那些非反思类型所具有的相对应特征。在这种比较中,后者的重要特性被看作是内在组织:(1)事实和性质联结在一起,它们有很多种类,但是被一种普遍性质填满。得流行感冒是一种包含事实的、具有极大差异性的经验,但依然是在质上独一无二、是其所是的经验。在排外的、运用分析理解的、智力的重要任务中,哲学家们只是过于沉溺在俯视"事物"这个词的重要性上:也就是**物品**(*res*)、事件、职业、"原因";是一些与得流行性感冒、参加政治竞选、处理掉过量储存的番茄罐头、去上学、注意一个年轻女人等等相类似的事情。简而言之,这些事情就是在非哲学话语中的"一种经验"所意指的东西。关注事物好像它们只是对象,更确切地说,是知识的对象——连续性成了一种神秘;定性的、普遍的联结常常被看作被注入一个对象中的主观状态。这个对象并不拥有那作为一个"智力"建构的联结,不然,它就会作为一个将要被获取的、只通过向一些古怪的知识术语的直觉求助的特性。以同样的方式,组织被认为是高度科学化知识的完成结果,或被当作先验的理性综合的结果,或被当作是每个在其自身权利上都是"一个独立经验"的元素的联合所引出的虚构。一个人在知识上做的、进行首要的非反思经验的哲学思考,这种远足探索的一个好处是:这提醒他每个经验情境有它自己关于直接的、非逻辑特征的结构。

　　(2) 每个**物品**的另一个特性是,伴随着一个持续的再分配运作,它们有焦点和语境:光辉和阴暗、卓越或消亡,以及隐藏或暴露。这种运作围绕一个轴继续下去,但是在中心的东西不断地改变。换句话说,"意识"只是在经验中一个非常之小且不断变化的部分。聚焦的显象(focused apparency),其活动范围、内容与当时并不明显的经验的一些部分有直接的、动态的联系。我刚写的那个词马上成了焦点,在它周围的环境逐渐模糊为我的打字机、桌子、房间、大楼、校园、城镇等等。在那个经验中,而且以这样一种关于**性质**、关于什么是显然明亮的东西的方式,处在其中的,是延伸到在没人能说究竟多远的地方的所有物理特征;是在时间中向前和向后无限延伸的所有习惯和爱好,而这些习惯和爱好属于那个使用打字机并注意到词汇书写形式的生物体,而这只是因为在广阔且变化场景中一个暂时的聚焦。我不会在当前流行的经验理论的关键联系中详细讨论这个事实的重要性。我只是指出，当"经验"这个词在文本中被使用，它只意味着一个无边且运作中的世界，它由多样且相互影响的因素构成。

考虑到如下事实，即"经验"这个词汇是一个如此频繁地被哲学家们用来表示某些和这样一个世界非常不同的东西，那么，运用一个通用的客观术语可能是更明智的：谈论那个打字机，这是一例。但是，在日常用法（和它在心理学和哲学上的专业性使用截然不同）中的经验，清楚地说明了一些诸如"打印机"这样的特殊术语没有说明的事：也就是打印机实际所在的那个情境的模糊范围，它的时空环境，这包括它的操作者的习俗、计划和行为。而且如果我们被问到：为什么那时候没有运用一个普遍的客观术语诸如"世界"或"环境"？答案是那个词语"经验"暗示着某些不可缺少的东西，而那东西却被那些词语省略了，即一个真实的、关于世界的聚焦。那聚焦在直接发光的显象焦点上。换句话说，在日常人类的使用中，"经验"这个术语被发明和使用是因为一种必要性：拥有某种方式，来从容地指称那种只有通过诸如"有机体"和"环境"、"主体"和"客体"、"人"和"物"、"心灵"和"自然"等等这些术语，才能在一个迂回和分开的分式中被显示出的东西。①

324

----

① 在如下这个事实的重要性上，我受益于在马萨诸塞州克莱斯(S. Klyce)先生的手稿，即我们的词汇分为**语词**(更多地从后果来说)和根本不是(直接来说)**语词**的名词。但是，那些不是语词的词用来提醒我们那个巨大且模糊的连续统一体，并选择一些只能被作为**语词**的词所指明的部分。他把这种词叫做"无穷和零"单词。"经验"这个词是"无穷"单词的典型例子。克莱斯先生已经很清楚地说明，一个直接的经验情境("情境"正如我所使用，它也是这样的词汇)就其自身而言，不需要其他任何词，那个词将要指出的东西是如此惊人地已经在它自己中了。但是，当关于它的交流发生时(正如它所是，不是只在和他人交谈时，而是当一个人想同时提及他自己生活的不同时期时)，有一个词是被需要用来唤起两方对这个想当然整体(另一个明确的术语)的记忆。然而，混淆会出现。如果直接的关心没有被用来呼唤如下事实，即这和关于指示区分和它们彼此关系的那种谈话的明确语词是非常不同的种类。在正文里，如下事实引起注意：商人和困难搏斗或者是一个忙于一项探究的科学家发现他的障碍物，并在他所从事的情境中明确地进行控制。然而，这个理论家完全不考虑这些障碍物和限制，并因此失去了他的线索。好吧，"经验"、"情境"等等这些词，是被用来**提醒**思想者需要返还到那些永远不能成为他反思的语词之一的那个东西；但是，那个东西仍然提供有关存在的意义和所有那些语词的情形。"直觉"、神秘主义、哲学化或诡辩的一元论，都是它们用来反对结果的异常方式。出现那个结果是因为，没有注意到通过不是语词的词汇被转达的东西。如果我要重新写所有这些论文，我将试着利用这些和其他不可缺少的、被克莱斯先生所发展的考虑。但是，这些文章必须和以前它们被写出来时一样坚实地站立，而且和作为那些文章的介绍一样坚实地站立。为了成为可理解的，用一个并非不调和的措辞来陈述，我只希望读者们记住这个根本的差异，即像"经验"、"实在"、"宇宙"、"情境"这样的词和（转下页）

II

如果论文的背景被更明确地描述,我不知道它们是否能够被更多地接受,但是它可能就不会遇到如此之多的误解了。然而,在这些论文中,除了一些微小的、被附带提到的事情,在提及我们关于世界和彼此的行为、苦难、快乐的非反思性经验领域时,把这些背景当作理所当然。它们的目的就是指出反思(因此,还有具有逻辑属性的知识)产生,是因为在经验情形内部出现的矛盾事实刚好指出:矛盾不是在纯粹的结构或静态意义上,而是在一个活跃的、渐进的意义上,然后敌对的回应被激起。这些相反的回应在公开的活动中不能被同时采纳,因此只在它们已经被带入一个通过分析解决方案和综合、想象的方式实现的有序行

(接上页)像"打字机"、"我"、"知觉"、"存在"这些词汇之间有根本的不同,当它们是在一个非常不同的意义上被使用时(正如它们如果是一个语词,就必须被使用的样子)。"实在"这个语词是尤其危险的,因为那些粗心的哲学传统(我确信,因为没能使这个引起克莱斯先生注意的区分在口头上变得是清楚的,一种粗心大意因此出现了)将"实在"用作两个不同的含义:其一,作为一个关于无关紧要的,关于指向的语词,它等同于将每个东西都放在一起,或者整体上作为对抗某个区别的东西而被提及;其二,它也是一个被高度颂扬的有所区分的语词,比如作为真实的货币区别于假币。由此,虽然每个在日常生活中要么是技术的、要么是科学的探究,发出这样的疑问:**是否一个事物只有在询问什么东西是真的的意义上才是真的?** 但是,哲学在真实与非真实之间,在真实与表象之间,作出了一个完全的区分,并因此而制造了一个完全人为的困难。

如果一个要么是观念论、要么是实在论的哲学家持有这样的观点:批评关于世界的纯粹唯智主义的观念是自我矛盾的,因为那个批评自身继续着唯智主义的语词,以至于它的有效性依靠理智的(或是认知的)条件。那么,这个哲学家将会只思考每一个原生的行为,在那种行为中,一个化学家忙于确定他的语词的意义和测试他的理论和概念,他将会感觉到所有理智认知只是某种为了有助于一个实验的方法;而且,那个争论和异议只是一个刺激因素,用来引导某个人来尝试一个确定的实验——也就是求助于一个非逻辑、不理智的事件。此外,那个争论是引导他去注意,他的思考是被设置在一个连续统一体里,而那个统一体并不是思想的一个对象。那么,既出现在论文里、也出现在这篇介绍里、附加在"经验"一词上的重要性,将作为一个使用思想和有判断力知识的邀请而被理解。它作为一个进入没有观点或是语词能表述的东西的方法;或者作为一个使人注意到如下事实的邀请,即没有跳跃是必须的,因为每个人自己的思想和外在的知识是通过并内在于某些不需要表达或弄清楚的东西而被完成的。神秘主义无疑地扎根在这个事实之上。它的重要性只是用来提醒人们注意公式的意义,这公式作为实验的结果由化学家经过交流告诉给另一个人。所有能被交流或是表达的东西是:一个人相信这样或那样的事儿。取代了纯粹的社会重要性,交流具有科学性,这是因为:对另一个尝试某种程序并看看他将获得什么的化学家来说,被交流的那个公式就是一个指导。可以表达的是指导;但是,实验的结果,命题指向的那个经验,还有通过什么方法来测试的经验,这是无法表达的(当然,对于表明这一点而言,相比于科学散文,诗歌是更有代表性的)。我再次重申,"经验"这个词是这样一个关于不可表达之物的概念:那不可表达之物决定所有被表达东西的最终身份;不可表达并不是因为它是如此细微和超验,而是因为它是如此迅速且是关于过程的事务。

为计划后,才能同时地或相继地被涉及;简单地说,通过被认知的方式。换言之,当由于一个先在的非理智经验中各个要素之间出现不协调、对立、矛盾,有些事情变得很严重,甚至出现一些麻烦;当在文章的措辞中,某个情形变得很紧张时,反思就是一个情境中的支配性特征。①

假设这样一个情境成立,显而易见的是:情境作为一个整体的意义是不确定的。通过唤起两个相反的行为模式,它以意味着两个矛盾的事物的方式显示自身。唯一的解决办法是:对情境进行仔细检查,将解决方案引入到元素中,跳出这种检查发现的既定东西,跳到那可以为理解它提供杠杆的其他东西上。更确切地说,我们必须(a)找到困难之处,然后必须(b)设计一个方法来对付它。任何这样看待思考的方式,还要求困难在被质疑的情景中被指出(非常字面意义地被质疑)。认知行为总有一个**特定**目的,而且它的解决一定是它的各种前提的功能,此前提与**附加**的需要忍受的东西相关联。因为每种反思性的知识都有一个通过具体的且经验性的情景所设置的特定任务,因此,当它的目的是对它的因素进行重组进而实现统一时,它只能通过检查并对那情况保持忠诚的方式,在出现问题的情境中完成任务。

无论如何,到此为止,不存在完成的知识,只有在古希腊意义上的将被学习的知识。思考作为思考,不能比一个构成手头困难要素的陈述,或是比一个解决它们的方式的陈述,即一个提议或是命题走得更远。通过确定各个反思性情境的结构,这些事情也决定了被需要的下一步。如果这里将出现知识的话,也就是颂扬意义上的知识,它不同于意见、教条、猜想或是偶然流行起来成为知识的东

---

① 这个学说和霍尔特(Holt)关于矛盾的学说和孟德斯鸠关于"意识"是潜在能量事实的学说,在某些点上是相似的。但是,后一种学说在我看来是有问题的,首先,它受困于将大脑与有机体分离开,进而忽视活跃的行为;第二,它受困于将实际简化的"此刻"同潜在能量分割开来。它表现的就像一个被好奇地孤立并自足的事件,而不是在一个有组织的行为里,在一个关于无穷大的"张力"里作为在调整的焦点——也就是,在和最大的要求释放的趋势相连接的最大的压抑。而且,我觉得,霍尔特在将过失的可能性和客观附属且矛盾的力量相连接是完全正确的,我应该很难将把平衡力量叫作是"矛盾"、看作是语言学上的权宜之计。跳跃的平衡力量在我看来,不是一个矛盾。但是,如果它们的出席要求我在同一个时刻尝试着去说"上"和"下",就一定是矛盾的。但是,即使承认矛盾的命题只是关于类似于加热或制冷之类的矛盾的力量,它离错误还很远。因为关于这样"矛盾"的命题,是明显为**真**的命题。只有当我们对一个因素完成反思的时候,才有错误,而那个因素对于解决另一个而言是合适的。而且,除了**中介**是在同时被两个性质相反的方式被拉扯这一事实,这能发生在任何根本不存在矛盾力量的地方。

西。如果反思性思考的价值或有效性是被决定的,公开行为就是必要的。否则,我们最多仅仅需要一个假设:困难的情况是如此这般,同时解决它们的途径是这样或那样。途径必须在行为中被尝试;按自然规律,在当前情况下,它必须是实用的。通过找到接下来发生什么,我们检测我们的理智发现——逻辑术语或预期边界。如果必要的重组是有效的,那么,它们是被证实的,然后反思(在那个意义上)终止;若非如此,出现挫折,探究则继续。所有那些伴着反思出现的知识,都是经验性的(在字面意义上),因此是构成此学说的一个构成性的命题。

基于这个观点,思考或是获取知识,远非它通常被认为所是的那种不切实际的事情。这是因为,它不是一个在大脑皮层内部、排外地进行的事件,也不是大脑皮层和发声器官。它关涉于获取相关数据的探索,和那些改良、精细化数据的物理分析;它包含获取信息的阅读行为,包含正被检验的词语;它还包含一些假设,这些假设详细阐述被研究的概念或假设的重要性。手和脚、器官和装置就像大脑中的变化一样,同样是其一部分。既然这些身体运作(包括大脑事件)和装备(equipment)是思维的一部分,那么,思维是精神的。不是因为一个进入它的特别材料,也不是因为组成它的特别的非自然活动,而是因为身体和装置*所做的事*:它们为之服务的那个与众不同的目的,以及它们实现的与众不同的结果。

通过一个最终的公开行为①,在另一个非反思的、其内部不相容的反应可能再一次及时出现的情境下,反思终止。而且,另一个在反思中的困难不言而喻地被提出了。然而,关于这一情境的某些东西,在此时并不代表自己说话;而且,它们需要被提出。首先,允许我唤起大家对"知识"一词中含糊性的注意。所有知识包含反思这一陈述对很多东西发起攻击,那陈述可以更具体地表述为:知识暗示着从证据中得到推论;这个陈述看上去是从事实出发,也是对"知识"一词的一个任意限制。在这篇导言中,我已经通过提及"在本性上是智力的或逻辑的知识"来努力减轻人们对此学说的不悦。为了避免这种表达被看作是对真实事件的无用逃避,我现在将更加清楚地表达。(1)有充分理由承认存在一个真实的感觉,在其中,知识(与附加上猜测的思维或探究不同)并不作为一种存在,直到思维在经验性行为中已经结束,这种经验性行为践行在思维中设定的规范。同样

---

① 为了进行强调,我在这里通过将一个单独的决定性行为压缩成一个将继续下去的操作方式,进行了一种夸大。

真实的是：因此被决定的客体(object)是*知识*的对象(object)，这只是因为已经先在于客体并为对象设定了一个好的限制的思维。我要说的是，撞上一块坚硬而使人疼痛的石头，不是自身引起的认知行为；但是，如果撞到一块硬且使人疼痛的石头这件事，是一个在检查材料并仔细假设后可被预知的结果，那么，硬度和定义那个东西之为石头的令人疼痛的瘀伤，非常突出地指明了它是知识的对象。简而言之，在精确的意义上，知识的对象是它的目的(objective)；而且，它的目的直到它被实现后才被制定。正如文字所表明的，结论是思维带来的一个完成。如果读者对这个陈述不满意，那么，更深的讨论被暂停。他可能至少会承认：这个说法在连接知识和推论这方面没有困难；同时，他也会承认：在很明显的意义上，知识并不存在，直到推论终了。从这个观点上看，所谓直接知识或简单理解(simple apprehension)或熟悉知识(acquaintance-knowledge)，表现出一种批判能力和在反思的过程中自然产生的反应的确定性。立足于之前研究和测试之外的类似的确定性(sureness)，在直觉和习惯中被建立。我不否认这些可能比思维更好，但是，我找不到理由在其通常的理智含义中，通过把它们叫做"知识"的方式，把已经非常令人困惑的情况弄得更复杂。基于这个观点，知识的主题刚好是我们并没有考虑到的东西，或者是以任何方式在智力上提及的、被看作是进程之中的东西。但是，凭借已经渐渐引向它的探究，它仍然是知识。

（2）经验意义的确定性、深度和多样性，把一个经验的对象正好放在在之前它们已经被考虑过的程度上，即使在一个当下的、其根本不引起任何推论程序的情况下。诸如"意义"、"重要性"、"价值"这样的术语，都拥有双重含义。有时候，它们意味着一种功能：一个事物的职能表明另一个事物或者含蓄地指出它，简单地说，是作为符号服务于运作。在"象征符号"这个词中，其意思实际上是非常详尽的。但是，这术语有时候也意味着一种固有的性质、一种本质地刻画被经验的事物并使它有价值的性质。在短语"一件事的意义"（以及"无意义"）中的"意义"一词被如此使用，而词汇"符号"、"象征符号"被同样明确地用于另一个用法。在像"有重要性"和"重要性"这样一组词中，第一个倾向于选择对另一个事物的提及，而第二个指出一个本质的内容。在反思中，外在指称总是第一位的。水银柱高度意味着雨，火焰的颜色意味着钠，曲线形式意味因数的随机分布。在跟随反思的情形下，意义是内在的。它们没有工具性或有效性的功能，因为它们根本没有任何功能。在关于情境中对象之性质的意义上，它和红与黑、硬与软、方与圆有同样多的性质。每个反思经验都给这种内在条件增加新的投影。换句话说，虽然反思性认知是在麻烦情境中赢得控制的工具（并且因此就有了一种实际的或功用的力量），对丰富后来经验的直接重要性而言，它也是一种工具手段。而且，有充分理由的是：这个副产品，这个来自众神的礼物，相比于把它作为控制的首要和本质的要素而言，对生活来说是无可比拟地更有价值的，本质原本就是为了生活的一个控制。在这个领域，词语是狡猾的；对分配和衡量意义而言，这里没有被接受的标准；但如果一个人运用"意识"这个词来表示对象的直接价值，那么，"即使是在商业之中，意识也是抒情的哭喊"就必然是真的。但是，同样真实的是，如果其他某人通过意识，理解到有效的反思的功能，那么，意识是一种交易——即使在写作或吟唱抒情诗的时候。但是，这个陈述仍然是不充分的，除非我们补充上这点：思维作为一种交易，探究和创造作为事业，作为实践活动，变成对它们作为自身的直接特性所具有之含义的自我指示。在最终却无用的美学性质与实践或工具性的行为之间没有断裂，后者拥有它们自己的快乐和悲伤。

III

那么，从时间秩序的出发点来说，我们发现，反思或者说思想占据一个中介和重建的立场。它处于在前情境（temporally prior situation）（一个各种因素之间有组织的交互作用）和在后情境（later situation）之间。在前情境是关于积极且有价值的经验的，在其中，某些因素已经变得不协调、矛盾。源自第一情境的在后情境，通过发现反思探究的行为的意义已经被建立。因此，这个最终的情境拥有丰富的意义，还有它原来所缺乏的那种受控制性质。它被逻辑有效性或由反思所区分出来的术语和关系具有的理智力量所确定。因为经验（相似困难的重叠和循环）的连续性，对后来的探究而言，这些逻辑固定成为最好的帮助；它们是探究的工作方法。在这样的进一步运用中，它们得到进一步的检验、定义和详细阐述，直到这个巨大而精致的关于技术对象和科学公式的体系成为现实——那是稍后我们将回头讨论的。

由于无需详述，由此被勾画的立场最初不是在它自己的独立阐释上发展起来的，而是在对另一种类型的、被洛采（Lotze）所创立的观念论逻辑的批判过程中发展起来的。很明显的是：正被讨论的理论有批判意义。根据这一点，只有当反思被放置在它中介的、枢纽性的时间位置上时——通过重构，作为控制的过程,反思在其自身的区别和进程中才能够被理解。它表明思维不存在,因此在一个没有问题出现或者没有"恶的问题"的世界中,知识不会被建立;而且在另一方面,反思方法是唯一可靠的解决这些问题的途径。它表明,因为经验的连续性,反思的结果可能比唤醒某个特定探究和创造的情境有更宽广的范围。在来源和目的上,反思本身常常是特定的,常常有些特别的东西需要对付。因为具体地说,困难是特定的。它也表明,思考和反思性知识无论是在其自己的目的上,还是在辩护的意义上,都是永不终结的;但是,它们自然地进入一个更直接和必要的经验类型中,无论是技术的、欣赏性的(appreciative)还是社会的。此外,这一说法意味着在其通常意义上,逻辑理论的本质是一种描述研究,它是对过程和在探究中实际上被有效建立的工具原因的解释。"探究"这个词,包含了谨慎的发现和谨慎的创造。

因为这个学说是在认为这种论述并不平常的理智环境下被提出的,在那个环境中,实际上一种在各个方面对这些信念发出质疑的逻辑正处于统治地位。所以,它伴随着一种争议色彩被提出、并成为占统治地位的观念论逻辑的显著标靶,这些都是不足为奇的。有两个点,即连接点与正被阐述的逻辑与观念论逻辑之间的冲突点,这两个点的距离并不遥远。事实上,基于观念论的逻辑在一个解释思想的立足点上对待知识,此处所言的思想是在概念、判断和推论性推理的意义上说的。但是,当它从更古老的唯理论那里形成这个观点时,也从休谟、经由康德那里学到了东西:直接感觉(direct sense)和知觉材料(perceptual material)必须被带入考虑之中。因此,它实际上将逻辑问题当作感觉材料和逻辑思想间的联系问题,试图通过思想的综合行为来解释关于实在的形而上学;这种解释根据的是各种处于上升阶段的合理化的完全性,或者所予的、原生的、断断续续的感觉材料的理想化。然而,对一个更少形式类别的考虑,首先对观念论引入现代风尚产生影响,例如,带着宗教和道德观点的科学化的抚慰和社会合理化的需求,以及解释它们文化影响的历史制度,但这个逻辑实际上相当于观念论的**方法**——关于接受观念论的严格的智力要求。

我再次重申,连接点与刚才解释过的逻辑学说和反思性思想之间的冲突点,是非常明显的。两者都认为,思维是朝向情境的钥匙。我仍然相信(当我写这些论文时我所相信的东西),在观念论的影响下,在其与保护对象的知识的关系中,对反思性思想工作的有价值分析和构思得以实现。但是——此"但是"是异常严肃的——观念论的逻辑从一种区别开始,此区别在多种直接素材与统一、理性化意义之间,它作为一种经验中现成的区别;而且,此观念论的逻辑成了知识的目的(因而成为真实本体的定义),它是一个完全的、详尽的、全面的而且永恒的体系。在这个体系中,多种直接素材始终被编织进一个自身明晰的意义的结构形式中。简言之,它忽视了反思的时间中介(temporally intermediate)和工具性处境(instrumental place);而且,因为它忽视和否认这个处境,它没注意到它的本质特征:代表人类进步和福祉而对环境进行的控制,当环境强迫、压制人类或是当人盲目地蹂躏环境时,控制的效果被那些由此产生的需要、过失和困难所促进。因此,它曲解了理智工作的标准;它建立一个绝对的无时间的普遍的真实作为标准,以此取代特殊时间性后果带来的标准,这种后果是通过反思提供的控制而得以实现的。因此,对产生它并给予它存在理由的那个原因而言,观念论的逻辑被证明是不可靠的:理智在我们的实际物理和社会世界里的工作被扩大了。一个通过宣称每个事物都是实在的、永恒的、彻底观念化且理性的而结束的理论,切断了特殊要求和理智工作的神经。

从这个一般的陈述出发,让我转到技术方面,在它之上通过这些论文来扭转对观念论逻辑的批判。暂时作一个假设,让我们承认思维行为不是从一个理性愿望的隐藏力量出发,来通过处于其中、经由、反对那个被人类经验的条件强加于它的有限性(正如所有的观念论者已经教授过的那样),来完全地实现它自己;思维行为也不是从每个人是一个其任务只是"认知"的"头脑"这一事实出发,并以此在亚里士多德意义上建立理论。思维行为是从为了摆脱某个实际或险恶的困难的努力出发。非常明确的是:人类在反思探究之外,已经尝试许多不同的方式。思维行为最著名的手段已经成为魔法和诗歌的结合,魔法是为了获取需要的信念和控制;诗歌是为了进入想象,并由此进入情感的完满,即在事实上被否认的认识。但是,就反思确实浮现并获得一个工作的立足点而言,它的工作的本性是为它而被设置的。一方面,它必须发现、找到、觉察,它得清查那里有什么。否则,它永远不会知道问题是什么;人类无法找到究竟是什么东西"袭击"了他,因此将完全不知道该到哪儿去寻求治疗——为了必要的调节。在另一方面,它必须发明、设计,并基于被给予的情境来运作那些当它存在时不是作为它的一部分而给予它的东西。

这看上去是非常经验主义和明显的。论文提出的议题是,当被威胁时,对力量和快乐的实际情况的简单的二元划分是:那里存在什么(无论是作为障碍,还是作为资源);被建议的创造——关于被带来对它施加压力的其他东西的设计和解决它的方法。这个划分是对原初事实(brute fact)、材料和意义或观念性质之历史悠久的逻辑决断的解释,是感觉(sense-perception)和观念的解释(更多地,在心理学术语上),是对特殊(部分和片段)以及普遍的类(universals-generics)的解释,也是对存在于传统的主语谓词式逻辑中那些本质重要性东西的解释。不太正式地,这个观点解释了颂扬的含义常常附着于"理性"和理性在实现统一、和谐、理解和综合上的工作,也附着于一个传统的联合。那联合的双方是:朝向原初事实的鄙视态度和对在思想之上的必要性的不情愿让步,并接受那些事实且将它们看作是必要性自己的主题和障碍。更明确地,它表明这个观点提供了(我冒险地第一次表明)对认为存在与观念或思想相互协调或一致的那种传统直观理论的解释。它表明,这种协调或一致存在于发现行为和发现行为有意去面对的情况之间。因此,逻辑上许多认识论的附和者被消除了,因为认识论业已误解的那些区分位于它们所属的地方:在探究的艺术里,它们被看作是发现和创造、设计或是"假设"的联合过程。

IV

这些论文在1903年出版。在那个时候(正如已经被注意到的),观念论在英国和美国的学术圈中是实际的领袖。正在流行的逻辑被康德哲学和后康德思想深深影响。那些在穆勒的影响下被构思的实证逻辑仍然存在,但是它们由于处于统治地位上的观念论的光芒而显得暗淡无光。此外,基于在这些论文中被详细阐述的学说的立场,实证逻辑犯了与观念论一样的逻辑错误:认为感性材料是原始的(而不是将他们看作以保护根据为目的的、对前经验事物的解决)。实证逻辑也不承认在新的意义的发展中和对新行为的规划中,存在由理智给出的特殊服务。事情的这一情况,可以解释这些论文中的争议性本质,以及它们为了批评而对观念论逻辑进行的选择。

自从这些文章完成以来,出现了一个让人印象深刻的实在论的复兴。而且,相应于对新实在论哲学的渴望,出现了一种类型的逻辑理论的发展,它被称为是分析逻辑。这个智力环境的显著改变,使我关于此学说的论文依赖于一个检验标准;而这个标准在它们被写作时,是尚未被预期的。它是鉴于特殊情况而发展一个假设的东西；鉴于过程和结果有本质上不同的动机和方向，它也是检查其价值的东西。当然，不可能在这个立场上讨论分析逻辑。然而，如何将分析逻辑的主要原则与刚才被略述的结论相比较的方式，会对后者的意义和价值有所启发。虽然这一点被观念论和感觉论者的逻辑所阐明，但是，关于知识只有与对时间、对当时情况的考虑联系在一起，才能被正确理解的假设是普遍的。如果这是正当的，它将完全适用于严谨地定位任何一种忽视或否定时间考虑的理论。我从实在论运动中学习到很多东西，那个运动是关于这些文章所勾画的立场的全部力量。之后的讨论已经使它清楚地表明，文中使用的语言有时候被它所直接反对的那种立场的主观主义不必要地（虽然很自然地）感染了，我认为，分析逻辑也犯了时间混乱的过错。

一方面，观念论逻辑认识到时间上的差别，确实，该逻辑可能被公正地说成是基于那个差别的。它在理智力量、一致性和包容性上，抓住了那存在于原始、粗糙数据和系统整体之间的差别。原始数据是被科学陈述、定义并安排的，而系统整体是观念论逻辑的目标，而且那逻辑部分地达到了那个目标。这个不同，是一个真正的经验的差别。观念论注意到这个差别可能被适当地归于如下的思考干预：造成这个不同的是思想。既然科学的产品相对于它的数据处于一个更高的智力水平，既然哲学的理智论传统一直用实在的程度来定义逻辑解释的适当性程度，那么，结论自然就是：那个真实的世界，即绝对实在，是一个观念或是思想的世界；常识世界，也就是那个由实际的历史性经验组成的世界，只是一个现象世界，这个现象世界呈现出某种思想的碎片化表现，而人们的思考进程使之日益清晰和明了。

这个关于对象之理智优势的理解，可以被公正地称为在观念论逻辑中的经验性因素；那些对象是对形成其数据的东西的思考行为结束时被确立的东西。在逻辑方面，实在论反映的本质是很简单的。它开始于一些对象，而那些被证明为科学的东西在那些对象那里结束。既然它们是那些被我们知道、证实的对象，那么，它们就是真实的对象。它们也是干涉性思维的对象。这是一个足够有趣的、具有历史意义和心理学意义上的事实；但是，这事实却和它们的本性，即那些刚好是知识认为它们将是的东西完全无关。在人类的传记中，仍然有效的是：只有通过某些漫游、努力、实践和实验，关于对象的理解才能被到达。很可能的是，被叫作感觉、记忆、反思的行为，在通向对象的理解之路上，是将被人需要的。

但是,这些表示的是关于认知者历史的事实,而不是关于被认知的对象的本质。此外,分析将会表明,任何可理解的对这种历史的解释,任何关于认知心理学的被辩护的陈述,都假定了未被认知行为影响的对象——否则,虚假的历史只是一种伪称,是不被信任的。而且,认知过程的历史也暗示了逻辑的术语和命题——真理。因此,那个逻辑必须被设定为一种科学,它是关于真实客体的,任何思考它们的过程更是如此。简单地说,那个要求就是:我们如它们所是地思考事物,而不是通过思考将它们制作成被建构的对象。

实在论的复兴,也与在数学和逻辑学领域的一个重要的运动相符合:这个运动试图通过数学的方法对待逻辑的区分;但是,与此同时,数学的主题变得如此地没有显著特色,以至于它成了一种关于术语、命题的类型和次序的理论,简单地说,就是逻辑。某种意见总是将数学看作知识的典型,因为它的明确性、秩序和综合性(comprehensiveness)。现代数学令人惊奇的成就,包括它在高级广义逻辑(highly generalized logic)类型上的发展,都不打算减轻这个倾向。一般来说,虽然之前的哲学家已经使他们对数学的赞美占了观念论的便宜(将数学主题看作是纯粹观念的化身和显现),新的哲学则坚持:组成数学主题和逻辑主题的次序术语和类型,在它们自己的权利中是真实的;而且(至多)只是通过思考被引导和发现,这种思考即一个操作。此外,它自己服从于(正如已被指出的)实体和由逻辑设定的关系。

这种概括性解释的不充分之处在于,由于考虑到没有合适的解释被展开的事实,可能得到原谅;所有被需要的东西,只是从观念论到实在论的概括关系的陈述,使这样一个陈述可以像为了比较而采取的出发点一样来为这篇论文的工具主义服务。在明确清晰的概要之下,明显的是:后面的两个,在将思维看作工具性而非规则性的这点上达成了一致。不过,在它和一个争论的比较中,这个共识变成了一个正式原因——那个争论的主题是思想是什么的工具。新实在论者发现:它只是关于对象的知识的工具。基于这一点,它推断(带着完美的正确性和必然性),思维(包括所有关于发现的操作和检测,正如它们在归纳逻辑中可能被阐明的那样)仅仅是一个心理上的初级阶段,与任何关于已知对象之本质的结论都是无关的。这些论文的论点是:思维有助于对环境的控制,那控制通过行为被引起。只有伴随着关于复杂情况的在前决定,并成为确定的原理和关于可能性的附带规划时,那行为才会被同意——也就是说,思维。

338

这样一种工具主义似乎是分析实在论,但却是观念论的变种。因为它声称:反思性探究的过程与形成对象即术语和命题有关,术语和命题构成了科学知识的主体。现在,它必须不只被允许而且必须被宣布,这些论文所持有的观点是:理智既不是无用之事,对观察者来说,也不只是对术语和命题的初步理解。在某种程度上持有如下观点是观念论的:在其容纳特殊知识对象的能力中,知识的对象是被智力决定的。这就是相信,在关于理智的建设性的、创造性的能力中,信仰是历史性观念论的补偿因素。然而,为了不让我们被一般术语误导,这种"观念论"的边界和限度必须被阐明。

(1) 它的显著特征是:它通过功能,通过完成的工作,通过后续影响来定义思想或理智。它不从作为现成思想和理性并如此建构世界的一种力量、实体或物质、行为出发。思想和理智只是事件和行为的名称。上述的事件和行为指的是:形成分析化检查的过程和被设计的创造以及测试,那种测试已经被描述过了。这些事件和行为都是自然的,它们是"实在论的";它们包含棍子和石头、面包和黄油、树木和骏马、眼睛和耳朵、所爱之人和所恨之人、日常经验的快乐和叹息。思考乃是一些实际存在在做什么。它们绝不是由思考组成的,相反,思想的难题是被它们的困难所设定的,思想的资源是由它们的功能所赋予的,思想的行为是它们适合于某个特殊结果的经验活动。

(2) 通过这样的假设,被思维影响的重组和修正是自然的。思想在实验中结束,而且实验是对物理上的在先情境的细节或关系的实际改造,那些细节或关系召唤思想,由此驱除某些恶。忍受疾病和为了它尝试做些什么,是最初经验;检查疾病、试图找到究竟是什么使它成为疾病、发现药物,是反思经验;试用被建议的药品和观察是否对疾病有效,是改变素材和使药材进入知识对象的行为。这个进入知识对象的转化过程,也被用物理方法来改变物理事物所影响。

从这个观点来说,处在工具主义和分析实在论之间的决定性考虑是:实验的操作对知识而言,是否是必要的。工具主义理论认为,这是必要的;而分析实在论则认为,即使在获取知识(或学习)上,它们是本质的,与知识本身无关。因此,它也与被知道的对象无关:其只在认知者方面引起变化,而不是在被认知的东西上。因为恰好相同的原因,工具主义认为,一个作为知识对象的客体永远都不是全部,它被与知识的对象完全不同的东西包围和封住,所以在独立情况下,知识无法被理解,由此,当知识只被当作是对事物的注视和掌握时,它就无法被理解。

也就是说,它使病人变好或变坏(或使他保持不变),这就是确定某些特定事实发现的知识价值和确定作为治疗方式的特定概念(因此通过治疗,它们明确成为知识对象)。不过,病人的痊愈或恶化,不同于认知理解的对象。其知识对象阶段(knowledge-object phase)是关于在前反思的选择。所以,化学家的实验室试验使一个漫长的反思探究到达关键时刻,并确定了其发现的理论地位;同时,理论化行为(由此使它们成为认知关系,或是术语和命题)相较于那些有关术语和命题的知识,它显得更自然,而且只有依靠这个,留下来的才是反思知识。他知道,比如说,当他把锡变成其研究过程的成果时,锡不仅仅是知识的一个术语。

用一种稍微不同的方式来表达,逻辑(与朴素意义的理解不同)实在论混淆了知识的对象和知识的方法。方法是双重的:(a)因为之前的实验探究、特殊探究的数据到目前为止是重要的;(b)它们是在之前的智力任务的结果中已经被置入的意义:一方面作为符号的特殊事物或特殊性质,另一方面作为被指定数据表现的、可能的一般意义。我们的医师事先拥有一种技术来区分不同的特性(如果他找到它们的话),它们是征兆、迹象;而且在他头脑中,他有一些关于疾病和治疗的储备,它们在任何情况下都可能是有意义的。在之前的反思性试验中,他已经知道要测体温,要检查心跳率,要查看几个特定部位的痛处;他也知道要采血样、唾液样本,并使这些服从于文化以及微观检验等等。换句话说,借助特定的物理性质和那些甚至超过物理性的性质,借助对其他东西而言是征兆或迹象的东西,他已经获得了特定的习惯。

另一方面,在那个时候,这个其他之物在某个意义上不是当下的物理存在:它是将要发生的一系列事件。它被所予暗示,但并不是所予的一部分。现在,医师通过这些在头脑中的、关于可能性或意义的庞大且全面的一系列知识储备到达实验中。在这一程度上,在解决特殊病例的问题上,他变得足智多谋。它们(概念或情况的普遍性)是(和关于数据的标识能力一起)理解手头病例的**方法**;通过它们要求的行为,成为一个中介,将病例转换为对象——知识的对象、在命题中被陈述之真理。但是,既然专业认知者(和普通人不同)特别关心这些工具的详尽细节(专业哲学家就是一例),那么,他们很少能从情境的完整性上看待它,并且将这些知识的手段看作是知识的对象。这些方面中的每一个——符号和被表征之物——都是十分重要的,值得在其自己的解释中有一个位置。

V

这篇论文采取的是坦诚的实在论立场。它承认某些原生的经验,这些经验透过思维被发觉和放置,但绝不是出于思想或任何精神过程而被组成的;它们为反思设置困难,而且,因此被用来测试它的其他那些仅仅是投机的结果。这只是坚持这样一个事实,这些原生经验既不相当于思维起源于其中的那些工具的或美学的或社会的情境的客观内容,也不相当于将被认识的东西——知识的对象。让我们想想矿石这个东西在产地、生铁和人工制品上的次序,将自然中未受干扰的原料比喻为经验的最初资源,将其制品比喻为客观的和知识的对象,将原生素材比喻为为了制成某个有用之物而进行的、由原始矿石提炼金属的锻造过程。而且,我们应该做些补充,正如制造者手头上经常有已经萃取好的矿石,以便在需要它们的机械过程中使用它们一样,每个成熟的人,尤其当他生活在一个被之前的科学化工作影响的环境中,他拥有大量的萃取数据——或者结果相同的,他拥有大量的现成的提取工具——为了在推论中使用它们,按其被需要的那样。我们着手进行一些部署,以识别某些作为桌子的形状、某些作为法语词汇的声音、某些作为悲伤证据的哭泣、某些作为远处森林的混合颜色、某些作为纽扣洞的空间和不确定的类似上述情况的东西。这些例子足够琐碎。但是,如果考虑更复杂的事物,它将被看作由方法组成的科学(其性质尤其是"归纳性"的全部科学)的一个巨大部分。那方法只被用来寻找明确、经济的性质,也被用来寻找其他事物的可靠符号,那些事物不能像符号意义元素那样直接地被获得。而且,如果我们从更模糊、更复杂的关于辨识和诊断的困难出发(生理学、植物学、天文学、化学等科学处理这些困难),我们将会被迫去承认对日常生活的确认——我们关于椅子、桌子、树木、朋友的"感知"——只在呈现出其解决方法更为简单的那些问题时才是不同的。

在每种情形下,是这样一件事:把某些给定的物理存在固定为其他一些经验的符号,那些其他存在不以与现在相同的、作为符号的方式被给定。穆勒的这些话有充分理由作为每种逻辑的座右铭:"抓住推论已经被认为是生活中最大的事情。每个人在每天、每小时、每分钟都需要确定他没有直接观察过的事实。……它是让心灵不断忙碌的唯一工作。"事实既然如此,做这事情不可缺少的条件就是:对经验中的特殊事物的符号力量的仔细确定。这个条件永远不会被完成,只要事物对我们而言是被呈现的。此种关于我们直接行为和快乐之素材的复杂系统,在作为理智征兆或证据这点上而言,是非常不合适的。它们的宣言几乎是无意义的,它们说了这么多不同的语言。在其复杂性上,这些系统平等地指向所有方向;在它们的联合中,它们墨守成规并且指向那些最传统的东西。打碎复杂性,使它分解为一些独立的、不可再分的可变因素,是通过被怀疑情境的出现而获得安全线索的唯一途径。日常生活的"对象"——石头、植物、小猫、岩石、月亮等等,这些既不是科学的资料,也不是科学到达的对象。

在分析的实在论中,我们遇到一个至关重要之点。实在论认为,我们没有其他选择,要么将分析看作伪造(柏格森的方式),并且因此使我们自己产生对作为知识元件的科学的那种不信任态度;要么承认某些被歌功颂德般称作实在(尤其作为*存在*,作为决定时空的主题而存在)的东西只是一个设定的复杂编造,它们是独立互动的简单物,即只有在关于整体和部分的标题下,实在论才能真正被持有,在此情况下,部分都是彼此无关的,因此与整体也无关。然而,对于工具主义来说,所谓的进退两难并不存在。抽象和分析的结果是完美真实的,但是像其他任何东西,它们只在其真实的地方是真实的,也就是说,只在某些特定的共存情形中,而它们就从这些情形中发源并在其中运作。

相对于启发,评论可能更加隐秘。它的意图是:如同雷雨和一株生长的植物,反思是一个实际的发生事件;而且,作为一个实际存在物,它的特点在于其独特的存在性特征,如同简单数据的实体。正是在对作为证据之功能的控制中,那不可划分且独立的简单物或元素存在着。它们自然是在那里被建立的;正如我们所看到的,它们是"常识"的对象,被打碎成为敏捷、清楚的符号,它们是关于将要被获取的结论。这些结论关于其他事物,那些作为元素的事物在某些方面是连续的,虽然在它们的感觉条件下,事物是离散的①。但是,相较于因为能和民间故事或习俗共存,而假设半人半马的怪物和家里的马和牛共存这一行为,或是相较于假设在矿山里铁牛比牛更早出现这一行为,没有更多的原因可以用来假定它们以同样的方式存在于*别的什么地方*。这里不存在分析中的伪造,因为分析在控制着它的情况之内被展开。谬误和伪造存在于那些忽视前后情境的哲学

---

① 我要顺便评论的是一个公认的事:一个事物能在一个方面持续而在另一个方面分散,这将排除相当多的困难。

家中。这些哲学家将道具转化为在其他行为模式中的事物,那道具是事物具有的可靠的、可用作证据的符号。

对于认为"要素"或简单物先在于探究、分析和提取的这一立场,没有什么回应。当然,它们的主题在某个意义上是在"那里";而且,在那里偶然地被找到、发现和察觉。我不想质疑这个陈述,相反,我愿意支持它。但是,我要求耐性和勤奋,以便在更远的意义上考虑这个问题。我会请求一些人去探究,他那独立被给予的终极之物是以何种方式先在于分析的;这些人将逻辑化分析(它是为了得到对于还不知晓之物确定、明确迹象的物理学解决)看作是关于非推论性情境的一些事物的共存之物。我要指出的是,在任何情况下,它们都**不会**作为符号先在。(a)因此,作为符号,无论它们占有什么特质或属性,都必须至少被专门地涉及反思情境;而且,它们必须占有某种作为符号的独特性质。否则,它们将无法区分任何其他碰巧被思考的东西;它们将不能作为证据被使用,简单地说,就是不能成为它们所是的东西。如果读者愿意真诚地询问:作为某种符号或证据,特性材料(traits data)究竟拥有什么?我将非常满足于将这个议题留给他自己的探究活动。(b)我确信,关于材料如何先在地存在这一问题的任何探究都将表明,它们以同样的纯度、同样的外部独特性和内在同质性存在着(这些性质在推论情境之中),这些并不比深山中岩石上的铁更多,那些铁就是被融化和萃取的铁矿石。因此,它们在同样孤立的简单情况中是不存在的。在夸大此差别范围这件事上,我没有一点兴趣。重要的不是它的程度或范围,而是这个虽然很小的变化所表明的那个东西,即物质进入了一个新环境,而且已经承受了将使它在那情况下产生的那些有用且有效的改变。这样一个建议是琐碎的,即基础的甚至于那个最初的分析实在论必须面对的困难都是"第二"性质的错误和幻想的产生。这困难居于一个对比中:亚里士多德主义高度理智化的质朴实在论世界,与事物构成的日常世界的分析性完结之间。如果实在论足够大方,能够在它的世界(作为一个**物品**,具有社会的、时间的和空间的性质)**内部**,为在新对象建构过程中的材料留下地盘,那么,从理论方面来考虑,这个观点将会与实在论坚持经过分析的结论是唯一真实的事物①的情况有根本的不同。

如果不只是被勉强承认,而且是宣布主题产生的科学化进程的材料先于过

---

① 事实上,此谬误和那种认为所有对象都是感情"真正"联合的观念论理论是一样的。

程,那么有人可能会问,坚持材料只存在于进程内部的事实根据是什么?陈述难道不是要么是一个琐碎的同义反复,要么是偷偷地将一个特定关于思想的观念论依附置入原生事实的企图?这个问题很公正。而且,回复的线索可能在如下考虑中被找到:从历史意义上说,岩石中的铁成为能自由和有效率地被用在人工制品上的铁,并不是件容易的事。它关涉于偶然发现的高度复杂的工艺,但这个工艺在今天,能被任何具备了必要能力和教育的人理所当然地掌握,而不必考虑人们正在使用一种在最初需要付出巨大努力的技艺这一事实。事情在技艺上、在小心决定的技术上都是类似的,我们事前的经验都被分解为毋庸置疑和不可再分的材料,因此没有内部复杂性,而且是清楚的。对追求渴望的科学人来说,没有必要考虑这个事实。相对于材料,生产者所需要算计的,至多是需要由他传递给他的材料的那些技术。但是,一个逻辑学家、一个哲学家应该采取相对宽广些的观察,而且科学探究者可以不考虑与他无关的事实,而这些事实对逻辑学家和哲学家的目标而言,却可能是重要的。对逻辑学家而言,可以看到的是,不关注这些或那些材料的重要性,但关注作为材料的、使事物是其所是的那些重要性,这些重要性伴随着它们不可划分、原生、简单等等特性。专门的科学探究者通过发现其他与之相关的事实方式,回答了关于他的专门原生事实的重要性的问题,所以看上去似乎逻辑学家能够只通过找到其他与其共存的事实,即它们的重要性是它们的实际连贯性的方式,就找到材料(与它相关的事实)存在的重要性。而且,研究这些提供重要性的其他事实而进行的第一步是一种确认,即事实已经为了一个引导推论的目的而被萃取。这是一个有目的的探究情境,这种探究提供其他一些事实——给予原始材料的存在以重要性的事实。除非这里有这样一个发现(或其他更好的),不然,逻辑学家会不可避免地在设想原始材料的存在之重要性这点上成为失败者。我重复一下,这个误解只是一个过失,是分析化的、表象化的实在论所遭受的过失。觉察到一个事实将提供一种保护——避免任何把逻辑化规范(logical specification)转化为形而上学原子论,那事实是:被放置在科学化进程中的原始材料总是广阔情境的性质,以及那种需要控制和在一些方面进行修正的、情景的性质——就是去避免任何将逻辑的详述变成形而上的原子论的诱惑。对这种防护的需要十分强烈地证明:花费精力去指出关于科学发现的原始客观事实是被发现的事实,这是正当的。这些被发现的事实是在将它们与其传统设置相分离的物理操作时发现的。

我们已经声明,严格说来,材料(作为直接考虑对象——被控制推论由此考虑出发)不是知识的对象而是其手段,即我们通过材料了解事物,可材料不是那些被知道的事物。它在让我们知道的一个多孔结构的色斑附近,它在使我们知道某人相信些什么的纸上标记附近,它在让我们知道降水可能的气压计之高度附近,它在让我们知道此处曾有降雪的岩石刮痕附近,它在通过化学和显微镜实验让我们知道某物是人类鲜血而非颜料的性质附近。实在论者声称,就所谓的感觉、图像和观念之类的精神状态而言,它们的状态不是知识的主题而是知识的中介。他所要求的对于桌子和椅子的理解,不同于任何问题或是反思,那理解用来支持他关于直接认知反思的学说。这里有坚实的基础来确立这个比较:观念论者的感觉、想象和类似的东西,只是实在论者在其终极、不可划分性质①中的桌子和椅子。实在论者要求的关于桌子的直接理解问题,是一个认识论上的问题。而且,他要求桌子不是作为知识(如他所想所作)的对象,而是作为证据,作为了解他自己结论的手段——此结论是他真实的知识**对象**。而只有检查他自己的证据来确定它是证据,是在反思探究中的术语、知识的本质,是他知识的**对象**。

此外,这样一个问题可能被问起:既然工具主义承认桌子真的在"那儿",为什么要就它在那儿是作为知识的对象还是知识的手段这一问题而小题大作呢?除非它是一个依赖于思想的准观念论的(quasi-idealistic)捷径,否则,这个差别不是吹毛求疵的行为么?我希望对此的回答将确定这个区分的重要性,无论如何,那答复使区分成为可接受的。对知识以及对象的尊敬,是坚持此区分的理由。可以说,相比于任何材料,知识的对象是一个更有威严、更完整且自立的东西。将被知道对象的特性转变为用来达到它的材料,是一个物质的而不只是口头的事务。它正好是这样一种转化——引导表象的实在论者去取代逻辑功能(在推理中所运用的)的不可还原性、明确性,以及其物理与形而上学的孤立性和基础性。这个转化使关于科学的决断需要和我们直接生活于其中的世界结构、性质相和解。因为它设立了一个敌对状态,此敌对处在三个要求之间:关于材料的要求,关于常识对象的要求,关于科学化对象(适当探究的结果)的要求。首先,它

---

① 这个陈述是字面的意思。对颜色、声音等等,在科学探究中被完成的要求的"感觉"在结构或是材料上都不是精神的,它们是实际的、外在于建构的东西,被分析为如此无疑地存在于那里,以至于能被安全地看作是推论的基础。

把我们交付给一个观点,此观点认为,改变是在某种不真实的意义上发生,因为终极和最初的实体不允许变化。不,关于这争取来的区分的有效性,无论我们说了什么,它都不会被说成是无关紧要的。一种理论把我们交给爱利亚式的世界概念,即固定物是第一性的,并将变更和组织看作是第二性的世界。这个理论对思想和行为有如此深远的影响,以致于对它那被激发的错误的察觉导致了一个实质性的差异。除了对自然的适应性范围和力量,除了生命,除了整体-部分概念上的社会之外,没有其他基础问题能够再被提出。如果我们通过把知识现有的工具性当成是它真正对象的方式,弄乱我们的前提,那么,所有存在于自然、生活和社会中的区别和关系,都因此被要求成为事物整体-部分本质的唯一情形。

VI

工具理论(instrumental theory)承认意义与材料同样具有客观性。带着对严格感知事实的信心,它们在反思探究中被提及和使用。和感觉论的经验主义不同,实用主义式的经验主义可能认为,它先于新实在论对意义解析的批评,进入到对意识状态和意识行为的批评中去。正如前面提到的,意义是不可缺少的反思工具,它们和那些通过被分析而发现将要被给予的东西或是在那里不动的东西严格地一致和相关。材料在它们的零碎性质中提出一个问题,它们也定义这个问题。材料表明可能的意义。材料是否指出意义或暗示那些意义,这是一个有待解决的问题。但是,被暗示的意义是以真诚且存在性的方式被暗示的,而且,如果没有对意义的认可和使用的话,通过材料而被描述的问题无法得到解决。此工具必要性已经导致关于意义的形而上学假设成为本质或独立存在,它们存在一些与定性事物不同的神秘性,这样的变化是歉意的来源,这几乎不令人感到惊讶。

为了确定我们的立足点,让我们回到经验主义的立场。在作为确定的经验事实的意义上,一个事物暗示另一个事物,这和火焰改变被烧的事物是一样确定的。正在进行暗示的事物,必须在那里或被给定;某个东西必须在那里来做暗示。以和暗示之物同样的方式,被暗示之物明确地不在"那里";如果它在那里,它就不是必须成为被暗示的。在自然人那里,一个暗示倾向于刺激行为,倾向于作为刺激因素而运转。相对于回应使暗示爆发的东西,我可能更愿意积极地回应一个被暗示的火焰,即那东西本身可能让我冷,那东西正在引起的其他什么东西可能使我精力旺盛。反应如果被实现,就获得信念的全部力量。正如在理智意义上,我们相信,那个东西就是火焰。但是,被发现的是——并非所有暗示都是迹象或表示物。通过云状形式(cloud form)被暗示的鲸鱼,并不像被烟暗示的火那样在同一层面上,而且事实上被暗示的火并不总是真的火。我们被引导去检查最初的出发点,然后,发现它并不是真正的烟。在一个脱乳脂和奶油暗示着各自不同后果的世界里,在一个事物同样地欣然暗示一个东西和另一个东西(或者脱乳脂伪装为奶油)的世界里,对行使暗示力量的东西进行检查的重要性,在时间上先于遵照它所暗示的东西去行为,这是明显的。因此,被自然刺激的回应行为成为检查和实验(物理)分析的渠道。我们移动我们的身体来更好地控制它,而且把它们切成碎片去看它到底是什么。

我们已经在上一个部分讨论过这个操作。但是,经验也证明,被暗示的事物在其自身意义上是值得注意的。可能我们不能非常容易达到以火光为方式暗示火焰的东西。可能的是,基于意义(概念)之上,对"火"进行的反思会帮助我们。这里或那里或无论何处的火,那个"本质"的火就意味着如此这般;如果这个事物真的意味着火,它将有某些特殊性质、某些特征。它们在那儿么?在舞台上,存在着作为布景的一部分的"火焰"。它们真的显示着火么?火意味着危险,但是,对于一个观众,这种危险是不可能的(在其他意义上,风险、观众和危险都被引进来)。它一定是其他什么东西。好吧,它可能是涂了颜色的薄纸被迅速吹动。这个意义带领我们走向更进一步的检查,它引导我们的观察来搜寻确证或否定。如果条件允许,它可能带着我们一路向上走,从而更加接近事物。简单地说,在接受它作为刺激因素之前,首先指向的是另一些可能更适用的暗示;其次,它提供科学实验的立场和程序来检查那些最可靠符号、指示(证据)。**因此,经过处理的暗示刚好就是组成意义、存在物、本质等等那些事物的东西。**如果没有这样的发展和对被暗示之物的处理,那么,关于一种情境的分析过程就是偶然的,没有什么效果。那所谓的情境,是为了达到其确凿事实,尤其是为了达到那些有权利决定推论的事实。在如此需要作出决定的实际压力中,拥有大量的可能意义的库存是非常重要的;而且,让它们以这样一种方式被排列,也是非常重要的——我们能迅速且精确地发展它们中的每一个,并能让我们快速地从一个地方移动到另一个地方。我们不只保存这些暗示,如同之前它们已经被成功转变为意义,而且我们(或是至少有些人)成为专业的探究者和思想者,这两点都是不足为奇的。那些意义在相关的系统里被详细阐释和排列,这些系统不是任何直接的紧急情况;在存在物之外一个"本质"的领域被建立,这些都是不足为奇的。

暗示的出现无疑是神秘的,而氢和氧产生水也是神秘的。它是铁一般的原初事实中的一个,也是我们必须考虑的。我们能够研究意外之事发生的情况,能够描述来自那个意外事件的后续结果。通过这些手段,我们如此善于控制意外事件,以至于它能够以更安全和更丰富的方式出现。但是,所有这些都依赖于对作为事实的意外事件的热情接受。暗示并不生成意义,它只生成被暗示之物。但当我们接受一个被暗示之物,并以使它和其他意义有关的方式来发展它、用它作为研究(一种探究的方法)的向导时,我们的手头上有一个发育完全的意义;它占有所有可证实的特征,那些特征任何时间对观念、形式、种类、本质、存在而言,都是十分重要的。依靠关于暗示的特殊事实,这种对意义的经验主义的鉴定切得很深,如果奥康的剃刀仍然在切东西的话。

暗示存在于适当的刺激和逻辑化的迹象之间。火燃烧的声音可能让我们在没有进行反思时就开始奔跑,我们可能已经学会不提问就反应,正如孩子们在学校里被教授的那样。这里存在公开的刺激,但是没有暗示。但如果回应被取消或延缓,那么,它可以作为暗示持续:声音暗示着火,也暗示着逃走的明智。我们可以说,某个意义上,我们必须将暗示称为"精神的"。但是,注意通过这个词汇而表达的意思是非常重要的。火焰、跑动、被烧伤都不是精神的,而是物理性的。但是,在它们存在的情形中,当我们意识到这些与众不同的情形时,它们可以被认为是精神的。这只意味着,借助于它们允许的特定处理模式,它们被牵涉进一个在反思性情境中的独特路线上。它们的情形正如被某些特定实际情境(可能被指定或是显示和暗示)的特征所暗示的那样,可能是被明确固定的,那么,我们就获得意义、逻辑术语,即确定①。

词语(Words)当然是主要用于确定的中介,虽然任何种类的实际存在——姿势、手指或大腿或胸膛的肌肉收缩,在现成的要求下都可能被使用。本质在

---

① 术语当然不是一个纯粹的词;一个纯粹的词是废话,因为一个声音自身根本就不是一个词。它也不只是甚至天生就是废话的意义,它成了(如果它根本上是)超自然或是超验的废话。"语词"表示着某些不在场的存在,是通过确定给定的存在暗示出来的。那暗示存在于如下方面,即它们是通过某些心理学的方便的办法,是为了理智运用而被抽象和固定下来的,例如一个声音或是一个发声元件的肌肉紧缩。

于,存在一个手头上的特殊实际存在,这个存在可能被用来固定或保持暗示,所以后者可能出自身的理由被把握。直到因此分离并再次确立之时,被暗示之物是被暗示的但几乎没有一个标示;存在被意味之物但几乎没有意义;存在被设想之物但几乎没有观念。而且直到被分开之时,被暗示之物仍然是太过字面化,同时与其他事物的关系太过密切,以至于它不能被更深入地发展,也不能作为在新方向上用于产生新特征的实验方法而被成功地使用。

因为材料是**显示**其他存在的符号,所以意义是**暗示**其他意义的符号。① 举例而言,我怀疑这是不是一个人;也就是说,当一些给定特性被看作是符号或证据时,我怀疑它们,但我倾向于一个它是人的假设。有这样一个假设或概念上的对象存在于头脑中,我就有能力来经济且有效地探究,而不是胡乱地进行,假如我能仔细地阐明"人"这个词的含意的话。彰显"人"这个词的含意和在与其他意义的关系中去分辨它的意义,是一回事儿。例如,作为一个人,意味着当被搭讪时要说话——另一个意义被暗示了,而这个意义不是"人"的最初意义的组成部分。那么,"回答问题"的意义,将暗示术语"人"在其第一意义中并不占有的程序;它是一个暗示或寓意(implied meaning),此意义将我置入一个新的、对事物而言可能更加丰富的关系中。(发展暗示的过程,通常被称为"话语"或推理)已经说过的,回答此问题并不是人的**定义**的部分;对我而言,它不能马上成为柏拉图或俄国沙皇的含义。换句话说,在暗示**探究**行为和人的实际情境下,存在着某些事情;而且,它是在这两个内容丰富的暗示之间的交互作用。因此,关于演绎的丰富性,是没有神秘之物的——虽然这个丰富性已经被热切地需要,如同它对于工具主义而言,提供了一个不能克服的缺陷一样。相反,工具主义是唯一的一种理论——对它而言,演绎不是神秘的。如果为了完成一个给定任务而创造出的许多轮子、凸轮和杆被放在一起,一个人期待从这些装配零件中得到一个结果,那么,这个结果在这些零件各自分散时是无法达到的,在它们被堆在一起时也无法达到,因为它们是独立且彼此不同的结构;然而,当它们彼此影响时,新的东西就出现了。相互关系中的词语也是如此。当这些词语被放在一起彼此相关,某些新的、未被期许过的东西就出现了,这和下面的情况很像。当一个人在

---

① 作为存在的暗示和作为概念上或是本质上的暗示之间的区别,我归功于艾尔弗雷德·西季威克(Alfred Sidgwick)先生,参见他的《谬误》(*Fallacies*),第 50 页。

一块他不熟悉的石头上试用一种他不熟悉的酸性试剂——也就是,对这样的关联不熟悉,而不管他在其他方面对其有多么熟悉。正如我们所说,一个定义可能抽象地固定某些少量的意义,它是对某一术语和其他术语在每个交互关系中提供出发点的最低限度的详细描述。但是,没有什么是通过其自身或是在隔离的情况下而被得来。它是明晰的(因此无趣),没有其他暗示。但是,把它和另一个以前没有与它交互关联的术语放置在关系中,它可能在最让人高兴或者最让人失望的方式上表现自己。独立术语的必要性,在现代公理理论中表现明显。它避开现代逻辑对传递和不传递、对称与不对称关系的许多关注,因为术语的负担太多以至于根本不存在命题,而只有对术语次序的辨别。换句话说,出现于讨论中的术语是相关的——"兄弟"、"父母"、"向上"、"右边的"、"喜欢"、"更多的"、"之后"。这些词不是逻辑术语,它们和以下语词是*同样的*,"兄弟-相同父母的其他子女"、"父母-子女"、"上-下"、"左-右"、"同样之物-其他之物"、"更多的-更少的"、"后-前"。它们在一个*确定*的情境下表达状况,它们是*相关物*而不是关系。它们是明确的,因此缺少隐含之意。但是,一个既是兄弟又是情敌且穷困的人,表示出不同术语的相互作用,而在其中可能有某些事情发生:带有隐含意义的术语,或者说组成命题的术语,是一个相关性的术语永远无法做到的,直到它被带入与它无关的术语的联系中。叫一个东西"向上"或"兄弟",就已经在某个情境下回答了它的含义。它是死的,直到进入*另一个*情境并开始工作为止。

此外,经验表明:事物的某些性质,相较于其他性质,是更加丰富和更加可控制的。当它被用来获得结论时,术语必须关系到发展一个行为方法的性质,通过此行为来检测它是不是关于此情境的意义。既然它被要求作为当下一种意义的储存——这里所说的意义是彼此相连的,使我们可以容易地在任何方向上,从一个意义移动到另一个意义——只有当储存被制成一个全面且设置合理的系统时,此储存才是有效的。因此,所有意义源自将之前的暗示、思维或"意识"提前的那个东西——并不是所有性质都平等地适合成为一个广泛有效的意义,而且选择适当的性质来完成任务是一种技术活儿。这和将粗糙的材料变为有用的工具是相应的。一把铁锹或一个手表的发条是用之前的材料制成的,但是并不作为一个现成的工具而先存在;而且,它要做的工作越是精妙和复杂,就越需要更多的技术介入其中。这些简要的评论必须在指示一个更广泛的对数学化术语系统的处理将要表明的东西方面经得起检验。人类从将憎恨、爱、恐惧、美这些性质塑造成为意义而开始,并通过这些意义来解释生活的困惑。当它们被证明无效时,人类求助于轻和重、干和湿这些性质,使它们成为自然本质或是解释性、调整性的意义。希腊中古时期的科学没有在这条路上走得太远,这是大家都知道的。科学进步和系统化的实际控制可追溯到伽利略的世纪,那时使自己投身于数学化处理方式的性质被利用了。"最开始,在这些理想系统中最有前途的,当然是更丰富和更情感化的东西。最枯燥和最没前途的是数学化的系统,但是后者运用的历史是稳步前进的历史,相比较而言,那些感情化的系统是相对无用并失败的。"①

犁为何并且如何应用于花园,手表发条为何并且如何应用于计算时间,关于这些是没有问题的。它们被创造满足于各自不同的目的,问题是它们如何很好地完成自己的工作,以及它们如何被改造来更好地工作。然而,它们是由物理材料制成的,在使用金属之前,人使用现成的树的枝干或树根来犁地。我们并不通过接近自然原型的方式来衡量工具的价值或实质,而是通过它作为工作时的效率来衡量它,后者意味着大量的干预技艺。数学化的区分和联系所提议的理论正好与此相似。它们不是精神的创造物,除非在某种意义上,我们说电话是精神创造物。它们适合于自然,因为它们源自自然条件。可以说,事物自然而然地凸现,自然而然地改变。为了利用这些性质,为了有效地将它们发展为发现原生且独立事物之意义的钥匙;为了发展并指挥它们,直到它们成为使一个尚未知晓和不确定的情境,成为一个已知和确定情境的有效工具(以及基于工具的工具),这些都是人类理智已被记录的胜利。数学的术语和命题不是虚构的,也不是通过特殊的、被用在思想中的观念行为而被创造的。它不是虚构的自我约束的收割机,也不是由想要收获谷物的人立刻创造的,而是像艺术作品一样,为了做该做之事的目的而被构造的。

针对表达,我们可以谈论一下桑塔亚那曾开心地说过的话:"表达是一个容易引起误解的语词,它暗示之前被知道的事情是模仿的或表演的;然而,表现自身是一个最初事实,这事实的价值由被表达之事提及。这和中国封建官吏的光荣,可以回溯地归因于他的父母非常相似。"对德性非难的自然历史将向哲学家证明,它是一个有益的题目。即使在它最迷信的形式(在其中,可能比在其他任

---

① 詹姆斯,《心理学》(*Psychology*),第 2 卷,第 665—666 页。

何地方都更加明显)中,它证明是将被履行的服务以及对应用的需求。迷信存在于向前辈和祖先而非子孙提出请求的行为中,在那里,它只是裹尸布,而后代则是一个生成因素。

每个反思都留下一个双重效果。它的立即成果是(正如我以前尝试展示的那样)对一个情境的直接重组、一个赋予其内容内在意义崭新增长的重组。它直接理智的产品是对意义作出规定(在合适的存在中固定它),而这乃是以后研究的源泉。我不会轻视词汇"语词"和"命题"作出的帮助。它作为俚语,一个被投出的棒球是向着击球手的"命题",它声明或澄清——下一步他需要处理的东西,在所有的围绕物和目前还与他无关的环境中。每个声明给出和阐明最近反思的最终结果,作为后来反思的条件。这个对过去反思的核心问题的抽取使一个投掷成为可能,这个投掷朝向之前错误或无用步骤全部后果的一个方面,它使一个人能避免经历它们,并只能处理它们纯粹好的那一面。在一个实在论的著名表达中,它给出一个对象"如同其中不存在经验一样"。无须详细述说此种进程的经济有效性。它剔除了每件事——无论是它当前的迫切需要,还是生动逼真的,或过去权威的影响力,所有这些对手头的目标而言都是垃圾。这使一个人能认真考虑工作,只记录在后来进程中被推测有重要性的东西。毫无疑问,这些逻辑化的内核已经被提高到形而上学的本质意义上了。

"语词"这个词表明反思每个步骤的限制条件。它设立一个范围,在这范围之外大概是无用的徘徊,即一个错误。它宣布了什么**必须**被考虑,即一个不可逃避的限制,它用来推断哪些原生材料该被观察。在传统的说法中,它是一个概念,即一个**注释**,这个概念关于区分——为了现在正从事的那类探究的目的之确定所作的区分。一个人只要拿现在的科学话语和亚里士多德所说的进行比较,就会发现作为正确探究工具的语词的重要性,并会对存在的情境进行攻击。自然、本能地由反思产生的语词已经被放弃,它们被更有效的语词取代了。在某个意义上,它们都是一样客观的。更明显的,潮湿这个概念和目前的化学概念同样真实。但是,后者有能力进入一个更宽广的探究视域,而且能更顺利地把它们包括进去。

因为一种科学化探究的特殊种类的发展,原本是反思**副**产品的语词成为知识层面的主要对象。引发反思的"问题"是**理智**问题,是关于命题和语词的当下系统内部的差异。经受重组、经受内在意义增值的情境,是专门探究的主题。然而,出现在内部同样的一般方法由此产生的作为对象的术语和命题,除了那些产生它们的东西,尽管是工具,但却不是最终对象。作为一种存在的形而上学,对于分析实在论的反对,并不像一种过分的形式主义对于行为、评价、感情的常识世界的轻视。由于将术语视作对象,这种对观念论的轻视是一样严重的。一种质朴的观念论抵御住了这两个轻视。

然而,我的兴趣不是非难分析的实在论。我的兴趣是表明:工具逻辑的主要原则是,在与需要去关注的考虑(尽管它被理论第一次得以表达的那种观念论所轻视)的关系中,它处于何种状态,即与精神状态或意识行为相关的材料和术语的客观性问题。我试着在没有割裂或痛苦的情况下来表达这个理论,为这些考虑做好预先准备。它们不是反对这个理论,而是包含在这个理论之中。在争论中存在着问题,但是并不涉及逻辑问题而是涉及事实问题,它们是关于某些**逻辑区分和逻辑关系**的**存在性设定**的问题。关于这两个安排的比较性优点,除了那些已说过的东西,我没有什么可说的了。只是分析实在论的趋势,不可避免地要解决一个差异;此差异存在于探究的逻辑和辩证的逻辑之间,如同它自己是一个将被辩证逻辑解决的问题一样。我承认对某种哲学的恐惧,那哲学无法用术语和命题来定义关于不是术语和命题的东西的科学。这种哲学首先会扩大并曲解辩证法的功能,然后将哲学置于形式主义,它好像取消了经院哲学。过去的经验主义正是带着自身的全部缺点,将信奉经验哲学的人解放出来。

VII

如果你愿意,请跟我一起回到基本原理。"经验"这个词在论文中被自由地使用,却没得到大量解释。考虑到这个术语当下的主观主义者的解释,主要的问题可能是:对实际例子的误解并不比对这些文章原则的误解要来得少。在什么意义上术语被使用,是由一些被设定的东西来阐明的,对此我已说过。我现在要回到事情上。在所有哲学中,运用此术语的原因是什么?我认为,哲学的历史提供了答案。不论休谟和康德给予这个世界一个多么主体化的转向,我们只需要回到早一些时段来看,在哲学中对经验的诉求和将科学从神秘本质与原因中解放出来是相一致的,而且同那种用仅仅辩证定义和分类的方法替代观察的方法(它被实验性、应用性的数学方法所控制)是相一致的。对经验的要求是密苏里人的哭泣——被表明的需求。它源于一种渴望——通过观察自然的方式来指挥自然的渴望,而不是预先作用于她,给她带上美学的花环,将她保持在神学的链条中。经验的重要意义不在于太阳、月亮和棍子、石头都是感觉的创造物,其意义在于,据说是存在的东西——尽管这种说法可能是权威性的,除非这些东西能够与有机体发生详细的关联,而且有机体也与它们发生关联。这是一个强势的论断:直到人类能领悟事物如何成为信念,直到人发现当他们到达那里时做过什么,理智上的领域将会被抑制。

然而,难道这一点没有被好好领会,以至于我们会把指称下降为经验?确实,有可能那就是事实。但是,那个时代看上去还没有到来。某些东西经由被情感化偏爱所刺激的想象进入其中。对**特定目**的而言,它们并没有因为是从上述那扇门进入,而非通过没从感觉运动的调整进入而变得更加糟糕。或许他们可能已经进入那扇门,因为人对逻辑化形式、对称、系统的爱好,因为在敏感灵魂中由和谐所唤醒的、情绪化的满足。它们不太需要为了那些变得更糟。但是确定地,它处在一个关于哲学的事务中,区分被不同的东西所占有的善的种类。它如何能进行区分,如果不区分经由什么道路,它们进入我们的经验以及进入之后它们将到达哪里的话?确定地,不同不在**本质内容**中。这不是因为直接术语的自明和自足的特性,那些术语表明,但丁的世界属于诗歌,而牛顿的世界属于科学。再多的纯粹检查和纯粹发明,都不能决定那个人属于哪个世界。身份和主张上的不同是由被我们叫做经验的东西制造的:通过经验中两个体系的位置,这种经验与它们的产生及结果相关。确实地,任何不把科学当作是对世界的**说明**,而是当作在其完整实在性上对世界精确、详尽理解的哲学,因而没为诗歌或可能性留下空间的哲学,都依然需要一种经验理论。

如果一个信仰科学的人被问及什么是真理,如果他根据实践而不是某个习俗来形成答案的话,他可能回答说:基于充分证据被承认的东西是真理。而且,如果他被要求对证据进行适当的描述,他一定会提及观察和实验这些事。它(真理)不是术语和命题自我封闭的性质,也不是对这个人而言解决此事的系统命令;而是术语和命题被获得的方式,以及这个人针对它们所能做进而达到其他事情的东西。而且,当数学家或逻辑学家要求哲学家放弃这个方法时,也就是坚持"经验"的必然性,以确定数学主张、逻辑主张的意义之最充分有力的时刻。当那些被数学对称和数学系统影响的学生,停止根据孤立的数学主题的性质来建造哲学时,经验主义哲学家更不需要去提及经验。同时,我不知道如何在哲学中确定数学的范围和主张,便试着指出在什么结合点上进入经验以及在进入后做些什么。在确定和掌握作为意义之建议的解释中,我已经做了这样一个尝试。这个解释有很多缺陷,但这些缺陷将被一个更好的经验主义的解释来补救,而不是通过违反经验、建立一个离开经验的逻辑主张来补救。

那么,一种排除获取知识的行为、排外地将逻辑建立在被知晓对象特性上的逻辑,反对它是自相矛盾的。除了通过参考那些获得、使用和测试证据的操作(即获得知识的过程)以外,没有办法认知那些不同于想象对象、意见对象、非分析化常识对象的被认知对象的特性。我不要求一个详尽的怀疑论,我也不怀疑物理学家、数学家或数理逻辑主义者的权利——带着公认对象前进的权利,带着这些对象从事活动的权利。我在指出,任何表示要参与找寻什么是知识这一行动的人,他首要的工作是查明为什么只带着这些对象继续其活动,比带着亚里士多德科学的对象更为安全。亚里士多德既不缺少敏锐,也不缺少学问。对他而言,十分清楚的是:知识的对象是日常感知的东西,只要这些对象在终极原因的光芒之下被与一个形式联系在一起,而那形式在与被感知事物的对比中得以明确。如果这个对于知识对象的观点已经成为无用之物,如果完全不同的知识对象现在被接受和运用,那是因为获得知识的方法已经转化了。对科学家来说,"知识对象"刚好意味着,通过被证明的探究过程而已被获得的对象。因此,拒绝考虑这些过程,就是抛弃理解知识的行为及其对象的钥匙。当人带着对所有知识对象即知识本身的尊敬,运用所有被证明的、关于经验主义探究的方法时,这里存在某种反讽式的幽默。当对所有的知识对象都心怀尊重但唯独不尊重知识本身时,去利用所有关于实验探究的改良方法,这是一个反讽的幽默。否认它们和理解知识行为的关系,并退守到其他所有地方都否认的方法上,该方法依赖那些关于主题的独立且自足的道具,这也是一个反讽的幽默。

在这些论文中,很有挑衅性的一个论点涉及一种起源的方法,涉及一种知识的自然历史。我希望,现在被说的东西能使那个涉及东西的本质更明确一些。我应该因为没使那个观点更清楚而受责备。但是,我不能责怪自己仅仅因为我自己天真地作了如下假设:其他人通过知识的自然历史,能理解到我通过那历史所理解的东西。即使是在其当前的转化程度上,我也没想到如下情况:有人会认为,人类的无知、过失、教条和迷信转变为知识的那种历史,是在人的头脑内部排外地进行的或是属于内部意识。我将历史看成是在世界上,在天文台和实验室,以及应用实验成果来对人类健康、福利和进步进行控制的过程中所发生的事情。当生物学家说理解一个器官或社会学家说理解制度的方法在其起源或历史中的时候,他所指的被理解为是器官或制度的历史。我给予知识即科学同样的自由。在此观点之下,对"主观主义"的指控看上去是令人沮丧的,它告诉我们关于知识的进程这一问题现在流行的观点是什么。无意中发现一块石头不必然是一个知识的过程;用锤子砸它,在它上面泼酸,把石头块放进坩埚,让其他东西忍受热和压力来看人们是否能造出一块相似的石头,这些是知识的过程。通过连接名字来确定看法也是这样,设计能把这些术语放在一起以产生新看法,或者使看法从一种情境转移到另一种情境的方式也是这样。但是,当它与自然人类关系的公共外在世界相背离时,在上述的过程中,没有一个过程会是"主观的"。设定与分析相对的起源只是为了忽视这个事实:关于存在物的各种科学,已经找到能提供给它们更有效分析工具的关于起源的看法。①

  同样的考虑将适用于心理学中起积极作用的观点。如果论及关于存在物的体验模式和体验方法对理解哲学所处理的事物是重要的,那么,心理学当然就是有用的。因为心理学的意义刚好是对生物体行为和态度的区分辨识。生物体是影响到各个主题的存在物,也是因此必须在主题能被准确区分前,就被带入考虑的存在物。这一点在关于洛采的案例上尤其显著。他一贯反对利用心理学,然而他自己的数据和程序却经常被心理学影响;而且,如果我是对的话,他还是受错误的心理学影响。他在心理学和逻辑之间所作的特别区分,实际上取决于一种特定的心理学假设。值得一问的是:某些哲学家对心理学明显地厌恶,难道不是一种弗洛伊德症状么?

  关于"需要"和"目的"的论文,以及一般人本主义因素,对此有更多的讨论。为了节省时间,我下面要从早期评论中引用一个句子,它给予这些论文如下的原则:"如果计划被证明为对我们的需要是有用的,它就是正确的——判断是真的。现实和理想这一对差别,存在于环境的刺激和行为计划或试探回应之间。现实和理想对具体的个人来说,是平等的经验。"这些话可以被理解为:要么是为了公正地传达这一立场,要么是为了根本地误解它;正如字面上所表达的,后一个方

---

① 在对我的论文的批评中,我已经看到起源的方法反对实验的方法——就好像实验什么都不是,只是某些特殊对象的产生一样!

向要容易一些。在如下意义上,"理想和现实"是个人的经验这一观点是足够真的:经验实际上作为说明书呈现它们自己,此说明书能被任何想要学习它们的人学习。这样的学习,对决定它们的特质和对决定二氧化碳或英国国体的特质而言,是同样多地被需要的。但是,如果被引用的话对任何人暗示出如下意思:现实或者甚至理想不知怎么的就成了个人的财产,事物在某个地方被隐匿,然后被排斥,那么,我只能说我无法理解这个学说。我知道,没有现成或先行的关于"个人"的概念。我发现,很有必要到经验中去找到"个体的"、"人"和"那"的意思,而不是通过之前的个人概念来说明经验的本质。由此,即使在这样一个诸如"我的经验"的表达中,我也不想通过比"我的房子"或是"我的国家"这些词语中的"我的"更多的东西,使得"我的"吞噬语词"经验",以此来否认方法概念的真实性。正相反,我应该期待所有对这些短语的理智且明确的使用,相对于"房子"、"国家"或"经验",要投射更多的光亮在"我"上。

我想,在提及"我们的需要"作为一个对观点或计划之真理的正确性进行判断的标准时,可能真的存在误解。根据这些论文,这是对决定性情境的需要。它们唤起思想及对认知行为的需要,它只存在于一种情境中将自我的出现与需要同一起来;而只有通过反思行动者在包容性情境中的位置,他之需要的性质才能被确定。事实上,一个不正常的、不完全的、贫乏的情境表明,我当前的需要恰好是看它作为一个解决困境的方法如何工作,通过这种方式去研究、去探测、去猎取、去撕开现在绑在一起的东西,去计划,去发明、然后测试成果。简单地说,要求将经验当作话语的完成领域,其中又一个原因是:为了防止我们采用诸如"自我"、"我的"、"需要"、"满足"等等这些语词,采用其意思要么通过其自身、要么甚至通过辩证地提及其他术语的方式,以及能被接受和证实的那些语词。

像"现实"、"理想"、"个体的"、"人"、"我的"这样的语词,当然允许有益的辩证式(或纯粹命题式)的澄清和说明。但是,没有事情是固定的,除非这些不得要领的发现已经通过行为被运用到事情上,除非经验已经被影响,那经验要么满足、要么逃避被主张的概念规范。举例而言,假设语词"理想"的意义可以远离在经验中对某些特定事物的展示而被固定下来,这个假设就是在哲学中坚持这样一个观点:科学在踏上正确轨道之前,必须摆脱掉玄妙的本质和隐藏的原因。唯心论对于经验的误解,不是扔掉它同现代科学显著联系点的原因,这个误解也没有理由求助于从旧形式的"物自身"中被区分出的对象,只是因为它们刚好涉及那些经验。它们通过那些经验而被确立,而且被应用到那些经验中去,而这是那些命题式的或分析的实在论公开声称并精心忽略了的。作为报复,这个忽视行为给我们留下了"我",或者认知的自我,它是作为一个经验归属于其中(而不是陷入经验的某一个可指明的位置)的单独之物。这个忽视行为也产生了一个不可解决的问题——关于一个主体性经验如何能引起客观化知识的问题。

最后,我要说的是:目前看来,提及"经验"这一行为,是意识到在经常分裂为二元论的主题中存在连贯性的最容易的方式。一个与自然存在世界(它与那适应成功干预行为的自然存在是不一样的)非常不同的本质世界的创造,其实是一个技术性的问题。尽管对一个熟悉从柏拉图时代以降这个观点已经引发的所有困难的哲学家而言,这是个让人灰心的任务;但是,出于不同于专业理由的原因,这个援助使它成了一个让人担心的东西。这样一种哲学所起到的,现实地、当下地将"理想的"世界从自然世界中分离出来的助益,使它由于另外一些专业上的原因而变得令人担心。上帝只知道有多少生命的苦难归因于一个信念和一种趋势,那信念就是:自然场景和对我们生活的操作是缺少理想重要性的;那趋势是:由于理想因素的缺乏,逃到某个其他理想事物所占据的世界中去。它是一种奢侈,它属于"上流社会的传统"生活,它属于被授予给超脱的寄生生活的、对"上层"阶级的坚持。此外,它还把科学化的探究者放在并不可靠的阶级那里。如果对麻烦的人性而言,哲学家可以帮我们弄清楚如下几件事,那么,哲学家就能强化自身对社会要求和社会责任的意义;观念与自然事件相连;观念只是表征它们的可能性;被验证的可能性形成关于行为的一些方法,这些方法会使可能性成为现实。我不是说,在经验中的各种态度和兴趣的连续性和互动是唯一实现这一成就的方法;但是,对现在的大多数人来说,它是最迅速的方法。

关于分析的实在论可能包含的那种连续性的另一个重大断裂,人们说了很多。那个断裂存在于世界和作为外在于它的认知者之间,这些认知者对它进行了一种无益的、沉思式的调查。我能明白那种社会情况,在那情况中产生了这个关于冷漠认知者的概念。我能看到,它如何通过培养认知行为的无害意义并使一些仇恨安宁的方式来保护可靠的、对环境的改变发挥作用的探究的成长。那仇恨属于那些正在被控制的、不希望允许对有实际重要性的东西进行反思的人。在任何时候,我都可以看到,专家也可说是专业认知者,是如何在这个学说中找到一种良心上的慰藉。只要在关于事件的行为中,他们不被允许对其进行有效的分享,那么,所有的思想者就都需要那种慰藉。首先,我能看到关于直接行为压力的缺场和隔离如何发展出一个更多样化的好奇心、更伟大的公正和更慷慨的前景。但是,既然理智的方法是完美的,那么,所有这些都不是继续对远离大众且独立的头脑或认知者进行理想化的理由,而且被改变的社会情形不只允许而且需要理智被排列在事件队列中。理智的诚实,一种公正和超然只有在隔离中才能被保持。伴随着天真的无知,那种公正是对德性的其他定义令人不悦的回忆。把知识放置于它在经验中发生并运作的地方,就是去认知这一点:正如它的出现是因为人的困难一样,它也是在重构形成那些困难的条件的方式下才被证实。真正的智力完整性,是在经验性的认知中被找到的。在这个课程被完满地修完之前,从经验中分离出知识或是从经验中分离出实验都是不安全的。

对《实验逻辑论文集》中"实践的"一词的补充注释[1]

创造一个传说要比防止它的持续流传简单。对工具逻辑的误解中,没有比下面一个信念更持久的了。这个信念认为,工具逻辑使知识仅仅成为使实践结束的工具,或是满足实践需要的工具——实践用来表示一些非常明确的、关于物质类型或生计类型的效用。凭借词语"实用主义的"所引发的习惯性联想已经比最外在且最显著的、所有实用主义者有能力做的陈述更加强大了。但是,我再一次认定,对于朝向最终意义和考察的推论而言,语词"实用主义的"只意味着将所有思考、所有反思性考虑归结于最终意义与实验的**结果**这一规则。没有什么关于结果本质的东西被说起。那些结果可以是美学的、道德的、政治的、宗教的——它们可以是任何你喜欢的东西。到那个程度上,该理论所需要的是:在某个意义上,那些结果是思维的结果;在真正的意义上,不是思维的单独结果,而是它在和其他事物的关系上行动的结果。这不是一个被插入的、用来缓解缺陷力量的事后想法。皮尔士先生解释说,他从康德那里拿来了"实用主义的"这个语词,以此来避免经验主义的后果。当他提到那些后果的实践特性时,只显示了一个用来避免纯粹口头争吵的标准。不同的后果被主张来构成一个语词的不同意义。一个不同比只是一个公式表达得更多么?如果被意识到的话,得到答案的方式是问这样一个问题:是否这些后果会对我们要求不同的行为模式?如果它们没有在行为中制造这样一个不同,它们之间的不同就是常规的。这并不是说后果本身是实践的,而是说源于它们的实践后果有时被要求用来判定特定问

---

[1] 首次发表于《实验逻辑论文集》(芝加哥:芝加哥大学出版社,1916年),第330—334页。

题——除了用词以外,两个被提议的意义是否存在着不同。詹姆斯先生清楚地说明,重要的,后果应该是特定的,而非主动的。当他说一般价值必须"兑现",他当然在表明后果必须是可以转化为可证实的特定事物。但是,对批评他的一些批评家而言,"兑现"已经足够了,那些人自夸在逻辑精确性上,是单纯的实用主义者所不可企及的。

在实用主义被称为工具主义的逻辑视角下,行为或实践确实扮演了一个基础性的角色。但是,它与后果的本质没有关系,与它有关系的是认知的本质。为了运用一个现在比过去更加时髦(而且在一定程度上,的确在实用主义的后果里)的术语,工具主义意味着一个关于思维和认知的行动主义者理论。它认为,认知是我们做的某些事情;分析在终极意义上,是物理的和积极的;在其逻辑性质中,意义是立场、态度和朝向事实的行为方法;主动的实验对证实是必要的。用其他方法来表达就是:工具主义认为,思维不意味着任何先验状态或是突然被引入一个先前的自然场境的行为,它认为这种认知的操作是(或机警地来自)生物体的自然反应,生物体借助怀疑来形成认知;而这些操作就在怀疑中出现,它们也借助于使用探究、重构和其所朝向的那种控制。在这个将实践的性质转入某种结果的学说中不存在任何保证,在结果中行为达到顶点;并且,通过这个结果行为得到测试和纠正。作为一种行为的认知,对作为结果的、受约束的和更重大的情境而言,是工具性的。这一点并不暗示任何关于随之发生的情境内在的或工具性的特征。这就是它在一个给定案例中所能是的一切。

在思维是工具性的这样一种意见中,没有什么是新奇的或是异端的。工具主义这个词,是*工具论*的芬芳气息——无论在其*崭新*还是*古老*的意义上。然而,当"手段"这个语词被运用于思维时,问题马上就出现了——作为一个工具,思想是否属于一个主题,思想使那主题成为知识。形式逻辑(被康德接受并在某个意义上被所有的新康德学派的逻辑所追随)给出的答案是明确的。将逻辑称为"形式的",精确地意味着:心智或思想提供与原始主题无关的形式,然而形式仍然被需要,以此使思想具有关于知识的合适形式。在这点上,它偏离了亚里士多德学派的工具论,那种它声称将要追随的**工具论**。根据亚里士多德的观点,为知识做准备的过程,即教和学的过程,仅仅是一种实现;这种实现需要通过**相同形式**或性质的人类身体的潜能。所谓的形式或性质,在本质上是通过额外有机体的潜能,在之前被实现的东西。思维行为对真理而言不是工具性的,思维行为在现代意义上只是形式的,这对亚里士多德来说是难以置信的怪论。但是,对关于形式和内容、循环实现和永恒种类的形而上学的抛弃行为,剥夺了亚里士多德式的"思想"在对事物安排中的所有位置,并且留给它一个伴着相异于主题形式的行为。将思维行为想象成对真理或知识而言是工具性的,将思考行为想象成一个和它被应用于其上的东西一样的、出于相同的主题被塑造的工具,这些都是对亚里士多德逻辑传统的回归。与此同时,科学实践已经用那种关于实验性发现(这种发现的定义和分类只是它们自己,而不是辅助性的工具)的逻辑,取代了为那种对已知之物安排和说明的逻辑。然而,这需要一个全新的、非常不同的**工具论**。这个工具论使这样的观念成为必要的,即知识的对象不是思维出发时与它相伴的东西,而是伴随它结束的东西:是组成思维的探究和测试的过程中,过程自己产生的某个东西。因此,知识的对象在如下意义上是实践的:它依靠一种以其自身存在为目的的、独特种类的实践——为了其作为知识对象的那种存在。它在多大意义上是实践的,则是另一个故事。**知识的对象**标志出一个完成的胜利、一个可靠的控制——那是被知识的真实本质坚持的。其他人使用它,也许建立在它自己内部的特性上,而不是依靠在知识本质中的任何东西。我们不知道疟疾的起源、本质和治疗方法,直到能制造和去除疟疾,而制造或是去除的价值建立在疟疾和其他事物关系的性质上。对于数学知识,或者关于政治或艺术的知识,都是如此。个别事物是不被知晓的,直到它们被放入实验思考的进程中。当被完成时,它们的有效性可以是任何东西。经验会决定有效性究竟是什么,那范围宽阔得从无限到零。

欠考虑的建议[1]

《美国教师》的编辑们：

位于芝加哥的全美教师联盟所采纳的决议副本，被印刷在《美国教师》一月号的最后一页上。在其中，我很遗憾地看到，科罗拉多州的布鲁斯特教授被列在"著名的违反言论自由和观点自由原则的名单"中。

在我看来，在作出这样一个陈述之前，决议的作者们应该已经参考过唯一一个关于此问题的、权威且公平的探究的研究结果，那份研究结果是由美国大学教授协会的学术自由与终身教职委员会提出来的。决议的作者们应该已经发现一个和他们给出的流通观点相悖的定论。

作为一个关心言论自由和观点自由的教师，我写了这封信。草率地假定一些违反行为并在面对调查人组成的公共团体给出的报告时进行公开指控，这样的行为对我们的动机并没有帮助，相反是破坏了那个动机。

约翰·杜威

---

[1] 首次发表于《美国教师》(American Teacher)，第6期(1917年)，第31页。

美国大学教授协会[1]

《国家》杂志的编辑：

　　《教育评论》三月号中包含一份关于美国大学教授协会事务的稿件。此稿来自芝加哥，并署名为"巴比伦城中的旁观者"。在这篇稿件中，作者大方地引用了麦克唐纳（MacDonald）教授所写的、被刊登在《国家》杂志一月号上的书信，并从那里得出一个结论和一个寓意。

　　他的结论是关于美国大学教授协会的可预期的消亡。其寓意如下：那位旁观者带着克制的悲痛，认为协会面临垂死状况的原因是：协会的行为被掌握在那些在商业事务和组织事务上毫无能力的人手中，即那些善良的、将他们自己贡献给纯粹教育和研究的教授手中。

　　对于由麦克唐纳教授的信件所得到的推论的正当性而言，他是最好的评判者。就个人而言，我会毫不犹豫地说，这和麦克唐纳教授在此问题上的意图或信念毫不相干；关于协会死亡的谣传，很像马克·吐温的案例，是夸大其词的。但是，除了在协会状态这一点上采取了错误的前提以外，那个旁观者对所谓事实的解释建立在一个错误的陈述之上。一个在平静的纯粹教学事业中的人，能纠正已经被巴比伦的噪音扰乱的人的错误么？那个旁观者开始于一个假设，即认为协会排除了一些人的成员资格，"那些要么临时、要么永久性占据管理岗位的人"的资格。对那个作者而言，这些人意味着有能力处理商业事务和组织事务的

---

[1] 首次发表于《国家》，第102期（1916年），第357页。这篇文章是对一封信的回应，那封信收录在本卷附录4中。

人。因此,这个协会就接近瓦解了。可事实上,协会章程并不包含这样的规定。许多占有行政岗位的教授是协会的成员。他们中的一些人在委员会主席等职位上,在协会事务中进行了积极和有价值的工作。

因此,那个旁观者可能被迫就他认为悲痛的情况再次猜测其原因。如果任何纯粹是一个教师的粗陋的教授倾向于反对如下建议,我要请他停止这行为。此建议即:悲痛基于其上的、关于协会组织这一事实的错误判断,表明那些致力于教育机构业务办理工作的人们,在关于事实的研究等简单问题上是"无能的",或对工作任务而言是"无用的"。他的逻辑将只在那个旁观者的水平上。此外,在章程中存在一个条款,"任何没有提供一定实质数量教学的管理者都没有成为会员的资格"。因此,那个旁观者可能反驳说,一种非商业的教育事务和研究事务的实质贡献,将不可避免地使那些投身于类似商业管理事务的人变得堕落——更不用说强制性协会在纯粹教师平等问题上所产生的效果。

转向严肃的事实,我能否说在维格摩尔(Wigmore)主席和泰勒(Tyler)秘书主持下,协会的事务非常旺盛和繁荣地发展着?十五个调查委员会正在成形中,它们中的大部分处理着重要的教育事务,而且每月一次的公告也已经确定。关于地方性章节的计划正在制订之中。

约翰·杜威

来自美国大学教授协会下属的大学伦理委员会的声明[①]

代表大学伦理委员会,署名者谦恭地邀请各位协会成员,能和他交流关于将要被讨论的话题的意见。话题包含已经被注意的混乱,那混乱是关于这样一个问题,即哪种讨论可能是有效的? 说明性的事件将是被欢迎的。很明显的,关于大学伦理的任何报告应该和实际情况有关,而不是纯粹理论性质的。依靠的经验越广、越多样,委员会的每个行为才会越有价值。维格摩尔主席已经唤起我对一个事实的注意,那就是,纽约州关于职业道德的律师协会委员会迫使其成员回答关于职业道德的问题,并且在法律杂志上以匿名的方式刊登回答。如果我们的协会也采取同样的方法,它将保证一个传统和规范的引导系统将被建立起来,这一系统将作为具体经验的产品而非仅仅是具有学术特征。因此,我希望在他们已经注意到的,与大学伦理相关的问题、事件和主题上,许多教师能考虑一下委员会的安排。

约翰·杜威

[①] 首次发表于《美国大学教授协会公告 2》(*Bulletin of the American Association of University Professors* 2),1916 年 5 月,第 17—18 页。

美国大学教授协会下属的
大学伦理委员会的报告[①]

委员会 I，大学伦理

以下情况已被大学伦理委员会纳入考虑。它们被公布，是为了使协会的成员被触动，进而就提出的任何主题写下的观点邮寄给委员会主席。尤其期望的是来自法学院、医学院和工程学学院的全面信息，这些信息关涉与校外课程行为相关的当下实践，以及对于事件的解释，这些解释会说明实践发生作用的方式。考虑到大多数问题的主要性质，特别应该弄清的是：委员会还没有放弃将有更多且更具体的、基于特殊困难的案例将会被呈现的希望。无论何时，机构和相关个人的名字将被保密。

校外行为

院系的成员们被要求向他们各自的院长报告他们可能有的任何校外职业，无论是有薪酬的还是没有薪酬的，院长或者是某些更重要的情况下教务长会批准（或拒绝）许可。这不包括撰写书籍或是为出版物写文章，不包括提供不定期讲座，不包括附带辅导。它被用来避免教师们忙于从事某些工作，那些工作可能转移他们大量的、本应用于大学内的时间和精力。因为，他们被期望将全部时间用在他所属的机构，当然，除非他已经得到机构官方的批准。

---

① 首次发表于《美国大学教授协会公告 3》(Bulletin of the American Association of University Professors 3)，1917 年 12 月，第 10—12 页。

作为税务问题或是公共事业评估方面的专家,一个经济学家为政府所用,被要求作证。他为政府服务,请问:在什么程度上,他应该为他的服务索价?其次,他为一个私营公司服务(这个公司提起诉讼或进行辩论时,其对手是政府),那么,在他自己的私人判断中,对方例如政府宽泛地说是正确的时候,在什么程度上,这个专家应该为这个服务收取报酬?第三,这是一个已经发生的实际案例——如果他被双方——政府和私营企业,要求在同一事物上给出不同方面的专家意见,那么,在什么程度上,他能被证明给两方的意见是正当的?而且,在什么程度上,他要求来自一方或双方的补偿是合理的?

一个医学教授,在我们大多数大学中,在追求他的个人职业上被认为是正当的。在许多案件中,一个法学教授,他实践法律被认为是正当的。请问,对其他专业的教授而言,如果聘用他的人或公司有可能影响他在其被要求讲授的问题上的观点,那么,一个教授通过为个体或公司工作来赚钱,在多大程度上是正当的?许多这样的案例可以很容易地被复制,尤其是在那些商业或股东行为与已经成为公正政策的东西相违背的案例中。

在什么程度上,一个大学教授应该被允许让他的名字为了纯粹的商业理由而被使用,例如亚历山大·汉密尔顿研究所?

原始研究、写作、课外大学讲座和教授的课堂教学之间,在时间上应该有一个怎样的关系?

来自其他机构的邀请

运用来自另一个大学的邀请来提高一个人在其本来大学的收入状况时,问题出现了。最臭名昭著的案例是:来自外面的邀请是被蓄意策划的,然后,出现在本校面前的情况是:作为"必须满足"的要求,需要通过增长工资来保留候选人。更常见的一种情况是:邀请自然地到来——在此情况下,可能有一个或多或少的真实丰厚的邀请;但是,最终导致的是一种堕落和在本校的工资的增长。

所有权

关于设备所有权的问题,它要么应该归属于实验室,要么应该属于设计出它的个人。与此相关的,是对专利仪器的支配问题。我个人认为,我们不应该取得属于实验室设备的东西专利权。我们应该拥有我们所著的专业书籍的专利版权,但是,应该直率地承认重新发表关于任何科学规律的公式。

临时替职

存在关于临时替职的问题。我想,应该存在一个清楚的规则,关于某人在什么程度上应该被要求去填补因同事生病而出现的空位。例如,一个人可以适度地被要求为期一个月负责一门课程,或者在两周内负责两门课程;超出这个限度,就可能被认为是一种强迫。我们的委员会应该就此发表一项声明。

大学名称和关系

有这样一个需要,关于使用与教授相关的大学或他所附属院系之名称的确定理解。难道不应该存在一个明确的理解,即教授在任何同其科学或教育行为没有直接关联的行为中,不能使用他的头衔或他的机构的名字吗?在给报纸写信、签署请愿书等等行为中,大学的名字不应该被引入,无论是确定签字或是给出他的邮件地址,这难道不是需要明确的吗?在所有关于政治性或半政治性的请愿事务上,同样的问题也可能被问到。

院系成员之间的关系

当存在一个为了调查并报告破坏学术规范的行为的院系委员会时,就一个院系的成员而言,对他同事的行为向学校官方进行署名的批评,并要求被批评的同时得到惩罚,这对成员是一种职业道德吗?

普遍的军事训练①

艾略特博士②：……当这里有人比我更适合发言时，我不打算占用大家倾听的时间。他们将作为教育家发言，他们是将毕生贡献给研究如何使孩子们不只是成为好的男人或女人而且成为好的公民问题的人们。我想，如果美国数目庞大的初中、高中和大学的老师们要为他们自己选一个代表的话，那个代表一定是约翰·杜威教授。我非常高兴地告诉大家，杜威教授要在今天早上对这一措施发表演讲。

主席（俄勒冈州的乔治·E·张伯伦参议员）：我们将很高兴听取杜威教授的发言。

来自位于纽约百老汇 2880 号的哥伦比亚大学的杜威教授的陈述

主持人：教授，请您介绍一下您的姓名、地址、目前职业和您的专门研究领域。

杜威教授：我是约翰·杜威，来自纽约的 2880 号大街，是哥伦比亚大学的教授，专业方向是哲学和教育学。

主席先生，各位朋友：要求强制性军事训练的法案对美国的理想和礼仪将

---

① 首次发表在美国国会参议院的军事事务委员会上，《普遍的军事训练：在 S. 1695 的听证会》，第 64 次会议，第 2 庭，1917 年 1 月 15 日，第 560—571 页。
② 约翰·洛夫乔伊·艾略特(John Lovejoy Elliott)是哈德森协会的发起人，哈德森是纽约市的一个居民区。他也是伦理文化学校的校长。他介绍了一组教育家，让他们在 1917 年 1 月 15 号的听证会上作陈述。

要产生的改变,甚至比总统选举中出现的问题更为重大。相对于能在几乎所有宪法修正案中所看到的改变,它是一种对我们的历史、社会和宪法的影响更大、意义更深远的背离。这些话不需要通过争论来辩护。我只请各位假设一下,如果在五年前,有人建议将国内 12 到 23 岁的年轻男性都在军队中进行注册,并在此基础上,每年都进行军事教育和军事训练,那么,将会发生什么? 将张伯伦法案的条款回溯到几年前,你就能轻易地得到一个标准,以它来明确此法案在我们民众的社会结构方面提出了一个多么巨大且根本性的改变。这个事实解释了这一长久且广泛的讨论的必要性。它明确了如下一点:来自民众所委托的要求,和通过宪政投票而得到保护的东西一样明确。首先,它将举证责任归于那些提倡改变的人。是他们应该对为什么这样一个根本性的政策转变是应该发生的而举证,而不是那些反对此倡议的人去找到它不该发生的原因。这个责任是一份庄严的重担。我不羡慕那些设想此建议的人们。我发现,一些人催促这个改变,却不是在它所要求的那种严肃精神中。那些人对我们过往最珍贵的历史进行轻率的攻击。他们声称自我牺牲的精神和忠诚已经消失,并以这种轻浮的心态中伤美国人民的男子气概和出于自愿的道德勇气。他们还轻视我们公民身份的很大一部分,认为我们不再是一个国家,而是成为外国人的寄宿所。这些情况让我吃惊到甚至无法用言语表达。我也吃惊于一些人的轻率,那些人信赖由战争引发的激动情绪和党派仇恨,他们正在推进一些在冷静和清醒的考虑中不可能获得发言机会的措施。

这些话看上去是毫不相关的。我这么说,是因为它们显示着我在你们面前所显现出来的精神。我不是作为一个专业的和平主义者来到这里的。我以如下身份站在这里:作为一个仍然相信民主美国所具有的历史精神和理想的那些群众的谦卑代表;作为一个为联邦的国防领域工作四年的人的儿子;作为轮流为这国家的诞生而奉献他们的精力和生命的祖先的后代;作为一个如果他自己对于服役而言太老或是太虚弱,在严峻的必要性下,愿意看到他自己的儿子们承担国家防御这个悲剧性重担的人。但是,作为一个除了憎恨某个体系之外,我不能期望任何东西的人,这个体系用"军事教育"从我儿子们 12 岁起就迷住他们,并在来福枪和军用帐篷中占用他们的时间,而缩短了科学和人文教育。我憎恨这个体系,因为在孩子们的冲动最自然地对不民主、狭隘且以神圣爱国精神形式肆虐的敌对情绪容易慷慨接受时,它侵染了他们尚未定型的头脑。

我说这些话，也是因为它们表明了一个困窘，在其中，我发现自己不得不去讨论这个措施，就好像它基于一个公开且平等的讨论立场一样。我现在的感觉很像在如下情况下的人：那人被要求论证为什么一项废除政府的民主形式的法案不该被通过，而且争论的两边居然都被要求进行举证。我说这些，是因为我对那些被引证来支持这个法案的证据的变动特质感到不安。当一个人在普通教育和社会的立场上反对这个法案时，他遇到了关于军事必要性的借口。当军事需要通过其他途径被满足这一点被指出时，我们又被告知那些存在于美国人健康、道德、公益心和公共行为方面的重大罪恶，而且被告知义务性训练的真正目的是为了治疗这些罪恶。确实，我们最近到了一个紧要关头，在那里，关于普遍兵役的主要理由是没有人想要普遍服务，而且关于义务兵役的主要理由是没有人愿意自愿承受军事责任。因此，当这法案在一个方面被攻击时，它的支持者总会出现在其他的地方。

我想说清楚的是：对此法案的反对者，不是防守方。我们敦促在自由中依旧保持使美国人民成长为伟大、有力和受尊敬的历史精神和理想。我们既不忽视和否认存在的罪恶和不足，也不为它们道歉。我们要求积极和建设性的、符合我们勤勉、爱好和平、自重的民主措施，要求符合我们在缓慢但重要的教育过程中坚信的那些措施。我们反对敦促我们的军国主义治疗措施，因为我们相信，它们要把公众的注意力、精力和经费从可能真正实现建设性进步的途径上转移走。我们保留我们在道德和社会纪律上的信念，它们来自自由，反对那些来自独裁政治和奴隶式顺从的东西。

在教育方面，那所谓的采取义务性军事训练和与其相应的征兵的益处在两个方面被提及，一方面是身体性的，另一方面是社会和道德性的。

我的朋友扬女士①，芝加哥学校的前负责人已经提醒我，在1820年，当这个国家的公共教育体系的基础被建议时，支持它的主要论据之一是：美国青年在身体和道德方面盛行着一种退化。我想，对这些事务没有悲悼情绪的时代，是不存在的。

从幼年到身体机能成熟期对健康的重要性，对系统关切护理的需要，是一种普遍、不安的关注，好像为论证提供了机会。对此，我们不能太喜出望外。相比

---

① 埃拉·弗莱格·扬(Ella Flagg Young)女士，芝加哥公立学校1909—1915年的负责人。

于此,没有任何一个教育阶段需要更完全、更持久的注意,大体来说,也没有什么已经被更多的忽视了。但是,先生们,当更有效的方法就在手中时,为什么欣然接受一个短期且不充分的治疗呢?我不会占据你们的时间来重复你们已经知道的事情,例如,我们国家在学校卫生和体育训练方面的每个主管当局的证据。那些证据中存在一个非凡的一致,即年轻人身体训练的军事部分不只是次于其他方法的,而且在许多方面是绝对有害的。我只是要唤起你们对马萨诸塞州特别委员会结论的注意。我不关心有多少普通医师或是医科系的主任对一个并不属于他们州的问题给予了证词。我请你们找到一个在现代教育卫生和体育方面的专家,这个专家会声称对那些低于或高于 18 岁的人们来说,为了体育训练而采取的军事方法将等同于其他可用的方法;而且,不会将年轻人的情感和想象固定在战争和侵略之上,不会导致他们通过军事行为来评价爱国奉献。

此外,我要请你们去询问军事专家,并让他们对下面的问题作出公正的判断,即张伯伦法案乃至它的替代法案中的条款,从身体战备的立场上,是否完全是适当的。当然,其他国家的经验表明,在特殊的士兵训练展开之前,为期几个月的一般体能训练是必要的。

如果我的知识储备是对的,欧洲的军事专家认为至少 5000 小时的训练是必要的。鉴于这一事实,看上去分散在十年中的 1000 小时或是 1100 小时训练是不够的。

如果是这样的话,一方面,我们被迫去确定贯穿所有学校教育的、关于身体护理和身体训练的改良方法的必要性;另一方面,我们被强迫去相信,目前的法案只是一个正在插入的楔子。被法案所允许时间的不足,将很快显露出来;而且,那时的动荡将再次更新,只是下一次是为了一年,然后是两年的训练。不要让美国人民欺骗自己,也不要让他们在这个问题上被欺骗,即迈出了采取军国主义道路的第一步就意味着终结。

至于在补救生理缺陷这点上,军事训练是一个耀眼的、不合逻辑的推论。我面前有一个典型的理由。它总结了关于脊柱弯曲度、近视等方面的统计数据,把它们归于公共学校,然后建议作为补救的军事训练。接下去,它指出,因为身体缺陷而被免除的军事训练比率常常占到 50%,并且预见了一个相似的、在美国公民军队的建设中的衰落。换句话说,那些最需要身体训练的人,恰恰就是那些不能获得所谓好处的人。

我宁可回避令人讨厌的性疾病方面的话题,而不是在卫生学方面去讨论军事训练能做到些什么,尽管这一事实被那个措施的拥护者所忽视。并不是一个和平主义者,而是一个著名的某战争的前秘书长正式地记录了这个事实:美国军队中每日平均的性病病例数目比得上其他所有重要疾病的总数。

我再次重申,这整个运动的最恶之处是:面对严重的恶时,它将公众注意力、公众精力和公共财政转移走了,使它们离开了一些解决病症的途径。那些被放弃的途径和美国精神相一致,是真正为了一个更好的市民生活做准备的。在必要时刻,那些途径将为战争提供必要的、作为其副产品的物理基础。学校里的女孩子们是我们未来公民的母亲,却没有为她们而制定的条款。那些目前为了商场、店铺和街道而离开学校的人们,才是那些最需要体育卫生监督的人,他们也将是那些最被忽视的人。如果,关于我们的年轻人需要的当下关注,被允许蒸发掉或是转移开,那将是一种犯罪。放弃军事迷信,专注于普遍的医疗检查,专注于学校,专注于那些治疗牙齿、眼睛和整形矫正的社区诊所;保护理智的监护和指导,以从教室里消除养成身体缺陷的错误;开展全国性的运动,以提供运动场并由老师来引导健康游戏;促进像童子军和少先队这样的组织的发展,那么,成果将是显而易见的。通过一种想当然的通向解决方案的街景,让我们被唤醒的意识再次入睡,这些捷径包括迫使学校接受军事教育、武器手册和在走廊进行的来福枪练习。而且,对另一代人而言,唤醒美国人民此种需要的系统行为将是很困难的。

我之所以这样说,因为我知道,不只是州范围内的政府直接引进军事或其他训练进入校园。我这样说,也带着对法案第八条规定的觉察。第八条表明,关于某个年限的训练条件,将通过在公立学校和私立学校进行训练的方式得以满足。而且广为人知,那条法案是现有的唯一机制,虽然没有很多言辞,但事实上,把军事准备的实际重担又扔回到学校里来了。

布莱迪参议员(爱达荷州的詹姆斯·H·布莱迪):我建议现在将那条规定插入在你的评论中。

杜威教授:第八条内容如下:"被此法令规定的,为了公民青年团、公民陆军和公民海军的训练,将在公立学校、私立学校、专科学校、学院和大学中被提供,在一些州的组织民兵和水路民兵中被提供,在童子军或类似组织中被提供。假若在相应的年份,学校进行的训练符合被规定的训练,那么,每年的训练时间相同,并将由这种教育被授权之区域内的司令官进行鉴定。"

现在,在我看来,它把我们的公立学校、私立学校、专科学校、学院和大学以及童子军组织放入一个将其军事化的位置上。直截了当地说,在提供军事训练的意义上,那法案将它们置于和各个州的组织民兵和水路民兵完全相同的基础上。

在这一点上,我要说,虽然我不会收回已经说过的、关于体育的极其重要性及必要性的任何一个字;但是,在我的观点中,存在关于体育问题大量夸大的,或者至少是对正在发生之事的忽视。在纽约,一代人中,每1000人中的死亡率已经从27人降到了1.5人。众所周知,相对于德国,我们的幼儿死亡率要低得多。这个例子被当作是一个身体方面即将到来的好结果而被举出。当然,这出现在进行身体锻炼的时代之前,它表明,某些军事训练并不会必然地提高人口的普遍健康或身体技能。这确实表明,通过自愿的努力并通过国家对公共学校兴趣的大量增长,我们已经开始了一个强有力的运动。我重申,那种丝毫不反对现在措施的行为,就是倾向于将这些能量转移到一个不相关且低效能的轨道上去。

已说的话语被用于对如下东西的强调:强迫性的训练带来的所谓道德和纪律上的好处。美国年轻人道德恶化的苍白画卷已经被勾画出来:缺乏对长辈和自己工作的尊重,他们在顺从上衰落,自我放纵在增加,不愿意为公共善做任何一点牺牲,等等。然后,军事训练和对上级命令的机械服从,作为一个道德秘方被提供出来。与此同时,我们被告知说,同样的方针能促进最近的主张中所提及的那些年轻人的独立、自主和自愿合作精神,并让他们成为"巨大机器中的螺丝钉"。

在教育中,有经验的人能达成共识的东西并不多。这不多东西中的一个是:学校管理中军事的和准军事的方法是彻底失败的。在一段时间内,我已经听到一所纽约公共学校的负责人讲述的在其社群里发生的、道德上变化的故事。他的学校坐落在外国人口聚集地。建筑物落成后,他在开幕日坐在他位于二楼的办公室里,他看着窗外男孩子们聚集在一起的地方。当他们发现这位校长的时候,用许多石头砸向他。今天,那块空地已经被学校的花园填满了,在那里有一个花房。两年时间里,花房没有一块玻璃被蓄意地砸坏。是什么产生了这种差异?不是军事纪律的引入,相反的,军事纪律的每个痕迹和残留物都被消除掉了。

不,那些男孩子被提供了在商店和花园里进行建设性工作的机会,他们有操场和每天40分钟的游戏时间。游戏时,有从这些男孩儿和女孩儿中挑选出来的游戏班长;而且,当提供各个种类的游戏的全部器械时,他们被有经验的大人培训。先生们,我向你们保证,我们已经有了这样一种更好的提高美国年轻一代道德水平的方式。我们所需要的,是对其进行组织化的扩展。这意味着严谨的教育,意味着额外的公共投资。把那些被用在军事设备、制服、来福枪、军营和军事教官等等事情上的钱,都用在学校商店、花园、操场和训练健全且有建设性的职业领导者,以及我们国家的老师身上,这些行动将会保障结果。引入军事化的独裁机械的方法可能会产生某些结果:在上级面前卑躬屈膝,在长官的视线之外就无法无天,欺压下级,并且产生好斗的破坏性和不断找麻烦。

通过类似的方法,存在于我们未来公民中的社会隔离和排斥的增长必然被阻止。关于加强交往的论点强烈地吸引了我。但是,先生们,除了义务兵役,我们难道就不能找到其他途径来实现这些吗?难道那种具有重大历史意义的民主精神已经如此彻底地消失,以至于我们必须诉诸军营才能把民众团结在一起吗?还存在着某些我们可以首先尝试的东西。让那些主张用这种方式修正特权等级的军事团体和领导者从与他们自己人称兄道弟开始,在某种程度上说,这在法国军队中颇为盛行。让那些海军将领不要因为海军大臣试图向海军介绍这种精神的某些东西,就对他们嘲笑、奚落。让那些突然变得如此困惑,以致穷人的孩子甚至没有权利与有钱人的子孙交往,把他们的孩子重新送回公共学校,并大声要求增加教育税,让他们邀请那些被其商店和工厂雇佣的孩子们到家里去。当这些微小的措施开始实行时,我们有能力找到除了军营以外,其他促进民主社会平等的方法。先生们,那个法案的论点的主要问题是:在那个法案自动地和群众断绝交往的时候,他背叛了一部分美国公民。所有幽默的源泉,已经丧失了它的幽默感。

我已经简单地涉及义务兵役的这些方面,因为它们说明了这样一个主张,即对年轻人进行的义务兵役不只是在本质上不合需要且无用,而且是最让人讨厌的,因为它把注意力、思考、努力和金钱从那些有效的、与我们美国理想和传统相一致的方法上转移走。我无法相信,当你充分地将美国人民纳入你的信赖的时候,当他们开始意识到作为未来而被建议给他们的东西究竟是什么的时候,你发现他们愿意如此承认:传统的美国体系已经是一种失败,我们对教育、个人主动性、自愿的联合和努力的信任都是错的。而且,无需求助于一个欧洲体系的暗示;那个体系在它自己的阵地上,在数以千计血肉模糊的战场上就已经是一个破产的悲剧。

布莱迪参议员:杜威博士,我们对你的陈述当然非常感兴趣,而且也充分意识到您从一个教育者的立场对此问题的讨论做了很好的准备。但是,在此时通过一些军事防御的立法,看上去是美国人民的要求。我想,请你向委员会说明,在目前,我们应该在军事准备问题上走到什么程度?

杜威教授:好的,在这样一个要么是被专家、要么是被对此给予特别关注的个人所谈论的问题上,存在着一些特定的阶段。正如我已经在此说过的,我认为,指出究竟在什么程度上,军事必要性的措施是急迫的,这是非常困难的。但我已经表明,就我能理解的程度而言,我阅读了赞同此措施的那些论据,并且我已经发现,针对任何合理的紧急情况而做的必要军事准备,都能用其他的方法进行,这是实际上被普遍承认的。强大的海军、海岸防御工事、潜水艇等等,如果不够充足,可以通过扩充以及对现有系统的改革、对现有的军需供应进行修订来完成。

在我看来,在以下两者之间,存在一个巨大的断裂:一方是在墨西哥边境上被看到的、我们兵役问题上的那个所谓的"崩溃",另一方是我们应该对普遍兵役制作出的结论。在这两者之间有相当多的中间情况,有许多可选择方式,而这些方式被为数众多的、支持那个论点的人们鲁莽地越过了。我个人希望看到充足的军事准备,以此来保障当我们国家面对进攻时,它能够保持安全。我不希望看到的是:充足的军事准备用来鼓励我们的国家成为侵略性的国家。而且,我绝对相信,一个强大、有力且富足的国家在进行广泛的军事准备时,一定会变成侵略性的和军国主义的。对于我们的优良品性,我们现在非常确定;但是,其他每一个已经踏上那种轨道的国家也都如此,他们中没有任何一个在开始时是蓄意要威胁世界的。我想,从瑞士体系得到的类比是完全让人误解的。那是一个非常小的国家,它的大小、人口和马萨诸塞州差不多,四周被比它强大得多的国家围绕。它不是海上强国,没有殖民地,没有海军。它在任何条件下,都完全不可能发展出一个侵略性的军事政策。现在,试着议论一下普遍服役制度在人们性情和习惯上的效果,试着在瑞士和我们国家之间作一个分析,在我看来这是一个幻想。它来自对战争的感情上的激动。它是一种导致人们看到诸如捉摸不定的军队之类事物的东西。两个国家的情况之间存在着如此巨大的差距。

主席：你是否信赖在军事方面进行的，在年轻人的任何年纪，要么在他相对年轻的时候，要么是在18岁到21之间的训练吗？

杜威教授：我相信，对我们现有的自愿兵役体系经验的任何改良都已经被表现为令人满意的了。从个人来说，鉴于看到乡村生活的某些事实，我希望更大的兵员供应应该在乡村小镇完成；采取自愿训练的方式，训练18到21岁的年轻人，而不是在城市中的大型室内军营中完成。

主席：我们的建议是，某些军事监督下的、系统的军营生活应被在每个选区中被组织起来。这和你的意见是否一致呢？

杜威教授：如果是自愿的话，那么是的。而且，主要重点是被放在健康和卫生知识的进步等等这些事情上的。

布莱迪参议员：我们正在考虑的法案中，没有一个是我们愿意采取的。我们希望尽可能地完善它们，这也是组织听证的唯一原因。我们总是乐于得到不同的意见。但是，与此同时，我们必须报道一些法案，而且我们试着从各个角度获取信息，以此使委员会能够提出一个法案，使它对人民大众而言，是可以被合理接受的。

杜威教授：就我自己而言，我对菲舍尔先生对此问题的评论印象很深。我不是这方面问题的专家。

布莱迪参议员：我们已经在做的最后一个动员，最大的困难是，我们缺乏强壮的、足够健康、可以保证他们上前线的男性。他们已经在民兵中了，但是，还没有得到适当的身体检查来决定他们是否真的适合上战场。那就导致了大量的、需要军事当局和国家解决的问题。如果我们之前已经使那些处于良好身体状态的人受到合理数量的训练，那么，他们现在就能去墨西哥边境线上，并开始进行积极的军事训练。普遍的共识似乎是，我们本该在这条准备之路上走得比现在更远一些。

杜威教授：嗯，在我看来，正如我一直试着表明的，在国家的指导下，在学校系统内进行身体训练更应受到道德的关注。但是，就我个人来说，我将赞同如下观点，即在各州自愿为此训练的程度上，相应地对各个州进行联邦援助。

布莱迪参议员：张伯伦参议员在起草法案时有这个想法。但是，我们意识到，国家政府，正如您非常明白的，在州立学校或州立教育机构中，并没有地方控制力。而且,我们试图去做的是:找到某个途径,使年轻的男孩和女孩在他们被征召到任何军事行动的时刻到来之前,就接受适当的训练。现在,这个问题被我们面前的教育家们以及医生们讨论着。而且,在关于我们应该在什么时候对孩子们进行国家管理的问题上,存在一个重大的、观点上的差异,如果我们应该进行这个监督的话。他们中的一些认为,应该从8岁时开始;有些提出观点,认为应该在孩子最初进入学校时就开始操作;大多数感到我们不应该以任何国家训练的方式来控制孩子们,直到他们长到12岁。在这里,我用"国家训练"一词替代"军事训练"。杜威教授,您对各个年龄的孩子们已经拥有相当广泛的经验。我希望知道的是:在您的观点里,如果我们对体育采取政府管理的话,政府应该在学生们达到什么年龄时开始着手行动?

杜威教授:12岁的确有些太晚了。对于身体缺陷、脊柱弯曲和近视而言,如果它们正在出现,到那个年龄,已经发展到不容忽视的程度了。而且,我想,每个有经验的人都知道,最重要的事情是实行预防措施,而不仅仅是治疗措施。它的确应该在8岁时开始。我不知道存在哪种方式能使国家政府介入这件事,因为它本该在早于8岁时就开始;但是,就学校而言,8岁当然是它应该开始的最晚时期。

布莱迪参议员:如果这条法案的军事特色将被去除掉,而且在它们的位置上放入某种形式的普遍训练的国家管制,或者让我们这么说吧,工业服务和工业预备,您对这怎么看?

杜威教授:如果它被明智地构想,我个人应该会坚决地拥护它。如果它在如我所设想的那个形式中:即不剥夺各个州的主动性而是将首要责任交给它们,并且为供给做好准备;国家以不同方式提供额外的财政支援,来完成应该被完成的体育训练并促进实业和社会教育的话。

主席:你还希望那是自愿进行的?

杜威教授:我应该将它放在各州之中。如果可能,我会让它成为州教育的一个部分。作为我们现有教育方法的一个扩充,和那些方法具有一样的强制性。

布莱迪参议员:但是,正如您知道的,我们没有权力在各州进行教育强制,除非我们在某种这样的法案或措施之下进行操作。

杜威教授:好吧,虽然我不是一个宪法律师,对我而言,如果身体健康是国家防御中的一个要素,正如它所是,而且它非常必要,那么一定存在某种它被建立的方式。那些方式和令人不愉快的具有军事特色的方式无关。

布莱迪参议员：我和您同样赞同您希望的那种情况，如果它能被实现的话。但是，在若干年的仔细研究之后，我想，考虑这个问题最好的头脑会断定，为了达到我们想要的、在体育方面的那种要求，我们的宪法只有通过这样的法案，它才能被实现。

前些天，有一位非常显赫的医生在我们面前证明，他相信我们应该通过某种要求对我们国家12岁的孩子进行身体检查的法律。其他的五六位医生同意他的这个观点，只是在年龄上有所争议。他们认为，检查应该在孩子更小的时候完成。但是，他们都同意应该存在某种强迫性的方式，对我们国家的孩子进行身体检查，比如说在孩子12岁的时候。除了通过像张伯伦法案这样的措施之外，没有其他的方法来实现这点。

杜威教授：你们如何将女孩子们纳入那个基于军事基础的计划？（掌声）

布莱迪参议员：这个问题前些天就出现过，我们共同的好朋友杨女士①，对它进行了巧妙的讨论。她沿着这个思路，提出了一个很强的观点。我想，最终这个法案会像对待男孩子那样，覆盖到女孩子。因为我们生活在这样一个国家中：一个女人和男人在公民事务上拥有平等的权利，而且我们以此为骄傲。不过，训练应该采取一种不同的路线。但是，我们今天面对的问题是如何在不通过这样措施的情况下，覆盖到你乐于覆盖的每个人。

杜威教授：参议员，如果我理解了你，那此方法几乎就是说：其所提供的军事特色是一种绕过宪法并在学校中获得适当身体训练的策略。（掌声）

布莱迪参议员：我很难承认它是一个绕过宪法的策略，但它是一个关于训练的策略。而那种训练是你愿意接受的，你的朋友们也愿意接受，只是你不想叫它军事训练罢了。恐怕你的法案会成为一个以其他名目来进行军事训练的策略。

杜威教授：在我看来，军事准备将作为副产品提供给你——相比于进行更多的军事训练所获得的直接产品，它能给予你更好的作为副产品的身体准备，它不把军事作为目的。它是针对健康的，也就是说针对体能的，作为一个全方位的

---

① 作为妇女和平党的一员，杨女士在1917年1月10日星期三的听证会上发言（参议院听证会：普遍的军事训练，第353—357页）。

国有资产。

我很高兴关于此问题的动摇已经出现。我对此仍有足够的信心,美国人民相信,如果这个动摇继续下去,而且人们意识到它,地方和国家将会为未来作出打算。同时,如果我们能得到任何合法方式的、关于它的联邦援助,那就更好了。

布莱迪参议员:如果没有国家控制,只靠对各州的联邦援助,你认为它能完全成功吗?

杜威教授:那是一个预言。我对此的观点没有什么价值。我不认为它可能成功,除非地方和国家意识到它,并带头开始行动。除此之外,如我所说的那样,如果我们能够得到联邦的支持和帮助就更好了。但是,你不能在美国人民之外采取强迫的方式来实现它。那和我们以地方为开端的整项计划是相反的,和人民的自愿关心是相反的。我个人认为,大量的动摇——即对它的直接压力——归因于被战争引发的情绪激动。在战争结束两年后,或是比那早些的某个时候,我们会处于一个更理智的态度之下。那时,我们有能力找到什么是我们需要的,并用正确的方式付诸实践。我们有这样一个感觉,认为在一夜之间就有什么东西被侵略了。对此,人们变得兴奋甚至是歇斯底里,但那不是长远之计。

主席:你认为,当不久前出现一个紧急情况时,而我们发现无法使人自愿参与后备役军队或是正规军时,说人们对此歇斯底里公平吗?

杜威教授:如果那还没被论证的话,那么,我认为,如果军队稍微更民主一些的话,并且增加军人报酬的话,建立充足的军队不会被认为是不可能的。

主席:你知道,当讨论士兵获得的工资包括他的衣服、供给,诸如此类的东西,还有配备给他的医疗服务等等。在这个视角上,他比在民间生活的许多人获得了更多的工资。

杜威教授:是的,先生。但是,我们都知道,各个方面对劳动力的需要在过去三年中是非常巨大的。相比较而言,失业情况很少,而且工资已经很高了。就现在的军队的比率而言,很难和来自日常工业生活中的巨大需要相比。

布莱迪参议员:你难道不相信自愿兵役制除了报酬,还需要通过爱国心来鼓舞吗?

杜威教授:我当然相信志愿兵役制如此,但是,我认为,就民兵兵役制而言——事实上,我对我们领土上的这项制度有信心——这些大军营和城市中的兵工厂已经犯了一些错误,没有为国家的年轻一代提供更多的道德训练。我们不是一定要有这些大且耗费很大的兵工厂,因为更多的训练能在室外完成。我非常确信,如果我们已经尝试了那种实验的话,我们会在纽约州发现,民兵将处在一个与现在非常不同的情况下。

布莱迪参议员:你不相信如下这一点吗,即通过遵守张伯伦参议员提出的法案的路线,在不同选区的更小社区里进行此训练,可以实现这个目标?

杜威教授:只要是自愿的,并且把重点放在不会发展出一个侵略性的军事精神的要素上,那我当然是强烈赞成这一尝试的。

主席:杜威教授,你还有什么进一步需要陈述的吗?

杜威教授:没有了,先生。

报　告

美国教育组织①

院长要我演讲的时候,他给了我或至少是建议给我一个相当大的任务。如果我没记错的话,他要我讲讲国家的本质及其与公共教育的关系问题,然后讲讲在这个国家里,将要满足我们国家需要的有关教育的一些事情。

我相信,不可能在整体上解释国家的本质是什么。当我们试着提出关于我们自己国家本质的可行概念时,即那作为我们国家的本质,我们美国作为一个国家的本质时,我们发现一个和德国的行为图式之间的鲜明对照(在国家和教育的关系问题上,对照尤其显著)。正如在两周前的今天,院长在我们面前所说的那样,我们自然地会询问:这两个我们可以理智地运用"国家"一词来称呼的国度之间,有什么共同点?当这两个国家的政治单元(political unit)的功能是如此不同时,"国家"这个词汇意味着存在比某种政治组织更多的东西吗,它意味着某种类型的政治单元吗?它能够对于这一组织的本质有所启发吗?

为了找出那一点,让我们简要地回想一下德国教育的一些特征,例如院长已介绍给我们的那些东西。在德国存在这样一个事实,即孩子们从出生开始,就被归入一个非常明确的对公民权威的认知下;而且,在某种意义上说,他不是被当作一个个体而是作为一个特定家庭的一员,是他为了生活被置入器重的特定社会机构的一员。这种管理不只是一个名义上的事情,而且是在一个非常确定的意义上公民权威的行为。

---

① 这是在师范学院职工面前作的一系列演讲中的第二次简短发言。首次发表于《师范学院记录 17》(*Teachers College Record 17*),1916 年,第 127—141 页。

我想起了一件不起眼的小事。它不太重要，不过任何旅行者都可能经历过：我的几个朋友去年在慕尼黑度过了冬天。他们碰巧带着一个小孩、一个到上学年龄的小姑娘。当他们填写每个旅行者都必须填写的那份关于他自己、职业、家庭和其他所有可能有用信息的个人情况材料时，他们填写了自己的宗教信仰。过一段时间后，有一位公务人员来拜访他们。他问我的朋友们，在孩子的宗教教育上做了哪些工作。我的朋友们专注于孩子的正规学校教育，这让那位公务员很满意。但是，还不只这些。在他们的回答中，他们写到他们是一所教堂的成员或至少是和那教堂有联系。于是，那位公务人员想要知道他们对孩子的宗教教育做了些什么。因为他们在这方面什么都没做，所以，他们就必须保证一定开始着手对此做些努力，如果他们想继续平和地住在慕尼黑城的话。这并不是说，国家要强加某种宗教信仰在他身上。如果他们在填表格时写他们没有宗教信仰，即他们是怀疑论者或不可知论者，对国家而言也是可以的。然而，他们写到他们的确有某种宗教性的联系。于是，当局要看看在这个情况下，孩子是否得到了相应的教育；而且，如果家长没有在这方面给予照顾，或是忽略了它，他们将会被当局监督和刺激，直到他们做了些什么为止。

这只是一个关于细节之彻底和效率的小例子。它表明，在德国，从儿童早期开始，个人和国家的关系就是被关心的。

学校课程组织的清晰性也是一个问题：基于一个单一目标的专注；彻底查明所关注的目标是否真正展开行动；对孩童时代的教育方法的控制；对整个行政部门的公共控制。当我们拿这些和我们国家的公共学校系统在其和政治权威之间的关系进行比较时，我们被引导去询问：除了它们都是国家这个空洞的事实之外，是否在不同国家间存在某些相同的东西，它们是否都有某种以公费方式管理学校的政治组织？

我们拥有一个公立学校系统。如果有人被问到：它从哪儿来，要到哪里去？或者在考虑某个明确的方向时，究竟是谁在监督它？我想，第一个问题的答案将是：就像托普希（Topsy）一样，学校系统"刚刚生长"。并且，它以一个有点像无脊椎动物从低级生物的方式生长：它到处扩张、繁殖、增殖和生长。它在国家的一个区域有一个结构而在另一个区域有另一个结构，它在州和州之间、城镇和城镇之间都各不相同，甚至在同一个城镇的不同区之间都不同。即使是有关当局所强调的机械统一性、精神、氛围和学校的实际方法等问题也非常不同。而且，如果我们问谁在指导这个已经长大的、关于重大事情的课程时,答案将是什么呢?总的来说,是每一个人,而不是特别的某个人。如果试图陈述它到底将被制成什么样子的话,我们会再一次发现,没有什么是确定的、集中的、单一的、可认出的,相似于我们在德国找到的东西。我们有一个公立学校系统,通过公共税收来支持。在那里,老师们是公共事务人员,而且名义上,他们在确定的公共控制之下。但是,明确的是,整个国家和此系统的关系有着如此根本的不同,以至于"国家"这个词对我们而言,一定有一个和它在德国时迥然不同的意义。

考虑一下我们的联邦控制。正如我们都知道的,我们所谓的美国联邦教育局已经在很大的程度上,成为一种书面安排,即一种收集和发布数据、分配数据的东西。和那种教育局是由一些自愿的个人资助和管理的情况相比,现在它同样并不与国家的学校政策有实际关系,更不能控制这种政策。

在各个州里,我们发现大量不同的行为和在教育事务上不同的能力水平。但是,我想,我们也能发现这样一点:当州政府最积极的时候,它们可能面对最大的怨恨;而且存在一个非常普遍的感觉,比如在我们这个州的教师中间,在这个州集中教育行为的问题上(我认为,相对于联邦中的其他州,我们这里更加集中),只要政府试图控制,那么,这些行为就是妨碍、限制性的因素。这些行为是整体上有利于机械统一性和红头文件增多的因素,而不是什么有建设性的事情。即便态度是不同的,我们也非常清楚地知道,毕竟在我们所有的州里,控制已经是一件次要的事情。它在这里或那里影响学校、老师们和学生们,而不是像德国的学校系统那样,为了向一个给定的方向运动,在各个地方持久、稳固地影响他们。

因此,我再说一次,国家是什么,而且在此情况下,我们指的又是什么?如果我们不能说明什么是国家,且不能说出这些不同类型国家的特征的话,我们必须至少区别不同类型的国家。

因为德国历史的特定事件,在那里,国家被看作是一种超理性(over-reason)和超意志(over-will)之物,一种超人;国家被要求指导、组织并配合不同个体的行为,设法使他们确实是有效的,而且使混乱和无政府状态不会因为个体努力的多样性而出现。在教育系统的组织中,它在从上到下各个细节上的彻底性和效率,与这样的一个国家观念密切相关,这是一个明显的事实。我想,即使是我们中最虔诚的人们,那些最彻底地相信天意的人们,也会怨恨天意试图太过细致和持久地照顾他们生活的细节。在这些细节中,他们更喜欢自己的意愿。我想,对我们而言,即便我们知道相对于目前指导我们生活的那个失败的安排,它能提供更有效的行为,如下事情也是不可想象的:在一个本质上神圣的国家、一个我们行为的主宰之下,我们过着某种快乐或满足、理智或激动的生活。我们所有的传统都倾向于有大量的施展空间,而且假如我们有此种强烈感觉的话,我们常会利用这些空间来做自己的事情。

像在德国那样的国家中,发展出来的美德是服从。我并不是说那种盲目的服从(因为它不是盲目的服从),而是被训练出来的、有意识且聪敏的、有关忠诚和彻底性的道德位置的服从,是一种理想的服从。在我们的国家中,我们也或多或少地谈论服从,但通常是悲痛于我们如此缺少它这一事实。我们都同意其他人应该是有服从性的,但是一般而言,我们却不愿意从自己开始树立榜样。我们不太确定谁才是权威,谁有权利来要求我们服从。而且,直到我们比现在清楚谁有权要求我们服从之前,我们更愿意用自己的方式、碰运气式地去行动。然而,在我们的国家中,的确应该有某种这样的观点,而且存在某种相应的美德,和某种性格的普遍特点,能够被当作我们生活的确定特征,就像德国那些被训练的习惯、忠诚的服从和依附。如果是这样,我们需要一个教育系统,一方面,它和我们国家的理想和观点有关;另一方面,它和关于道德和智力美德的国家特点的发展有关,这些美德在所有国家都可以找到。

我要坦白一点,虽然我对这个问题进行了相当多的思考,但是大体上,我还满是问号,而没有明确的、肯定的结论。然而,在我看来,存在一些事情,它们应该被放弃,如果它们不是作为一个结论而是作为关于这个问题讨论前提的话。

再回到学校系统。就像我刚才说的,它看上去像托普希(Topsy)一样"刚刚生长",而且它将要继续"正在生长",却没有任何非常明确的政策或是方向。然而,我们拥有一些东西,我们拥有一些非常高尚的东西,在其许多的特征中,有就目前而言最美妙的东西。理论上,缺少系统,缺少明确的组织和控制,看上去可能只适合于生产普遍的混乱、无政府状态、困惑和无效率。我们都承认已经有足够的这类特征,已经有足够多的事情需要矫正。但是,我不认为我们中的任何人会如此悲观地说这些就是我们学校系统的特征。我们可能会说,我们仍然有权利去谈论我们的学校系统,尽管存在着这些问题。存在某种启发性的精神和关于整件事情之方向的内部运动,所谓整件事情,即至少产生活力和承诺,并提供确定数量的真实一致性。对那种活力和已达到的一致性与效率程度的考虑,可能会启发一些问题,诸如什么是我们国家的真正本质、真正的观念和真正富有活力的目的,并因此给予我们一个提示:在促进国家福利的过程中,教育的真正功能是什么。

当我们回顾伴随着自愿领导和自愿合作的重要性且已经被实现的进步时,我们被打动了。在我们这个为了教育事业已经完成了重要任务的国家中,如果我们回顾这个重要运动的话,我们发现(难道不是吗?)那些运动已经开始,主要是在理智、热情和为了个体和群体而作出自我牺牲的奉献精神中。即使当一个个体已经在官方立场获取优势,正如在贺瑞斯·曼恩(Horace Mann)案例中那样,我们也会发现,那事业不是因为一个官方立场而获得影响和声望。事业因为个人工作的聪明行为和说服力量赢得了影响和声望,而且那个个人给予了官方尊严和威信。

我们又一次发现,结果已经很大程度上,通过接受特定问题和运用常识而被实现。这看上去更像一个多余的评价——我们已经获得进展,只通过运用常识的方式。难道这不是一个重要的备注吗?此备注表明当特定问题发生时,解决它们的部署;表明当特定问题出现时,运用特定可用资源解决它们的部署。

我不知道有多少人能够回忆起马修·阿诺德(Matthew Arnold)在访问我们国家之后所作的评论。他不认为我们是非常有趣或是非常智慧的,也没有找到任何广泛普遍的文化。但是,他给予美国人的、被他强调的特征是这样一种力量:我们对问题看得直接且清楚,并且以一种直接清楚的视角审视生活中的行为。

我以为,那是对常识的另一种称呼,而且常识是感知到方法和结果之间关系的别名;需要达到关于特定结果的感受,而为了获得它们,一种选取和运用特定方法的感受是必需的。我这样说,并不是(我不认为有任何必要这样说)为了褒奖我们自己,或者是拍我们自己的马屁,而是在解释那些看起来难以解释的东西。事实是,伴随着如此之少的指导和组织以及控制,我们仍然拥有一个教育系统,具有一定程度标示它的活力、一致性和承诺。

我要谈及的第三个特征(它与自愿事业、自愿领导和联合以及说服的要素有关),是某种精神上的顺从、某种学习的自发性。再一次地,我不会对任何的虚假自满感到浮夸或心虚。不过,我要问问,我们国家在如此之少的政府行为之下,在对我们政府行为的尊重如此之少的情况下,是如何保持协调的。吉普林(Kipling)可能会运用许多真相,这样谈论我们,"制造我们藐视的法律,并且藐视我们制造的法律"。如果在群众方面不存在一个普遍的部署来听从并遵循一个已经被证明为好的建议,我们如何实现我们已拥有的秩序、组织和稳定性呢?大体上,我们当然是持密苏里人的观点。我们想要被告知,但是,我们愿意在一个适当的程度上被告知并遵照被告知的后果行动。

这三个特征指出了一些对我们过去教育历史的概览所显出的主要性质,它们是我们成功的主要原因,也是抵消制造瓦解和崩溃的力量。我再次重申,就我看来,这些特征对我们国家的本质有所启发。它们表明,从本质上来说,它是一个合作事业,取决于说服力,取决于说服和通过理性而被相信的能力;或者用日常语言来说,取决于公众舆论。如果我们有一个国家,如果我们有一个真实的社会组织和联盟,那么,它是凭借那个被叫作"公众舆论"的不可触摸之物的存在和影响而实现的:源自自由交流和观点交换、教授和学习的公共意见和公共意图。

我们政治的腐败,我们公开宣称不喜欢的事情(虽然我们中的大部分人不大喜欢它们,但是宁可它们继续下去,也不愿太多地为它们烦心),以及在我们国家中将贪污等同于政治的趋势,是政府依赖民意的一种方式,但是在这种依赖的负面意义上说的。因为在没有公共意见或者公共意见没有被有效采纳的地方,我们的事务在很大程度上留在上司们的手里,因此,它们代表私人利益而不再保持某物并使它们正常运转了。我想,改革运动的历史显示出一个事实,即如果没有持久稳固的公共意见,我们就不能保持政府的正直。因为改革在很大程度上,是对重大的暂时性危机和压力的突发性展示。改革是死的,除非当它们真正在发展、组织上取得成功,并一直关注普遍公共意见某些特殊的恶。我认为,关于改革家的流行看法,在很大程度上确实说明了同样的事。我们对改革家采取了一种半幽默、半轻率的态度,如同我们对政治领导和贪污者所做的一样。因为我们有某种下意识,本能地觉得只要他们的努力仅仅是私人的,那么努力就是虚弱的,并且无法在一个明确方向上控制并组织公众情绪。

至于我的任务的另一部分,它实质上是关于政策的。考虑到我们特殊的国家问题和要求,这政策需要由我们的公共教育系统来贯彻。我必须承认,所有我有能力获得的启发都来自我们实际的情况,它们已经发展并证明了它自己。我假设或许我们所有人在某个时候喜欢畅想一个计划,这计划将被很好地组织且是有效的,如同德国的计划一样,那么,这计划就能控制事情并沿着比较简单和明确的线路解决它们。然而,我们都希望它不妨碍我们的个体自由和爱好而被完成。我已经尝试过几次,沿着这些线路来建立一个计划、一个方案。但是,当我把我的梦想带到某个点的时候,我总会醒来,并意识到我的图画与事实情况没有多大关系。然而,我同样相信,我们正在到达或已经到达一个转折点、一个关键时刻,无论以前在赞同事物用它们自己的方式、沿着它们自己的线路去漂移或生长,这个问题上已经说过些什么,我们现在已经到达一个关键点。在这里,我们必须做更多有意识且深思熟虑的、关于这些事物的思考;在这里,我们需要一个更加小心、慎重、建设性的政策,是关于公共教育以及与我们的国家生活有关的义务与责任。

在我看来,我们需要发展作为才智相似物的美德和德性。我所说过的那种训练的服从,本质上就是责任——有序的理智的责任。我们不能放弃依赖自愿、个体能动性和努力的政策,不能放弃依靠说服、确信、讨论、公开和观点交换来形成公共意见的过程。但是,在继续开展这些操作方面,我们需要一个更强的、对公共福利之责任的确认。简而言之,我们需要某个出自同样力量和进程的建设性组织,那个力量和进程把我们带到现在的位置。

如果没有教育部门所做的恶作剧和它们所做的坏事与好事一样多这个条件的话,即如果它们沿着被认可的关于中央控制的老路走下去的话,那么,我相信,在这个国家,至少是在未来的很长时间内,我们不能在教育部门内有一个很高程度的中央集权。出于政府机构、红头文件和呆板的一致性考虑而大量实行的机械制度,存在许多危险。但是,我们有机会比现在已经做得更多,并在国家和地方政府的教育部门方面做得更系统,以一种和我们制度的精神更相符合的方式去做。最近,几乎每个人都说,关于我们民主至关重要的问题是:我们是否能发展并利用专家? 在未来很长的一段时间里,我不认为,因为我们的国家精神和国家气质,我们能够在官方行政专家的意义上去发展专家,而那些专家会为我们做那些事情,并将成为一种超越我们的"天意"。不过,我想,我们有可能想到另一种来自州的专家服务;这些服务来自比较大的州郡、联邦联盟,或者一些像纽约州这样比较小的州郡,来自区域群落。举例而言,我想,我们能在纽约州发展出一个教育部门,此部门将掌管整个州内的专家教育能力,而且由每个需要它的共同体来决定它们自己是否想要这个部门。

为什么是琼斯维尔镇？不管它是一个500人口的乡村，还是一个更大一点、更有抱负的、有1万或1.2万人口的城镇——为什么这个城镇不应该无论何时需要，都能随心所欲地得到最精确最广泛的信息和最好的对新学校建筑的建议，学校的建筑和卫生条件或是一些新的教育路线和最好的介绍这路线的方法，或是已经存在的关于努力的力量和弱点的最精确报告。为什么这个地方不能拥有这些距其并不遥远的东西，为什么不能通过散发要么进了废纸篓、要么将进入替代废纸篓的科学公文来拥有这些，而是要通过个人交往联系呢？个体的咨询专家人员实际上进入了社区，并待在那里，直到他们已经使这种知识和能力处于自由支配的状态，这些人会提供一种符合我们传统的专家服务。

当然，大体上说，美国人民愿意花钱；而且明显的是，他们愿意花钱来避免花更多的钱。经过培训的专家有巨大的经济功效，他们能把自己的建议、观点和经验提出来（那些经验不是他们自己的，而是已经学习的人们的所有智慧和经验之累积），并被一个特殊团体自愿、自由地支配，这将是大有益处的。这样一种咨询专家的服务，会及时地被实际的压力所加强。无论如何，在我看来，相比于那种试图建立一个关于学习课程、教师的方法和设备、高度中央集权地对教师进行监督、检查的州立或是国家标准而言，提供这种服务的州立组织是更有前景的。那种我不赞同的标准，算数式地决定做什么和怎么做，像教师的效能以及相关的一些问题，在我看来，其指导的方法与我们的心智情绪如此无关，以致于我们得到了它的缺点。无论何时，我们就其进行试验，都仅仅得到一种机械的强烈冲击。

当然，我们至少开始有了对这些专家进行训练的机制。我几乎不需要指出在这种制度下的事实，因为我想这种制度的历史可能已经被用来对我的观点进行解释或是例证。此事实是，沿着合作和自愿努力的路线，我们会最容易最有效地前进。对我们而言，可能的是，在这些事情上将发展出领导阶层，而且大体上说，人们会公正地响应领导阶层——响应是责任中很大的一部分——同时，对领导阶层而言，他们很可能依靠教育性的方法，而非官方立场的威信和权威。

然而，我们在自身经验的利用上有一个巨大的浪费。这引领我通向另一个问题，可能只是我第一点的另一方面——对更系统化的知识团体的需要，一个对教育实验更系统的继承，一种运用实验结果的规定。有时我认为，在人类生活中的、最大的单一浪费存在于家庭和学校里，被浪费的是那些未被登记、未能获得积累力量的大量教育经验。举例而言，几乎所有的父母养育他们的孩子时，都像在之前没人养育过孩子一样。除非是那些他们能想起的、他们是如何被养育的经验，或者那些他们碰巧在周围看到的事。医学远不是像培养人类如此困难的事业，不过，如果每种疾病都被当作好像是在世界历史中第一次出现的情况下被治疗，并且任何方式的成功或失败都不为运用于以后的经验这一目标而被记录和发布，那么，医学能走到多远？凭借专家对临床经验的记录，凭借构建的组织，医药才是其所是。组织设置不只是为了记录经验，也是为了发布它们，并且使它们对别人成为可用的。

在这个国家里，我们做了很多宣传。但是，我们却很少有那些有组织的、一致的和指导性的宣传。我们拥有如此之多的宣传，以至于有一种报纸政府。但是，如同我们都知道的，它是一个偶然之物，它在个体人性、个人利益和诸如此类东西的支配下。正如在我们的社会生活里，大体来说，我们需要一个进行宣传的有机系统，以此来获得对我们事务的实际指导。在我们的教育上，也是如此。如果我们要获得一个在教育方面现实的国家政策，需要这种我已经说过的专家组织，一个相应的、系统公开的机构组织。每个类似教育方面的重要讨论，就像此时此刻所发生的争论一样，都为我们在面对不一致、不确定和偶然的方法时的软弱提供了证据。因为缺少用来影响教育力量、教师队伍，更不用说影响家长以及纳税人和其他相关方面的、作为手段的合适政策，教育问题就在那种不一致、不确定、偶然的方法中出现并被固定。几乎每个人都具有一种普遍的恐惧，害怕某些人会"拖累他们"，而且很多的精力花在对一些人们害怕会被"拖累"的阴谋进行防卫。

有一个发生在学校委员会的小插曲。很久以前，它发生在一个西部城市。那故事距离现在已经足够久远，所以我要讲讲这事。那个城市里曾经有一个规则：在一些参加城市教师考试的人中，只有到达一个特定的分数才能通过。我记不清那分数是多少了，大概是75％的正确率吧。当时的情况是：在若干年间，只有很少的教师参加考试，所以达到这个分数的人也很少。于是，形成了一个惯例：算出需要多少教师，然后把要求的分数下降到能有足够人数上线的分数。如果需要5000名教师，而且有5000人在66％正确率以上，那么，66％就通过分数线了。但是，当公众关心此事或是委员会进行控制时，75％就是通过分数线。这里没有恶意的成分，只是为了获得所需要数量教师的一种安排。然而，一个尽责的主管开始负责这件事，他对这种不规则的方法有些不安，因此作出一个决定：

通过分数线应该被降低,一直被进行的实践应该成为公共和官方的事务,而不是对问题的回避。

我讲的这个故事的关键在于:那个委员会的成员们花费许多时间进行热烈且兴奋的讨论,他们彼此争执不下。碰巧的是,许多新成员是被新的行政主管所指定的。从老主管那儿留任的人们声称,新来的委员在试着拖累他们,试图败坏他们的名声。他们说,新委员带入新规则,只是为了证明以下两点:在之前,管理是如此松散地被进行着;并且说服公众相信公共学校已经逐渐恶化,因为他们聘用了没有被很好培训的教师。新来的委员则声称,老委员的行为目的就是为了使他们丢脸,使他们按照城市过去一直维持的标准办事,而这一标准降低了教师的水平。这个建议是出于好意被提出来的,它只是为了摆脱一种行为的逃避性习惯。但是,委员会的两个小集团花了好几个小时争论不休,并给对方冠上各种恶名,因为他们两方都认为对方在试着从某个方面超过他们,直到这个建议的价值被忘却。

这是一个极端且局部的例子。但是,它暗示了在目前情况下,尤其是在我们的大城市里,我们教育问题出现的方式,它暗示了围绕着教育问题的那种氛围。

想想在这种教育讨论上,我们在纽约城报纸上每天读到的那些煽动和干扰性的文字:让我们假设有这样一百个人,他们真的想要找到争论中的问题是什么,并找到它们的真正价值;在这之后,他们严肃地投身于思考这个问题,并形成一个多数人的意见。他们希望这结果对某些事是有价值的。我不知道他们该如何操作。我并不是说其他人不可能在这些事务上有更多的经验,但是,我无法欣然看到任何方法来形成一个为了达到事实和问题价值,并形成意见的系统努力;并在一个判断已经被实现后,以一种公开且可信的方式来做些什么,进而使之成为有效的。在某个程度上,每件事似乎是纠缠在一起的,被掩盖成模糊的——并且,在根本上不是因为恶的意图,而只是因为我们没有像德国那样集中且有效的有机系统来顾及我们的需要;与此同时,我们也没有作为替代品的、关于探究和宣传方法的科学组织。简而言之,因为没有一个中央权威来关注这些事务。除了一个为解释和引导公共意见的宣传组织,我看不到救助方式。

我的结论是:当我们到达一个国家生活和教育方面的国家系统之发展的关键点时,解决这些问题的方式应该是理智且道德的。大体说来,它是这样一个问题:使获得、探究、讨论、分配观点和经验的机制成为有组织且是有效运转的;以一种并非自下而上帮助每个正在解决特定问题的共同体的方式,来获得国家重点问题方面的专家知识和专家能力,以此使它通过信息、咨询、灵感、建议和说服来解决问题。我发现,这样一个计划听上去不像计划。它不具备更详细和确定的、关于教育机制的组织系统的一些显著特征。但是,请允许我重申:这样一个计划与我们的历史渊源一致,与我们做事情的态度和方法一致。所以,实际上,我们的选择是在这样两者之间进行的:接受此计划;或者继续让事情放任自流到结束,并临时且间歇性地东敲西补。第二种方法在最后只会唤起怨恨,或者坚持僵化的机制只是为了机制本身的运转而不是为了公共的善。假若我们采用专家咨询资源、探究中介和公共意见形成的系统组织的话,只要条件成熟,应该有机会接受一个数量上增加了的、教育方面中央化的权威,而不必忍受其带来的不幸。如果我们没有在社区里首先形成警醒的、文明的且乐于合作的精神的话,那么,那些不幸将会出现。

附 录

1.
逻辑学中一个所谓的新发现①

丹尼尔·萨默尔·罗宾逊(Daniel Sommer Robinson)

当一个逻辑学家公开声称,他成为一个根本上是革命性的、至今未知逻辑字符(logical character)的发现者时,那所谓的新发现和支持它的证据应该被仔细审查,这是适宜、正确且必要的。这篇讨论文章的目的就在于完成这样一个检验。因为杜威教授觉得被呼唤进入了一个逻辑舞台,为在他看上去是一类或一种或一个形式的、没有被当代哲学家进行充分考虑的判断进行辩护。而且,他明确地宣布,这判断被过去的逻辑学家完全地忽略和无视。这种判断被定义为"涉及议程的命题——对要做和已做的事情而言,对要求行为的情境的判断。"他给出了如下一些例子:"M,N应该如此这般去做,它更好、更明智、更谨慎、更正确、更可取、更加适宜有利,等等。"②"他最好见见医生。"这类特别的判断,是他最常用来例证他的理论的。他认为,这些组成了一种判断形式,此形式与逻辑学家们经常列举的判断形式截然不同。我从他指责当代逻辑学家们竟敢忽视这种类型的判断的批评中,作出这样的推断。他写道:"罗素先生最近说到了逻辑的两个部分,第一部分列举或者概述了不同种类的命题或者不同形式的命题。值得注意的是,他并没有提到这只是一种可能的判断形式。然而,可以想象,关于其他判断形式的讨论会因为这种疏忽而受到影响……详述这种类型的判断的实际重要性是愚蠢的,但是,认为它们的实际重要性唤起猜疑并不完全是愚蠢的,那猜疑关于在通常情况下讨论逻辑形式时忽略它们的理由。"③这些文章明确

---

① 首次发表于《哲学,心理学与科学方法杂志》,第14卷(1917年),第225—237页。杜威的回应参见本卷第98—108页。
② 《实验逻辑论文集》,第335页(《杜威中期著作》,第8卷,第14页)。
③ 同上书,第336页(《杜威中期著作》,第8卷,第15页)。

地表明，在杜威教授的头脑中，实践判断应该被认为是一种判断形式，它与经常被列举的判断形式迥然不同。

在考虑杜威教授的论点之前，我不能忍住强调如下内容的冲动，即正义应该由逻辑之父亚里士多德来判定。奇怪的是，杜威教授应该没注意到在《尼各马可伦理学》中著名的讨论经常被冠名为**实践三段论的原理**。① 在那里，亚里士多德非常明确地表明，对行为而言，逻辑的应用是什么；但是，他是一个太好的逻辑学家，他进入了一个两难的困境：要么把实用性制成一个独特的逻辑字符，要么把实践三段论放入一个对其自身而言的形式里。因为，他很清楚地知道一个事实：从逻辑上说，它们和其他三段论是一样的。

现在转回那个论点。应该注意到，杜威教授没有犯其他一些人常犯的那个错误，那些人鼓吹大家去承认价值判断与存在判断或普通判断是并列的。也就是说，在普通的理论判断之外，假定价值判断具有与众不同的起源这一错误，把价值判断归之于意识的情感-意志方面，而不是理智方面。实际上，杜威清楚且有力地批判了这种陈旧的理论。"我并不是说，实践判断与其他判断的不同，在于它有不同的构件和来源。"②当然，当批评这个观点时，用这些人所熟知的、非常正当的论证来反对他是失败的，因为这种直接拒斥否认了那些论证的有效性。

在另一个方面，他没有犯那种主张所有的判断都拥有议程属性（character agenda）的错误。固然，他危险地接近于提倡这种关于判断的理论，我目前要指出，这如何造成了在他论点中的严重过失。他通过上边引用的陈述，的确是摇摇晃晃地走在这悬崖的边沿："这个遗漏严重地威胁对其他形式的讨论。"为什么如果其他类型不是被设想为拥有相同的性质，就会如此严重地削弱对其他类型的说明？当然，当实用主义的逻辑始终如一地被贯彻，这是一个不可避免的结论。席勒（Schiller）博士因为阅读杜威教授的讨论而被打动，并写下一段相当冗长的评论，这并非无关紧要。在那评论中，席勒博士提出一个问题，是否"作为一个逻辑事实的纯粹事项（sheer matter），这个类型在所有判断中都是不能发现的"。而且，他作了回答："在我看来，除了对这问题的肯定回答外，任何事都几乎是不可能的。"③但是，通过拒绝将他的理论带向它的逻辑结论，杜威教授避免了这个结果。他写道："当然，我并不认为**一切命**

---

① 第1篇，第6章，第9节和第7章，第5节。关于此理论的讨论，参见格兰特（Grant）的著作《亚里士多德的伦理学》(*Ethics of Aristotle*)。
② 《实验逻辑论文集》，第335页(《杜威中期著作》，第8卷，第14页)。
③ 本丛书，第7卷，第684页。

题的情况都是如此,我对这个问题还没有加讨论。"①但是,席勒博士试图表明这是所有命题的情况,由于他的兴趣,也由于杜威教授的指导,他应该倾向于做一个类似的尝试。我要顺便提到布拉德利(Bradley)先生作出的尖锐的且迄今未被回答的批评,它是针对贝恩(Bain)的实践信念(practical belief)理论②的批评。对贝恩而言,通过提倡对判断的同一观念(identical notion),实际上他预见了实用主义的逻辑。此同一概念是席勒博士公开赞成的,也是杜威教授隐蔽地暗示出来的。顺便提一下,它也表明当詹姆斯给他的《实用主义》(*Pragmatism*)"一些旧思想方法的一个新名字"这个副题时,他错得并不太远。那么,到此,因为杜威教授犯了认为所有判断都是实践判断的错误,他可能因为布拉德利先生所提出的批评而被提到。我只关心他的论点,即实践判断有资格被看作是一种独特的判断类型,并和其他任何判断形式一样被给予一种身份。

杜威教授把他的论点建立在一个事实之上,即实践判断有一种独特的主题。他提到六种方式,在那些方式中,它们的内容被期望为与传统的理论判断不同。在我完成这个讨论之前,我打算逐个地考虑这些想象出的、属于实践判断的主题的特性。但是,在向那进发之前,我希望指出某些潜在的分歧和误解。在我看来,它们严重地破坏了杜威先生的理论大厦,如果它们没有被整体消灭的话。

首先,让我展开那个我曾提及并承诺考虑的点。我已经说过,杜威教授避开了不太机敏的席勒博士的缺陷,即争论说所有判断都是实践的这一缺陷。但是,他确实走得足够远来暗示事情就是那样。他写道,"我至少没有从纯粹逻辑上去证明那种排斥任何假说的认识的性质。其实,一切逻辑命题的重要性——如果不是直接的,就是间接的——就是将要产生出来的某些差异。我至少清除了路上的障碍,以便人们能够更加公正地来思考这个假说的优点"。③ 仅仅通过提出这个建议,杜威教授暗示,实用性可以在大体上构成判断的差异,同时也是划分出不同判断形式的特性。无疑,这里潜伏着一种含糊性。看上去,实用性必须要么被用作所有判断的差异,要么被当成区分这个判断形式和那个判断形式的特性。在进行实用性可以被用于两种途径的假设时,它提供了一个不充分的分析。就像席勒博士所说的和杜威教授所暗示的,如果有人认为所有的判断都是实践的判断,那么,在理论上,他看上去必然承认实践的判

---

① 《实验逻辑论文集》,第 389 页(《杜威中期著作》,第 8 卷,第 49 页)。
② 《逻辑原则》(*Principle of Logic*),第 18 页以后。参见贝恩著作《情感和意志》(*Emotion and the Will*)中论"信念"的章节。
③ 《实验逻辑论文集》,第 389 页。

断不构成一个清楚独特的判断形式。而且,按杜威教授的说法,如果有人认为实践的判断是一种独特的判断形式,那么,在理论上,必然承认实用性不是所有判断的一个与众不同的特点。因为,为了区分不同的判断形式,存在一些它们不同的方面是必需的。但是,如果所有的判断无一例外都是实践的,在实用性上,一个判断形式不可能与另一个不同,除非认为判断形式是被实用性的程度决定的。但是,依据它具有构成实用性与特征这一事实,说一种判断形式和其他形式不同,与说判断形式是被它们所展示的实用性的程度所决定,完全是两回事。而且,既然杜威教授主张的是前者而非后者,那么,他在暗示所有的判断都占有构成实用性的特征这一点上,就存在一个潜藏的矛盾。

我在杜威教授的讨论中找到的第二个误解是这样一种观念,判断的形式是由涉及主题或内容而被独自决定的。可是,它却被认为是伴随其他另外一些东西而被认识,那些东西是被另一种完全不同的方式所决定的。他认为,实践的判断"只是一种拥有特殊类型主题的判断"。但是,用来决定一个判断有什么形式的通常方法是:对主题进行抽象,并考虑内容的形式安排。或者用一种更学术因此也更准确的方式来说,决定判断形式的常用方法是:考虑逻辑稳定性或是连贯性的程度,此程度通过内容被展示出来,却无关于内容。因此,相同的判断形式可以为具体化的许多不同种类的主题服务,而且,在另一方面,相同的主题可以用不同的判断形式进行表达。如果杜威教授希望发明一种决定判断形式是什么的方法,比如说一种基于内容或主题或是实用性程度的方法,他当然有这样做的自由。但是,无疑的是,在逻辑法庭上,他负有证明新方法是正当的义务。然而,他甚至没有尝试这样做。他擅自去问那些已经决定以提及逻辑稳定性的程度为方法来决定判断类型的人,以便把那些他们已经如此决定的形式包含在其中。他用的是一种完全不同的判定方式。这是一个不正当的要求,而且这样的程序是非常不切实际的。它不可能有好的结果,而只会导致在判断的形式理论上无可救药的混乱。如果判断的形式和决定行星的方法一样无关紧要,那么,做这样一个要求可能确实是正确的。当海王星虽然还未被通过观察发现却已经通过归纳被发现时,它是有权被包括在行星中的,而这可能是正确的。但是,决定判断的形式和发现行星是不可比较的。相比于听从杜威教授建议的方法,如果你运用通常的方法,你将得到一个全新且根本不同的规定。因此,要求逻辑学家在那些被认为是合法的形式中总结这个混杂不实的形式,是完全不公平的。

被找到的第三个含糊的隐秘处,是他放任地使用"判断"这个语词。我认为,试图否认杜威教授至少在两个根本不同的意义上使用这个语词,是不能持续和成功的。此外,语词"判断"和语词"命题"看上去是被同义使用的。在一些语境中,他似乎用判断或命题来意指一个作出决定的代理人的精神行为,那个决定关涉于用来追求确定情境的行为进程。它是如此被使用的,他写道:"命题本身就是使情境变得完整并促使情境实现的因素。"① 但是,在其他语境里,他用给定(the given)的信息来定义判断。他在这个意义上运用此术语,他说,实践判断意味着"判断的正确内容②就是判断自身确定的东西"。③ 现在,给定之物的转化变成朝向逻辑稳定性和融贯性的运动,那种黑格尔的辩证运动,那种带着本质且基础性的差异,朝向鲍桑奎(Bosanquet)博士的具体普遍性的运动。那个差异就是:杜威教授用一个时间过渡定义这个转化过程——赫尔博特·斯宾塞的进化过程。但是,如果他已经正确地解释黑格尔,他应该知道,对黑格尔的辩证运动和斯宾塞的进化过程而言,如果仅通过让它们互相解释的方法,这样两个相反之物的调和不可能被实现。下文中,我将考察被提到的第二种理论。

当然,杜威教授否认他用"判断"一词表示一种精神行为或精神状态。但是,当他将命题或是判断说成是完成那种被设想为构成判断(在第二个意义上)之主题情境的一个因素时,除此之外,他还能表明什么?我引用了他的辩护,因为它极好地证明了在他运用"判断"一词时的另一个含混之处——在某些明确的判断里,需要这个词在特殊意义上的用法,他却使用了它的一般含义。判断是不同于一个判断或是那个判断的,而且省略连贯性本来要求的、应该在语境中被使用的那个冠词,这是非常错误的。这样做没有明显的理由,除非是为了避免连贯性将导致的推论。他写道:"但是(这里要消除误解),这并不意味着造成事物差异的是某些精神状态或者精神行为造成了事物的差异。首先,判断的主题是一种即将产生的变化;其次,这个内容只有在判断引发行动之后才变成一个对象。行动产生了差异,但这个行动只不过是判断的全部对象,所以判断只有在行动中才能完成。"④ 如果行为只是判断的完成对象,相应的问题是:"是属于哪个判断的?"当它被用来修饰在文章中"判断"一词各个不同用法时,为什么此处冠词被省略了? 在这种情况下,对冠词进行省略的含糊行为所导致的结果,是令人惊异的。带着冠词的话,那个陈述很容易就被显出是自我矛盾的。因为,它意味着实际的行为是某个判断主题的一部分,那个判断主题是由行为所造成

---

① 《实验逻辑论文集》,第338页(《杜威中期著作》,第8卷,第16页)。
② Subject-matter 一般可译为题材、主题、主旨、主要内容等。在第8卷中译为"内容",本卷译为"主题"。——译者
③ 《实验逻辑论文集》,第369页(《杜威中期著作》,第8卷,第36页)。
④ 同上书,第388页(《杜威中期著作》,第8卷,第48页)。

的、不完全情境组成的,或是意味着一个实际行为是某个判断主题的一部分,那判断以行为为条件。但是对冠词的省略,使这陈述显得似是而非。省略掉冠词是合宜的么?通篇文章,杜威教授都在谈论一个明确的判断和一个明确的情境,但却没有在一般意义上谈论判断。因此,我必须坚持主张:在一般含义上运用"判断"一词是没有正当理由的,而且对冠词的使用在这语境下是迫切需要的。

现在,回到"判断"一词的定义上来。我想证明,根据这个定义,杜威教授给出的那些例子实际上根本不是判断。正如我所说,他认为一般判断是实际的时间性发展,此发展在客观领域发生。通过某个判断或是那个判断,他表明某些情境在它开始成为情境的时候被减少,直到它被某些行为过程所完成。经过一段长度不确定的时间,当因一个情境开始转化而使那个情境开始的时候,给定的内容或无论什么内容都在那里。在任何确定的情境里,这个转化的过程都是一个判断或那个判断。当情境不知怎么地就被满足时,你得到了一个完整主题;而当它正在被满足时,你有了一个不完整的主题,但是整个过程是那个判断或某个判断。现在我主张,基于这个原则,例如"他最好见见医生"这样一个判断,不可能成为一个判断。因为它当然不是一个将所予转化为一个完整主题的全部过程,而只是这过程的一个阶段。因此,根据杜威教授大多数一致的对判断的定义,它不可能成为一个判断。在此之前,杜威教授已经通过一个判断或是那个判断来意指在此转化过程中的确定阶段;而且,并不是过程中那个部分的整体都由那个情境组成。然后,情境自身能构成某个东西,我把它叫做判断的推论性整体联合。但是,甚至是这个重要的修正都不是充分的。杜威教授必须认识到,正像罗素先生已经认识到的,"无论是在思想还是感觉中,认识到时间的无价值是通向智慧的大门"。① 也就是说,他必须停止将过程看作是一个时间过程。固然,时间作为一个因素被包括其中;但是,如果它被看作时间运动,那么,一个人逻辑上就会忠于这样一个观点:每个飞逝的瞬间构成了一个新的情境阶段,因此构成一个新判断。然而,在与逻辑发展相关的情况下,情境可能而且往往通过几个瞬间在本质上保持原样。这就证明,时间转化的要素是第二性的因素,而且逻辑发展是情境的最重要方面。我的判断是:除了这样一些我已经指出的、关于他的判断理论的修正之外,杜威教授无法解释实践判断。

我将提到的最后一个含混之处,与他的判断理论相连,并且和我已经提及的那些缺点紧密相关。如果我要用杜威教授一个聪明的说法来攻击他自己,那这个说法将

---

① 《哲学中的科学方法》(*Scientific Method in Philosophy*),第167页。

是"先天教条"(prior dogma),其大意是:在逻辑上,如下观点是有意义的,即在逻辑上,提及一个判断,仿佛它是独立的;而且,虽然它只有它的部分主题,却能存在下去。此教条的进一步暗示是:判断仍旧是同样的判断,虽然它的内容已经发展了。我把这称作一个教条,因为我在哪儿都找不到任何事情来证明判断具有这个性质。下面这句话是我所提到的那种含混的范本:"一个实践命题会对内容产生或好或坏的影响,因为它是对那(the)整个内容存在条件(应该完成的事情)的判断。"① 我想知道,为什么杜威教授不说"一个实践命题会对内容产生或好或坏的影响,因为它是对**它的**(its)整个内容存在条件的判断"。把**那**(the)变成**它的**(its),是我能想到的从这段文字里找到一些意义的唯一方法。但是,当我作出这个改变时,我们发现,这个教条正凝视着我们。我们有一个只带着其部分内容的实践命题,走上在那部分内容中的某种神秘之路,那内容是当下的,因此帮助形成那些尚未存在的部分。然而在这个意义上,在贯穿这戏法的过程中,它仍然保持其自身的同一性。这何以是可能的呢?在逻辑上,当我们谈及判断的主题时,意指它的**整个**主题而不是它的部分主题。如果它是关于存在的完整主题的条件判断,那么,它就是**另一个判断**的完整主题,而不是它自己的完整主题。在一个判断和它的主题之间是没有区别的,而且每个判断的主题都具有判断所需要的那种完整程度。在这里,我们有一个对判断的鉴定。那判断以另一个判断为条件,而另一个判断以它为条件。当主题变化或完成时,那判断就变了。或者,按其本来的情况来说,对指向判断的主题的逻辑完备性这点而言,最不易察觉的发展总是需要形成一个表达变化的新判断。确实,它总是构成一个具体表明变化的新判断。因此,认为实践判断或好或坏地影响**那**(the)或是**它的**(its)主题是极具误导性的。因为,一旦主题被或好或坏地影响,它就不再是那个判断的主题,而是另一个判断的主题了。

当罪名是无可容忍的模糊之罪时,宣告像杜威教授这样有技巧的作家有过错是非常困难的。而且,我不确定我已经明确地表达了自己。只有你将我引用的陈述中的**那个**换成**它的**,这一点才变得明显。但是,存在一个被指控犯了同样教条的段落,在那里,对读者而言,语言不被要求是清楚的,他写道:"判断将在如下程度上成为一个判断(而不是一个可能性反应):它认为它的中介主题是各种客体的价值地位。"② 术语中介主题除了意味着同样的判断在不同时间有不同的主题之外,不能被其他任

---

① 《实验逻辑论文集》,第 340 页(《杜威中期著作》,第 8 卷,第 17 页)。
② 同上书,第 362 页(《杜威中期著作》,第 8 卷,第 31 页)。

何方式说明。在一些语境里,杜威教授更加谨慎,并寻找着避免因坚持刚才提到的观点而遇到的困难。那个观点就是:判断和主题是一样的,而且,在其中,一个发生变化等价于另一个发生了变化。但是,他成功地避免了一个含糊之处,却落入了另一个模糊之中。因此,当他说"只有在行为中,一个判断之为判断才是完整的"①时,他采取了这样的立场。然而,什么是一个不完整的作为判断的判断呢?它是一个判断的一半,还是三分之一,还是六分之一?总之,它在多大程度上是一个判断?只是提出这样一个问题,就已经充分反驳那个陈述了。每个判断作为一个判断,都是完整的。如果它作为一个判断是不完整的,或者如果它不占有判断的差异,那只是因为它不是一个判断。运用杜威教授的例子,那个"他最好见见医生"的判断是一个完整的判断,而且具有一个完整判断的全部记号。约见一位医生的行为和这个判断的完成没有任何关系。具体表达那行为的判断是另一个不同的判断,它应被表述为"他正在见一位医生"。

虽然有点迟,不过我承认,既然对杜威的主要含糊之处的讨论已经远远超出了我本来预想的界限,现在,我打算按一个顺序来处理杜威教授提到的关于实践判断必要性和实用性的六个特征。我将要表明:(1)其中一些特征是每个判断都具备的;(2)其中一些特征被比杜威教授所谓的实践判断更大数量的判断所具备;(3)其中一个特征对任何判断而言,都不是一个特征。做完上述工作后,我将证明他所说的这些判断究竟是什么。对于消除如下错误理论——实践判断是一种特殊的判断种类——而言,这些将是充分的。

1."实践判断的内容包含一种不完整的情境。"②如果这意味着,当被反映时,任何判断的内容都会扩张为一个更有包容性的判断内容,那么,这是所有判断的特征。因为这是判断的一个独特特性,任何一个判断,无论何时只要它被反映,它都会扩张为一个更有包容性的判断。但是,如果杜威教授在这里指的是这样一个事实,即某些判断是暂时的,因为它们的主题包含一个时间因素,那么,能被回答的是:他自己使这论点的力量成为无效——通过意指在拥有实践判断其他五点特征的判断之外,还有其他一些暂时判断的方式。在他讨论第二个特征的过程中,他直接地表示,实践判断"不同于条件性命题,比如这种形式的命题:'他已经动身去你家了'……已知事实的未完成性包含在这些命题中,但并不意味这种命题是决定这些事实得以完成的一个

---

① 《实验逻辑论文集》,第388页(《杜威中期著作》,第8卷,第48页)。
② 同上书,第337页(《杜威中期著作》,第8卷,第15页)。

因素"。① 换句话说,未完成性是暂时判断的一个特征,而且被给予判断的主题暗示一个未完成的情境是一个纯粹事实。无可否认,这个事实是不足以决定一个判断是实践判断的;而且,此事实甚至不是独特的。

2. "实践判断的内容蕴含着这样一个意思:命题本身就是使情境变得完整并促使情境实现的因素。"②在这里,他用了"命题"一词来取代判断,但是,正如我之前提到的,在两者之间寻找区别是徒劳的,因此我想如下观点是公正的:这两个对杜威教授而言是同义的。为了使那句子意指一个判断而不是几个判断,我认为,它用**一个实践命题的主题**这一术语来取代它们的主题是正当的。而且,杜威教授当然(正如我已指出)认为整个情境在其完整形式中制定了判断的主题。重写句子来表达所有这些的确合法的变化,我们得到了下面这个启发性的结果:"一个实践判断的主题表明,一个实践判断本身就是完成其主题的因素。"我认为,为了使这表明些什么,**实践判断**这一术语必须拥有一个和在之前语境中不同的新内涵。在之前的情形中,它是对逻辑的判断而且它和其他任何逻辑性的判断都是一样的。在之后的情形中,它成了一个精神行为,而且在逻辑中没有任何合适的位置。一个判断和把它的主题的各部分绑在一起的那个完整体系是同一的。或者,更准确地说,它是和其主题所组成的整个体系是同一的,因为这个原因,它永远不能成为在其主题中的东西或是其主题的一部分。整体永远不会成为它所是的那个整体的一部分。因此,当杜威教授说实践判断或命题是完成主题的一个因素时,他必须认为术语判断或是术语命题是某种精神行为,而不是一个逻辑性的判断。否则,这个陈述就完全是无意义且自我矛盾的。

3. "一个实践命题会对内容产生或好或坏的影响,因为它是对那(the)整个内容存在条件(应该完成的事情)的判断。"③在这里,对第二条批评同样适用。我对这一点,已经详尽地在之前关于杜威教授的"先天教条"部分进行了讨论。

4. "实践命题是二元的。"④我必须承认,杜威教授关于这一点的讨论,我没能理解它的意思。我想,在希望他尽快地讲清楚这一点上,其他人一定会赞同我。当然,就现在来说,如果二元只意味着一个判断在其主题中具体地表达两个清楚的判断,那么,传统的假设形式和转折形式的判断(hypothetical and disjunctive forms of judgment)也是二元的。而且,如果二元意味着复杂性,那么,它就是所有判断的共同

---

① 《实验逻辑论文集》,第339页(《杜威中期著作》,第8卷,第17页)。
② 同上书,第338页(《杜威中期著作》,第8卷,第16页)。
③ 同上书,第340页(《杜威中期著作》,第8卷,第17页)。
④ 同上。

特征,且这是被所有逻辑学家都认可的。一个判断是二元的这一事实中,没有任何甚为独特的东西。甚至,有些判断是无限的。确实,如果被仔细地分析其要素,杜威教授所举的一些例子,将被发现是包含了数百个其他判断的。在这里,我找不到任何能被合理地称为是实践判断独特性质的东西。

5. 实践判断既是实际的,又是假设的。早在 1885 年,在其著作《知识与实在》(*Knowledge and Reality*)中,鲍桑奎博士就已经指出并用绝妙的明晰辩护了这个观点:上述的两个方面不是敌对的,而是互动的。而且,在所有判断中,它们都在**不同程度上出现**。在其精巧的著作《逻辑》(*Logic*)中,他详尽地发展了此观点。最近,他有力地在他的吉福德讲座中强调了它。

6. "实践判断的真或假是由结果构成的。"①让我们毫不犹豫地指出,这根本不是任何判断的特征。在这里,先天教条又悄悄混进来了。当判断的内容或主题走向完成时,判断被认为保持不变,根据其争议一个判断成为真的或假的。我已经清楚地表明:这是一个未经证实、也不能被证实的假设。一个人只需要对街上的那个人,即那位实用主义者最喜欢的法官,提出一个无成见的要求,就能知道关于诸如"他最好见见医生"的判断的真假不依靠任何意义上关于词汇的争议。对街上的每个人来说,都知道此判断的真假依靠的是在判断被作出之时,那个人实际的健康情况,以及对人类经验的普遍化结论,即医生能够帮助生病的人。所有这些是判断内容的一部分——它是决定判断真假的理由。如果那个人的健康不好,他最好见见他所知道的最好的医生,这个陈述是真实的。如果他的健康状况很好,就没有必要去见一位医生,那判断就是假的。真或假,依靠一个根本的理由,这被认为是那个作判断的人所知道的。而且,这一点对所有的实践判断而言都是正确的。

一个人越多地学习杜威教授给出的例子,他就越相信它们都是假设性或条件性的判断,尽管它们被一种掩饰此特点的方式所表达。"他最好见见医生",应该被表述为"如果他病了,他最好去见见医生"。如果他想要如此般的情况,他最好干什么什么,或者做什么什么是更有利的、更适宜的,等等。仔细检查一下实践判断的形式,发现它原来根本不是一个新形式,它不过是逻辑学家的老朋友——判断的条件形式。

在处理实践判断的同时,我也解决了价值判断,因为杜威教授承认后一判断是前一判断的一种。但是,他对此主题的探讨存在两个不明之处。如果我的驳斥将要结束,它们应该被仔细考察。

---

① 《实验逻辑论文集》,第 346 页(《杜威中期著作》,第 8 卷,第 21 页)。

在杜威教授最开始讨论价值判断时,他说:"对于好(a good)的经验,对于某物在种类和数量上所进行的价值判断,两者几乎是纠缠不清的。"① 而且,他进行了详细的陈述来证明自笛卡尔以降就已经有此问题。这是一个重要的、我不打算拒绝的区分;而且,我大体上赞同他对这个混乱所作的批评。但是,我无法理解的是,为什么杜威教授马上就犯了和他在此处声讨的同样的错误? 他写道:"对价值作判断,就是在本无价值的地方建立一种确定的价值。"② 但是,如果我们试图在意义的价值这一问题上回避其实质,"在本无价值的地方建立一种确定的价值",就是"关于好的经验"所能拥有的唯一的意义。关于好的经验和建立价值的经验是同一的,因此,和杜威教授所说的"在本无价值的地方建立一种确定的价值"是同一的。但是,这是根据杜威教授的说法来判断价值。因此,他犯了未能坚持那个他自己所承认的、具有根本重要性区分的过错。

杜威教授将价值判断定义为给其主题确定好处或坏处的东西。但是,再前进一些,他说,正在谈论的那个好处或坏处(虽然他在此语境中称其为价值)"不是任何先前被给予的东西,而是通过未来的行动确定的东西"。③ 而且,这等于否定以杜威教授自己的定义为基础的价值判断的可能性。价值永远不能先于判断存在,如果它是由未来行为提供的东西,那么,价值判断也就永远不能有一个确定的内容或主题。如果那样的话,只有对其内容而言拥有实际存在价值的判断,可以被叫做价值判断。但是,说正在讨论的价值是被未来的行为提供的东西,这就排除了那个可能性。根据杜威教授自己的解释,一个价值判断将是一个没有内容的判断。而且,为了接受美侬(Meinong)的术语,这些判断属于那类对象,对于不是这类的对象亦然。

"问题不过是在改变我们的生活和它们的世界的具体努力之外,事物的本质是否能使我们因其本身而感兴趣。一旦在我们之外支配存在之世界的概念,开始将其自身区分于满足我们需要的试探性努力时,看上去无法避免的是:我们应该完全出于'它是什么'这样一个观点来对这样一个世界感兴趣。只因为我们有关于它的观念,此观念必然地渴望实现它自己。"④ 如果这段话被写在每篇实用主义论文的封面上,我相信,它们将向读者提供一个在穿过无路之荒野迷宫的朝圣途中一种正确的指南。我并不是在实用主义不包含真理的意义上说它是荒野,而只是在如下意义上说它是荒野:读者将会错过它确实包含的、关于真理的丰富含义,如果他没有这样一个向导的话。

---

① 《实验逻辑论文集》,第 349 页(《杜威中期著作》,第 8 卷,第 23 页)。
② 同上书,第 368 页(《杜威中期著作》,第 8 卷,第 35 页)。
③ 同上书,第 361 页(《杜威中期著作》,第 8 卷,第 31 页)。
④ 鲍桑奎,《个性原则》(*Principle of Individuality*),第 53 页。

2. 何种实在论？[1]

杜兰特·德拉克（Durant Drake）

我曾在此刊发表过一篇文章[2]，并试图用它总结那些反抗"自然"实在论的论点。自然实在论这一学说声称其明确了关于"自然的"人的观点。所谓自然人，他的视觉经验和触觉经验的真实材料，与他自己在其中生活和运动的"事物"相一致。根据这种看法，当我看一棵树时，在我的经验中所包含的"绿色"存在于世界秩序中的树之上。而且，"绿色"不是一个副本，也不是存在于那里的某物的效果。这也就是说，"自然"实在论忽视了感知的典型性质；它忽视了一个区分，感知的刺激物即（在视觉情况下）是以太波开始传播的光源，不同于在那些波已经刺激眼睛之后才存在于经验中的数据；也忽视了刺激事实和经验事实之间的时间差异。

显然，因为感知的这个典型特点，对"认识论的一元主义"而言，此诱惑是如此巨大，以至于它非常满意地在杜威教授的最近一篇论文[3]中读到以下内容："由于很容易证明，在天文学意义上的恒星与其可见光之间，在单指与重影之间，存在数字上的双重性"，"天文学意义上的恒星是一个实在对象……可见光是另一个实在对象。"概括而言，这就是说，在刺激事实和经验事实之间存在一个数字上的不同（但不是像物质和精神那样本质上必要的区分）。对于这段话和其他很多杜威教授代表性的精彩论文，我发现自己陷入了一种快乐的同情。无疑，我们都承认可感受的特质存在于一个人的经验中，而且对他而言，他看到的一颗特定的恒星、一棵树与"天文学意义上的

---

[1] 首次发表于《哲学，心理学与科学方法杂志》，第9卷（1912年）：第149—154页。杜威教授的评论，见本卷第64—66页。
[2] 同上书，第8卷，第365页。
[3] 同上书，第395页（《杜威中期著作》，第6卷，第105—106页）。

恒星"或是生物学的树是不一样的经验。不用断言物理学意义上的恒星或是树木是或不是什么,至少这"可见光"或这可见的绿色和前两个是数字意义上不同的经验。它们存在于之后的时间中,而且很大程度上依赖它们基于感知者的感觉器官和大脑特征的性质。

多亏了我们的杜威教授!但是,他的某些其他陈述,在我看来是值得怀疑的。因此,它们可能成为关于探究的文本,在我以前论文的结尾处,我曾暗示过此探究,并且打算在此对它进行概述。他告诉我们,"当代的实在论者对上面引证的情况如此经常、如此清楚地提出了物理说明,"——汇聚的火车轨道、恒星、压迫眼球等等。而且,实在论者真诚地对不接受此说明的观念论者表示不满[1]。就我个人而言,我不是一个观念论者。但是,如果根据这本刊物的专栏,观念论者将得到如下判断:观念论者在当下处于劣势,我们一定要公正地对待它!举例而言,在我看来,观念论者对上文的案例,拥有一个简单且一贯的解释。因此,即使将一个合适的实在论解释提供给他时,他仍然不是必须接受它。而且,新实在论者提供给他的关于之前案例的解释,在相当大的程度上是如此不适当,以至于在考虑那些解释后,他仍然可以毫不费力地、彻底地证明他是正当的。的确,如果那个人在其哲学思想中是细心的(但是,实在论者必须记得,在此情况下,观念论者处于一个不利地位。日常的实践语言是无可附加的实在性的,而且在一贯的观念性语言中,对事实的表述是笨拙和混乱的),那么,他不会承认杜威教授归之在其名下的错误。例如,他不是从单一的实在论的客体开始,从挤压眼球这事判定"不存在这样的动物"。他只是发现,在一个实在论的基础上,这样的经验很难得到解释;反之,在一个观念论基础上,它却是很容易说明的:当一个单一客体经验(single-object experience)伴随一个挤压眼球的经验时,由此产生了一个双重客体经验(double-object experience)。当然,一些观念论者尤其是早期的那些观念论者,已经把他们的论点置于必然引起批评的方式中了。但是,这些论点中的潜在含义对实在论来说仍然是一个尖锐的挑战。

关键在于,当用关于客体的术语进行解释导致严重困难的时候,所有这些案例都能被简单地用关于实际和潜在感觉的术语进行描述。举例而言,假设一下实在论者在看一棵树。观念论者会说,他拥有一个关于树的经验;但实在论者则说,他看到的那棵树是一棵外在于他的、物理意义上的树。然后他晃了晃他的眼球,他看到的树就动了。但是,当他动眼球时,一棵外在于他的物理意义上的树动了,这是可能的吗?

---

[1]《实验逻辑论文集》,第 395 页(《杜威中期著作》,第 6 卷,第 105 页)。

只要那绿色的材料不变,它作为一棵物理意义上的树"在那里"时,思考它是容易的。当它运动时,思考它就不容易了。不足为奇,观念论者喜欢这样的例子!尤其,早期实在论者是处在这种"自然"类型中。但是,如果现在实在论者收回他的天真信念,并且承认杜威教授和我以及可能大多数当代实在论者的观点,即存在于他的经验内的树的材料(移动的树的材料——让我们称它为 B *存在*)是由发出以太波的树(tree-from-which-ether-waves-radiate)(A *存在*)产生的效果,但却并不和它同一,那么,这个困难被解决了,其他的问题却出现了。对实在论者而言,界限绝不清晰。对此情境"频繁且清楚的"解释可能存在于当代实在论式的著作中,但是,除了在它们将被发现的地方,困难的症结在于:在实在论者的世界里,B 存在于何处?难道我们不是必须承认,除非实在论者能够给出一个对此问题的彻底解释,否则,观念论者仍然会打败此论点吗?

对此问题,有一个令人满意的答案;而且,我相信,关于感知中情境的、完全实在论的解释是可能的。一些试图回答此问题的答案已经被提出了,但是它们没有解决异议,而且通常被实在论者否决了。实际上,它看上去是这样一个情形:一般的实在论者拒绝承认有对解释的需要。当他声称感知是一个"完美的自然事件",并表明照相机同样制造图像,那图像是外在事物的效果和代表时,他似乎认为他已经解决了问题。而事实是,他根本没有接触到那问题。相比于照相机这个例子,有很多的存在物来说明感知问题。生物体的确很像一部照相机。通过眼睛,一个物理的感知事件(称它为*存在*C)在大脑中被制造出来,而且此事件随着被看的那个客体而改变。因此,它可以不仅被叫做一个效果,而且更加合理的,它还是某个意义上的客体的代表物,因为它实际上充当了一个线索——引导生物体来和那客体打交道。但是,实在论者认为这个大脑事件 C 是那个绿色的移动材料 B 么?如果不是,后一项存在于何处?所有存在中最确定的一个在哪里确定位置?我们要把它放在我们身体之物理模式的哪个位置上呢?如果我们无法为它提供立足之地,又如何能说我们已经对关于感知的事实提供了一个清晰的解释呢?

我们是不被允许说它存在于大脑中的。我们大脑中的那些观念,看上去和新实在论者的看法不一致。而且,实际上,如果这样一个陈述被提出来解释那个困难,它可能只是一个口头陈述。说事件 B 是精神的,解决不了任何问题。我们仍然必须发问,它和其他存在 A 和 C 是如何相关的?这里存在着一个著名的生理事件的链条,从 A 开始,通过以太波、眼睛和神经波,达到 C,然后再次成为某种肌肉反应。但是,在链条的任何地方,我们都找不到 B。在没有 B 的时候,生理命令看上去也是完整且自足的。这里没有B的地盘。本能的,我们用A来定义B。它是树,是我们看到的树。但是,如果我们之前的文章认为,如果杜威教授的观点认为,"天文学意义上的恒星和其可见的光之间""存在数字上的双重性",在我们这个例子里,在植物学的树和可见的移动绿色的事实(两个例子的不同在于:前者情况下,A和B之间的时间差距更为显著)之间,避难所被明确地从外面锁上了。相较于A,B有一个更长的的存在时间。在其间,A可能已经被消灭了。而且,当B存在时,A可能不再存在。B不能和C同时(或至少接近同时)存在;这就是我们看上去对从B到A-C这一事件链的关系上所知道的全部事情,除了如下一点:就像C那样,B看上去有点像是A的代表物,因为B是在我们的经验中,让我们和A打交道的符号。那么,我们只是以紧握住C的方式,被留下来和B呆在一起,却没有任何真实的立足点吗?我们只有存在的时间,却没有存在的空间吗?如果我们把它们叫做精神的,我们有一个著名的"身心平行论"存在于B和C之间。这当然是一种神秘的关系;精神性的B像在物理世界里某些特定点上人们难以摆脱的东西,但是它们却并不真的*存在*于那里。如果我们把它们叫做物理的,我们有一个同样是自然物质的平行,另一套物理实在存在于C的时刻里,但是仍然没有它们的立身之处。真的,它们在深处漂泊着!

我们不能将B看成是精神性的,其原因可能在于那个词的二元含义。新实在论者深信(一个人会怀疑,是否在有些时候,它不是一个先天的确信,而是一个来自经验的粗鄙概括),不存在精神和物质这样两个实在。因此,我们必须称每个事情都是"物理的",或者至少是"自然的"——"精神的"就被看成是"超自然的"同义词!同样的,杜威教授在把像铁路轨道的可见聚集或恒星的可见光这样的B称为是精神的习惯时,涂上了讽刺的蜡。"那么,照片是否可以理解为有点具有精神特质的东西呢?"①但是,在照相机的例子里(除了观察者的知觉),并不存在B。在那个例子中,只有一个松散地相似于客体-大脑A-C链条的事件链条。当照片被拍下来时,在那时刻只有一个事件,而不是两个;一个在金属板上的分子变化,相应地,C是大脑里的分子变化,或者在A-C链条里更早的事件中,即眼睛里的分子变化是确定的。不同于感知案例里的情况,在这个例子里,没有经验中的数据,没有一个B事件,存在于那个时刻。没有神秘的平行,没有困难,没有想被叫做是精神的那种诱惑。

就我而言,我怀疑二元论,而且非常愿意完全地放弃"精神的"这个词。但是,我不知道为什么它对实在论者而言,成了一块斗牛的红布。让我们在这点上达成一致,

---

① 《实验逻辑论文集》,第393页(《杜威中期著作》,第6卷,第103页)。

436　即在二元论确立之前,任何二元论的暗示都是不合法的。而且,让我们只在一个外延的意义上运用这个词,包括我们的 B 存在和诸如梦、愿望、快乐、悲伤等等的事实,它们也没有被人所知的、在物理世界中可用的立身之处。我们会发现,这个词对这些众多的、重要的、无疑是真实的事实而言,仍然是一个有用的专业术语。至少,它是被广泛承认地、可以用在这些事实上的名字。毫无疑问,自然人将这些相同的 B 视作是他自己在其中移动的实际事物,也就是,如同它们是引起自身的那个 A。而且,在这样的时候,他不把它们叫做精神的,而是叫做物理的。但是,只要你一给他表明这种"自然的"实在论的不可能性,他马上就把他的感知材料叫做精神的,例如,那个绿色的移动材料就是外在真实的树的心理图像。它可能仍然是这样的:B 也归属于那个 A 和 C 所归属的世界,它是一个事件,和场景的摄影图像或是声音的回声同样的"自然"。不过,为什么要鄙视它的通用名称呢? 我听到了一个声音的重复。为什么跳到了它是一个回声的这个结论上来呢? 唯一的答案是:我们就是这样称呼它的。为什么跳到我们说明的这些特殊事件是"精神的"这样一个结论上来呢? 唯一的答案仍然是:这就是它们常用的名称。

这大概是对的,即"被看到的光是一个事件","它处于一个关于恒星的连续过程中"。虽然,如果它不能详细地被定位于某个地方,如果它没有一个相关于那出自恒星之物理事件锁链的、显露的能量关系,就很难看到知识如何能"接着发生",即它不存在于这样一个持续的进程中。此外,即使承认它是在过程中某处的一个环节,声称"由于可见光是一个持续过程之内的事件,就没有一个人们可以由之出发,将光的'实在性'与恒星的实在性进行对比",①这安全吗? 当然,相较于"关于恒星的感知"的存在,作者时常说起"真的"恒星来对照"对恒星的感知"之存在的理由,与任何对在持续进程中后者所处位置的否认都是无关的。"真的"恒星是天文学描述的恒星,那恒星

437　在一秒钟内能在空间里移动如此之远的距离。"真的"树是生物学描述的树,我们能用手指着它、能围绕着它转。这些存在,这些 A,在世界秩序里有它们明确且众所周知的位置。那些 B,我们经验的材料,依然是真实的,但它们是较少意义上真实的恒星和树;它们是我们意识的结果(或者在我们的生物体上,如果你选择且准备好去展示在生物体的哪里),是恒星和树对我们而言的代表物,不是独特的存在。可见光,那个作为"真的"恒星的 B 是 A。当我们的注意力集中在视觉经验上时,可见光作为恒星出现在我们眼前。但是,它并不以每秒前进很多公里的速度飞过空间;它不是由数

---

① 《实验逻辑论文集》,第 395 页(《杜威中期著作》,第 6 卷,第 106 页)。

十亿旋转的原子组成的,等等。所以,更不用说在世界里的这些 B 的模糊状态,让我们说起 A 是"真的"东西的理由,和在"真的"风景和照相机表现的风景照之间作区分的理由是一样多的。后者足够真实,但它却不是真实的风景。

我们拥有我们的 A,那些"真的东西"。而且,我们也有 C,它们是作为结果的大脑感知事件,在某个意义上也是 A 的代表。我们的 B,意识知觉的材料,和我们的 C 同时存在(或者是接近同时)。根据我们打算去做的东西,B 将是我们的实在论的类型。"自然的"实在论者用 A 来定义每个 B,都是不可能的。原子论的实在主义者把它们都填进一个存在于大脑中,却没人能说出究竟在哪儿的单细胞生物或拱形原子(arch-atom)当中。二元论的实在论者声称它们进入了一个 C 中的因果链条,但是却无法在三维世界里给它们提供空间。以某种方式,他们把自己的手指放在大脑里,可实际上手指并不真的在那里。另一种类型的实在论者把 B 放在大脑里,在 C 中间或是依靠于 C。此种理论的一个类型是蒙特奇(Montague)教授提出的,他把 C 放在那个在大脑中我们叫做"潜在的能量"的地方。而且,最终,虽然无法穷尽所有的同代理论,精神实在论者(谁可以给他们更好的名字?)用 C 来识别 B。他们声称,如果对我们叫做大脑事件的东西知道得足够多,我们应该发现,它们实际上就是意识事件。

最后一个理论也是本文作者的观点。在那个时刻,空间禁止它的辩护。如果它让任何人用一种比以前的方法更尖锐一点的方式来思考这个难题的话,如果它帮助任何人意识到此处是有问题的,那么,此论文的目的将要被实现。如果我们将要成为实在论者,正如我们看上去所决定的那样,就让我们彻底想想我们的实在论。我们不应该通过将感知叫做"自然的"或"物理的"过程的方式,以为已经解决了关于感知的真实且困难的问题;也不该认为因此就赢得了权利去嘲笑观念论者,仅仅因为他们坚持那种关于物质的解释。

3.
一个实在论的死胡同[1]

杜兰特·德拉克(Durant Drake)

439　本文是我和我的实在论伙伴们热烈讨论的一个结果。我们相信,未来在我们手里——观念论已经逐渐衰落,同时某个形式的实在论正在通向成为统治性哲学的征途上。但是,是哪种形式的实在论呢?

或许,站在大西洋边上的我们中的大部分人,认为是本体论上的一元实在论。在詹姆斯的意义上,意识并不存在。区别于物理对象所构成的世界的、被认为是精神的那种特殊的材料和领域是不存在的。在现有的宇宙里,除了处于关系中、**可感受**的特质之外,没有其他东西存在的迹象。当然,我们中也有一些人在那些精致或不精致的精神行为或精神认识方面,在主体或自我或灵魂或其他某个非物理实体的方面,认可那种流行的英国信念。这些人将会发现,在本文里没有任何对这些信念的批评。但是,为了避免这样的误解,我希望尽可能清楚地申明一点:我自己赞成在美国实在论中否认非物理材料和非物理领域、认识、主体、自我等存在的主流趋势——"并没有那种动物。""精神的"是物理性的一个子集,或者,如果你更愿意这种表述的话,就是:它引用一种关系,此关系存在于某些物理实体之间。这是本体论的一元论。

本文的论点和那个问题毫无关系。但是,我将要批评**认识论**的一元论,而且我希望不给任何进一步的混淆留下任何借口,那混淆是关于我的认识论的二元论和本体论的二元论的。在我几年以前于本刊已经发表的那些文章和著作《心灵》(Mind)中,我试着在这一点上明确我的立场。但是,我所说的认识论的二元论依然被一些批评

---

[1] 首次发表于《哲学,心理学与科学方法杂志》,第14卷(1917年),第365—373页。杜威的回应见本卷第64—66页。

家解释得好像它仍然是某种笛卡尔式的二元论一样。我甚至被叫做是一个观念论者,而且被分类为"在当下,华丽地堕落到去注意实在论的作家。"①谈及这一点是非常重要的,因为其他比我著名的实在论者也都被相似地误解过。举例而言,洛夫乔伊(Lovejoy)针对佩里所支持的认识论的一元论而提出的机智论点②,竟被佩里看作为对实在论的攻击。有时候看上去是这样的,我们当代的思想家都不愿意把一个人称为是实在论者,如果那个人不是认识论的一元论者或者不是"质朴的(naïve)"实在论者的话。但是实际上,我们中相当多的人都是这样的人:不屑于通过把一个麻烦的实体叫做是"主体的"或是"精神的"的方式来解决问题。我们是泛客体化实在论者,而且在反对观念论的意义上,和那些流行的伪新实在论者拥有一样的权利。而且,我们相信认识论的一元论的思路是一条死胡同。我们主张,实在论并不暗示认识论的一元论,而且,本文的论点恰恰就是:实在论必须放弃它对这个无望的羞涩修女的追求,并且回归到它旧爱——认识论的二元论的怀抱。

为了节省空间,让我用首字母来代表这些竞争对手。E. M(知识论的一元论),是一个真正的鬼火。很多年来,实在论竭力要抓到它,但其结果却是"从不彻底"。E. D(知识论的二元论),这个被抛弃的伙伴,已经被给予许多的嘲笑,并且被认为是一个永远的寡妇。少数更敏锐地认识到这个情况,或在追求新爱的问题上不那么盲目顽固的人,已经尝试了一种妥协。但是,这个重婚的实验已经收到来自双方的攻击;而且,无论妥协学说包涵什么,E. M 将要遭受批评,说其有害于纯真联盟(chaster union)。不要卖弄风情,即使是对一位女士!

在我和许多人看来,E. M 必须被抛弃的原因在于,无论它看上去多么有诱惑力,那都不是什么新东西。这可能唤起一声叹息去重申它们。但是,无论如何重复或者提出多么清楚的观点,他们看上去永远无法被质朴的(naïve)实在论者们所领会。而且,在我们看来,那些试图填补这些缺陷的人,没有令人满意地完成任务。

无论如何,首先我们该注意到被承认的实际情况究竟是什么。我们的感觉特质的特征在于,它是感觉器官和大脑之性质的功能,也是我们在空间中的状态。试想,在围绕着我身体的空间中存在一个不变的客体。随着我改变我在空间中的位置,所有在我看来居住在那客体里的感觉特质都在变化。如果我的眼睛发生了变化,虽然变化很小(为了使其相似,举例来说,对某个人或动物的眼睛而言),这些感觉特质都

---

① 霍尔特(E. B. Holt)的著作《新实在论》(*The New Realism*),第 307 页。
② 《哲学、心理学与科学方法杂志》,第 14 卷,第 673 页以后。

将再次改变。如果我的大脑的本质发生改变,或者如果我眼睛的神经要影响大脑中的听觉管道,我的感觉特质也将是不同的。

现在,关于这四个常见且无疑的事实,在我看来,只有四个解释能被提出。第一个解释是:无数的性质永恒地存在于客体之中,每个性质都由适当的感知机制(perception-mechanism)显示出来。第二个解释是:只要进行感知的生物体在状态或本质方面发生了变化,新的性质将会取代客体内部的旧性质。关于这第二个解释,有时在客体中,存在着关于同类性质(generic quality)的大量不同变化。也就是说,当许多不同的观察者在感知它的时候,这些备选项中的任何一个都可以平等地被叫做 E. M。我赞成的第三个解释是:当我看一个客体的时候,存在于我经验中的感觉特性,不是在数字意义上存在于客体内的真实性质,而是在我内部被完成的那些性质的结果,它是存在于客体内部的性质的代表物。① 第四个解释是:我的感觉特质既不存在于我之中,也不存在于我所面对的客体中,而存在于某个其他的地方。第三和第四个解释都是 E.D 的,在我们的感觉特质和属于或建构客体自身的性质之间,它们造成了一个数字上的不同。

当我声称只有这四个解释是可能的时候,我的意思是,如果我们要在时空秩序里为每个存在着的可感受特质都找到一个明确的位置的话。但是,如果我们是本体论的一元论实在论者(而且,只对那些我正在提到的人而言),我们必须为每个存在的可感受特质找到一个位置。我们不会满足于说我们的感觉特质是"主观的"或是"显现的"或是某些像"精神的"这样的、在空间中根本不需要任何场所的东西。无论如何,那都是一个简单的、将问题神秘化的方式来逃避困难的方法。我们也不能说感觉特质可能存在于精神秩序中,而不是物理秩序中的存在实体。因为我们认为,所有的存在本体组成一个秩序——物理世界的秩序。而且,没有比我们的感觉特质更加明白的实体。实际上,它们是**素材本真**(*data datissima*)。那么,至少在它们存在于我们经验中的时候,它们就必须存在于物理世界秩序中的某个地方。问题在于,那地方**在哪儿**? E.M 认为,在客体中。E,D 认为,在其他的某个地方。通常的形式是说,在我们的内部。

除非我们能同意对此两难困境进行非此即彼的选择,否则,进步是不可能的。因此,我必须反对伍德布里奇的借口。"给予不同的情境,一个圆环在不同的观察者看

---

① 短语"在我内部"是模糊的,而且只能在提供一个比此处所允许的篇幅更长的解释情况下,才能得到一个满意的说明。"在我的大脑中"可能是最不让人讨厌的同义词,但是它将必然引起误解。

来是不同的……让我们假设有十个观察者被放置在不同的情境中,那么,明显地,那个圆环将对十个情境呈现十次。但是,除去这个明显的事实之外,被假设的是:那里将由十个不同的形状,它们在存在的意义上都是分离且彼此不同的形状;而且,这十个形状中的任何一个和圆环本身在存在的意义上都是分离且不同的。也就是说,如果圆环在一个观察者看来是一个平椭圆形,那么,就假定那个显现本身就是一个平椭圆形。在本质上,这些形状是什么,把它们放置在哪里,把它们放在那儿之后用它们做什么,如何解释它们之间、它们和那圆环之间的关联。上述那些是给我们独创性以重负的困难,而且上述那些是没有实践或是经验的事实能给予我们解答的困难。断言如果一个圆环看来是椭圆的,那么,它的椭圆形的显现是一个椭圆,这并不是在陈述一个事实。那个断言是在制造一个将整个思辨哲学和心理学浓缩为一句话的假设。"①

我们是否把"椭圆形的显现"叫做一个"椭圆形"或是个别的什么东西,这是一个关于专业术语(nomenclature)的问题。在此情况下,事实是在我的经验内部存在一个感觉特质,它至少在我的经验内部意义上具有不可否认的存在性。而且,与当我改变了我的情境时所获得的那种感觉特质相比,它在性质上是不同的。这个不可否认的、存在着的可感受特质究竟在哪里?说"这个圆环看上去是椭圆的",是一个谈论此案例的简要方式。只是这个陈述究竟意味着什么?它是我们的自然且非分析的实在论的表达。存在一个永恒的客体、一个圆环,这些变化的感觉特质都是它的显现。作为实在论者,我们同意这一点。但是,接受永恒圆环的存在,绝不会让我们忘记一点:那个已消散的、当下存在着的感觉特质是它的"显现"。一个"显现"必须存在于某个地方。当然,这个正被我们叫做是"显现"的感觉特质必然存在于某处——如果我们放弃"精神材料"这一并不需要存在于任何地方的范畴的话。那么,我们的断言不是"椭圆形的显现是一个椭圆形",那看上去只是一个口头上的替换。我们的断言是:正如伍德布里奇在我们的经验中言说感觉特质,"椭圆形的显现"是一个数据,它有某种实在性,必须存在于某个地方。我不分享他关于把它放在哪儿、如何解释其关系等等这些问题的悲观主义;在这里,我不能过多地谈论这些问题。现在将要得到的观点是:E. M和E. D之间的两难选择是真实的。这一小点儿实在性要么存在于外在于生物体的客体里,要么存在于生物体内部(或是其他什么地方)。

---

① 《哲学、心理学与科学方法杂志》,第 10 卷,第 14 页(原版书中的斜体,中文版中为楷体,下同。——译者)

那个经常被 E.M 的批评家解释的问题,不是关于东西是什么做成的,而是关于数量、秩序、建成整个存在的宇宙实在性处于哪里的问题。但是,伍德布里奇在这篇和其他的论文中①,杜威在许多文章中②,大部分其他承担回应这些批评的学者坚持采取他们的观点,好像他们是观念论或是本体论二元论的代表,这使问题仍未被解答。举个例子,在之前的一篇文章里,③我引用了多面镜子对一个对象成像的例子。我的论点是(正像在通过多样的人类生物体感知的例子一样):多种映像(在生物体例子中的感觉特质)在质量上是彼此不同的,同时它们也存在于不同的地方,因此,清楚地,它们在数字意义上是不同的。如果在进行感知的生物体的案例中情况是相似的,那么,E.D 是被证实为真的;不同的感觉特质(质量上和数字意义上)是在不同的生物体中由客体产生的。但是,霍尔特在引用了我的文章的一段话之后,做了一个简短的评论:"因此,对观念论者来说,这被证明为是满意的(原文如此),即两个镜子不能为同一个客体成像。"④它们当然能做到那一点。问题是,那些映像存在于**客体中**吗?它们是在数字上等同于它的某些部分吗?还是它们在数字上是不同的,存在于空间中的其他点上,并且只是和客体相似的,并且是客体的代表物?

那么,如果这个两难选择被采用了,我就能进一步陈述 E.M 看上去是站不住脚的三个主要原因。因此,某种形式的 E.D 就必然是真的。

1. *相反的性质不能在空间中的同一点、在同一时刻共存。*如果任何一种 E.M 是真的话,那么,它们必须如此共存,正如我们之前所注意到的。因此,如果这个斜体字的断言是真的,E.M 就不能是真的。一些冒险的思想者因此已经否认了那个断言。空间也不允许对他们观点的扩大讨论。但是,讨论在此处是没什么用处的,因为在没有对他们方式的困难进行仔细考虑时,那观点被怀疑的程度几乎不比那断言多。麦基雅维利(McGilvary)已经给我们勾画了一个世界⑤,在那个世界里,大量"非物质的"可**感受的特性**存在于同样的点上,就像构成世界的执行命令的"物质"实体一样。但是,为什么这些非物质实体没有被科学发现呢?为什么只有一个拥有某种特殊种类的感觉机制(sense-mechanism)的观察者感知到了这无数的可感受的特性中的这一个、另一

---

① 例如,《对感觉的信念》(*The Belief in Sensations*),《哲学、心理学与科学方法杂志》,第 10 卷,第 599 页。
② 例如,《对实在论的简短研究》(*Brief Studies in Realism*),《哲学、心理学与科学方法杂志》,第 13 卷,第 393 页(《杜威中期著作》,第 6 卷,第 103 页)。
③ 《哲学、心理学与科学方法杂志》,第 14 卷,第 149 页。
④ 《新实在论》,第 369 页。
⑤ 《哲学评论》,第 21 卷,第 152 页。

个,等等? **除非有必要**,世界材料才会繁殖。而且,这样一个观点和将客体看作只具有一个确定的形状、大小、颜色等性质的常识,形成了尖锐的对立。世界被弄得模糊了,成为一团无法区分的性质。所有的幻觉和关于客体的致幻性质都是和它们的"真实"性质一样真的!

一般说来,霍尔特最激进地叛离了常识。他坚持①世界是充满矛盾的:"每个碰撞、冲突,加速和延迟、青春和衰亡、平衡等等都是例证。"②但是,这样的力量或律法上的相反并不是真正的矛盾。这些律法或力量是真实的,并不是**趋向**,它们不是被同时**实现**的。这和那种矛盾性质在一个点上共现(compresence),是完全不同的事情。因此,在他看来,问题变得似是而非。

那么,除非某些快乐的论点能被提出,否则,我们中的大多数会同意蒙塔古(Montague)的观点——"单方面较好的公理",并且分享他的信念:多面性质的观点(那观点是一个严格的 E.M 的不可避免的必然结果)——"将要摧毁实在论的发展,如果它没有被批判的话。任何一个地方、任何一个时间必须只包含一组无矛盾的性质。这样一组性质就是一个客体对我们而言所意味着的东西,而且在一个时间点占据一些空间是它的存在对我们而言所意味的东西"。③

2. **不存在明显的将感觉特质投射到客体的机制**。当不同的观察者同时"感知同一个客体时",存在于不同观察者经验中的尺寸性质、形状性质、颜色性质应该真实地存在于"那里",在客体所在的那个地方。无论上述的情况是不是可能的,看上去,它们都不能**离开**那里。这些感觉特质无可否认地是生物体的功能;它们将成为的那个东西必须等待生命体的本性作出决定。然而,感知的机制是一个单向的机制。它给我们带来源自客体的影响,但是它不包括对由它引起的、反向撞上客体性质的重新投射机制。感知不是像探照灯一会儿停留在这个客体,一会儿停留在那个客体上的那种超越过程。它只是一连串的原因和结果:一个在客体中的事件造成了一个放射脉冲,这又引起了一个在感觉器官中的事件,然后是一个神经脉冲(nerve pulse),最后是一个脑行为。感觉特质存在于我们的经验中,要么是严密地、要么是近乎严密地马上出现在脑行为中,**感觉特质**的**本质**依靠于脑行为的本质。感觉特质应该通过什么样的机制,才能就在此时出现在客体中呢?假设感知实际上不是这样一个回飞棒

---

① 《新实在论》,第 360 页;《意识的概念》(*The Concept of Consciousness*),第 8 章。
② 同上书,第 364 页。
③ 《哲学评论》,第 23 卷,第 55 页。

(boomerang),不是更加容易吗?假设在将我们的感觉特质归因于产生那些影响的外在对象时,我们是普遍幻觉的受害人,这不是更加容易吗?假设我们看上去在客体中发现的性质,实际上是我们对它们的印象,这不是更加容易吗?

3. **在客体中发生并引起我们的感觉特质事件发生之后,我们的感觉特质才开始存在。**正如我们所知,质朴的实在论的"时间难题",在某些情况中引起了重要的结果,即当感觉特质存在于我们经验中时,客体已经停止存在了。同时,在其他情况下,产生了同样重要的结果,即在一个不同于外在客体事件的时间秩序上,我们的感觉特质存在于我们的经验中。当下存在于我的经验中的感觉特质应该在数字上同一于一个不再存在的客体的任何一个方面,这个不可能性是如此明显,以至于这个论点不需要强调。然而,各种质朴的实在论者设法逃避如下的某些困难:"为什么,如果我们承认它是和过去的关系,感知就变成了更小一些的感知?只能因为这个在此遭到质疑的假定,即客体的*出场*是等价于它的时间上的*现时性*……如果我们顽强地坚持它是*正在听*而不是客观内容的*已经听过*(它是当下),时间上的不符合就消失了。"①

这样一个分析,看上去是不充分的。它不只是现在存在的感知行为;感觉特质当下存在了。只有"顽强地坚持"的理论暗示,才能使人盲目。所有事实中最确实的是,所有理论必须依靠那材料来建立。

实际上,我们可以认同感知很像记忆,是"和过去的关系"。而且,当我们**回想或是回忆**一个不是现在出现的客体时,如果我们愿意的话,我们可以对意识说起那个客体的**出场**。我们坚持,那实际上意味着我们当下的思想或者是**涉及一个现在并不实际存在的对象的记忆**。关于感知的问题,有这样一个相似处:时间意义上的当下,存在于我们的经验中——存在着的、不可否认地、当下的——我们把那叫做**可感受特性**。如果这些可感受的特性和那些存在于**客体**中、形成其部分的可感受特性在数字上是同一的,那么随之而来的是:客体的这些方面不只"出场",还有在我们经验中的"现时性"。在另一方面,如果 E.D 是正确的,当**客体**的性质"出场"时,在被回想或记起的客体出场的意义上,感觉特质具有"现时性"。它可能会被说成是被感知,正如在另一个情况下,客体可能被回忆起来;但是,此两种情况下,它都是真实地通过现在在场的可感受的特性(感觉特质或者是回忆内容)被表现。但是,无论如何,无论这观点是对是错,时间难题仍旧是 E.M 的一个单调的反例。如果作为实在论者,我们相信一个时空秩序,在其中,任何时刻都存在的可感受特性有一个确定的、它从未离开

---

① 艾维尔(B. Ewer),《哲学、心理学与科学方法杂志》,第 6 卷,第 147 页。

的位置。那么,由此可以推断,一个在我的意识领域中于当下存在的**可感受特性**,和一个形成某个已经不再存在的客体某方面的**可感受特性**,在数字意义上是不能同一的。

在另一个反对 E.M 论点的案例中,那论点的核心不断地被当代的作者们错过。举例而言①,霍尔特轻蔑地引用了下面这段来自我较早文章中的表述:"那个'真的'客体在时间上总是比被感知的客体存在得更早,而我们总是轻率地把被感知的客体认为是'真的'客体,那被感知的客体是真实的,但它只是我们自己经验中的一个元素,而且它不是存在于自身且为了自身的对象或是推论。"②我已经把"真的"这个词放在引号里了,这是为了提醒读者,那形容词并不是我的选择。术语"真的客体"和"被感知的客体"是被美国哲学协会委员会推荐的,它们被用来指称我更愿意叫做"外在客体"(object out there)和"感觉特质"的东西。正如我一直坚持的,两者之间是同样真实的;而且,我相信,它们都属于同一个单一的实在论式的世界秩序。那么,我写的句子的要点,在它所在的上下文中表达得很清楚,正如此刻我正在做的一样——E.M 区分的两个**可感受的特性**之间在数字意义上的不同。但是,霍尔特的评论如下:"简洁地说,那令人惊异的观点是:精神影像不是真实世界的一部分,它是非物理的、非真实的,并且本质上属于他物,即存在的主观秩序,因为它在时间上滞后于事物的真实秩序。而且,能被从严格的物理世界引用的意向的每个情况,正好用同样的方式,缓慢地行走在它真实的物理原型的背后。"

这个回答不但错过了争论的焦点,而且看上去的确让步了。它承认每个意向落后于它的"原型"。那么,意向确实是一个区别于"原型"的实体。正因如此,感觉特质和它的原型是不同的实体。如果主张两者都只是**一个客体**的部分,答案明显就是:它们不是同一部分。把整个过程叫做"一个客体",只是一个口头的 E.M。作为感觉特质的客体的那一部分存在于一个较晚的时间里,它在数字上不同于"自在"那作为来源的客体部分,而且前者是后者的表象。但,这是 E.D。

存在许多很好的反对 E.M 的观点。但是,这些观点已经足够好了。当然,实在论和 E.M 这位女士的婚礼是不能继续下去的,除非这些缺陷被令人满意地解决。我们中的很多人都相信它们永远不可能令人满意地被解决,也就是说,事实上,E.M 是一个错误的理论。如果 E.D 的缺陷看上去是不可克服的,那个最诚实的方针看上去

---

① 《新实在论》,第 307 页。
② 《哲学、心理学与科学方法杂志》,第 8 卷,第 371 页。

不会把我们交给任何一方,而是暂时让我们的头脑保持开放。因此,那些坚持 E.M 的实在论者的独断,看上去是没头脑的行为。如果他们选择练习他们的意志去相信面对这样一个沉重的论题,他们至少应该对支持 E.D 的人给予更多的耐心。

449　　看上去,似乎这些实在论者已经决定 E.M 一定是真的了,然后开始尽他们最大的努力着手去回答反对意见。对他们来说,这是很容易的,因为 E.M 是自然的人类观点——直到有一个人开始仔细检查它的情况为止。但是,正如已经被展示的那样,自然的观点绝不是正确的观点,举例而言,哥白尼以另外一种方式颠覆了人的自然思考方式。E.D 只是需要这样一个精神的扳手,但它仍然是正确的解释。因此,只从怀疑 E.M 的真实性开始是不足的。而当对它的质疑被提出时,声称问题的这些方面是神秘的,它们等待在未来得到解决,也是不够的。除非那些问题已经被解决,否则,E.M 就不能摆出一副自己是正确观点的姿态。我们必须真正地带着开放的耳朵去倾听每一个为其利益被提出的新辩护。我们甚至可能合理地拥抱这个被证明是正确观点的信念。但是,目前,这个怀疑看上去被很好地提出了。这个特殊形式的实在论进到了一个死胡同,在那里没有畅通的路径。我自己的信念是:某些在新实在论运动中最重要的领袖支持认识论的一元论,这是展开一个合理的实在论哲学道路上的最大的障碍。

4. 来自"巴比伦城中的旁观者"的信①

亲爱的《教育评论》的编辑：

作为《教育评论》一个长期的读者，同时作为一个不定时的通讯者，我可以请您注意一下某篇文章吗？那篇文章的主题是讨论一个重要的教育问题，它近期被刊登在纽约的《国家》杂志上。

带着每个人最好的祝愿，在一年多以前，美国大学教授协会成立了。它公开的目标是令人钦佩的，而且，它也带有活力地着手去实现这些目标。我和其他那些我已经提到的人们的注意力被如下事实吸引了：这个协会的第一次会议，通过正式投票来拒绝那些临时教授或者是永久占据行政职务的教授加入其中。在那时，我感到这个行为并不明智，它试图制作出一个并不存在的利益区分。这个区分很可能导致这个新生的、很有希望的协会夭折。通常，我们卓越的大学教授在日常事务上，即使是最最平常的协会事务或其他事务上，也没有多少能力。而且，如果他们排斥那些显示出特别的事务处理能力和教学工作组织能力，并已经被分配了那些工作的人们加入这个组织的话，他们一定会陷入困境中无法自拔，并落入危险的困难中。

这个不幸的事实必然是跟随该协会第一次会议召开时所采取的行动而来的，而这个后续效果显然比任何人所预想的都来得更早。在《国家》杂志里被发表的那篇已被我提及的文章中，这一点被清楚地表达了。那文章的作者署名是威廉·麦克唐纳，我想，他一定是东部某院校，很可能是布朗大学的一位历史教授。

在宣布第二次全美大学教授协会的年会将于12月31日到1月1日之间在华盛

---

① 首次发表于《教育评论》(*Educational Review*)，第51卷（1916年），第310—313页。杜威的回应，参见本卷第371—372页。

顿举行之后，由于对开会时间和地点的选择问题上的失望，出现了严重的分歧。而且，与会者被压缩了，而麦克唐纳教授却占用了会议三分之二的时间。他说：

> 这次例会就像创世时刻一样，在那个时刻，地球还没有形式，而且是真空的，黑暗降临在深渊的表面。那些其勤奋和贡献都无人质疑的协会官员们，显然已经允许他们自己如此专注于学术自由问题，以至于没有时间将协会作为一个整体来适当地考虑它的利益。一些重要问题的正当解决方案是依赖于第一次年会的会议记录的；但是，当需要此记录时，却找不到它了。宪章的形式，在一个委员会看来是被仓促地接受的。该委员会在一年前由于"格式修订"就已经涉及此宪章的形式，而关于宪章的讨论揭露了严重的疏忽、令人费解和矛盾。来自理事会的大量建议如此杂乱，以至于无论评价它还是据其行事都很困难。理事会成员提名的大名单，在会前就已经被印刷并被分发给协会的成员了；但是，秘书解释说，这提名是不合法的，所以必须被回收。如果历史悠久的议会程序以一个实际精神的方式来从事活动，它就逃离了那些因为鲁莽导致的懊恼，议会程序的最基本原则会克服那鲁莽。
>
> 如果除了程序，那亲切的非正式性，或是除了作为一个整体将组织的实验性安排看作是一个工作的基础之外，没有其他更多的东西被牵涉其中，这种批评可以适当地禁止。然而，不幸的是，情况是更为严肃的。就理事会的计划或者报告被关注这点来说，没有任何迹象表明，组织和行政部门的紧迫问题已经真正被动手解决了。这些已经成了公开的秘密：在重要的委员被指定或者组织之前，许多个月的时间被允许流失掉了；虽然已经做了一些尝试，即通过通信方式来开展业务，但直到第一次业务会议的几个小时之前，理事会自己根本没有组织会议，而只有一个成形的理事会报告。超过500个被提议的成员的名字没有印刷，就被堆集在联合会里。就其本身看来，那份名单是在此新兴事业上广泛的大学人利益的可喜证明。而且，在没有得到出席成员有效审议的情况下，带着对委员会给予他们的关注程度的担忧，那份名单作了一些删减，并被全体接受了。关于地方或地区团体之组成的极端重要问题及其和主要机构的适当关系，只引发了来自委员会含糊且令人不满的答复，而且，这些都被归诸为了更远的考量。三十个分散在整个美国的成员组成的委员会，不可能满足与协会年会直接相联的要求。而且，通过如此繁琐的组织来实现对必要的事务进行仔细考量的远景，是没有希望的。

明显地,如果协会按照其每个成员所真诚期望它所是的那样,变成一个组织和表达专家意见并保护教授权利的有效方式,那么,它一定会使它自身振奋起来。如果再组织像在华盛顿所举办那样的会议,协会将走向死亡。除非教授们意识到超常的智力和组织能力不是一回事,意识到权利不只是通过声明的方式得到维护,意识到在争论中遵从公认的议会原则是"处理事物最迅速的方式",否则,对会长和管理委员会的"篡夺"将会继续。几乎在其职业生涯的开端,协会已经不幸地走上了那条路的分叉。它应该是关于每个成员直接和持久的利害关系的,在下一次年会之前,协会应该是有效且积极地被组织的。

难道这些没有清晰地表达我们卓越的教授朋友们需要帮助吗?难道没有清晰地表明,在他们承认协会允许被质疑、受冲击之前,他们应该向那些有能力且在教育行政部门受过训练的、无论作为教长还是会长甚至是托管人的人们寻求帮助吗?大学教授利益的最好保护者,难道不是有能力的、占据了行政职位的大学管理者吗?无论如何,这是一个我们中许多人坚决主张并正在提出的问题。我们不希望美国大学教授协会失败,但是它一定会失败,除非它退出那个自杀式的立场。在那立场中,一个不胜任或不习惯事务工作的教授有着某个深奥难懂的专业利益,而对那些胜任管理且熟悉那一工作的教授而言,那利益是不被共享的。

巴比伦城中的观察者
芝加哥,于病中

文本研究资料

文本说明

《杜威中期著作：1899—1924年》第10卷收集了1916—1917年的53篇文献。这两年中，所有杜威的作品，除了《民主与教育》作为《杜威中期著作》的第9卷独立出版以外，都收集在这一卷中。在这些文献中，40篇是文章，除了其中的8篇，其他的都首次发表在杂志上。那8篇中，有一篇发表在威利(R. M. Wenley)所写的传记《乔治·西尔维斯特·莫里斯的生活和作品》中；一篇发表在《创造性智慧》中，这是由许多作者共同创作的一部文集；有3篇收在杜威自己的文集《实验逻辑论文集》中；1篇单独以专题论文的形式发表；还有2篇在杜威在世的时候并没有发表。剩下的其他文献是4篇书评、8篇杂记、1篇杜威演讲的报告。有6篇文章和3篇杂记给出了文本的选择范围，这将在后面详细讨论。而剩下的44篇文献，在这之前的唯一的权威版本，就是那些已经被保存为复印稿的文件了。

尽管一个单独的文本的存在消除了复印稿中的问题，对这44篇文献中许多文章的创作原因和产生反应进行的评论，有助于发现在这些年中杜威的写作习惯和行为，并为这些作品与杜威其他作品的关系提供某种视域。

多位学者"以实用主义的态度"写成的文章汇编而成的书，最终以《创造性智慧：实用主义态度论文集》(纽约：亨利·霍尔特出版公司，1917年)这一书名出版，编辑这本书的想法显然来自杜威和卡伦(Horace Kallen)。在一开始的时候，杜威是勉强参与其中的。在1913年8月杜威写给卡伦的一封信中，他说，"我并不赞同某种具有明确倾向的东西；我认为，实用主义的精神是反对传播各种主义——而且反对宣传它们"①。但

---

① 1913年8月2日杜威写给卡伦的信，收在俄亥俄州辛辛那提希伯来联合学院美国犹太教档案馆，卡伦文档中。

在1913年10月,他的反对意见就被克服了。他写信给鲍特(Boyd Bode)说,"起先,我并不完全赞同一本书应该表现一个'学派'这样的看法——(不过)最终的标题打消了我的疑虑"①。

杜威最终发表在《创造性智慧》第3—69页中的文章是《哲学复兴的需要》,这可能是这一卷杜威文集中最为人所知的一篇文章。在这本书出版四年之前的1913年底,杜威已经确切地知道自己想要在文章中强调什么。他在那个时候告诉鲍特,他想要写"关于哲学的属性,以及如果实用主义哲学家将他的概念忠实地应用于自身,那这些概念将会如何影响哲学"②。这个萌芽中的观念慢慢发展为这篇文章中的关键性论述,这个论述是杜威所有作品中被引用最广的:"当哲学不再成为处理哲学家提出的问题的工具,而成为一种由哲学家为解决人类问题而培育出来的方法时,哲学才实现了自身的复兴。"③

杜威就"教育哲学教科书"与麦克米兰出版公司签订协议五年之后,最终的成果《民主与教育》(1916年)才付梓印刷;同样,《创造性智慧》也经历了长时间的酝酿构思。不过,后一部作品的拖延,主要是由于很难说服这么多作者尽快地完成他们的作品。

从1913年8月开始,在杜威和卡伦多次通信、对话之后,终于与撰稿者达成了一致的意见。这些人包括杜威、摩尔(Addison W. Moore)、布朗(Harold Chapman Brown)、米德(George H. Mead)、鲍特(Boyd H. Bode)、亨利·沃尔格瑞夫·斯图亚特(Henry Waldgrave Stuart)、塔夫茨(James Hayden Tufts)和卡伦。一旦关于自身参与到作品中的异议得以解决,杜威认为,自己有很大的责任来完成将各篇作品收集起来的工作。在1913年10月,他写信给卡伦说:"如果其他人认为可以,我将很乐意担任主席,而且我个人很乐意让你当秘书。毫无疑问,不同的文章或多或少需要文字上的编辑,而且我确定大家对你在这方面的能力像对于你的其他能力一样,都充满信心。"④尽管卡伦在1916年早些时候提醒杜威,"我还记得,我们同意你将就这本书的大致主旨和特点写一篇导论性的评述"⑤,但很显然,卡伦自己可能是在杜威的要求

---

① 1913年10月24日杜威写给鲍特的信,收在俄亥俄州立大学珍藏文献,鲍特信稿中(杜威研究中心收藏的通信的一些复本,是以俄亥俄州收藏的缩微胶卷为底板的)。
② 1913年10月24日,杜威写给鲍特的信。
③ 杜威:《哲学复兴的需要》,在《创造性智慧:实用主义态度论文集》(纽约:亨利·霍尔特出版公司,1917年),第65页(《杜威中期著作》,第10卷,第46页)。
④ 1913年10月21日,杜威写给卡伦的信。
⑤ 1916年1月14日,卡伦写给杜威的信。

下,为《创造性智慧》写了简短的"导论"。在1916年2月29日,杜威写信给卡伦说,"你已经准备了一个可能是非常好的陈述,甚至可能比我能够想到的还要好"①,但他还是觉得有责任为改进这个评述提供一些建议。

杜威与亨利·霍尔特出版公司协商并签订合约,收集文章,并尽可能进行编辑,同时为作品写了开篇文。他与亨利·霍尔特出版公司的合约规定,应该在文集其他作者之间分配版税,这也是杜威为这本书所做的工作。由于这些原因,杜威被认为是这部作品的"作者",并可以在1944年11月重申作品的版权。② 不过,即使在这之前的1936年夏天,这部作品的最后一些样本被降价出售。1942年夏天,杜威还是购买了这本书的底板,因为无论在感情上还是实际上,他都希望能够重印此书。

至少部分地,这本书惨淡的销售和过早的沉寂,可能应该归于它的出版所引起的恶评。③ 杜威自己的文章大致而言获得了不错的反响,就像温德尔·T·布什(Wendell T. Bush)在《哲学、心理学与科学方法》上所说的,"'哲学复兴的需要'这篇文章,在我看来,是作者呈献给我们的最优秀的文章之一"。但是,与布什和马克斯·奥托(Max Otto)(他在《日晷》中把这本书称为"大致说来,能够引起理智的男男女女广泛兴趣的文献")不同,1917年8月19日的《春田共和党人日报》(Springfield Daily Republican)简要地给出了普遍的舆论评价,"在这本书里没有什么好的哲学,也没有什么好的文章"。

我们不知道《创造性智慧》是否不只给人这样一种印象,但早前的降价出售表明,在人们看来,它确实只是如此。三个没有明显的实质差别的拷贝通过欣门校对机(Hinman Machine)进行检查,其中的文字没有变动。因而复印稿是唯一已知的第一版的原始印本。④

当前这一卷中的另一篇文章《美国的教育和文化》,在杜威关于此种主题的文集

---

① 1916年2月29日,杜威写给卡伦的信。
② 要求重新获得注册在R133634之下的版权,"在1944年11月17日,以杜威乃是作品作者的名义要求获得版权的使用权利"。
③ 出现的评论如下:*A. L. A Booklist* 13(1917):423; Florence F. Kelly, *Bookman* 45(1917):181 - 82; *Catholic World* 105(1917):393 - 394; Max C. Otto, *Dial* 62(1917):348 - 352; Wendell T. Bush, *Journal of Philosophy, Psychology and Scientific Methods* 14(1917):505 - 520; Delton Howard, *Journal of Philosophy, Psychology and Scientific Methods* 15(1918)L149 - 157; F. C. S. Shiller, *Mind*, n. s. 26(1917):466 - 474; *New York Times*, 15 April 1917, pp. 141 - 142; Katherine E. Gilbert, *Philosophical Review* 28 (1919): 200 - 208; *Springfield Daily Republican*, 3 February 1917; ibid. ,19 August 1917; John Collier, *Survey* 39(1917):326.
④ 被用作打印复本的标准版被标记为"Dewey Center I¹a"。

中,没有加上标题。E·P·达顿(E. P. Dutton)出版社对杜威的《明日之学校》(纽约:E·P·达顿出版社,1915 年;《杜威中期著作》,第 8 卷,第 205 页)一书的成功印象深刻,鼓动他重写一本关于教育的大篇幅著作。但是,在他最终于 1916 年完成《民主与教育》后,杜威不想再写这样一本书了。他写信给出版社的约翰·麦克雷(John Macrae)说,"我希望它们就在我的脑子里,我可以立刻写下来,但它们不在那儿,而试图迫使它们产生出来也没什么用处"①。不过,他确实同意出版社的要求,"为一部篇幅相对较小的作品,在笼统一般的标题下收集充分的材料(美国文化和教育)"②。其中包含的文章都是杜威之前在《新共和》或其他的杂志上发表过的。之后,在 1917 年春天,这本小书依旧有着不错的前景:杜威写信给麦克雷说:"我依然挂念着那本小文集;实际上,我已经将其中的大部分收集起来了,只是等着腾出手处理另外的一两篇文章,并进行必要的校订。但是,我现在还没有发现自己有多余的时间。我想我会很快将它们交给你的。"③然而,此后他再也没有时间和兴致去完成这项工程了。

1917 年,杜威在美国国会参议员军事事务委员会上所作的反对"普遍军事训练"的很长且经过准备的陈述,以及之后的问-答循环,都印在委员会听证会的记录中,但在此之前,杜威的传记作者们对此并不知晓。

当前这一卷中的两篇文章,在杜威在世时并没有出版。一篇是《逻辑的对象》,这是 1916 年 3 月 9 日,他在纽约哲学俱乐部所宣读的论文。这篇论文打印稿的一份副本(并非由杜威打印),收集在哥伦比亚大学专门收藏的哲学俱乐部论文中,并在其他保留文档缺失的情况下被当作编辑的底稿。另一篇文章是《斯宾塞和柏格森》,发表于杜威逝世 13 年之后的《形而上学与道德杂志》(*Revue de métaphysique et de morale*,1965 年,第 70 期,第 327—330 页)。这篇文章,杜威自己的打印稿暂时推定完成于 1916—1917 年,收在南伊利诺伊州立大学卡本代尔分校莫里斯图书馆的杜威珍藏文献中,并被当作当前版本中文章的底稿。在这篇文章中,杜威所做的所有修改,无论是手写的还是打印机上的修改,都收录在"'斯宾塞和柏格森'修订表"中。

这卷中有九篇文章可能不只存在一个权威文本,《乔治·西尔威斯特·莫里斯:一种评价》(GSM)就是其中的一篇。1915 年底,当威利(Robert Mark Wenley)正在准备一本名为《乔治·西尔维斯特·莫里斯的生活和作品》(纽约:麦克里米出版公

---

① 1917 年 4 月 23 日,杜威写给麦克雷的信,E. P. Dutton 出版社档案。
② 1917 年 2 月 27 日,杜威写给麦克雷的信。
③ 1917 年 4 月 23 日,杜威写给麦克雷的信。

司,1917年)的传记时,他写信给杜威,询问这本书里一条关于莫里斯的论述。莫里斯是杜威在约翰·霍普金斯大学时的老师,也曾是密歇根大学哲学系的主任;正是他,在1886年聘用杜威进入密歇根大学,而这也是杜威的第一份大学教师工作。杜威马上以一份超过7页纸的打印稿对威利的要求作出了答复,他说:

> 如果你将友善地对我提出批评和建议,我将很乐意尽量对其进行修改和提升。当莫里斯去世的时候,我还是个年轻人,不到30岁。我与他的关系并非是作为他的同辈人,而且尽管他非常亲切友善,但我与他之间也不是相同位置的人。①

460

杜威对《乔治·西尔维斯特·莫里斯的生活和作品》(第313—321页)之评述的这份打印稿(TS),在密歇根大学历史珍藏的罗伯特·马克·威利文稿中。正如杜威缩写的,威利显然对这篇论文颇为满意,因为在威利手中,对于打印稿所做的修改只是部分地澄清了打印的字母,替换杜威在修改时不经意划上线的一个词语。不过,在杜威的评论付梓印刷之前,威利或麦克米兰的编辑,都把杜威所有以"-or"结尾的词——vigor, ardor, fervor——替换为以"-our"形式结尾,删除重复标点的地方,比如与破折号连在一起的冒号或逗号,通过增加和删除改变许多一逗到底的现象;同时还作了其他实质性的修改,比如,删除杜威通常与"Morris"连用的"Professor",用"undertaken"替代"gone through",用"doctrine"替代"theme"。尽管这些替换没有得到授权,但为了完成这篇文章的文本记录,在(TS)和(GSM)之间那些被放弃的实质改变出现在当前这一卷的"《乔治·西尔维斯特·莫里斯:一种评价》一文中被放弃的实质性修订之列表"中。

打印稿因而被当作当前版本中《乔治·西尔维斯特·莫里斯:一种评价》一文的底稿,只有少数几处由威利或麦克米兰所作出的实质性修改表明,对于打印稿的修订已经被接受了。这些修改主要是针对一些录入错误。杜威在编辑过程中对打印稿进行的修改,出现在"《乔治·西尔维斯特·莫里斯:一种评价》一文中被放弃的实质性修订之列表"中。

相似地,一篇题为《人类进步》的打印稿取名为"进步",发表在《国际伦理学杂志》

---

① 1915年12月6日,杜威写给威利的信,来自密歇根州安娜堡密歇根大学的密歇根历史文献收藏,罗伯特·马克·威利文稿。

(*International Journal of Ethics*)(IJE),1916 年,第 26 期,第 311—322 页。密歇根大学图书馆(密歇根,安娜堡)的打印稿并不是杜威本人打印的。这是一份杜威于 1915 年 6 月 2 日在芝加哥城市俱乐部所作一篇演讲的拷贝,并被俱乐部一个成员寄存在图书馆。尽管在演讲和文章发表的第二年 4 月之间相隔了差不多一年的时间,除了对标题进行简化,修正了一些打印错误,修改时态使材料看起来更具有当下性之外,杜威对其所作的实质性修改非常少。这些被认为是杜威亲自做的,因此被收录在校勘表中的修改有:将 "revolutioning" 改为 "revolutionizing"(235.39),"less constructive" 改为 "less destructive"(239.9),"nations" 改为 "factors"(242.28),"perfection" 改为 "perfecting"(243.40);在 240.33 到 241.5 之间插了一段话,在像 241.22 的地方添加一个词。

其他七篇文章可以很方便地分为两组进行讨论。《工业民主社会中实业教育的需要》、《科学教学中的方法》、《国家化的教育》、《学校中的民主和忠诚》这四篇文章的出版历史是相似的,剩下的三篇则出现在杜威于 1916 年题为《实验逻辑论文集》的文集中。

《工业民主社会中实业教育的需要》第一次出现在《工艺训练和职业教育》(*Manual Training and Vocational Education*)(MT),1916 年,第 17 期,第 409—414 页;之后发表在《第二次全美科学协会公报》(PASC),华盛顿:1917 年,第 4 期,第 222—225 页中。《科学教学中的方法》第一次发表在《自然科学季刊》(*General Science Quarterly*)(GSQ),1916 年,第 1 期,第 3—9 页;之后的同一年,又发表在国家教育协会的《演说与公报》(AP)上,1916 年,第 729—734 页。这一系列中的第三篇是《国家化的教育》,第一次发表于新英格兰的《教育》(*Journal of Education*)(JE),1916 年,第 84 期;第 425—428 页;之后出现于 11 月上旬和下旬或 12 月上旬,国家教育协会 1916 年的《演说与公报》183—189 页。最后一篇文章是《学校中的民主和忠诚》,第一次发表于 1917 年 12 月 19 日《纽约晚报》(*New York Evening Post*)上;之后出现在《美国教师》(AT)1918 年,第 7 期,第 8—10 页上。尽管这四篇文章都有两次的发表,而且两次发表之间的间隔时间允许杜威在第一个发表版本的拷贝上对他的修改作出标示,看起来更有可能的是:在将作品给第二本杂志发表之前,他并不是简单地在原稿的副本上作匆忙的修改,就像在每一篇文章中,几乎所有为后来的发表所作的实质性的修改都是可信赖的,都是杜威亲自作出的;但是,那些附带的修改被认为是以不同于杜威特殊习惯的方式作出的。由于缺少打印稿,这四篇文章的第一次出现因而在这里被当作底稿,以重现更权威的临时性文本。就每篇文章所详细讨论的内容来说,第二次发表中那些实质性的修改在这里都被接受了。

1915年12月30日,杜威在华盛顿大学召开的第二次全美科学协会联席会议第4组(教育)上,选读了《工业民主社会中实业教育的需要》的第1、2、8、9段;1916年2月,他的演讲发表在《工艺训练和职业教育》(MT)上。与同时期其他教育类杂志一样,《工艺训练和职业教育》也在拼写上,将全文中杜威的"thought"和"brought"改为"thot"和"brot"。他正常的拼写在这里被恢复了,而《第二次全美科学协会公报》(PASC)被认为是第一次出现了这样的拼写。然而,MT显然不是重塑这些拼写,它对于杜威临时符号的特殊使用很少作什么改动。相反,PASC删除了许多与实质性改变没有关系的逗号。

为了准备在PASC上发表的文章,杜威作了很多修改,比如完全重写138.11-14和141.21—24的句子。MT中的三个错误在PASC中得到了纠正:137.27处的"administrations"改为"administration",139.9处的"education"改为"civilization"(他的意图很显然,就是使用第二个词),以及142.35处将"control of the masses"改为"control by the masses"。142.2,142.3处使用斜体形式进行强调的"literary"和"intellectual",对MT原版中的口头表达是适当的,并且也被保留了下来;但在PASC更加书面化的版本中,被取消了。其他的大部分修改,看起来都是为了进一步进行澄清:例如,他将在138.14处"steady"改为"constant",在138.28处增加了"traits",在139.19处将"the object"改为"that",在140.22处增加了"personal",在139.39处删除了"on the side of consumption",在141.13处将"defense that it trained general capacity"改为"plea fo training general capacity",而且在142.20处将"it"扩展为"such a moral census"。由于文本阅读的原因,两处实质性的修改被放弃了:在142.39处,在MT中与"philanthropic"放在一起的"propagandist"在PASC中被改为"propaganda",这种修改可能是在排字过程中作出的,而在140.8处,PASC使用"caste"而不是正确的拼写"cast"。

1916年7月,杜威在国家教育委员会科学组上作了一次演讲,题为"科学教学中的方法"。这是《自然科学季刊》(GSQ)第一卷的第一篇文章,发表在同年的11月。不过,这篇文章年底时发表在《演说与公报》(AP)上之前,杜威有机会对它进行实质性的修改。除了杜威自己的修改之外,AP在标点上也自行进行了大量的修改,尤其是增加了很多逗号,以及将拼写修改成当前那时N.E.A出版物通用的简单形式——"thruout"、"tho"、"reacht"、"graspt"、"fixt"。当前版本所接受的非主要的修改,是在132.34中将"pupil's"改为"pupils"。在同一个句子中,杜威使用"their"来表示他想要使用的是复数形式;130.12处一个句号和一个大写字母,改变为一个分号和小写字母,是为了删除不完整的句子;而在 134.13,134.18,134.22,135.1,135.3 处,强调的地方被删除了。

除了两个地方外,这篇文章中的实质性修改都在当下版本中被接受为一种校勘。没有被接受的是某个编辑者的意图,即改变虚拟语气擅自改变杜威的文本:在133.30处,"was made"变成"were made",类似的,在 135.16 中用"keep"替代了原先的"keeps"(不过,可能这里只是一个印刷错误)。

除了杜威出于明晰和恰当的目的进行的微小修改之外,对 GSQ 版本两个重要的修改出现在 AP 中。它们就是:在 131.35 处增加了明确需要的"not",这在 GSQ 中不慎被遗漏了;同时,在 131.5 的"using his mental powers most capably and fruitfully"中,将"capable"改为"capably"。

《科学教学中的方法》重印在《国家教育协会杂志》1917 年第 1 期第 725—730 页上。这份杂志是后来 NEA 杂志的先驱,它在五年中作为一本月刊出现,直到后来《演说与公报》(AP)出版发行,而它负责提前刊印那些将在 7 月国家会议上被宣读的文章。1917 年 3 月出版的第 1 期杂志,由 1916 年 AP 中的文章选印而成,就其选印的部分而言,这份杂志中的《科学教学中的方法》这一部分与发表在 AP 中的部分是一致的。

这篇文章后来又发表了一次,在 GSQ 的接替者、《科学教育》1945 年第 29 期第 119—123 上,在上面有杜威为这次重印亲自撰写的一篇导论。为了保持《杜威中期著作》的历史视角,新材料并没有被融合到当前的版本中来;但后来,在 1945 年的版本中,对这篇文章的增补以及一些修改,出现在书尾的"1945 年《科学教学中的方法》一文中所作修订之列表"中。因此,读者们可以重建后期的版本。

也是在 1916 年 7 月,杜威在国家教育协会每年的例会上,宣读了《国家化的教育》一文。这次演讲在发表于协会的《演说与公报》之前,先发表在《教育》(JE)1916 年第 84 期第 425—428 页上。通过这样的方式,AP 重新修改杜威全文中的拼写,给 JE 上所印的打字稿的附件增加了许多标点符号。这个附件保持了杜威独特的尽量少用标点的风格。

在它出现在 AP 上之前,这篇文章中所作的大部分实质性修改都很细微,倾向于通过消除简化形式,在稍微更加规范的层面上改变文章的风格。例如,在 207.19 中的"wasn't",以及 205.20 和 208.9 中被去除的无甚必要的"ands",在 203.4,207.6,207.7,207.38 等处则增加了"the"一词。这些改变被认为是需要的,被认为是对 JE 拷贝版本的校勘。

这个系列有着相似发表历程的第四篇文章是《学校中的民主和忠诚》。这是应纽约教师联盟于1917年12月15日在德·怀特·克林顿高中召开的一次会议的要求而作，会议关注的是三个老师因为被指控"破坏纪律"而被解职的事情。在教育部12月2日关于高中的会议之前，这几个老师已经被审判了。而这次会议则全体一致通过决议，向教育部建议这些老师应该被解雇。杜威准备在15日会议上所作的演讲，被发表在1917年12月19日《纽约晚报》上，其原稿可能是来自杜威自己的演讲稿。

《学校中的民主和忠诚》一文于1918年发表在《美国教师》(AT)第7期第8—10页之前，杜威作了许多实质性修改，这些修改倾向于改变文章的基调，使之显得不那么富有挑战性、不那么好斗。例如，159.11—12中的那一段被删除了；在159.23处的"war"改为"conflict"；160.39处的"would fight for"变成"would be for"；158.22处的"of the war"，162.37处的"trial"被删去。另外，增加了许多句子，修改了许多句子以减轻陈述的冲击力，例如，160.8—28，161.17—19，162.22—25（在其中，"incriminating"这个词同样被删去）处，而在162.36—37处，同样还有一些行被删去了。作为这些修改的一部分，杜威可以在163.6处改正原来应该是"point"的"standpoint"一词，并将最后一行中应该是"34"的数字"35"改正过来。他同样也删除了一些重复和冗长的表述：例如159.15处的"and accusations"，159.24处的"shall have trimphed"，159.30处的"as had been said over and over again"，都被删除了；159.30处的"necessary to begin to"被简化为"necessary to"，162.36处的"conclusion in studying this case"简化为"conclusion"。

《纽约晚报》增加了引导性的段落来解释杜威演说的背景，但是没有注意到忽略了出现在AT中的第一段，这是杜威就之前的演说者所谈到的东西。《纽约晚报》也提到并同样省略了在160.8—28处一段谈到具体个人姓名的内容。《纽约晚报》也采用杜威文章中单词的全拼方式，比如"thorough"，而AT将其改写为更短的形式。作为最接近杜威打印稿或手稿的版本，《纽约晚报》中的这篇文章将作为我们的底稿。

当前这一卷作品中依然剩下的三篇文章中，对于底稿的选择问题依然是存在的。这三篇文章是："序言"，有一章那么长的"引言"以及"'实践'一词的补充注释"，所有这些都是杜威特别为了修正原先出版的、题为《实验逻辑论文集》（芝加哥：芝加哥大学出版社，1916年）的文集而写的①。这一卷只有一个版本，这一版本有三种不同的

---

① 对《实验逻辑论文集》来源与出版历史的详细解释，参见《杜威中期著作》第2卷（第390—394页）的文本说明。

版次,分别标记为 EE[16],EE[18],EE[20]。

在1916年和1918年的《实验逻辑论文集》版本之间,这三篇文章并没有任何改动;版权使得1916年的第一版在这里被作为底稿。在1920年3月24日,杜威从北京写信给芝加哥大学出版社指出,他想要在"出版我关于实验逻辑论文集新版本的时候"①,对引言作五处修改。它们是:333.6 的"Insert and after data",341.24 的"Change first word of line, of to to",353.14 的"Is boringly correct spelling?";363.13 的"change deeds to needs",364.2-3 的"Change Because idealism misconceived to The idealistic misconception of."。这些修改在 EE[20] 出版之前的印版中就已经作出了,因而,出版社也能够进行修改,比如在 345.12 中修正"scientfic"这个词,在 354n.1 的"James"后面加上一个逗号。这些修正都被当前的版本所接受,另外还增加了对 343.14 中"intrumentalism",361.22 中"subjectivisim"的修正,以及在 337.29 中将"was"改为"were",在 366.7 中将"taking"改为"taken"。

---

① 1920年3月14日杜威写给芝加哥大学出版社的信,收藏在伊利诺伊州芝加哥大学的兰利办公记录中。

文本注释

69.26 physical] 在"直觉"和"理智"之间作出区分的上下文背景,表明原始打印稿中的"精神呈现给精神的东西"这句话,是杜威凭记忆打字时出了错。

133.30 was made] 将"was"改为"were",而原先主题数量却没有改变,似乎是通过一种虚拟语气,想擅自改变杜威的原文。

135.16 keeps] 正如在133.30的例子中所示,用"keep"替代"keeps",可能是想用一种虚拟语气而非陈述语气。不过,与其他地方不同,这里也可能仅仅是一个打印上的错误。

142.39 propagandist] 在文稿中,"propagandist"是一个正确的与"philanthropic"并列的词。而用在修订本中使用"propaganda"这个词,可能只是打印上的一个错误。

242.24 as against] 打印的"as"这个词更像是杜威的典型用法,它在《国际伦理学杂志》(IJE)中的省略似乎不太可能是一个经过慎重考虑的修正。它更像是编辑文稿时一个不小心的疏忽。

243.31-32 in the ... coincide with] 尽管杜威经常改变词语的顺序来修正句子,但他的复写和作标记结合起来,经常让人难以辨认。原来的打印稿已经修改过了,可能是被录入者错误地理解了,因而原文的文稿似乎更值得信赖。

校勘表

468　　　所有对文稿正文和注释的校勘，都收录在下面的列表中，除了接下来会提到的一些形式上的变化。在每一项校勘表的开始，首先确定的是每一项的文稿；因为各项之前都有一个单一的稿子，就没有必要对表中出现的文稿进行简写。左侧的页码、行的数字来自当前的版本；行的计算是除了标题之外的所有正文。括号左边的示数来自当前的版本；紧跟着括号的，是对第一次出现的文字校勘之后的简要缩写。W 指的是作品——当前的版本——同时也用于指在这里所做的第一次的校勘。由于校勘限于标点，~这个符号指与前面括号中相同的词语。∧这个符号指的是在这里缺少标点符号。

　　缩写的[*om.*]意味着括号之前的文字在编辑中被略去了，但印刷的痕迹还是清晰可见的；[*not present*]用于指某个特定材料中缺失了一些素材。缩写的[*rom.*]指罗马字母，用于表示一些遗失的斜体字；[*ital.*]用来指斜体字，并用于表示一些省略的罗马字母。*Stet* 与版本或者一些缩写用在一起，表示来自某个版本或者之后修订版的一个名词性短语；被丢弃的变形更在分号后面。在校勘页码，行数前面的星号，指的是这些在文本的注释中就被讨论了。

　　有许多正式或细节上的改正贯穿始终：

　　1. 书和杂志的名称是用斜体写成的；文章和书的节选用引号；书和杂志的名称
469 在需要的地方会进行补充和扩展。

　　2. 杜威所用文献的形式是持续一贯的：卷数以大写罗马字母，以及隔开的时期，章节数则是阿拉伯数字，缩写也是规范统一的。

　　3. 在杜威的注释里，每一个都是用大写的数字连续排列的；星号只用于编辑的脚注。

4. 当不是文章内部的引述材料时，单一的引用标记会变成两个；而在需要和已经记录的地方，则会有开头和结尾的引文标记。

5. 下面的拼写已经在编辑上进行了调整，变成下面括号之前的、那些已知的杜威的习惯用法：

afterthought] after-thought 366.19
although] altho 135.21
balked] baulked 314.25
catchwords] catch-words 215.5
centre(s)] center 11.31, 15.32, 22.3, 22.8, 22.9, 26.7, 80.12, 122.4, 133.30, 176.36,
 189.24 – 25, 212.28, 277.40
clue(s)] clew 79.7, 324n.21, 345.18, 402.16
common sense (noun)] common-sense 360.15
common sense (noun)] commonsense 253.17
cooperate (all forms)] coöperate 7.33 – 34, 20.35, 24.22, 24.23 – 24, 175.37, 187.28,
 255.20, 259.15, 272.23, 402.21, 404.3, 407.22, 411.14
cooperatively] co-operatively 310.29
coordinate] coördinate 400.25
coordinate (all forms)] co-ordinate 311.26, 312.24, 312.40
defense] defence 167.32, 242.40, 242.41, 243.1, 243.2 – 3
enclosed] inclosed 339.35
engrained] ingrained 229.22
fantasies] phantasies 95.2, 215.4
fantastic] phantastic 310.6
fibre] fiber 47.36, 257.4
general-science (adj.)] general science 132.2
guarantee (all forms)] guaranty 82.31 – 32, 200.10, 218.23
insure] ensure 373.19 – 20
interracial (all forms)] inter-racial 184.35, 204.22
knowledge-objects] knowledge objects 339.22, 339.23
make-up] makeup 239.31
maneuvering] manoeuvering 282.40
mis-statement] misstatement 13n.3
molds] moulds 22.6
pigeon-hole] pigeon hole 406.33
plowing] ploughing 91.3
practice (all forms)] practise 37.10, 73.5, 101.12, 171.12
preexistent] preëxistent 21.17
pretense] pretence 82.8
public-school (adj.)] public school 143.8, 304.41, 398.40, 399.6, 399.26, 404.38 –39

470

```
quasi-military] quasi military 384.13
recoordinate] reco-ordinate 313.24
role(s)] rôle 49.29,53.27,60.27,100.33,212.14,284.7,290.4,367.10
self-enclosed] self-inclosed 359.30
sense-data] sense data 81.23,81.31,86.22
sense-material] sense material 332.29
short-cut(s)] short cut 190.10,382.26
subject-matter] subject matter 123.12-13
throughout] thruout 135.20
wartime(s)] war time 173.22,277.7,297.37
watch-spring] watchspring 354.15,354.38
zoology] zoölogy 152.1
```

《哲学复兴的需要》

范本是这篇文章之前唯一一次发表在《创造性智慧：实用主义态度论文集》（纽约：亨利·霍尔特出版公司，1917年），第3—69页。

```
12.17;44.1        James's] W; James'
17.34             abstruse] W; abtruse
23.10             for almost] W; almost for
27.9              cannot] W; connot
28.7              is] W; are
28.7              psychical] W; physical
36.22-23          more or less] W; more less
37.22             psychology] W; physiology
43.2              satisfactoriness.] W; ~,
43.7-8            effected] W; affected
48.23             carelessness] W; carefulness
```

《当前认识论中的中立概念》

范本是原先发表过的文章，在《哲学、心理学与科学方法杂志》，1917年，第14卷，第161—163页。

```
52.7              "inexperienceable"] W; "inexperiencable"
```

《社会心理学的需要》

范本首次发表于《心理学评论》，1917年，第24卷，第266—277页；重新发表于《人物与事件》，约瑟夫·拉特纳编（纽约：亨利·霍尔特出版公司，1929年），第2卷，第709—720页(CE)，标题换成"社会心理学和社会进步"。它被当作校勘的第一个版本,实际上,它是经过编辑处理的。

55.24	nature?]	CE; ~.
55.37	allegiance!]	CE; ~.
58.39	makes]	W; make
61.35-36	centuries]	CE; centures
62.7	practicability]	CE; praticability
62.26	Copernican]	W; Copernician

《斯宾塞和柏格森》

这篇文章的范本是一份打印稿,由杜威本人亲自打印,收藏在美国南伊利诺伊大学莫里斯图书馆特殊珍藏库的"杜威手稿集"中。文章原先是德勒达尔(Gerard Deledalle)连同他所作的修正性注释,发表于《形而上学与道德杂志》(*Revue de métaphysique et de morale*),1965 年,第 70 期,第 327—330 页。杜威在打印稿中对于这篇文章所作的修改,出现在本卷的"打印稿上的修订"中。

67.14, 19-20	phenomena]	W; phenemena
67.24-25	illegitimate]	W; illegitmimate
67.26	of evolution]	W; evolution
67.26	always]	W; alsways
67.30	correspondence]	W; correspondene
68.13	own]	W; won
68.15	passive."]	W; ~:.
68.15-16	conceived]	W; concieved
68.21	certainly]	W; ceetainly
68.22	furnishing]	W; furnighing
68.29	clear that]	W; clear hat
68n.2	"the]	W; "th
69.4	On the other hand,]	W; On the other hand,/On the other hand,
69.9-10	integration]	W; inttegration
69.15	intellect,]	W; ~∧
69.17	Spencerian?]	W; ~.
69.20	deal]	W; deals
69.21	correspondence]	W; correspondece
69.24	qualitative]	W; qualititative
*69.26	physical]	W; psychical
69.38	necessity]	W; necesiity
69n.1	pp.162-163.]	W; p
70.2	life."]	W; ~".
70.4	intuition,]	W; ~∧
70.12	factors]	W; facotrs

70.19 continued] W; contined

《皮尔士的实用主义》

范本首次发表于《哲学、心理学与科学方法杂志》,1917 年,第 13 卷,第 709—715 页;后来发表于柯亨(Morris Raphael Cohen)主编的《皮尔士:机会、爱和逻辑》(CLL)一书中,1923 年由纽约的哈科特布莱斯公司出版,收录在第 301—308 页中。对于后来所做的编辑工作,该版本第一次对文章做了校勘工作。

72.20-21	Make Our Ideas] W; Make Ideas
72n.4	Metaphysic] W; Metaphysics
72n.6	"Issues] W; "The Issues
73.40	generals . . .";] W; ~ . . .;
74.2	possible.⁴] W; ~."⁴
74.14	reasonableness] CLL; reasonabl-/ness
75.5	practice] CLL; practise
75.29	"truth"?] CLL; "~?"
75n.1	pp.11-12.] W; p.11.
76n.1	pp.299-300] W; pp.298-300

《罗伊斯哲学中的唯意志论》

范本是唯一一次发表于《哲学评论》,1916 年,第 25 卷,第 245—254 页。

79.14	attitude.ᴧ] W; ~.¹
80.3	Philosophic] W; Philosophical
81.9-10;82.13;85.5	acknowledgment] W; acknowledgement
81.21	dataᴧ] W; ~"
81.22	itself."] W; ~.ᴧ
83n.1	See *Religious*] W; *Religious*
84.1-2	scepticism.] W; ~ᴧ
84.2	ultimate;] W; ~:
84.3	the demand] W; in the demand
84.3	wills;] W; ~:
84.13	ᴧThe] W; (1) The
86.2	Infinite] W; infinite
86n.4	Vol.XII] W; Vol.XV

《逻辑的对象》

范本是这次演说未发表的打印稿。它不是杜威先生自己打印的,收在哥伦比亚大学特殊珍藏的哲学俱乐部文献里。

89.25	existences;]	W; ～,
92.5	terms,]	W; ～∧
92.21-22	psychical]	W; phychical
93.16	consequence,]	W; ～∧
94.24	"or]	W; ∧～
94.25	"there is,"]	W; ～,∧
94.27	subjects∧]	W; ～,
94.28	(p.208),]	W; ～∧
94.40	particles,]	W; ～∧
95.1	constructions"]	W; ～∧
95.2	is,]	W; ～∧
95.5	control,]	W; ～∧
95.5	think,]	W; ～∧
95.37	oneself]	W; one self
96.5	qualitative]	W; qualititative
96.24	pp.206, 207]	W; p.207
96.25	enable]	W; enables
97.31	represented]	W; presented

《关于逻辑学中的新事物：回应罗宾逊先生》

范本是唯一一次发表于《哲学、心理学与科学方法杂志》，1917 年，第 14 卷，第 237—245 页。

101n.2	etc.,]	W; ～∧
103.26-27	formation,]	W; ～∧
103.27	paradox∧]	W; ～,
104.5	physician]	W; phsyician
105.11	drugs"?]	W; ～?"
106.6	paralysis∧"),]	W; ～,")∧
107.12	because∧]	W; ～,
107.13	heads∧]	W; ～,
107.30	judgments]	W; judgements
107n.1	show how]	W; show

《乔治·西尔维斯特·莫里斯：一种评价》

范本是杜威亲自打印的打印稿(TS)，来自密歇根大学，密歇根历史文献收藏。威利的《乔治·西尔维斯特·莫里斯的生活和作品》(GSM)（纽约：麦克米兰出版公司，1917 年）的第 313—321 页收录了这篇文章，而且对这篇文章第一次进行了编辑和校勘修订工作。在 TS 和 GSM 之间名词变形上的变化,体现在"《乔治·西尔维斯特·莫里斯:一种评价》一文中被摒弃的实质性修订之列表"中。杜威对这篇文章打印稿的修改,参见本卷的"打印稿上的修订"。

109.7	Aristotelian] GSM; Aristotleian
109.8	entelechy] GSM; entelelechy
109.28	student,] GSM; ~︵
109.29	learning,] GSM; ~︵
110.8	There] GSM; there
110.13	Mr.] GSM; ~︵
110.24	recall] GSM; recal
110.37	*British Thought and Thinkers*] GSM; [*rom.*]
110.40	cannot] GSM; can
111.10	astray] GSM; estray
111.14	Mill's] GSM; Mill
111.25	and Hegel] GSM; and and Hegel
111.27	supporting] GSM; su porting
111.35	Morris] GSM; he
112.5	recall] GSM; recal
112.5	both in] GSM; in both
112.9	differences] GSM; difference
112.10,31	through] GSM; though
112.32−33	he was a] GSM; he a was a
113.19	embarrassment] GSM; embarassment
113.34	expressed] GSM; exprssed
114.12	so-called] GSM; socalled
114.22	technical] GSM; techincal
114.23	intellectual] GSM; intelectual
114.27(2);115.13	and] GSM; &
114.28	twenty-five] GSM; ~︵~
114.29	Mr.] GSM; ~︵
114.33	result] GSM; effect
114.38	bearing, nothing] GSM; ~.~
115.2	negligible] GSM; negligeable
115.9	stands] GSM; stand
115.10	anyone] GSM; any one
115.11	Mr.] GSM; ~︵

《当前教育中的趋势》

范本是唯一一次发表于《日晷》,1917 年,第 62 卷,第 287—289 页。

117.27	"turnover."] W; "turn over."
120.21	but also] W; from also

《教育中的实验》

范本第一次发表于《新共和》,1917 年,第 10 期,第 15—16 页;重新发表于《今日教育》(ET),约瑟夫·拉特纳编(纽约:G·P·普特南出版公司,1940 年),第 122—125 页。该版本第一次对文章做了校勘工作。

122.30	well-advised] ET; ~‸~	
123.9	inverse to] W; inversely as to	

《初等教育的联邦资助》

范本是唯一的一次发表于《儿童劳动学报》(*Child Labor Bulletin*),1917 年,第 6 期,第 61—66 页。

125.4	association,] W; ~‸
126.3	government, to] W; ~‸~
126.5	Now, since that] W; Now, that
126.9	interest‸] W; ~,
126.15	apathetic,] W; ~‸
127.12	bill,] W; ~‸
127.14;129.14	Negro] W; negro
127.36	education,] W; ~‸
129.16	Congress] W; congress

《科学教学中的方法》

范本首次发表于《自然科学季刊》(GSQ),1916 年,第 1 期,第 3—9 页。校勘采用的是修订版,发表于国家教育协会的《演说与公报》(AP),1916 年,第 729—734 页。后来在《科学教育》中发表的版本对之前版本的修订,见本卷"1945 年《科学教学中的方法》一文中所作修订之列表"。

130.6	science teaching‸] W; science-teaching, AP; science teachings‸ GSQ
130.8	the actual] AP; actual
130.12	intelligence; to] AP; intelligence. To
130.27	of those] AP; of all those
130.28,29	great deal] AP; good deal
130.30	first-hand] AP; ~‸~
131.2	subject-matter] AP; ~‸~
131.3	all-wool] AP; ~‸~
131.4	knowing how, or when,] AP; knowing when‸

	131.5	capably] AP; capable
	131.5	The ability] AP; An ability
	131.18	prefer] AP; would prefer
	131.19	come] AP; came
	131.20	college] AP; the college
	131.25	all] AP; both
	131.27	first-hand] AP; ~∧~
	131.30	phrase] AP; clause regarding
	131.35–36	is not directed to] AP; is directed in
	131.40	high-school] AP; ~∧~
	132.1	so-called] AP; ~∧~
	132.1	nature-study] AP; ~∧~
	132.14	general-science] AP; ~∧~
	132.34	pupils'] AP; pupil's
	133.12	render] AP; make
	133.16	duty] AP; business
477	133.18	it is] AP; it it
	*133.30	was made∧] *stet* GSQ; were made, AP
	134.1	process will] AP; will
	134.3	the scrappy] AP; this
	134.4	within . . . problems] AP; within the range of problems
	134.13	becomes] AP; [*ital.*]
	134.18	make] AP; [*ital.*]
	134.22	process] AP; [*ital.*]
	134.28	only] AP; alone
	134.34	texts] AP; text
	134.34	segregate] AP; segregates
	134.39	the actual] AP; actual
	135.1	led] AP; [*ital.*]
	135.2	of the machine] AP; of machine
	135.3	enable] AP; enables
	135.3	understand] AP; [*ital.*]
	135.15	character,] AP; ~:
	135.16	failure] AP; same
	*135.16	keeps] *stet* GSQ; keep AP
	135.23	are interrupted] AP; get interrupted
	135.24	will never be] AP; are never going to be
	135.26	occurrences] AP; occurences
	135.35	full-fledged] AP; ~∧~
	135.37	become] AP; get
	136.4	scores,] AP; ~∧
	136.4	hundreds,] AP; ~∧
	136.5	from . . . physics] AP; from technical courses of physics
	136.13	going] AP; getting

136.14		is to] AP; it to
136.16		duty] AP; business
136.17		high-school] AP; ~ₐ~
136.18		part] AP; business

《工业民主社会中实业教育的需要》

范本首次发表于《工艺训练和职业教育》(MT)，1916 年，第 17 期，第 409—414 页。校勘采用的是修订版，发表于《第二次全美科学协会公报》(PASC)，1917 年，第 4 期，第 222—225 页。

137.20	need is recognized of] PASC; need of
137.21	industry.] PASC; industry is recognized
137.27	administration] PASC; administrations
138.8	a wide] PASC; wide
138.9	social] PASC; much social
138.11	making for] PASC; making possible
138.12	where utility of social] PASC; where there is such an obvious utility of the social
138.13	members is so obvious as] PASC; members as
138.14	constant] PASC; steady
138.19	determines] W; determine
138.22	unity,] PASC; ~ₐ
138.27	and extensive] PASC; extensive
138.28	emotional traits] PASC; emotional
138.29	venture] PASC; ventured
139.8	great.] PASC; ~,
139.9	civilization] PASC; education
139.9	through] PASC; thru
139.18;140.1;141.11	thought] PASC; thot
139.19	so much more] PASC; more
139.19	than that] PASC; than the object
139.23	it.] PASC; ~,
139.26	curricula] PASC; curriculums
139.29	as that is] PASC; as
139.33	and endowing] PASC; and then endowing
139.39	difference] PASC; difference on the side of consumption
140.2	hence] PASC; who
140.3	so large or so] PASC; as large or as
140.7	their work] PASC; their own work
140.8	cast] *stet* MT; caste PASC
140.10	engaged in manipulation] PASC; engaged in manipulation of a machine becomes identified with the monoton-/gaged in

	manipulation
140.16	then complain] PASC; complain
140.22	to personal power] PASC; of power
140.24	dangers] PASC; danger
140.30	or of discipline] PASC; or discipline
140.37	Since new] PASC; New
140.39	industry, the] PASC; industry. Hence the
140.40 – 141.1	check . . . powers] PASC; check by the need of securing powers
141.2 – 3	change . . . become] PASC; change. Otherwise they will become
141.3	when] PASC; as
141.9	abilities —] PASC; ~,
141.13	its . . . general] PASC; its defense that it trained general
141.13	brought] PASC; brot
141.16 – 17	society; it] PASC; society. It
141.18	fact is.] PASC; ~,
141.21	life, so as] PASC; life, and then
141.22	purposes,] PASC; ~;
141.22	in the way . . . work] PASC; as was done by our spiritual progenitors in the work
141.23 – 24	was . . . progenitors] PASC; so as to make them count for education
141.24	first thing] PASC; work
141.32	As new] PASC; As a new
142.2	literary] PASC; [ital.]
142.3	intellectual] PASC; [ital.]
142.4 – 5	obtained] PASC; to be got
142.6	brought about] PASC; accomplished
142.8	is development] PASC; is a development
142.19	the way] PASC; its way
142.20	for . . . would] PASC; for it would
142.21	means of] PASC; means for
142.22 – 23	of making] W; in making
142.24	be done away with.] W; be done away. PASC; be eliminated. MT
142.28	control, ect., and] PASC; control, and
142.32	by perpetuation] PASC; by the perpetuation
142.35	by the] PASC; of the
*142.39	propagandist] *stet* MT; propaganda PASC
142.39	and the merely] PASC; and merely
143.10 – 11	factors . . . industry] PASC; factors in industry supreme
143.11	of free] PASC; to free
143.16	that] PASC; why

《学会获利：职业教育在公共教育综合方案中的位置》

范本首次发表于《学校与社会》(*School and Society*)，1917年，第5期，第331—

335页;重新发表于《今日教育》(ET),约瑟夫·拉特纳编(纽约:G·P·普特南出版公司,1940年),第126—132页。对于后来所做的编辑工作,该版本被认为是第一次对文章做了校勘工作。

144.10	practice] ET; practise
145.19	grade,] ET; ~;
145.25	place,] ET; ~,
147.13	are to] W; are so to
147.14	so increased] W; increased
149.29	commerce — so] W; ~‸~
150.28	aid,] W; ~‸
150.38	matters,] W; ~,

《学校中的民主和忠诚》

范本首次发表于1917年12月19日《纽约晚报》(NYEP)。校勘采用的是发表在《美国教师》(AT)1918年第7期第8—10页上的修订版。

158.3 – 10	I am ... fellow-teachers.] AT; [*not present*]
158.13	crisis. Not] AT; crisis; not
158.13 – 15	personal ... will explain] AT; personal/portance to anybody but myself but be-/attitude is a matter of any great im-/cause it will explain
158.20	played by] *stet* NYEP; played in AT
158.20	in this war,] *stet* NYEP; by this war‸ AT
158.21	resources of this] AT; energies of the
158.21	for its] AT; for a
158.22	prosecution] AT; prosecution of the war
158.23	peoples] AT; people
158.24 – 25	home, or which] AT; home, which
158.25	touch. And] AT; touch and
158.28	Now,] AT; ~‸
158.31 – 159.1	and other] AT; and of other
159.2	people they] AT; people with whom they
159.3	agree with] AT; agree
159.11 – 12	happened. [¶] I wonder] AT; happened. [¶] I understand that one of these self-labelled and self-righteous patriots stood upon a platform, probably this one, and read a list of names of teachers, and then asked the audience if those persons had been born in New England. What a way to gain unity of activity, to throw under suspicion a large body, not merely of fellow citizens, but of teachers in the public schools of this city; to publicly hold them up to suspicion in this way! I have an idea

that my ancestors lived longer in New England than Mr. [Cleveland] Moffett's. I do not think that line of conduct comparable to those of Plymouth Rock, Bunker Hill, or Lexington. I wonder

159.15	suspicion, if] AT; suspicion and accusation, if
159.20	loyalty and patriotism,] AT; loyalty:
159.21	they don't] AT; they didn't
159.22	Now, I repeat,] W; ∼∧∼∧ AT; ∼∧∼, NYEP
159.23	conflict] AT; war
159.23	made secure] AT; made sure
159.24	democracy and] AT; democracy shall have triumphed, and
159.24–25	in sentiment] AT; of sentiment
159.25	purpose∧ that] AT; ∼—∼
159.26	me;] AT; ∼∧
159.30	abroad it is] AT; abroad, as has been said over and over again, it is
159.30	necessary to] AT; necessary to begin to
159.35	said,] AT; ∼:
159.38; 160.30; 162.35, 38	City] AT; city
160.5	But a transcript] AT; But I happened to have had put in my hands to-day a transcript
160.6	trial] AT; trials
160.6	three who] AT; three men who
160.7	suspension ... I have] AT; suspension. I have
160.8–28	document ... I wish to say] AT; document .... I wish to say
160.31–33	teachers — and ... system. [⁋] The] AT; teachers. The
160.35	dismissal,] AT; ∼∧
160.38	think] AT; believe
160.39	but would be for] AT; and would fight for
161.3	protect] AT; cover
161.4	trial] AT; case
161.7	should not] AT; would not
161.8	teachers were] AT; teachers are
161.9	they are] AT; they were
161.10	persons in the] AT; persons of average intelligence in the
161.12	are and are not] AT; *are* and *are not*
161.14	hearing; everywhere] AT; hearing which everywhere
161.15	to fair trial before] AT; to before
161.16–17	accusations. Mind] *stet* NYEP; accusations, mind AT
161.17–19	acts .... I merely] AT; acts. I merely
161.19	say they] AT; say that they
161.19	accused] *stet* NYEP; [*ital.*] AT
161.20	acts,] *stet* NYEP; [*rom.*] AT

481

161.20 – 21	them is concerned, there] *stet* NYEP; them there AT
161.23	opinions not] AT; opinions were not
161.23	but brought] AT; but were brought
161.25	statements, in] *stet* NYEP; statements, views and opinions brought out in AT
161.25	private,] AT; ~∧
161.25	interview] AT; hearing
161.28	the face] AT; their face
161.32	persons who are] *stet* NYEP; a person who is AT
161.33	are] *stet* NYEP; to AT
162.2	class,] AT; ~∧
162.7	said,] AT; ~:
162.8	it?" Ladies and gentlemen, if] AT; it?" [◼] If
162.13	to-day;] AT; ~,
162.13 – 14	matter. [◼] Now∧] AT; matter. Now,
162.14	point is] AT; point about this case as evidenced here is
162.14	matters] AT; points
162.18	parts] AT; part
162.22 – 25	thing as ... the form] AT; thing as incriminating a man, possibly terminating his career everywhere, and done in the present time, under these vague clouds of treason and disloyalty! All of that is in the form
162.26 – 27	based — now is that fair?] AT; based. Now, is that a fair trial?
162.32	someone else,] AT; some one else∧
162.33 – 34	Well, ... under] AT; Well, as demonstrated here, that is the condition under
162.35 – 36	to-day. [◼] I have] AT; to-day. I have
162.36	conclusion that] AT; conclusion in studying this case that
162.36 – 37	teachers who are] AT; teachers, who have been suspended and transferred (and under the present rules they can be transferred without any reason or any trial; all that is necessary to be done is to give out a general feeling that they are disloyal) — I have come to the conclusion that it is not the teachers who are
162.40	a Board] AT; the Board
163.5	teachers. Some day we may] AT; teachers, until we shall
163.6	a point at which] AT; a standpoint when
163.7	be dignified] AT; be a dignified
163.7	a progressive] AT; progressive
163.10	that is] AT; that are
163.12 – 13	importance. [◼] And if] AT; importance. If
163.16	test — when] AT; test: When
163.17	while] AT; when
163.17	34] AT; 35

《教授和公共利益的案例》

范本是唯一一次发表于《日晷》,1917年,第62卷,第435—437页。

165.22-23   the American Association of University Professors] W; the Association of American Professors

《教师的专业组织》

范本是唯一一次发表于《美国教师》(AT),1916年,第5期,第99—101页。

168.1	PROFESSIONAL] W; PROFESSSIONAL	
168n.1	address . . . meeting] W; Address delivered at Mass Meeting	
168n.2	N.E.A.] W; N E A	
169.7	strengthening] W; strength-/ning	
170.39	teacher.] W; ∼	
171.2	subjects] W; sub-/ects	
171.39	is,] W; ∼;	

《受审的公共教育》

范本首次发表于《新共和》,1917年,第13期,第245—247页;重新发表于《今日教育》(ET),约瑟夫·拉特纳编(纽约:G·P·普特南出版公司,1940年),第133—138页。对于后来所做的编辑工作,该版本被认为是第一次对文章做了校勘工作。

174.32	Lenin] ET; Lenine	
175.13	⌃even "ordinary] W; "∼⌃∼	
175.24	inspiration⌃] W; ∼,	
175.29	policy,] ET; ∼.	
176.8	seven-hour] ET; ∼⌃∼	

《战时我们的教育理想》

范本首次发表于《新共和》,1916年,第6期,第283—284页;重新发表于《今日教育》(ET),约瑟夫·拉特纳编(纽约:G·P·普特南出版公司,1940年),第87—91页。对于后来所做的编辑工作,该版本被认为是第一次对文章做了校勘工作。

180.12	weakness,] ET; ∼⌃	
180.13	impossible,] ET; ∼⌃	
180.13	strength —] ET; ∼;	
180.33	would be] W; were	

《作为普遍服务的教育》

范本首次发表于《新共和》,1916年,第6期,第309—310、334—335页。之后两次发表于《人物与事件》(CE)(纽约:亨利·霍尔特出版公司,1929年),第2卷,第465—473页;《今日教育》(ET)(纽约:G·P·普特南出版公司,1940年),第92—100页,编者都是约瑟夫·拉特纳。对于后来所做的编辑工作,这两个版本被认为是第一次对文章做了校勘工作。

184.31	newcomers,]	W; newcomers. ET, CE; new comers. NR
185.39	national-mindedness]	ET; ~˄~
190.21	practice]	ET; practise

《学校和社会战备》

范本首次发表于《新共和》,1916年,第7期,第15—16页;重新发表于《今日教育》(ET),约瑟夫·拉特纳编(纽约:G·P·普特南出版公司,1940年),第101—105页。对于后来所做的编辑工作,该版本被认为是第一次对文章做了校勘工作。

193.20	allotted]	ET; alloted
194.1	seen,]	ET; ~˄

《美国的教育和文化》

范本首次发表于《新共和》,1916年,第7期,第215—216页;重新发表于《新共和书》(*New Replic Book*)(NRB)(纽约:共和出版公司,1916年),第232—237页,以及《今日教育》(ET),约瑟夫·拉特纳编(纽约:G·P·普特南出版公司,1940年),第106—111页。对于后来所做的编辑工作,这两个版本被认为是第一次对文章做了校勘工作。

196.4	Education]	W; Educational
198.38	yardsticks]	ET; yard sticks
200.23	forces,]	NRB; ~˄

《国家化的教育》

范本首次发表于《教育》(JE),1916年,第84期,第425—428页。校勘所采用的是发表在国家教育协会1916年的《演说与公报》第183—189页上的稿子。

202.17	petty]	AP; pettier

203.2	absence of] AP; absence from
203.4	in the failure] AP; in failure
203.26–27	is, What ... subordinating] AP; is what the American public school has done for subordinating
203.29	extent has it] AP; extent it
203.31	classes?] AP; ∼.
204.4	cooperate] AP; coöperate
204.26–27	motto, "One from Many,"] AP; ∼ˬ"∼ˬ"
204.38	unityˬ] AP; ∼,
205.10–11	symphony. [❡] The] AP; symphony. The
205.13	each people] AP; it
205.18	off its] AP; off from its
205.18	then to attempt] AP; then attempt
205.19	or, at least,] AP; ∼ˬ∼ˬ
205.20	so as] AP; and
205.20	to be] AP; become
205.37	separates] AP; separating
206.1	would take] AP; took
206.8	a whole,] AP; a future wholeˬ
206.14	than do many] AP; than many
206.14	politicians] AP; politicians seem to do
206.20–21	cooperative] AP; coöperative
206.30	nationalism] AP; nationism
206.31	occupied ... part of] AP; occupied for the most of
206.39	goes] AP; went
207.3	energyˬ] AP; ∼,
207.5	has stimulated] AP; has both stimulated
207.5–6	and has also diverted] AP; and diverted
207.6	from the struggle] AP; from struggle
207.6	fellow-man] AP; ∼ˬ∼
207.7	into the struggle] AP; into struggle
207.19	was not] AP; wasn't
207.30	have-nots] AP; have-not
207.38	when the earlier] AP; when earlier
208.9	power,] AP; power and
208.10	passing] AP; departure
208.13–14	and economic] AP; and the economic
208.19	for making] AP; of making
208.26	constructed] AP; construed
208.34	title] AP; title "Nationalizing Education"
209.1–2	I say] AP; But I say
209.14	everyone's] AP; every one's

209.33	old-world] AP; ~ˌ~	
209.34	for different] AP; of different	
210.1	to teachers] AP; to the teachers	
210.5	— ideas of friendly] AP; — friendly	

《论理解德国精神》

范本首次发表于《大西洋月刊》,1916 年,第 117 期,第 251—262 页;重新发表于《人物与事件》(CE),约瑟夫·拉特纳编(纽约:亨利·霍尔特出版公司,1929 年),第 1 卷,第 130—148 页,标题换成"论德国的精神"。对于后来所做的编辑工作,该版本被认为是第一次对文章做了校勘工作。

216.26	on "the] W; 'on the
220.29;225.34	clue] CE; clew
221.15,22	Lusitania] CE; [rom.].
221.33	et al.] W; et als.
225.5 – 6	England.] CE; ~,
227.22	political and moral] CE; political moral
230.28	Kultur] CE; [rom.].
233.16	'Tis] CE; 'T is

《进步》

范本来自密歇根大学图书馆(密歇根,安娜堡)一份名为"人类进步"的打印稿。"人类进步"是杜威 1915 年 6 月 2 日在芝加哥城市俱乐部所作的一篇演讲。校勘采用的版本是发表于《国际伦理学杂志》(IJE)1916 年第 26 期第 311—322 页的本子。

234.1	PROGRESS] IJE; HUMAN PROGRESS
234.23	and has made] IJE; and made
234.24	called thoughts] IJE; call thought
235.12	than allude] IJE; than to allude
235.23	is in some] IJE; was in some
235.36	have,] IJE; ~ˌ
235.39	revolutionizing society] IJE; revolutioning societh
236.13	underrate] IJE; underated
236.27	change.] IJE; ~,
236.38	overflow] IJE; overflows
236.39	face] IJE; fact
238.20 – 21	possessions] IJE; possesions
239.3	ear —] IJE; ~,
239.4	But] IJE; So
239.9	destructive] IJE; constructive

239.36	factorˬ which] IJE; ~, ~
240.2	bellicose] IJE; belliecose
240.2 - 3	which will direct] IJE; which direct
240.4	this] IJE; it
240.19	available powers] IJE; the powers
240.23	been,] IJE; ~ˬ
240.27 - 28	its discipline by] IJE; the discipline of
240.33 - 241.5	We are living ... they call.] IJE; [*not present*]
241.22	Not freed just] IJE; Not just
241.27	me,] IJE; ~ˬ
241.36	from this] IJE; upon this
241.37	proceeding] IJE; prodeeding
242.21	case — not] IJE; case. Not
*242.24	as against] *stet* TS; against IJE
242.26 - 27	is ... total] IJE; is the almost total
242.28	factors] IJE; nations
242.39	*Lusitania*] IJE; [*rom.*]
243.2	everybody] IJE; everytody
*243.31 - 32	in the ... coincide with] *stet* TS; so far as they coincide in the further interests of peace with IJE
243.35	one for] IJE; for
243.38	counsels] IJE; consels
243.40	perfecting] IJE; perfection

《力量和强迫》

范本首次发表于《新共和》,1916 年,第 26 期,第 359—367 页;重新发表于《人物与事件》(CE),约瑟夫·拉特纳编(纽约:亨利·霍尔特出版公司,1929 年),第 2 卷,第 782—789 页。对于后来所做的编辑工作,该版本被认为是第一次对文章做了校勘工作。

245.19	"Will,"] CE; ˬ~,ˬ
246.16	of executing] CE; or executing
249.15	so-called] CE; ~ˬ~
249.38	Simeon] W; Simon

《休斯的竞选活动》

范本是唯一一次发表于《新共和》,1916 年,第 8 期,第 319—321 页。

253.5	Mr.] W; ~ˬ

《良知和强迫》

范本首次发表于《新共和》,1916 年,第 11 期,第 297—298 页;重新发表于《人物与事件》(CE),约瑟夫·拉特纳编(纽约:亨利·霍尔特出版公司,1929 年),第 2 卷,第 576—580 页。对于后来所做的编辑工作,该版本被认为是第一次对文章做了校勘工作。

260.15 　　　　　War] CE; war

《和平主义的未来》

范本首次发表于《新共和》,1916 年,第 11 期,第 358—360 页;重新发表于《人物与事件》(CE),约瑟夫·拉特纳编(纽约:亨利·霍尔特出版公司,1929 年),第 2 卷,第 581—586 页。对于后来所做的编辑工作,该版本被认为是第一次对文章做了校勘工作。

266.15 　　　　　It is,] W; ~ₐ
267.6 　　　　　role] CE; rôle
269.32 　　　　　as the] CE; at the

《美国人为什么而战》

范本首次发表于《新共和》,1917 年,第 12 期,第 68—69 页;重新发表于《人物与事件》(CE),约瑟夫·拉特纳编(纽约:亨利·霍尔特出版公司,1929 年),第 2 卷,第 561—565 页,标题换成"美国与战争"。对于后来所做的编辑工作,该版本被认为是第一次对文章做了校勘工作。

271.3 　　　　　takes charge] CE; take charge

《思想的征召》

范本是唯一一次发表于《新共和》,1917 年,第 12 期,第 128—130 页。

279.12 　　　　　hasty,] W; ~ₐ
279.12 　　　　　ill-considered] W; ~ₐ~

《即使天塌下来,也要声张正义》

范本首次发表于《新共和》,1917 年,第 12 期,第 237—238 页;重新发表于《人物与事件》(CE),约瑟夫·拉特纳编(纽约:亨利·霍尔特出版公司,1929年),第 2 卷,第 592—595 页。对于后来所做的编辑工作,该版本被认为是第一次对文章做了校勘工作。

282.25-26	influence ... inflicted.] CE; influence of the punishment inflicted upon the future.
282.36	past,] CE; ~ˌ
283.7	warˌ at any cost"] W; ~"~ˌ
283.14	peace,] CE; ~ˌ

《民族性的原则》

范本是唯一一次发表于《烛台》,1917 年,第 3 期,第 203—208 页。

| 288.20 | *Give and Take*] W; ~-~-~ |
| 289.3 | cultural,] W; ~ˌ |

《对我们退步的解释》

范本首次发表于《新共和》,1917 年,第 13 期,第 17—18 页;重新发表于《人物与事件》(CE),约瑟夫·拉特纳编(纽约:亨利·霍尔特出版公司,1929年),第 2 卷,第 571—575 页。对于后来所做的编辑工作,该版本被认为是第一次对文章做了校勘工作。

292.23	Constitution] W; constitution
293.12	*Call*] CE; [*rom.*]
293.12	*Vorwaerts*] CE; [*rom.*]
295.33	late] W; hate
295.35	actionˌ] W; ~,

《德国精神的悲剧》

范本是唯一一次发表于《新共和》,1916 年,第 9 期,第 155—156 页。

305.26	operates;] W; ~,
307.7	unsupported — reason;] W; ~ˌ~—
308.11	all-too-human] W; ~ˌ~-~

《赫伯特·乔治·威尔斯,神学编码》

这一评论的范本首先被发表于《七艺》,1917 年,第 2 期,第 334—339 页;重新发表于《人物与事件》(CE),约瑟夫·拉特纳编(纽约:亨利·霍尔特出版公司,1929

年),第 1 卷,第 78—82 页。对于后来所做的编辑工作,该版本被认为是第一次对文章做了校勘工作。

310.5,18,21;311.37;312.15,25	Wells's] W; Wells'
310.20	God˰ the] W; ~,~
312.38	naïveté] CE; naiveté
313.19	anointment] CE; annointment
313.24	another] W; other
314.6	himself," etc., etc.˰] W; himself,˰ etc., etc."

《为民众的战争行为》

范本是唯一一次发表于《新共和》,1917 年,第 12 期,第 139—140 页。

| 315.10 | Civic] W; Civil |

《〈实验逻辑论文集〉引言》

范本首次发表于《实验逻辑论文集》(芝加哥:芝加哥大学出版社,1916 年),第 1—74 页。校勘采用的是 1920 年重新出版的《实验逻辑论文集》(EE^{20})里面修订过的引言。

320.19	An intermediary] W; I. An intermediary
323.10	association˰] W; ~,
333.6	data and unifying] EE^{20}; data unifying
337.29	were] W; was
341.24	to the objects] EE^{20}; of the objects
343.14	instrumentalism] W; intrumentalism
345.12	scientific] EE^{20}; scientfic
353.14	boringly] EE^{20}; boreingly
354n.1	James,] EE^{20}; ~˰
354n.1	665 – 66] W; 665
357.15	to an] W; an
357.16	to its] W; its
357.16	common-sense world] W; commonsense-/world
361.22	subjectivism] W; subjectivisim
363.13	needs] EE^{20}; deeds
364.2 – 3	The idealistic misconception of] EE^{20}; Because idealism misconceived

《对〈实验逻辑论文集〉中的"实践的"一词的补充注释》

范本是唯一一次发表于《实验逻辑论文集》(芝加哥:芝加哥大学出版社,1916 年),第 330—334 页。

366.7   taken] W; taking

《欠考虑的建议》

范本是之前这封信唯一的一次发表于《美国教师》,1917 年,第 6 期,第 31 页。

370.6   ∧among the "well-known] W; "∼∧∼

《普遍的军事训练》

范本最早是杜威在美国国会参议员的军事事务委员会上所作的陈述。"美国参议院军事事务委员会之下属委员会的听证会,第 64 次会议,第 2 庭,在 S. 1695,为了对美国民众的力量进行军事和海军训练而提出这个决议"(华盛顿:政府印刷办公室,1917 年),第 560—571 页。

386.4-5   recourse] W; recurse
388.21   consensus] W; concensus
389.7   Till] W; or till
389.17   by 8] W; at 8
391.15   health,] W; ∼;
391.15   efficiency,] W; ∼∧
392.21   rate∧] W; ∼,
392.32   experiment] W; exepriment

1945年《科学教学中的方法》
一文中所作修订之列表

《科学教学中的方法》首次发表于 1916 年的《自然科学季刊》(*General Science Quarterly*),第 1 期,第 3—9 页。1945 年,杜威为这篇文章增加了一个导言,并重新发表在《科学教育》(*Science Education*),1945 年,第 29 期,第 119—123 页。后来发表的文章中所作的实质性修订,列于下文中括号的右边。假如修改已经在之前作出了,那么所修改的文字就出现在括号之前,而且并不与当下版本中的文字相互一致;这些文字通过符号"♯"标示出来。135.20 中的"Thruout"与 135.21 中的"altho"出现在当前版本的规范列表中。

130.1 - 2　　Teaching/[◀] Method] Teaching/Introduction/[◀] Almost thirty years, the allotted period of a generation, have passed since the accompanying article was written. The editor of *Science Education* has honored me with an invitation to say a few words in connection with its republication. There are of course some changes that would have to be made if the article were first written today. But in the main I feel that the course of events has reinforced what is basic in the article. In particular, I think two recent educational movements have strengthened its relevancy to present conditions.

　　In the last few years an increasing number of voices have engaged in a virtual attack upon the place held by science teaching in our schools. Influential voices plead for subordination of science to the culture which they say can be attained only by study of the literary products of the past. For science, they say, is concerned with material, not with humane, affairs. They set science and the concerns of man as man over against each other, and proclaim that the rightful supremacy of the latter demands the educational

494

subordintion [*sic*] of science. The entire cogency of their position depends upon identification of science with a certain limited field of subject matter, ignoring the fact that science is primarily the method of intelligence at work in observation, in inquiry and experimental testing; that, fundamentally, what science means and stands for is simply the best ways yet found out by which human intelligence can do the work it should do, ways that are continually improved by the very processes of use.

  The same voices are urging a separation of the vocational training which they believe to be suited to the capacity of the many from the higher liberal and cultural education which they think appropriate to a much smaller number of persons. As against this position, I think it is as important now as it was a generation ago, perhaps more so, to insist that for the many who are not going to become specialists in science "that value of science resides in the added meaning it gives to the usual occurrences of their everyday surroundings and occupations." I would add, with emphasis, that some insight into and command of scientific method and material is increasingly the only effective way by which this added meaning can be made a reality. When the applications of science are in fact shaping more and more the conditions of the world in which we must live and act, whether we like it or not, the attempt to separate science from liberal and humane interests is nothing but an act of withdrawal which if it be carried into effect will increase the already too great lack of preparation to understand the world in which we live. And without understanding, how can we hope to act with intelligence?/John Dewey./March 1, 1945./[◄]Method

130.12	most effective] more effective
130.28	most successful] more successful
131.7	working.]～,
131.10	purpose] pupose
131.20	paralleled] parallelled
#132.1	so called]～-～
#132.1	nature study]～-～
132.2, 14	general science]～-～
132.26	already made]～-～
134.13	subject-matter]～‸～
#134.39	actual] the actual
#135.15	character:]～;
135.20	thruout] throughout
135.21	altho] although
#135.35	full fledged]～-～
#136.14	it to] is to

《乔治·西尔维斯特·莫里斯:一种评价》
一文中被摒弃的实质性修订之列表

《乔治·西尔维斯特·莫里斯:一种评价》的打印稿文本(TS)与已发表的文章〔收录在罗伯特·马克·威利的作品《乔治·西尔维斯特·莫里斯的生活和作品》(GSM)(纽约:麦克米伦公司,1917年,第313—321页)〕之间被放弃的实质性修订,罗列于下。空格之前的文本来自当前的版本。GSM 这一版本中的对应文本在括号之后。GSM 中所做的改动,被当作修订出现在校勘表中。

109.8	theme] doctrine
109.27	the] these
110.18	respect] a respect
110.22	in more] more in
110.24－25	orderly, exact] exact, orderly
110.26	those] these
110.35	exposition] it
110.38	as befitted] thanks to
111.4	in] between
111.4	character] characters
111.6, 16	Professor Morris] Morris
111.22	impression] impressions
112.22	brought forth against] brought against
112.31	opposition] oppositions
112.38	Upon the whole, the] The
113.18	gone through] undertaken
113.24－25	Professor Morris] him
113.25	times even more] times more
114.6	prestige, etc.] prestige, and the like
114.19	lost his faith] lost faith
114.20	the intellectual *élite*] the *élite*
115.6	office] offices

打印稿上的修订

496   下面两个列表反映的是杜威在《斯宾塞和柏格森》以及《乔治·西尔威斯特·莫里斯：一种评价》两篇文章中，通过打字机和手写对文章打印稿进行的修改。括号之前的词语，指的是原初的打印稿；如果打印稿已经被修改过，每行开始的"♯"表明，当前版本中的文本就在校勘表中。

出现在括号右边的杜威所在的修订中，"*del.*"这一缩写用来表明文本材料被墨水划掉，当然在用铅笔划掉的地方会有特别的提示；任何标记为"*added*"的修改，如果同样是用墨水而非铅笔标出，都会有特定的说明。"*x'd-out*"用来指被打印机删除的材料。缩写的"*alt.*"用来表明，以某种方式对原始的材料形式进行了修改；如果修改是手写的，那么，我们会指出这种方式；如果没有提到是哪一种方式，则可以假定材料是通过打印机而进行修改的。缩写的"*inc.*"用于那些部分被打印出来的字母，因为在打印时按打印机上的移位键按轻了。"*over*"指的是印在原来的字母之上而不是插在其间；"*above*"指的是在字行间插入而没有插入符，如果有插入符则会做标记。当一个补充只是一种简单的插在行间，那就用"*interl.*"或"*interl. w. caret.*"表示。当在行间插入中有删节时，"*interl.*"就被去掉，而代之以"*about del.* '*xyz.*' *w. caret above del.* '*xyz*'"或者"*above x'd-out* '*xyz*'"。所有的插入符都是手写的；当一个插入符伴随着一个打印而成的行间插入，它都是以墨水的形式写成的，而以铅笔形式写成的则会标明。当插入符被用于手写的修正中，它们以同样的方式作为修正出现。

简而言之，就采用的方式而言，只有缩写的"*del.*"以及词语"*added*"和"*caret*"总是被用于墨水写成的手写修改（以铅笔形式写成的，会被标示出来）；在所有其他的例子中——"*above*，*over*，*interl.*，*inserted*，*alt.*，*below*，*before*，*after*"——除了特殊指明的方式，所有的修改都是由打印机完成的。由于大部分添加的内容都是插在行间，其插入的方式一般将表现为"*interl.*"，"*in ink*"或"*interl. in pencil*"。独自使用"*interl.*"，总是指一种打字机使用的插入。"*before*"和"*after*"这两个词代表一种在同一行中所作的修改，不管是在原来的行中，还是在字行之间。

当一种修改——通常是一个词或两个词——已经被打印或者直接写在原来那行之下，则使用的标记方式为"*below* '*xyz*'"。"*inserted*"这个词指的是页边添加内容，它不能成为行间插入，但具有同样的属性。在包含不止一行的修改中，斜线分隔符（/）代表这一行的结束。

当一种修改自身被修订时，这样一种修订被写在方括号之间；为了指明修改中的哪些词语受到再修订的影响，一个星号（＊）会出现在这个词语之前，而那些被括号括起来的描述正是应用于这个词语的。就像在如下的例子中：69.4：On the other hand,] *after undel.* 'On the other hand,'/and *x'd-out* 'it is suggestive that in direct connection with his ＊ identification of matter' [' , for purposes of knowledge,' *interl.* , *x'd-out*]。星号并不用在一个清晰明确的语境中，就像一个单独词语的修改或者当被括号括起来的材料在一种修改中出现在第一个词语之前。

67.4		placing] *before undel.* 'v' *x'd-out* 'arious'
67.4－5		the task of] *interl.*
67.5		certain] *interl.*
67.5		system.] *period added in pencil before pencil-and ink-del.* 'in the connexion with one/another.'
67.5－6		An indication of] *interl. in ink*
67.6		the] 't' *in ink over* 'T'
67.6		service] *after pencil-del.* 'some'
67.6		others] *before pencil-and ink-del.* 'also in throwing/light upon some points in the thought of Bergson which are not, prima facie,/obvious.'
67.6		should] *before del.* ', perhaps,'
67.8		Bergson] *before undel.* 't' *x'd-out* 'hat are to be'
67.8		are] *before x'd-out* 'to be'
67.8		regarded] *hyphen inserted after first* 'd'

	67.9	than] *before x'd-out* 'as'
	67.9	historic] 'o' *over* 'r'
498	67.9	How] *last illegible letter x' d-out*
	67.11	the latter's] 'the latter' *in ink w. caret above del.* 'acquaintance with Spencer' *undel.* ''s'
	67.14	physical] *after undel.* 'b' *x'd-out* 'oth'
	67.17–18	constantly] *before x'd-out* 'in'
	67.19	psychical] *in ink w. caret above del.* 'physical' ['syc' *in ink over* 'hys']
	67.20	much] 'm' *over* 's'; 'u' *and* 'c' *transposed; before del.* 'more'
	67.21	physical] 'hys' *in ink over* 'sych'
	67.21	legitimate] *second* 'i' *interl. w. caret*
	67.22	latter] *above del.* 'former'
	67.22	former] *above del.* 'latter'
	67.22, 23	—] *dash in ink over comma*
	67.23	other] *inserted in ink*
	67.23	way around,] *in ink w. caret above undel.* 'lat' *del.* 'ter in terms of the forming'
	67.23	producing] 'd' *over* 'c'; 'c' *interl. above* 'i'
	67.24	point of] *interl. in ink w. caret*
♯	67.24	illegitmimate] *undel.* 'm' *after first* 't'; 'im' *over* 'at'
	67.24	At] *after x'd-out* 'My suggestion is that one who came to question the/statement that psychical phenomeane'
	67.26	side] 's' *over* 'd'
	67.26	:—] *colon alt. in ink from comma; dash inserted in ink*
	67.27	His] 'H' *in ink over* 'h'
	67.27	that] *after undel.* 'o' *x'd-out* 'ne'
	67.28	and] 'a' *over* 'i'
	67.29	discussion] *in ink above del.* 'treatment'
	67.29	evolution] 't' *del. after* 'l'
	67.29–30	an increasing] 'n increasing' *interl. in ink w. caret*
♯	67.30	correspondene] 'n' *in ink over* 'c' *over* 'i'
	67.30–31	effected] *in ink above del.* 'produced'
	68.6–7	symbolic] *after x'd-out* 'thus'
	68.13	our] 'r' *over* 't'
	68.20	"muscular] *quotation mark over* 'm'
	68.26	that] *before undel.* 'th' *x'd-out* 'is force'
	68.26	psychical] *interl.*
	68.34	break] *after undel.* 'o' *x'd-out* 'bvious'
	68.34	with] *above x'd-out* 'from'
	68.34	Bergson,] *comma over* 'i' *before x'd-out* 's connected'
	68.35	comes] *before undel.* 'w' *x'd-out* 'ith'
	68.35	obviously through] *interl.*
	68.36	idea] *before undel.* 'w' *x'd-out* 'ith'

68n.3	cause] *before x'd-out* 'for'	
68n.3	disclosure] 'o' *over* 'u'	
69.3	effort] *before x'd-out* 'when'	
♯69.4	On the other hand,] *after undel.* 'On the other hand,'/*and x'd-out* ' it is suggestive that, in direct connection with his *identification of matter*' [', for purposes of knowlwedge,' *interl., x'd-out*]	499
69.5	evolution] 't' *x'd-out after* 'l'; 'tio' *over* 'ion'	
69.6	notion] *first* 'o' *interl.*	
69.6	"redistribution] *after undel.* 'd' *x'd-out* 'esitri'; *second* 'i' *over* 'u'	
69.8	shifting] 's' *over* 'm'	
69.11	aggregation] *after x'd-out* 'spatial'	
69.12	Bergsonian] 's' *interl.*	
69.24-25	subjectmatter] *before undel.* 't' *x'd-out* 'he'	
69.25	the] *after x'd-out* 'i'	
69.25	instinct.] *after undel.* 'i' *x'd-out* 'nsti'	
69.26	as] *after x'd-out* 'again'	
69.27	intellect] *before x'd-out comma*	
69.30	Spencer,] *comma over* 'r'	
69.30	logically,] *interl.*	
69.30	parent] *after undel.* 't' *x'd-out* 'he logical source'	
69.31	once] *after undel.* 'g' *x'd-out* 'iven once'	
69.32	suggest] *before x'd-out* ', though with less confidence,'	
69.32	that] *interl.*	
69.32	Spencer] *before undel.* 'a' *x'd-out* 's'	
69.32	throws] 's' *above x'd-out* 'ing'	
69.34	utilitarian] 'taria' *over* 'ariin'	
69.34	correspondence] *after x'd-out* 'entire'	
69.36	a] *before x'd-out* 'n'	
69.37	not] *after x'd-out semicolon over* 'o,' 'ne'	
69.37	resource] *after x'd-out* 'means of'	
70.3	Life] *after x'd-out* 'The'	
70.3	change] 'hange' *below* 'ahnge'	
70.4	impetus,] *before x'd-out* 'and'	
70.4	duration] 'r' *over* 'u'	
70.4	and intuition] *interl*; 'it' *over* 'tt' *before x'd-out* 't'	
70.7-8	Bergsonianism] 'o' *x'd-out after* 's'; 'onia' *over* 'inai'	
70.9	intelligible] 'e' *x'd-out after* 'g'	
70.11	tend] 'e' *over* 'n'	
70.11	Bergsonianism] *after x'd-out* 'the'	
70.14	as] *after pencil-del. illegible letter*	
70.14	of departure,] 'o' *over* 'i'	
70.14	"two] *after undel.* 'o' *x'd-out* 'f'	

	70.15	aggregates] 'ga' *in pencil over* 'ag'
	70.16	consciousness";] *semicolon alt. in pencil from comma*
	70.17	symbolic] 'y' *over* 'u'
	70.17	relational,] *comma inserted in pencil*
	70.19	of] *before x'd-out* 'the'
	70.19	its] *interl.*
	70.19	own] *interl. in pencil w. caret*
	70.19–20	subsistence.] 'i' *over* 'u'; *before x'd-out* 'of the'
500	109.3	My] *in ink over* 'The'
	109.5	fervor.] 'r' *in ink over space and* 'r'
	109.6	was] *before x'd-out* 'an e'
	109.7	attachment] *second* 't' *interl. w. caret*
#	109.8	entelelechy,] *comma added*
	109.9	seemed] *before del.* 'to be'
	109.13	He] 'H' *over* 'h'
	109.18	violence:] *colon alt. in ink from period; before added* '— an exhibition of the life of thought.'
	109.24	his] *before x'd-out* 'teachin'
	109.26	insincerity,] *space between* 'c' *and* 'e' *closed up in ink; comma added*
	109.26	of] *interl. in ink w. caret*
	109.26	some] *before del.* 'superficial'
	109.27	when] *before x'd-out* 's tsudent'
	109.28	graduate] *second* 'a' *interl. w. caret*
	109.29	said] *in ink above del.* 'told'; *before x'd-out* 'him' *and del.* 'Professor Morris'
	109.29	intended] *after undel.* 'w' *x'd-out* 'ished to'
	109.29–30	Professor. Morris's] *interl. in ink w. caret and guideline after interl. in ink del.* *'the latt' [*above del.* 'his']
	109.30	he] *before del.* '— the student —'
	109.30	dabble] *second* 'b' *over* 'l'
	109.32	choice] *second* 'c' *over* 'v'
	110.1	study of] *interl. in ink w. caret*
	110.2	part,] *comma del.*
	110.2–3	his resentment] *in ink w. caret and guideline above del.* 'it'
	110.3	was] *before del.* 'that'
	110.3	because] *in ink w. caret and guideline above* 'philosophy' ['os' *over* 'so']
	110.5	the] 't' *over* 'a'
#	110.8	there] *paragraph sign w. guideline inserted*
	110.10	scholars] 'la' *over* 'al'
	110.11	attitude] 'it' *over* 'ti'
	110.12	tradesmanlike] *after x'd-out* 'matter of'
	110.13	affair.] *above x'd-out* 'attitude' *undel. period*

110.14	blends]	*after x'd-out* 'blended' ['le' *over* 'el']
110.14	with]	*before x'd-out* 'inspiration'
110.14	enthusiasm]	'hus' *over* 'nsi'
110.14	technical]	'ni' *over* 'in'
110.15	inspiration]	*after x'd-out* 'enthusi'
110.15–16	imagine]	*before x'd-out* 'even the'
110.16	student]	*interl.*
110.17	whose]	*before x'd-out* 'earn'
110.17	main]	*interl. w. caret*
110.17	was]	*before x'd-out* 'mainly'
110.17	professional,]	*comma added*
110.17	leaving]	*after x'd-out* 'not'
110.18	gained]	*before x'd-out* 'at least' *del.* 'a'
110.19	mind:—]	*colon and dash added*
110.20	or]	*after x'd-out* 'or'
110.24	stretches]	*after x'd-out* 'stetches'
110.25	exposition]	*after x'd-out* 'expostion'
110.27	After]	*in ink w. caret above del.* 'As'
110.29	recurring]	*space between* 'e' *and* 'c' *closed up in ink*
110.30	chosen]	'c' *over* 's'
110.31	seized]	*after x'd-out* 'had'
110.31	upon]	*before x'd-out* 'the'
110.32	with]	*interl. in ink w. caret*
110.35	upon]	*before del.* 'the' ['th' *over* 'it']
#110.35	exposition.]	*first* 'o' *interl. w. caret; first* 'i' *over* 'o'
110.35	In dealing]	*solidus in ink between words to indicate space*
110.38	his]	'is' *over* 'si'
110.39	agreeing]	*first* 'e' *over* 'r'
110.40	when compared]	*interl. in ink w. caret*
110.40	but]	*after x'd-out* 'f'
111.1	significance]	*w. caret above x'd-out* 'importance'; 'ance' *over* 'ANCE'
111.4	Mill's]	*in ink w. caret above del.* 'his'
111.6	Professor]	'P' *over* 'p'
111.7	I]	*after del.* 'As I look back upon it now'
111.8	forgave]	*after x'd-out* 'forage'
111.8	empiricists,]	*before x'd-out* 'and'
111.9	philosophers,]	*comma added*
111.10	time,]	*comma added*
111.10	The]	*after undel.* 'The' ['Th' *over* 'Hi'] *del.* 'tone of jis judgments'
111.10	judgments]	*before x'd-out* 'evinced'
111.10	seems]	*in ink w. caret above del.* 'was'
111.11	his]	'i' *over* 'o'

	111.11	own] *after x'd-out* 'w'
	111.11	from allegiance to English philosophy.] *in ink above del.* 'with its religious importance form him.'
	111.12	However] 'H' *in ink over inc.* 'H'
	111.13	to] *interl. in ink w. caret*
	111.13	as] *after del.* 'above'
	111.13	genuinely] *after undel.* 'g' *x'd-out* 'euine'
#	111.14	Mill] 'i' *over* 'l'
	111.15	Gottlieb] *first* 't' *in ink over* 'o'
	111.21	Morris] *after undel.* 'P'
	111.21	But] *after x'd-out* 'in hsi'
	111.22	impression] *final* 's' *del.*
	111.22	was,] *comma added*
	111.23	through,] *comma added*
	111.25	Fichte and] *interl. w. caret*
	111.26	The] 'T' *in ink over* 't' ; *after del.* 'It was'
	111.26	seen,] *before del.* 'which'
	111.26	itself] *interl. in ink w. caret*
	111.26	ideal;] *semicolon alt. in ink from comma*
·	111.27–28	realizing] *after x'd-out* 'relai ing'
	111.28	intelligence] *before del.* 'to realize itsel' *undel.* 'f'
#	111.35.	he] *above x'd-out* 'he'
	111.35	Speaking] *before del.* 'as'; 'upon [*interl. in ink*] a former student' *moved w. caret and guideline to follow* 'made'
	111.39	Hegel] *first* 'e' *over* 'H' ; *after x'd-out* 'Hegs'
	111.39	did] *before x'd-out* 'n'
	111.39	him.] *period alt. in ink from comma*
	111.40	But] 'B' *in ink over* 'b'
	111.40	derived] *after del.* 'had'
	112.4	all] *interl. w. caret*
#	112.5	recal] *before x'd-out* 'it,'
	112.7	Logic, —] *comma added*
	112.8	unity] 'y' *in ink over* 'ed'
	112.11	mechanical] 'ic' *over* 'ci'
	112.11	organic,] *comma added*
	112.15	His] 's' *over* 'd'
	112.15	Hegel] 'H' *over* 'h' ; 'l' *over comma*
	112.15	(I] *parenthesis added*
	112.15	sure)] *parenthesis alt. in ink from comma*
	112.16	demonstrated] 's' *x'd-out after* 'm' ; *before del.* 'through'
	112.16	him,] *comma added*
	112.16–17	experience,] *comma added*
	112.17	supreme] 'm' *x'd-out after final* 'e'
	112.17	principle] 'i' *x'd-out after first* 'i'

112.20	familiarized] *after x'd-out* 'famialized'	
112.21	idealism] *after del.* 'what was set forth as a true'	
112.21	with] *after x'd-out* 'of'	
112.22	have] *before x'd-out* 'si'	
112.22	brought] *after x'd-out* 'set forth'	
112.22	I] *in pencil over inc.* 'I'	
112.23	the] *after x'd-out* 'that'	
112.23	alluded] *in ink w. caret above del.* 'referred'	
112.23	reference] *after undel.* 's' *x'd-out* 'tatement'	
112.28	it] *after x'd-out* 'to'	
112.31	opposition] *before x'd-out period*	
112.31	living] *after undel.* 'a' *x'd-out* 'lilving'	
112.33	idealism] 'a' *over* 'l'	
112.35	action.] *period alt. from hyphen*	
112.35	Knowledge] *after x'd-out* 'morals'	
112.36	a] *before x'd-out* 'n'	503
112.38	English] 'l' *added*	
112.39	of] 'f' *over* 'd'	
112.40; 113.8, 9	Kant] 'K' *over* 'k'	
112.40	faith,] *comma added*	
112.40	although] 'al' *added*	
113.6	this] 'i' *over* 's'	
113.8	Hegel] 'H' *over* 'h'	
113.9	Hegel] 'H' *in ink over inc.* 'H'	
113.9	a] *before x'd-out* 'A'	
113.9	inconsistency] 'y' *over* 'e'	
113.11	One] *after x'd-out* 'But'	
113.11	was] *before* 'such' *moved w. caret and guideline to follow* 'of'	
113.13	He] 'H' *in ink over inc.* 'H'	
113.13	undergraduates] 'g' *over* 'h'	
113.14	was] *before x'd-out* 'p'	
113.14	when] *after x'd-out* 'to'	
113.15	For,] *comma added*	
113.15	reports,] 's,' *added*	
113.17	the] 'e' *added*	
113.18	through] *after x'd-out* 'though'	
113.19	never] 'v' *over* 'r'	
113.20	at least] *interl. w. caret*	
113.21	was] *above x'd-out* 'is'	
113.21	revolted] *after x'd-out* 'was'	
113.22	disadvantage] 'ad' *over* 'da'	
113.22	He] 'H' *over* 'h'	
113.22	furthest] 'st' *in ink over* 'r'	
113.22	remove] 'mo' *over* 'om'	

	113.23	Failure] *before x'd-out* 'was'
	113.25	the] *after x'd-out* 'the humiliation'
	113.25	humiliation] 'i' *over* 'a'
	113.25	more] 'o' *added*
	113.27	There] 'T' *in ink over inc.* 'T'
	113.29	wholly] *first* 'l' *over* 'o'
	113.29	believing] 'ing' *after x'd-out* 'e'
	113.29	not] 't' *over* 'y'
	113.30	kindliness] *first* 'i' *over* 'a'
	113.31	I] *after del.* 'For'
	113.32	all] 'a' *over* 'h'
	113.32	minute] *after x'd-out* 'minte'
	113.32–33	questioning,] *comma added*
	113.33	tests,] *comma added; after del.* 'and'
	113.33	marks] *after del.* 'and' *x'd-out* 'mark'
	113.37	everywhere] *first* 'r' *over* 'y'
	113.37	was] *before x'd-out* 'its'
	113.37	his] *interl. w. caret*
504	113.39	very] *interl. in ink w. caret*
	113.39	intelligence.] *period over final* 'e'
	113.40	a] *interl. in ink w. caret*
	113.40	student] 's' *del. after final* 't'
	113.40	average] 'ag' *over* 'ga'
	113.40	undergraduate] 'ra' *over* 'ar'; 'ua' *over* 'au'
	113.40	but] 't' *over* 'u'
	114.2	always] 'ay' *over* 'ss' *before* 'ys'
	114.4	Perhaps] 'P' *in ink over hyphen and inc.* 'P'; *after undel.* 'T' *x'd-out* 'here'
	114.5	prestige] 's' *interl. w. caret*
	114.6	etc.] 'e' *over* 'a'
	114.8	work,] *before x'd-out* 'its' ['their' *interl. del.*] *del.* 'dependence upon'
	114.8	in] *inserted in ink*
	114.9	inquiry] *w. caret above x'd-out* 'work'
	114.10–11	intelligence] *after x'd-out* 'the'
	114.11	was] 'a' *interl. w. caret*
	114.12	undergraduates] 'ra' *over* 'ar'
	114.13	junior] 'r' *above* 'to'
	114.14	them] *interl. w. caret*
	114.15	them,] *comma added*
	114.15	short,] *comma added*
	114.15–16	graduate] *second* 'a' *interl.*
	114.16	treated] *first* 'e' *over* 'a'
	114.16	But] 'B' *in ink over* 'b'

114.17	most] 'm' *in ink over* 'n'	
114.20	soundness] *second* 'n' *over* 'e'; *after x'd-out* 'sounding'	
114.20	for] 'o' *over* 'r'	
114.20	élite] *accent and underline in ink*	
114.21–22	influence] *after undel.* 'i' *del.* 'ntellectua' *undel.* 'l'	
114.22	whether] *before del.* 'they'	
114.22	accepting] 'ing' *in pencil over* 'ed'; *after* 'techincal' [*final* 'ly' *del.*] *moved w. caret and guideline in pencil to follow* 'of'	
114.23	has] *after x'd-out* 'ea'	
114.23	genuine] *first* 'n' *interl. w. caret*	
114.24	inspiration] 'a' *over* 'i'	
114.25	mechanical] 'ha' *over* 'ah'	
114.25	His] 'H' *in ink over* 'h'; *after undel.* 'W' *del.* 'ithout explicit ['l' *over* 'c'; 'c' *over* 't'] teaching'	
114.26	teaching] *after undel.* 'p' *del.* 'ersonality in'	
114.26–27	The joy he experienced in study & reflection was evident & impressive.] *added*	
114.28	twenty] 'en' *over* 'ne'	
114.31	in person] *after x'd-out* 'personified'	
114.33	in] *after x'd-out* 'upon the'; *before x'd-out* 'making'	
114.33	discouraging] *first* 'i' *over* 'e'	
114.34	Yet] 'Y' *over* 'y'	505
114.35	manner,] *comma added*	
114.35	constraint. Whatever] *period below* 't'; *solidus in ink between words to indicate space*	
114.36	¹he] *before x'd-out* 'had'	
114.36	felt] 't' *over* 'y'	
114.37	them] *interl. in ink w. caret*	
114.39	there] 't' *in ink over* 't' *over* 'h'	
114.40	He] 'H' *over* 'h'	
115.2	or] 'r' *over* 'f'	
♯115.2	negligeable] *underlined in pencil; question mark inserted in pencil*	
115.6–7	relationships.] *before x'd-out** 'With all sincere and strong characters' *undel. comma* ['In the memory of In remembering' *interl. x'd-out*]	
115.7	The] 'T' *over* 't'	
115.7	trivial] 'v' *over* 'c'	
115.7	fall] *final* 's' *x'd-out*	
115.7	away] *before x'd-out* ', only'	
115.8	and] *inserted*	
115.8	purged] 'd' *in ink over* 'r'	
115.10	need] *after x'd-out* 'th'	
115.10	purging] *illegible letter x'd-out after* 'p'	

115.11   man] *after x'd-out* 'man ordinar' *undel.* 'y'
115.12   round] *after x'd-out* 'rotuine o'
115.12   ordinary] *interl. w. caret*
115.13   & naturally] *interl. in ink w. caret and guideline*

行末连字符号的使用

1. 范本表

以下是编辑给出的一些在范本的行末使用了连字符的可能的复合词：

5.26	standpoint
8.18	non-living
17.10	pigeon-holing
22.17	other-worldly
24.33	interaction
26.21	interaction
34.10 – 11	twofold
34.27 – 28	low-grade
35.25	mis-knowing
36.4	inter-reference
38.33	preoccupied
45.10	pre-formed
51.12	subject-matter
65.18	extra-organic
84.32 – 33	trans-momentary
87.29	non-intellectual
98.10	restating
98.17	subject-matter
99.17	subject-matter
105n.7	subject-matter
123.28	non-experimental
123.29	non-experimental
129.11	intercommunion

132.9	superadded
148.5	garment-making
175.3	city-wide
183.8	prevocational
183.9	pre-prevocational
184.4	schoolhouse
191.7	school-room
204.22	international
229.20–21	limelight
252.32	anti-clerical
257.1–2	boarding-house
260.14	international
261.15	intercollegiate
262.21	goodwill
273.40	businesslike
274.22	landlordly
274.35	underestimation
322.7	non-cognitive
326.3	non-reflectional
333.20	Non-temporal
347.35	common-sense
350.11	standpoint
353.12	interaction
354.38	time-keeping
361.2	subject-matter
362.9	subject-matters
367.38	subject-matter
371.25	mis-statement
372.9	mis-statement
400.24	over-reason

2. 校勘文本表

在当前版本的副本中，被模棱两可地断开的可能的复合词中的行末连字符均未保留，除了以下这些：

13.18	non-empirical
16.8	whole-hearted
21.36	non-empirical
22.23	non-natural
32n.7	subject-matter
34.27	low-grade

36.14	ready-made
43.40	well-being
46.3	deep-seated
61.1	ready-made
80.9	Mind-stuff
84.32	trans-momentary
101.33	subject-matter
102.27	subject-matter
102.34	subject-matter
167.23	place-holders
191.10	pack-horse
221.1	war-god
240.15	subject-matter
253.32	slave-owners
303.24	stiff-necked
322.3	non-reflectional
329.28	subject-matter
333.20	Non-temporal
337.32	subject-matter
338.28	spectator-like
341.36	ready-made
342.31	subject-matter
345.11	subject-matter
362.7	subject-matters
383.25	well-known

引文勘误

508　　杜威用许多不同的方法呈现资料来源,从记忆性的转述到逐字逐句的引用都有。他有时候完全引用他的资料,有时候只是提到作者的名字,有时候甚至全然略去了文献本身的信息。

　　为了关键性的主题,除了明显被强调或重复的之外,引号中的所有材料其出处都已被找出,文献信息的内容也被确定,并在必要的时候进行了更正。尽管在《文本的校勘原则和程序》(《杜威中期著作》,第 1 卷,第 358 页)中已经描述了有规律地用于修订文献信息的步骤;但是,杜威在他的引文中对引文所作的大量修改,被认为是非常重要的,足以确保给出一个特定的列表。

　　除了那些因为特殊背景的需要,并在校勘表中做了注释的更正之外,文本中的所有引文都和其第一次发表时保持一致。如果可能出现编排或印刷上的错误,那对于原初的材料将进行更正,这一点同样被当作是《杜威中期著作》所进行的修订(W)。引文的各种不同形式表明,与同时期的许多学者一样,杜威并不关心形式上的精确性;不过,引用材料时发生的许多改变可能是出现在印刷过程中的。例如,对比原著与杜威的引用,会发现一些杂志和编辑在处理引用材料时,采用和杜威一样的编排风格。因此,在当前的版本中,除了杜威改变其材料形式的那些概念术语,拼写和材料的大写被重新呈现出来。

　　杜威在引用材料时,最经常做的变动就是改动或省略标点符号。假如所做出的只是这种变动,在这里就不会出现对杜威材料或原始材料的引用。而且,杜威经常没有使用省略号或分开引文,来表明材料已经被删去。假如杜威没能正确地使用省略
509　号,或者忽略了出现在这个表中的短语;假如一行或者更多的引文已经被删去了,那

么,一个置于括号中的省略号将提醒人们注意这一省略。当杜威的材料与其来源之间真实的差异,是由引文呈现其中的上下文语境引起的,那么,这种差异就没有被标示出来。

材料中的斜体字被当作是临时的符号。当杜威忽略那些斜体字时,这种忽略并没有被标示出来;不过,他所增加的斜体字倒是被罗列出来了。假如改变或忽略的临时符号具有实质的含义,就像将概念术语大写或者没有将其大写,那么,引文会作出标示说明。

在这个部分所使用的形式被设计用来帮助读者确定:杜威是在他自己面前打开一本书,还是依赖他自己的记忆。这个部分的标记符号依照这样一种格式:先是当前文本中的页码、行数,其次为了足够清晰而简化为首单词和末单词的文本,然后是半个方括号和表示杜威某篇作品的符号。分号后面紧跟着必要的更正,无论是一个单词还是一段长段落,只要需要都会标示出来。最后,在圆括号里面的是作者的姓氏、杜威参考书目清单中的来源简称,之后则是一个逗号和参考文献的页码。

《当前认识论中的中立概念》

51.19   Reading simply is, is there;] *'Reading' simply is, is there* (James, *Radical Empiricism*, 145.20)

《社会心理学的需要》

62.32   from knowing] by knowing (Hobbes, *English Works*, 8.10)

62.32   those sciences ∧ as from] these sciences, as by (Hobbes, *English Works*, 8.10 – 11)

63.23   we are] we certainly are (Dewey, "Psychology and Social Practice," 124.26 – 27)

63.23 – 24   our daily] this daily (Dewey, "Psychology and Social Practice," 124.27)

63.26   a common] our common (Dewey, "Psychology and Social Practice," 124.29)

63.27   may be] is (Dewey, "Psychology and Social Practice," 124.31)

63.29   of the values of] of values in (Dewey, "Psychology and Social Practice," 124.33)

《斯宾塞和柏格森》

68.14 – 15   active and passive] passive and active (Spencer, *First Principles*,

192.17)

《皮尔士的实用主义》

71.20	statement] assertion (Peirce, "What Pragmatism Is," 162.1)
71.28	its bearing] its conceivable bearing (Peirce, "What Pragmatism Is," 162.31)
72.12–13	to a region] in a region (Peirce, "What Pragmatism Is," 163.8)
72.17	human purpose] rational purpose (Peirce, "What Pragmatism Is," 163.13)
73.14	which is that] what is that (Peirce, "What Pragmatism Is," 174.1)
73.18	most applicable] most directly applicable (Peirce, "What Pragmatism Is," 174.5–6)
74.6	maxim] axiom (Peirce, "Pragmatism," 322:1.20)
74.6	which does] which, to the present writer at the age of sixty, does (Peirce, "Pragmatism," 322:1.20–21)
74.6–7	commend itself as] recommend itself so (Peirce, "Pragmatism," 322:1.22)
74.7	forcibly ... as] forcibly as (Peirce, "Pragmatism," 322:1.22)
74.9	that the] that that (Peirce, "Pragmatism," 322:1.24)
74.10	toward] towards (Peirce, "Pragmatism," 322:1.28)
74.12	the maxim] it (Peirce, "Pragmatism," 322:1.42)
74.22–23	pragmaticism] pragmatism (Peirce, "Pragmatism," 322:2.17–19)
75.22	by reasoning] [rom.] (Peirce, "Fixation of Belief," 11.45)
75.39	applied. This] applied. [...] This (Peirce, "How to Make Our Ideas Clear," 299.39–300.4)
76.4	*who investigate*] [rom.] (Peirce, "How to Make Our Ideas Clear," 300.11)
76.12	know only] only know (Peirce, "Probability of Induction," 718.35)
76.14	must also] must equally (Peirce, "Probability of Induction," 718.37)
78.7–8	this definition] it (Peirce, "How to Make Our Ideas Clear," 298.23)
78.11	characters independent] characters are independent (Peirce, "How to Make Our Ideas Clear," 298.21)

《罗伊斯哲学中的唯意志论》

79.15	desire] effort (Royce, "Eternal and the Practical," 117.7)
79.25	weak or confused] confused or weak (Royce, "Eternal and the Practical," 117.27)
79.25–26	recognizes no truth] recognizes no truth except the truth to whose making and to whose constitution it even now contributes, — no truth (Royce, "Eternal and the Practical," 117.27–29)
79.26	intelligently] genuinely (Royce, "Eternal and the Practical," 117.29)

80n.10	and the]	In the one case the (Royce, "Kant's Relation," 367.25)
80n.11	bonds, ... irrational]	bonds, (Royce, "Kant's Relation," 367.26)
80n.11	and the]	in the other case the (Royce, "Kant's Relation," 367.26)
81.18	found]	reached (Royce, "Kant's Relation," 380.16)
81.18	ethical philosophy]	Ethical DOCtrine (Royce, "Kant's Relation," 380.16–17)
81.18–19	The ultimate]	For since the ultimate fact of the knowing consciousness is the active construction of a world of truth from the data of sense, the ultimate (Royce, "Kant's Relation," 380.17–19)
81.19–20	the act ... must]	this activity must (Royce, "Kant's Relation," 380.19)
87.19	process is to]	process seems to be to (Royce, *Religious Aspect,* 357.21)
87.32	the]	in the (Royce, "Kant's Relation," 380.20)

《逻辑的对象》

95.35	is]	as (Russell, *External World*, 204.4)
96.20	do not]	cannot (Russell, *External World*, 206.23)
96.21	Propositions]	statements (Russell, *External World*, 207.23)

《关于逻辑学中的新事物：回应罗宾逊先生》

99.4	and content]	or content (Robinson, "New Discovery," 228.26) [*Middle Works* 10:440.26]
103n.2	judgment the]	judgment or proposition the (Robinson, "New Discovery," 229.22) [*Middle Works* 10:441.22]
104.6–7	only be ... given.]	For it certainly is not the whole process of transformation of a given into a completed subject-matter, *but only one stage of that process.* (Robinson, "New Discovery," 231.7–9) [*Middle Works* 10:443.7–9]
104.21	our]	the (Robinson, "New Discovery," 236.12) [*Middle Works* 10:448.12]
104n.2	act]	subject-matter (Robinson, "New Discovery," 231.8) [*Middle Works* 10:443.8]

《教授和公共利益的案例》

165.7	The American ... at]	He chafes at (Schurman, "Faculty Participation," 703:2.34)
165.9;166.36	republic of science and letters]	Republic of Science and Letters (Schurman, "Faculty Participation," 703:2.36–37)

	165.10	cannot] can not (Schurman, "Faculty Participation," 703:2.38)
	165.10	The] For the (Schurman, "Faculty Participation," 703:2.39)
	165.11	organization and the] organization, composed essentially of devotees of knowledge — some investigating, some communicating, some acquiring — but all dedicated to the intellectual life. To this essential fact the (Schurman, "Faculty Participation," 703:2.40–45)
	165.12	the university] his university (Schurman, "Faculty Participation," 704:1.1)
	165.12	conform to that essential fact.] conform. (Schurman, "Faculty Participation," 704:1.1)
	165.13	His indictment of the] And he criticizes presidents and boards of trustees because under the (Schurman, "Faculty Participation," 704:1.1–3)
513	165.13	form] plan (Schurman, "Faculty Participation," 704:1.3)
	165.13–14	government ... alien] government they obstruct the realization of this ideal — nay, worse, actually set up and maintain an alien (Schurman, "Faculty Participation," 704:1.4–6)
	165.16	of ... authority.] of authority which is exercised either directly by "busybody trustees" or indirectly through delegation or usurpation by a "presidential boss." (Schurman, "Faculty Participation," 704:1.8–12)
	166.39	direct the] direct and prescribe the (Pine, *Charters*, 43.33)

《受审的公共教育》

	175.5	enthusiasm and intelligence] intelligence and enthusiasm (Perry, *Problem*, 9.32)
	175.5	in the more] lying latent in the more (Perry, *Problem*, 9.37)
	175.6	members is going] members of the teaching and supervising staff and now going (Perry, *Problem* 9.33–34)

《作为普遍服务的教育》

	184.22	loose with] loose — persons freed from oppression, with (Wood, *Evening Bulletin*, 5:4.95–96)
	184.22–23	come in] come in in (Wood, *Evening Bulletin*, 5:4.98)
	184.28	service] training (Wood, *Evening Bulletin*, 5:4.105)
	187.8	nor] or (Goodrich, *New York Tribune*, 6:2.100)
	187.10	Something] Something else (Goodrich, *New York Tribune*, 6:2.102–3)

《论理解德国精神》

	225.22	the great] a great rebellion and (Muirhead, *German Philosophy*,

	3.4-5)
229.17	of] for (Francke, "The True Germany," 556.41)

《和平主义的未来》

266.25	activity] political activity (Addams, "Patriotism and Pacifists," 187:1.17-18)
266.30	not indifference] not isolation, not indifference (Addams, "Patriotism and Pacifists," 190:2.52-53)

《为农庄征募》

299.13	ten] 10 (Claxton, "School Gardening," 518:2.20)
299.14	five] 5 (Claxton, "School Gardening," 518:2.22)

《职业教育》

304.15	is] are (Lapp and Mote, *Learning to Earn*, 52.13)

《德国精神的悲剧》

305.13	themselves] itself (Santayana, *Egotism*, 30.25)
305.29	to materials] to the materials (Santayana, *Egotism*, 103.21-22)
306.30	which can] that can (Santayana, *Egotism*, 161.13)
306.31	echoes — may not this] echoes, or that can generate internal dramas of sound out of its own resources — may this not (Santayana, *Egotism*, 161.13-15)
306.32	than a] than that of a (Santayana, *Egotism*, 161.16)
307.3	Leibnitz] Leibniz (Santayana, *Egotism*, 35.5)
307.6	Kant] he (Santayana, *Egotism*, 35.8)
307.8	Leibnitz] Leibniz (Santayana, *Egotism*, 35.11)
307.23	strong, sane] strong and sane (Santayana, *Egotism*, 139.4-5)
307.26-27	intuition was] intuition, the corner-stone of his philosophy, was (Santayana, *Egotism*, 121.1-2)

《赫伯特·乔治·威尔斯，神学编码》

311.4	pass into it or not] pass wholly into it or no (Santayana, *Life of Reason*, 6.18)
311.18	but a scribe] but scribe (Wells, *God the Invisible King*, 171.8)
311.20	upon — I have] upon, have (Wells, *God the Invisible King*, 171.11)
312.4-5	to no] to no revelation, no (Wells, *God the Invisible King*, 19.4)

	312.5	to no mystery] no mystery (Wells, *God the Invisible King*, 19.5)
	313.25	duties; a constant] duties; a constant attempt to be utterly truthful with oneself, a constant (Wells, *God the Invisible King*, 106.8–10)
515	313.28	indolence, against] indolence, against vanity, against (Wells, *God the Invisible King*, 106.14)
	314.5	himself. His] himself. He is still a masterless man. His (Wells, *God the Invisible King*, 83.18–19)

《〈实验逻辑论文集〉序言》

354.33	promising ones were] promising were (James, *Principles of Psychology*, 665.30)
354.36	ones] systems (James, *Principles of Psychology*, 666.1)
355.28–29	imitated or rendered] rendered or imitated (Santayana, *Interpretations*, 264.6–7)
362.24	true. The] true; if not, the judgment is erroneous. The (Sheldon, "Review," 101.21–22)

杜威所引用的参考书目

杜威所引用的参考书目中的标题和作者的名字已经得到更正和补充,以便与原作品中的标题、名字完全一致;所有的更正都在校勘表中。

这个部分给出杜威所引用的所有著作的完整的出版信息。当杜威给出作品的页码作为参考文献时,通过确定这些引文的确切位置,杜威所使用的文献版本也可以被确定。同样的,杜威自己私人图书馆中的书也已经被用来核实他所使用的特定著作版本。而对于其他的一些参考书,这里所罗列的版本乃是他可以获得的诸多版本中的一种。按照出版的时间、地点,按照信件和其他材料中的证据,按照它们在那个时代的普及性,这些版本是最符合他要求的。

Addams, Jane. "Patriotism and Pacifists in War Time." *City Club Bulletin* (Chicago) 10(1917):184–190.
American Association of University Professors. "Constitution." *Bulletin of the American Association of University Professors* 2 (March 1916):20–23.
———. "Report of the Committee of Inquiry on the Case of Professor Scott Nearing of the University of Pennsylvania." *Bulletin of the American Association of University Professors* 2 (May 1916):3–57.
American Federation of Teachers. "Resolution adopted by the American Federation of Teachers in Convention Assembled, Chicago, December 30, 1916." *American Teacher* 6(1917):16.
Antin, Mary. *The Promised Land.* Boston: Houghton Mifflin Co., 1912.
Aristotle. *The Metaphysics of Aristotle.* Translated by the Rev. John H. M'Mahon. London: George Bell and Sons, 1889.
———. *The Nichomachean Ethics of Aristotle.* 2d ed. Translated by F. H. Peters. London: Kegan Paul, Trench and Co., 1884.
———. *On the Parts of Animals.* Translated by William Ogle. London: Kegan Paul,

Trench and Co., 1882.

———. *The Organon, or Logical Treatises, of Aristotle*. Vol. 1. Translated by Octavius Freire Owen. London: H.G. Bohn, 1853.

James, William. *Essays in Radical Empiricism*. New York: Longmans, Green, and Co., 1912.

———. *The Principles of Psychology*. Vol. 2. New York: Henry Holt and Co., 1893.

———. "The Pragmatic Method." *Journal of Philosophy, Psychology and Scientific Methods* 1(1904):673–687.

Kallen, Horace M. "Value and Existence in Philosophy, Art, and Religion." In *Creative Intelligence: Essays in the Pragmatic Attitude*, pp. 409–467. New York: Henry Holt and Co., 1917.

Kant, Immanuel. *Immanuel Kant's Critique of Pure Reason*. Translated by F. Max Müller. London: Macmillan and Co., 1881.

———. *Kant's Critique of Practical Reason and Other Works on the Theory of Ethics*. 3d ed. Translated by Thomas Kingsmill Abbott. London: Longmans, Green, and Co., 1883.

Kipling, Rudyard. *The Seven Seas*. Garden City, N.Y.: Doubleday, Page and Co., 1912.

Lapp, John A., and Mote, Carl H. *Learning to Earn: A Plea and a Plan for Vocational Education*. Indianapolis: Bobbs-Merrill Co., 1915.

Locke, John. *An Essay concerning Human Understanding*. New rev. ed. Edited by Thaddeus O'Mahoney. London: Ward, Lock, and Co., 1881.

"A Looker-On in Babylon." Letter. *Educational Review* 51(1916):310–313. [*Middle Works* 10:450–452.]

MacDonald, William. "The American Association of University Professors." *Nation* 102(1916):49–50.

Mill, John Stuart. *A System of Logic, Ratiocinative and Inductive; Being a Connected View of the Principles of Evidence and the Methods of Scientific Investigation*. New York: Harper and Bros., 1850.

Morris, George Sylvester. *British Thought and Thinkers: Introductory Studies, Critical, Biographical and Philosophical*. Chicago: S.C. Griggs and Co., 1880.

Mote, Carl H., and Lapp, John A. *Learning to Earn: A Plea and a Plan for Vocational Education*. Indianapolis: Bobbs-Merrill Co., 1915.

Muirhead, John Henry. *German Philosophy in Relation to the War*. London: John Murray, 1915.

Münsterberg, Hugo. "Psychological Atomism." *Psychological Review* 7(1900):1–17.

Peirce, Charles Sanders. "Deduction, Induction, and Hypothesis." *Popular Science Monthly* 13(1878):470–482.

———. "The Fixation of Belief." *Popular Science Monthly* 12(1878):1–15.

———. "How to Make Our Ideas Clear." *Popular Science Monthly* 12(1878):286–302.

———. "Issues of Pragmaticism." *Monist* 15(1905):481–499.

——. "Pragmatism." In *Dictionary of Philosophy and Psychology*, edited by James Mark Baldwin, 2:321–322. New York: Macmillan Co., 1902.
——. "The Probability of Induction." *Popular Science Monthly* 12(1878):705–718.
——. "What Pragmatism Is." *Monist* 15(1905):161–181.
Perry, Arthur C., Jr. *The Problem Confronting the New Board of Education of The City of New York*. New York, 1917.
Pine, John Buckley. *Columbia College in the City of New York: Charters, Acts and Official Documents together with the Lease and Re-lease by Trinity Church of a Portion of the King's Farm*. New York, 1895.
Robinson, Daniel Sommer. "An Alleged New Discovery in Logic." *Journal of Philosophy, Psychology and Scientific Methods* 14(1917):225–237. [*Middle Works* 10:415–430.]
Royce, Josiah. *The Religious Aspect of Philosophy: A Critique of the Bases of Conduct and Faith*. Boston: Houghton Mifflin Co., 1885.
——. *The World and the Individual*. First Series: The Four Historical Conceptions of Being. New York: Macmillan Co., 1900.
——. "The Eternal and the Practical." *Philosophical Review* 13(1904):113–142.
——. "Kant's Relation to Modern Philosophic Progress." *Journal of Speculative Philosophy* 15(1881):360–381.
——. "Schiller's Ethical Studies." *Journal of Speculative Philosophy* 12(1878):373–392.
Russell, Bertrand. *Our Knowledge of the External World as a Field for Scientific Method in Philosophy*. Chicago: Open Court Publishing Co., 1914.
Santayana, George. *Egotism in German Philosophy*. New York: Charles Scribner's Sons, 1916.
——. *Interpretations of Poetry and Religion*. New York: Charles Scribner's Sons, 1900.
——. *The Life of Reason; or the Phases of Human Progress*. Vol. 3. New York: Charles Scribner's Sons, 1905.
Schurman, Jacob Gould. "Faculty Participation in University Government." *Science* 36(1912):703–707.
Sheldon, William Henry. "Review of John Dewey, *Studies in Logical Theory*." *Journal of Philosophy, Psychology and Scientific Methods* 1(1904):100–105.
Sidgwick, Alfred. *Fallacies. A View of Logic from the Practical Side*. New York: D. Appleton and Co., 1884.
Spencer, Herbert. *First Principles*. 3d ed. A System of Synthetic Philosophy, vol. 1. London: Williams and Norgate, 1875.
Tarde, Gabriel de. *The Laws of Imitation*. Translated by Elsie Clews Parsons. New York: Henry Holt and Co., 1903.
Thomas, William Isaac. "The Province of Social Psychology." *American Journal of Sociology* 10(1905):445–455.
U.S., Congress, Senate, Committee on Military Affairs. *Universal Military Training: Hearing on S. 1695*, 64th Cong., 2d sess. Washington, D.C.:

Government Printing Office, 1917.

Wells, H.G. *God the Invisible King*. New York: Macmillan Co., 1917.

Wenley, Robert Mark. *The Life and Work of George Sylvester Morris*. New York: Macmillan Co., 1917.

Wood, Leonard. *Evening Bulletin* (Philadelphia), 11 March 1916, p.5.

索引①

Absolute Idea：绝对理念
    history as immanent evolution of, 224, 历史作为一种绝对理念之内在演化
Absolute Rational Whole：绝对理性的整体
    Royce on, 80, 罗伊斯论绝对理性的整体
Absolutism：绝对论
    Royce's trasition to, 84, 罗伊斯向绝对论的转变
Act：行为
    Bain on nature of, 108n, 贝恩论行为的属性
Action：行动
    Bergson and Spencer on, 69—70, 柏格森与斯宾塞论行动；Perice on, 77, 皮尔士论行动
Addams, Jane：简·亚当斯
    her statement of pacifist position, 266—267, 她从一个和平主义者立场上所作的陈述
Adjustment：as acting upon the environment, 8, 9；调整：作为一种施加于环境的行动
Agnosticism：不可知论
    growth of, due to problem of relation of subject and object, 24, 不可知论的发展取决于主客关系的问题
Agnostic positivism, 38, 不可知的实证主义
Alexander the Great, 237, 亚历山大大帝

Alogism：非逻辑主义
    Royce's rejection of, 80, 罗伊斯对非逻辑主义的拒斥
Ambassadors Plenipotentiary of the Invisible King, 313, 隐形王的全权大使
Ambulatory, 12, 流动
American Association of University Professors, ix, xxxix, 165, 370, 371—372, 373, 374—376, 450—452, 美国大学教授协会
American Civil Liberties Union：美国民权联盟
    Dewey's activity in, ix, xxxix, 杜威在美国民权联盟的活动
American Federation of Teachers, 370, 全美教师联盟
American history：美国历史
    need for teaching of, as reflection of European movements, 193—195, 需要教授美国历史作为对欧洲运动的反思
American Philosophical Association, 447, 美国哲学协会
American Psychological Association：美国心理学协会
    founding of, 53, 美国心理学协会的成立
Analytic logic, 335, 分析逻辑
Analytic realism, 90, 分析实在论
Anticipation：期望

---

① 本索引的每个条目后所附的页码均为英文原版书页码，即本书边码。——译者

文本研究资料　431

as dominant quality of experience, 10, 作为经验的支配性特征

Antin, Mary：玛丽·安廷
Promised Land, 184,《允诺之地》

A posteriori：后天的
as chief issue of philosophy, 14, 作为哲学的主题; Russell on, 93, 罗素论后天的

Appearance：呈现
need for philosophy's divorce from problem of, 46, 哲学从问题的呈现中分离出来的需要

A priori：先天的
as chief issue of philosophy, 14, 作为哲学的主题; mistaken application of, to pragmatism, 44, 错误地将先天应用到实用主义上; Russell on, 93, 罗素论先天的

A priorism：一种先验论
British empiricism as, 48, 英国经验论作为一种先验论

Aristotelian realism, 345, 亚里士多德主义的实在论

Aristotle：亚里士多德
Dewey's reply to robinson on, 100—101, 杜威对罗宾逊论亚里士多德的答复; on knowing process, 368; 亚里士多德论认知过程; *The Doctrine of the Practical Syllogism*, 416, 实践三段论原理; mentioned, 109, 110, 111, 被提及

Arnold, Mattew：马修·阿诺德
on American culture, 403, 论美国文化

Art：艺术
Santayana on, 307, 桑塔亚那论艺术

Atomistic pluralism, 107, 原子论多元主义

Austrian school of "folk-psychologists", 57, 奥地利的"民族心理学"学派

Bacn, Francis, 弗朗西斯·培根

Bain, Alexander：亚历山大·贝恩
on nature of act and of thought, 108n, 论行动和思想的属性; G. S. Morris on, 112, G·S·莫里斯论贝恩; mentioned, 417, 被提及

Baldwin, James Mark：詹姆士·马克·鲍德温
Tarrde's influence on, 54, 塔尔德对鲍德温的影响; mentioned, 74, 被提及

Balfour, Arthur James：亚瑟·詹姆斯·贝尔福
on choice of end as ethical, 83, 论伦理目标的选择

Beard, Charles Austin：查尔斯·奥斯丁·比尔德
resignation of, from Columbia University, xxxiv, 165, 166, 比尔德从哥伦比亚大学辞职; on civics text-books, 194; 关于公民学的教科书

Behavioristic movement：行为主义运动
influence of, on development of social psychology, 56—58, 行为主义运动在社会心理学发展上的影响

Belgium：比利时
Germany's invasion of, 218, 269, 德国入侵比利时

Belief：信念
Peirce on, 74—75, 皮尔士论信念

Bentham, Jeremy：杰里米·边沁
political psychology of, 271, 政治心理学

Bergson, Henri：亨利·柏格森
on "pure" memory, 36n, 论"纯粹"记忆; his idea of ultimate and absolute flux, 38, 他关于最终和绝对的流动的观念; his thought compared to Spencer's, 67—70, 他的思想与斯宾塞的思想相比; mentioned, 13n, 243, 被提及

Bernhardi, Friedrich von, 221, 弗里德里希·冯·伯恩哈迪

Big Brother Associations, 313, 独裁者的联合

Biological continuity：生物上的连续性

effect of theory of, on philosophy of experience, 14, 生物连续性理论在经验哲学上产生的影响; knowledge viewed in terms of doctrine of, 24, 依照生物连续性的原则来看待知识; effect of, on idea of subject of experience, 25, 生物连续性在经验主体观念上产生的影响

Biology: 生物学
  contribution of, to idea of experience, 25, 生物学对经验观的贡献

Bismarck, Otto von, 287, 奥托·冯·俾斯麦

Bode, Boyd H.: 博伊德·鲍特
  Dewey's letter to, on pragmatism, xi, 杜威写给鲍特的论实用主义的信; Dewey's letter to, on normatives, xxii, 杜威写给鲍特的论规范化的信; mentioned, 28n, 被提及

Bosanquet, Bernard: 伯纳德·鲍桑奎
  on judgment, 107—108, 论判断; *Knowledge and Reality*, 427, 《知识与实在》; *Logic*, 428, 《逻辑》; mentioned, 420, 被提及

Bradley, Francis Herbert: 弗朗西斯·赫伯特·布拉德利
  on judgment, 108n, 论判断; mentioned, 417; 被提及

Brady, James H., 383, 386, 387, 388, 389, 390, 391, 392, 詹姆斯·H·布莱迪

Brewster, James H., 370, 詹姆斯·H·布鲁斯特

British empiricism: 英国经验论
  as a *priorism*, 48, 作为一种先验论; mentioned, xxv; 被提及

British Thought and Thinkers (Morris), 110, 《英国思想和思想家》(莫里斯)

Brocken, 21, 布罗肯

Browning, Robert, 118, 罗伯特·勃朗宁

Bryan, William Jennings, 261, 威廉·詹宁斯·布莱恩

Caesar, Julius, 237, 朱利亚斯·凯撒

Call, 293, 命令

Carlyle, Thomas, 175, 托马斯·卡莱尔

Carnegie, Andrew, 261, 安德鲁·卡内基

Categorical imperative: 范畴的绝对命令
  England's acceptance of, 224, 英国对范畴的绝对命令的接受

Chamberlain, George E., 377, 387, 392, 393, 乔治·E·张伯伦

Chamberlain bill, 378, 388, 389, 张伯伦法案

Change: 变化
  Dewey's concept of, xxvii–xxviii, 杜威的变化概念

Chemistry: 化学
  teaching of, in high school, 134—136, 高中的化学教学

Chicago Federation of Teachers, 170, 芝加哥教师联合会

Child labor: 童工
  movement for abolition of, 125, 废止童工运动

Children: 儿童
  how they can help in war effort, 296—300, 他们如何在战争中提供帮助

Christian Endeavor Societies, 313, 基督徒奋进会

Classes: 分类
  Russell on, 96, 罗素论分类

Classic idealism: 古典观念论
  success of, in England during nineties, 223, 224—225, 19世纪古典观念论在英国的成功

Claxton, P. P., 299, P·P·克莱克斯顿

Coercion, 强迫; see Force, 见力量

Cognitive noting: 认知性标注活动
  experience as, 34—35, 经验作为认知性标注活动

Collective mind: 集体心理
  Durkheim school of, 60, 研究集体心理的

涂尔干学派
Columbia University, 164, 166, 哥伦比亚大学
Committee on Academic Freedom and Tenure of the American Association of University Professors, 270, 美国大学教授协会的学术自由与终身教职委员会
Committee on Public Information: 公共信息委员会
  National Service Handbook reviewed, 315—316,《国家服务手册》评论
Committee on University Ethics, American Association of University Professors, 373—376, 大学伦理委员会, 美国大学教授协会下属的大学伦理委员会
Common sense: 常识
  philosophy's isolation from, 39—42, 哲学从常识中分离出来
Common-sense dualism: 常识的二元论
  growth of, due to problem of relation of subject and object, 24, 由于主客关系问题而发展的常识的二元论
Community: 共同体
  doctrine of, in Royce's later work, 84n, 罗伊斯后期作品中的共同体原则
Complex-simple category: 复杂-简单范畴
  Russell on, 96—97, 罗素论复杂-简单范畴
Compulsory universal military training: 普遍的强制性军事训练
  Dewey's views on, xxxv–xxxvii, 杜威在普遍的强制性军事训练上的观点; Dewey's statement at hearing on, 377—393, 杜威在关于普遍的强制性军事训练听证会上所作的陈述
Condorcet, Marie Jean Antoine: 马里埃·让·安托万·孔多塞
  The Progress of the Human Mind, 57,《人类精神进步》
Conjoining, 12, 结合

Connexion: 联系
  as exhibited in experience, 11—12, 12n, 在经验中表现出来的联系; as same as inference, 16, 与推论相同的联系; objective idealism's recognition of genuineness of, 19, 客观的观念论对联系之真实性的认识
Conscience: 良知
  in relation to joining the war, 260—264, 良知与加入战争的关系
Conscientious objectors, xxxviii, 262—264, 有良知的反对者
Conscious: 有意识的
  as figuring within the inferential function, 66, 在推断性功能中表现出的有意识的
Consciousness: 意识
  as supernatural, 25, 超自然的意识; defined, 28, 清晰确定的意识; Royce on, 85—86, 罗伊斯论意识; as small portion of experience, 323, 意识作为经验的一小部分; Montague on, 326n, 蒙特奇论意识
Conscription: 征召
  of thought, 276—280, 思想的征召; mentioned, 263; 被提及
Continental Rationalism, xxv, 大陆理性主义
Continuity: 持续性
  Francke on, 226, 法兰克论持续性
Cornell University, 165, 康奈尔大学
Crowed: 大众
  psychology of, 55, 大众心理学
Crusoe, Robinson, 91, 鲁宾逊·克鲁索
Culture: 文化
  role of education in transmitting, 196—201, 教育在文化传播中扮演的角色

Dante Alighieri, 359, 但丁
De Interpretatione, 101n,《解释》
Democracy: 民主
  political aspect of, 137—138, 民主的政治

方面；need of industrial education in industrial, 137—143, 工业民主社会中的实业教育的需要；social and moral, as same, 138, 同样社会和道德的；education as necessary to, 138—139, 教育对民主而言是必要的；effect of science on, 199；科学对民主的作用

Descartes, René：笛卡尔

his view of knowledge as medieval, 22, 他关于中世纪知识的看法；*Rules for the Direction of Mind*, 90,《探求真理的指导原则》mentioned, 3, 429, 被提及

De Witt Clinton High School：德·怀特·克林顿高中

trial of teachers at, 158—163, 173—177, 对德·怀特·克林顿高中老师的审判；strike of pupils at, 176；学生罢课

Ding-an-sich：物自体

Royce's rejection of, 84, 罗伊斯对物自体的拒斥

Disjoining, 12, 分离

Drake, Durant：杜兰特·德拉克

his misunderstanding of Deweyan empirical pluralism, xxv, 他对杜威经验多元论的误解；his theory of perception, 64—66, 他的感知理论；"What Kind of Realism?" 431—438, 何种实在论；"A Cul-de-Sac for Realism", 439—449, 一个实在论的死胡同

Dreams：梦

as effect of consciousness upon "real object", 25—27, 作为"真正的客体"的意识效果；neo-realists on, 39, 新实在论者论梦

Duration：绵延

Bergson's concept of, 68—69, 柏格森的绵延概念

Durkheim school of collective mind, 60, 研究集体心理的涂尔干学派

Duty：责任

Kant on, 226—227, 228, 康德论责任

Dynamic connexion：动态联系

as exhibited in experience, 11—12, 12n, 经验中的动态联系；as same as inference, 16, 与推论一样；objective idealism's recognition of genuineness of, 19, 客观观念论对于动态联系真实性的认识

Education：教育

Dewey's philosophy of, xxix-xxx, 杜威的教育哲学；Dewey's views on vocational, xxx-xxxii, 杜威对职业教育的看法；nationalizing of, xxxii-xxxiii, 教育国家化

current tendencies in, 116—120, 当前教育中的趋向；experimentation in, 121—124, 教育中的试验；federal aid to elementary, 125—129, 对初等教育的联邦资助；need of industrial, in industrial democracy, 137—143, 工业社会中的实业教育的需要；general, not adapted to needs of industrial society, 141, 不适应工业社会需要的通识教育；need for laboratory methods in, 142—143, 教育中对实验室方法的需要；place of vocational, in comprehensive scheme of public, 144—150, 实业教育在广泛的公共系统中的位置；elementary, as poor scheme of vocational, 145, 作为一个贫乏职业教育方案的基础教育；trade, 148, 行业教育；meaning of liberal, 156, 自由教育的意义；public, on trial, 173—177；受审的公共教育；types of, in England and Germany, 178—182, 英国和德国的教育类型；need for combination of scientific and humanistic, in United States, 181—182, 在美国融合科学和人文教育的需要；universal military service as, 183—190, 作为教育

的普遍兵役；isolationism taught by American system of, 193—195, 美国教育体系教导的孤立主义；role of, in transmitting culture, 196—201, 教育在文化传播中的作用；role of, in developing positive, aspects of nationalism, 203—210, 教育在发展国家主义正面方面中的作用；organization in American, 397—411, 美国的教育组织, 效率作为力量的组织

Efficiency movement in education, 118—119, 教育中的效率运动

Egotism in German Philosophy（Santayana）:《德国哲学中的唯我主义》（桑塔亚那）
　reviewed, 305—309, 评论

Ejective inference, 19, 向外的推论

Eleatic pluralism, 32n, 爱利亚学派的多元论

Elementary education：基础教育
　federal aid to, 125—129, 对基础教育的联邦资助；science teaching in, 131, 基础教育中的科学教学；as poor scheme of vocational education, 145—146, 作为一个贫乏职业教育方案的基础教育

Elliot, Charles William, 250, 查尔斯·威廉·埃利奥特

Elliott, John Lovejoy, 377n, 约翰·洛夫乔伊·艾略特

Emerson, Ralph Waldo, 188, 拉尔夫·瓦尔多·爱默生

Emotion：情绪
　as guiding man's life, 238—239, 引导人们的生活

Empirical logic, 335, 实证逻辑

Empirical pluralism, xxv, 64, 经验的多元论

Empiricism：经验主义
　contrasted with rationalism, 5—23, 与理性主义相对；as opposed to rationalism, 12, 与理性主义相反；of Hume, 12—13, 休谟的经验主义；of Kant, 12—13, 康德的经验主义；effect of Kantianism on, 13；康德式经验主义的效果；modern view of role of intelligence in, 14, 理智在经验主义中所起作用的现代观点；its view of thought, 16, 经验主义关于思想的观点；revolt against, in England, 223, 英国对经验主义的背叛

Energy：能量
　as force, 212, 作为力量；defined, 246, 确定的

Engineering：工程学
　need for recognition of its human bearing, 155—156, 认识工程学对人类影响的需要

England：英国
　edication in, as humanistic, 178—179, 181, 英国的人文教育；its justification for war, 219, 为战争辩护；its misunderstanding of Germany, 221, 对德国的误解；its acceptance of German idealism, 223; 224—225, 英国对德国观念论的接受

Enlightenment, 18; 启蒙

Environment：环境
　as favorable or hostile to life-activities, 7—10, 11, 有利于生命行为的或不利于生命行为的；unpredictability of, 16, 环境的不可预知性；native capacity related to control of, 56, 与环境控制相关的原初能力

Epistemological dualism：认识论的二元论
　Drake's defense of his, 439—449, 德拉克对其认识论的二元论的辩护；mentioned, 64, 66; 被提及

Epistemological monism：认识论的一元论
　Drake's attack on, 439—449, 德拉克对认识论的一元论的攻击；mentioned, 64, 66, 被提及

Epistemology：认识论
　problem of knowledge in, 21—37, 认识论中的知识问题；concept of neutral in,

49—52，认识论中的中立概念

Errors：错误
    as effect of consciousness upon "real object", 25—27，作为意识作用于"真实对象"的效果；neo-realists on, 39，新实在论者论错误

Essays in Experimental Logic：《实验逻辑论文集》
    prefatory note to, 319，《实验逻辑论文集》序言；introduction to, 320—365，《实验逻辑论文集》引言；added note as to the "practical" in, 366—369，对《实验逻辑论文集》中的"实践的"一词的补充注释

Essays in Radical Empiricism (James), 50n, 51，《彻底经验主义》（詹姆斯）

Essences and subsistence's, 93，本质和实体

Ethical Culture School, 377n，伦理文化学校

Ettinger plan, 148，伊廷规划

Evangelical Protestant tradition, 262，福音派的新教传统

Evidence: as accompanying inference, 90，证据：与推论相同一

Evolution：进化
    effect of doctrine of, on philosophy of experience, 14，进化原则对经验哲学的影响；knowledge viewed in terms of doctrine of, 24，依照进化原则看待知识；effect of, on idea of subject of experience, 25，进化对经验主体观念的影响；as adapted to concept of mind as original datum, 60，被用来调和作为原初材料的心灵概念；Spencer's theory of, 67—68, 69，斯宾塞的进化理论；effect of, on Royce's philosophy, 80n，对罗伊斯哲学的影响；general interest in, 152, 153，对进化的普遍兴趣；doctrine of, used to sanction automatic progress, 238，用于支持自动进步的进化原则；mentioned, 240；被提及

Ewer, B., 446n, B·艾维尔

Experience：经验
    orthodox view of, contrasted with pragmatic view of, xi-xiii, 5—13，与实用主义相对的传统经验观点；biology's contribution to idea of, 6—7，生物学对经验观念的贡献；environment as favorable or hostile to, 7—10，环境作为有利或不利经验的因素；effect of doctrine of evolution on philosophy of, 14，进化原则对经验哲学的影响；place of intelligence in 15—21，理智在经验中的位置；conception of bearer of, as outside the world, 21—24, 25，作为外在于世界的经验载体概念；as always a mode of knowing, 34—35，总是作为一种认知模式；James's concept of pure, 50—52，詹姆斯的纯粹经验概念；two types of, 320—321，两种经验类型；some element of reflection required of, 321—322，经验需要的一些反思因素；non-reflectional types of, 322—324，经验的非反思性类型；discussion of types of, where reflection is of prime concern, 322—365，在反思作为最初关切时对经验类型的讨论

Experimental method：实验方法
    use of, in new type of psychology, 58—63，在崭新心理学类型中应用实验方法

Experimental schools, 121—124，实验学校

External world：外在世界
    as outstanding problem of orthodox empiricism, 18—21，在正统的经验主义中作为一个突出的问题

Farming：农业活动
    done by school cildren to help war effort, 296—297，学校儿童从事的用以帮助战争的农业活动

Farm labor shortage, 296—297，农业劳动力短缺

Federal aid to elementary education, 125—129, 对初等教育的联邦资助劳工工会

Feeling: 感觉
　objective idealism's view of, as impotent, 19, 客观观念论将感觉当作是无效的

Fichte, Johann Gottlieb, III, 221, 223, 226, 306, 约翰·戈特利布·费希特

"Folk-psychoogists": 民族心理学
　Austrian and German schools of, 57, 奥地利和德国的"民族心理学"学派

Food shortage, 296, 食物短缺

Force: 力量
　Dewey's concept of, xxviii-xxix, 杜威的力量概念; misuse of, when intelligence is suborned, 21, 当理智被教唆时对力量的滥用; Spencer's conception of, 68, 斯宾塞的力量概念; related to violence and law, 211—215, 与暴力和法律相关的力量; Germany's adoption of, as its own justification, 220, 221—222, 德国将力量当作其借口; relationship of, to law, 244—251, 力量与法律的关系

France: 法国
　its justification for war, 219, 它为战争所做的辩护; its unpreparedness for war, 220, 它对战争毫无准备; its extensive writings on Germany, 222—223, 大量讨论德国的法国作品

Francke, Kuno: 库诺·法兰克
　on continuity of German mind, 225—226, 论德国精神的连续性; on Germany's exaltation of the state, 227—228, 论德意志国家实力的提升; on ceaseless striving as distinctively German, 229, 论德国独特的不断努力

Freedom: 自由
　American conception of, as incompatible with German duty, 228, 美国的自由概念与德国的责任概念是不相容的

Frege, Gottlob, on mathematical number, 95, 戈特洛布·弗雷格: 论数学中的数字

French school of imitation, 60, 法国模仿学派

Gary system of education, 175, 教育的加里系统

General: 普遍性
　Peirce on, 72—74, 皮尔士论普遍性

General Education Board, 123, 普通教育委员会

General science: 普通科学
　teaching of, in high school, 132, 高中的普通科学教学

German nationalistic dogma, 47, 德国的国家主义教条

German philosophy: 德国哲学
　Santayana on, 305—309, 桑塔亚那论德国哲学

German school of "folk-psychologists", 57, 德国的"民族心理学"学派

German school of volk-geist, 60, 德国的"民族心理学"学派

Germany: 德国
　war with, 158, 与德国的战争; specialized nature of education in, 179—181, 德国教育的专业化特点; White Book of, 180, 德国的白皮书; Address to the Civilized World of, 180, 对德国文明世界的演讲; on understanding the mind of, 216—233, 理解德国精神; its invasion of Belgium, 218, 德国入侵比利时; its acceptance of Nietzschean myth, 220, 接受尼采式的神话; self-righteous idealism of, 220, 222, 自我正当的德国观念论; England's misunderstanding of, 221—225, 英国对德国的误解; France's knowledge of, 222—223, 法国对德国的认识; America's philosophical difference from, 228, 美国与德国在哲学上的差异; ceaseless striving as distinctive to,

229—230，德国独特的不断努力；as possessing undisciplined mind of Middle Ages, 231—233，就像具有中世纪的放任精神；Wilson's policy toward, 252，威尔逊的德国政策；America's hesitation to join war against, 256—259，美国犹豫参加反对德国的战争；as example of completely integrated political nationalism, 287，作为完全整合政治国家主义的一个例子；attempt of, to extirpate Polish culture, 288，试图根除波兰文化；Santayana on philosophy of, 305—309，桑塔亚那论德国哲学；features of education in, 397—400，德国教育的特征

Gladstone, William Ewart, 287，威廉·尤尔特·格莱斯顿

God the Invisible King (Wells)：《上帝，隐形之王》（威尔斯）
  reviewed, 310—314，评论

Goethe, Johann, 226, 306，歌德

Gompers, Samuel, 146，赛缪尔·甘普

Goodrich, Caspar F.：卡斯帕·F·古德里奇
  on universal military training, 187，论普遍军事训练

Great Britain：大不列颠
  as representative of rights of small nationalities, 287，作为小的民族国家的权利的代表

Greek philosophy：希腊哲学
  on two kinds of existence, 40，论两种存在

Habit：习惯
  Peirce's early emphasis on, 77，皮尔士早期对习惯的强调

Habit-forming：习惯养成
  as undeniable in experience, 14，是经验中不可否认的要素

Hallucinations：幻觉
  as effect of consciousness upon "real object", 25—27，作为"真正的客体"的意识效果；neo-realists on, 39，新实在论者论幻觉

Handwriting, 117，书写

Hegel, Georg Wilhelm Friedrich：黑格尔
  G. S. Morris's method derived from, 111—113，莫里斯从黑格尔那里获得的方法；his conception of state, 224，他的国家观念；mentioned, 5, 98, 110, 221, 223, 226, 306, 420，被提及

Hegelian dialectical movement, 420，黑格尔的辩证运动

Herder, Johann, 226，约翰·赫尔德

High school：高中
  teaching of general science in, 132，高中的普通科学教学；physics and chemistry teaching in, 134—136，高中的物理和化学教学

Hillquit, Morris, 293，莫里斯·希尔奎特

Historicism：历史主义
  defined in relation to German people, 226，在与德国民众的关系中定义历史主义

Hobbes, Thomas, 62，托马斯·霍布斯

Holt, Edwin B.：埃德温·B·霍尔特
  on entities, 52，论实体；on cntradictions, 326n，论矛盾；mentioned, 444, 445, 448，被提及

Hudson Guild, 377n，哈德森协会

Hughes, Charles Evans: political campaign of, xxvii, 252—255，查尔斯·埃文斯·休斯：休斯的竞选活动

Hume, David：大卫·休谟
  sensationalism of, 12—13，休谟的感觉论；mentioned, 332, 358，被提及

Hyphenism, 205, 232, 294，归化精神

Idealism：理念论
  alliance of, with empiricism on "external world", 18—19，"外在世界"经验主义与理念论的联合；its view of thought,

20，理念论对思想的看法；growth of, due to problem of relation of subject and object, 24, 由于主客关系问题而导致的理念论的发展；as sanction of waste and carelessness, 48, 成为对浪费和疏忽的认可；of G. S. Morris, 111—115, 莫里斯的理念论

Idealistic dialectic：观念论辩证法
related to atomistic pluralism, 107, 与原子论多元主义联系在一起的观念论辩证法

Idealistic logic：观念论逻辑
discussed, 331—336, 被讨论的；relationship of, to realism, 336—337, 与实在论的关系；compared to instrumentalism, 338—365, 与工具主义相比

Ideas：defined, 16, 观念：确定的
Illiteracy, 127, 128, 129, 文盲
Imitation：模仿
school of, in social psychology, 54—55, 社会心理学中的模仿学派；French school of, 60；法国模仿学派

Immigrant population：移民
illiteracy of, 127, 129, 移民中的文盲；argument against compulsory military service for, 183—190, 为移民而反对强制兵役的理由；America composed of, 204—206, 由移民构成的美国

Individual psychology：个体心理学
antithesis of, with social psychology, 55, 与社会心理学的对照

Industrial education：实业教育
Dewey's view of, xxx-xxxii, 杜威关于实业教育的观点；need of, in industrial democracy, 137—143, 工业社会中实业教育的需要

Industry：工业
elements of, unfavorable to democracy, 139—140, 对民主不利的工业因素；use of, to create war conditions, 236, 利用工业以创造战争的条件

Inference：推论
pragmatic notion of, xii-xiii, 实用主义关于推论的观点；Dewey's view of experience, xiii, 杜威经验观念中推论的极端重要性；as invalid in traditional view of experience, 6, 在传统经验观念中是无价值的；as measure of individual's ability to control his future, 15, 16, 衡量个人控制自身将来之能力；as ejective, 19, 向外的；as an occurrence belonging to behavior, 90—97, 作为一种属于行动的事件；Russell on, 93—97, 罗素论推论；discussion of types of experience where it is of prime concern, 322—365, 讨论在推论作为首要关注点时经验的不同类型

Instinctive behavior, 55, 本能行为
Instrumental：工具性的
action as, 45, 行为作为
Instrumentalism：工具主义
compared to idealism and realism, 338—365, 与观念论和实在论相比；defined and discussed, 367—369, 确定的和被讨论的

Intellect：Spencer and Bergson on, 69, 理智：斯宾塞和柏格森论理智
Intellectualism：and voluntarism in Royce's early philosophy, 79—88, 理智主义：罗伊斯早期哲学中的理智主义和唯意志论

Intelligence：理智
pragmatic view of place of, in action, xix-xx, 实用主义关于理智在行动中位置的看法；modern view of role of, in empiricism, 14, 经验主义关于理智作用的现代观点；controversy over place of, in experience, 15—18, 关于经验中理智作用的争议；defined, 16, 确定的；idealism's view of, 19—21, 观念论对理智的看法；pragmatic theory of, 45, 实用主义的理智理论；philosophy's responsibility to provide adequate

conception of, 46—48, 哲学负有给出恰当理智概念的责任; effective use of, as end of science teaching, 130, 有效利用理智作为科学教学的目标; need for, to guide man's progress, 238—243, 需要理智以引导人类的进步; dependence of progress upon, 243, 进步依赖于理智

Introspective psychology: 内省心理学
　　as invalid, in investigation of social facts, 57—58, 在探究社会事实时是无效的

Intuition: 直觉
　　Bergson on, 38, 柏格森论直觉

Isolationism: 孤立主义
　　as produced by American educational system, 193—195, 美国教育体系教导的孤立主义

James, William: 威廉·詹姆斯
　　on "cashing in", 44, 366—367, 论"兑现"; ambiguity in his concept of neutrality, 50—52, 他中立概念的模糊性; behavioristic movement related to, 57, 与之相关的行为主义运动; his introduction into literature of the term pragmatism, 71, 他将实用主义这个术语引入文献; his pragmatism compared to Peirece's pragmaticism, 72—78, 他的实用主义与皮尔士的实用主义相比; his claim for spatiality, 80, 他关于空间性的看法; his influence on Royce's voluntarism, 85, 他对罗伊斯唯意志论的影响; his emphasis upon empirical consequences, 87, 他对经验后果的强调; *Pragmatism*, 417,《实用主义》; mentioned, xiii, xxiii, xxiv, xxv, 12, 439, 被提及

Johns Hopkins University, 110; 约翰霍普金斯大学

Judgment: 判断
　　Dewey's reply to Robinson on, 98—108, 杜威答复罗宾逊关于判断的观点; Robinson on Dewey on, 416—430, 罗宾逊讨论杜威关于判断的观点

Justice: 正义
　　Dewey's analysis of absolutistic notion of, xxxviii, 杜威对正义观念之绝对性的分析; pragmatic regard for future should be applied to, 281—284, 实用主义的对将来的关切将被应用到正义上

Kallen, Horace M., 20n, 27n, 霍勒斯·M·卡伦

Kant, Immanuel: 康德
　　Hume's sensationalism unquestioned by, 12—13, 康德没有质疑休谟的感觉论; Peirce's term pragmatism furnished by, 71, 72, 皮尔士的实用主义术语来自康德; Peirce on his generality of moral action, 74n, 皮尔士论康德关于道德行为的普遍化; Royce on philosophy of, 80, 罗伊斯论康德哲学; his influence on Royce, 83, 84, 86, 康德对罗伊斯的影响; Peirce on, 87, 皮尔士论康德; G. S. Morris's treatment of, 112—113; 莫里斯对康德的处理; on duty, 226—227, 228, 康德论责任; Santayanna on, 306, 307, 桑塔亚那论康德; mentioned, 5, 223, 226, 332, 335, 358, 366, 367, 被提及

Kipling, Rudyard: 罗德亚德·吉普林
　　on American laws, 403, 论美国法律

Klyce, Scudder: 斯卡德·克莱斯
　　on infinity and zero words, 324n-325n, 论"无穷和零"单词

Knights Templar, 313, 圣殿骑士

Knower: 认识者
　　as outside the world, 21—24, 外在于世界; need for philosophy's divorce from problem of, 46, 哲学需要从认识者的问题中摆脱出来

Knowing：认识
　　actual process of，37，实际的认识过程
Knowledge：知识
　　orthodox view of，xiv，传统的知识观点；pragmatic view of，xiv-xvi，实用主义的知识观点；experience as，in orthodox view，6，在传统观点中经验作为知识；effect of doctrine of evolution on theory of，14，进化原则在知识理论上的应用效果；defined，16，确定的；problem of，in epistemology，21—37，认识论中的知识问题；medieval view of，22，中世纪的知识观；spectator theory of，23，26n，知识的旁观者理论；realism's view of，as presentative，26n，实在论知识作为表象的知识观；experience as，34—35，知识作为经验；Spencer and Bergson on，69，斯宾塞和柏格森论知识；effective use of，as end of science teaching，130，知识作为科学教学目标的有效应用；discussion of types of experience where it is of prime concern ，322—365，在知识作为最初关切时对经验类型的讨论

Kultur：文化
　　England's misunderstanding of，221，英国对于文化的误解；expansion of，as object of war in Germany，230，在德国文化的扩张作为战争的目标；mentioned，45，233，287，被提及

Laboratory methods：实验室方法
　　need for，in industrial education，142—143，教育中对实验室方法的需要
Labor unions：劳工工会
　　need for teachers to join，171—172，教师参加劳工工会的需要；mentioned，207，被提及
Laissez-faire philosophy，240—241，242，放任主义哲学
Language：语言

versus science，122，与科学相对
Lapp, John, and Mote, Carl：约翰·拉普和卡尔·莫特
　　Learning to Earn reviewed，303—304，《学会获利》评论
Law：法律
　　Dewey's concept of，xxviii，杜威的法律概念；need for recognition of its human bearing，154—155，需要认识其对人类的影响；related to force and violence，211—215，与力量和暴力相关；relationship of，to force，244—251，与力量的关系
Learning to Earn (Lapp and Mote)：《学会获利》（拉普和莫特）
　　reviewed，303—304，评论
Leibniz, Gottfried Wilhelm：莱布尼茨
　　as contemporary rationalist，18，作为当代的理性主义者；Santayana on，306，307，桑塔亚那论莱布尼茨
Lessing, Gottfried Ephraim，226，戈特霍尔德·埃夫莱姆·莱辛
Liberal education：meaning of，156，自由教育：自由教育的意义
Liége，273，列日
Lippmann, Walter，185，沃尔特·李普曼
Locke, John：洛克
　　on generalization，12，论一般化；mentioned，223，被提及
Logic：逻辑
　　Tarde's important contribution to，54，塔尔德对逻辑的重要贡献；Dewey's reply to Robinson on，98—108，杜威对罗宾逊论逻辑的回应；types of，compared，331—365，相互对照的各种逻辑类型；Robinson on Dewey's critique of，415—430，罗宾逊论杜威对逻辑的批判
Logical atomism：逻辑原子主义
　　as implicit in generalization theory，13，包含在一般化理论中的逻辑原子主义

Logical entities：逻辑实体
　　three theories regarding，89，关于逻辑实体的三种理论；as truly logical，90—97，逻辑实体作为真正逻辑的
Logical neutrality：逻辑上的中立
　　compared to ontological neutrality，49—52，与之相对的存在论上的中立
Lotze，Rudolf Hermann：鲁道夫·赫尔曼·洛采
　　idealistic logic of，331，洛采的观念论逻辑；his aversion to psychology，362，他对心理学的厌恶
Louvain，273，鲁汶
Lovejoy，Arthur Oncken，440，亚瑟·安肯·洛夫乔伊
Lubin，David，298，大卫·鲁宾
Lusitania，221，242，265，272，273，路西塔尼亚号
Luther，Martin，308，马丁·路德

MacDonald，William：威廉·麦克唐纳
　　on the American Association of University Professors，371—372，论美国大学教授协会；mentioned，451，被提及
McDougall，William：威廉·麦克道格尔
　　his contribution to social psychology，54，他对社会心理学做出的贡献；behavioristic movement related to，57，与之相关的行为主义运动
McGilvary，Evander Bradley，444，伊万德·布拉德利·麦基雅维利
Mach，Ernst：恩斯特·马赫
　　influence of on James，51，对詹姆斯的影响
Machine industry：机器工业
　　monotony of，for worker，140，对工人而言机器工业的单调
Manifest destiny，240，彰显的命运
Mathematical number：数学上的数字
　　Frege and Russell on，95，弗雷格和罗素论数学上的数字
Mathematical science：数学科学
　　as strong-hold of rationalism，18，作为理性主义的堡垒
Mead，George Herbert，xxii，乔治·贺伯特·米德
Mechanical element：机械因素
　　as deeply entrenched in schools，118—120，在学校中深刻确立的机械因素
Medicine：need for recognition of its human bearing，155，医学：认识医学对人类影响的需要
Medieval philosophy：中世纪哲学
　　as concerned with ultimate reality，38，40—41，关注最终实在
Megaric logic，90，麦加拉逻辑
Meinong，Alexius，430，阿莱克修斯·美侬
Melting-pot metaphor，184，289，熔炉比喻
Mental-material：精神-物质
　　distinction of，related to concept of neutrality，49—52，与中立概念相关的精神-物质的区分
Middle Ages：中世纪
　　philosophy of concerned with ultimate reality，38，40—41，关注最终实在的中世纪哲学；romanticism's revival of interest in，230，中世纪对浪漫主义兴趣的复苏；undisciplined mind of，possessed by Germany，232，德国具有的那种中世纪的放任精神
Military preparedness：军事战备
　　use of schools to train for，191—195，利用学校为军事战备进行训练
Mill，James，111，詹姆斯·穆勒
Mill，John Stuart：约翰·斯图尔特·穆勒
　　G. S. Morris's judgment of，iii，莫里斯对穆勒的评价；on England's philosophy，224，穆勒论英国哲学；eclipse of，225，穆勒的陨落；political psychology of，271，穆勒的政治心理学；on drawing

inferences，342，穆勒论抓住推论；mentioned，335，被提及

Mind：精神

　　defined，28，确定的；pragmatic theory of，45，实用主义的精神理论；conception of, as antecedently given，58—60，作为预先给定的精神观念；Spencer and Bergson on，69，斯宾塞和柏格森论精神

Mind-body problem of knowing，36—37，认知的心-身问题

Mindstuff：心质

　　Royce's rejection of，80，罗伊斯拒斥心质

Mitchel, John Purroy，175，约翰·普罗伊·米切尔

Modifying，12，修正

Molecular propositions：分子命题

　　Russell on，94，罗素论分子命题

Monism：一元论

　　as piece of dialectics，II，作为辩证法一面的一元论；its conception of social psychology，55，一元论的社会心理学概念

Monistic realism，64，一元论的实在论

Montague, William Pepperell：威廉·派珀雷尔·蒙特奇

　　on consciousness as potential energy，326n，论意识作为潜能；mentioned，437，445，被提及

Moore, Addison Webster，xxii，爱迪生·威斯特·摩尔

Moore, G. E.，xxvii，G·E·摩尔

More, Paul Elmer，197，保罗·埃尔默·莫尔

Morris, George Sylvester：乔治·西尔威斯特·莫里斯

　　Dewey's tribute to，xxx，109—115，杜威向莫里斯致敬

Mufson, Thomas，162，托马斯·穆法森

Muirhead, J. H.：J·H·穆尔哈德

　　on German philosophy，225，论德国哲学

Münsterberg, Hugo：闵斯特伯格

　　"Psychological Atomism"，52，"心理学原子论"

Napoleon III，237，拿破仑三世

National Education Association，196，国家教育学会

Nationalism：国家主义

　　negative aspects of，202—203，国家主义的消极方面；role of education in developing positive aspects of，203—210，教育在发展国家主义积极方面的作用；as connoting a national state，285—291，意味着一个民族国家；nineteenth century as century of，286，19世纪作为国家主义的世纪；its inter-relation to nationality，287，它与民族性的内在关系

Nationality：民族性

　　two meanings of，285—286，两种意义；its inter-relation to nationalism，287，与国家主义的内在关系

National Service Handbook：《国家服务手册》

　　reviewed，315—316，评论

Nature：自然

　　American people's struggle to subdue，206—208，美国人民努力去征服自然；scientific conquest of, as basis of cultural stability，237—238，作为文化稳定性基础的对自然的科学征服

Nature-study movement，132，研究自然的运动

Nearing, Scott，165，斯科特·尼埃林

Negro population：黑人

　　illiteracy of，127，128，129，黑人中的文盲

Neo-Kantian Idealism，xxv，新康德主义观念论

Neo-realism：新实在论

its view of subject and object, 25—42, 关于主体和客体的看法; its doctrine, of isolated and independent simples, 32n, 它关于鼓励、分开的"单一体"的原则; related to idealistic dialectic, 107, 与观念论辩证法相关

Neutral: 中立的
  as logical and ontological, 49—52, 逻辑和存在论上的

Newton, Issac, 359, 牛顿

New York City teachers: 纽约市的教师
  trial of, 158—163, 173—177, 对纽约市教师的审判

Nichomachean Ethics, 416, 尼可马克伦理学

Nietzsche, Friedrich Wilhelm: 尼采
  Germany's use of his philosophy to justify war, 220, 221, 223, 德国利用他的哲学来为战争辩护; Santayana on, 306, 307, 308, 桑塔亚那论尼采; mentioned, 226, 被提及

Non-being: Greek idea of, 12, 非-存在:希腊关于非-存在的观念

Non-resistance doctrine, 249, 非抵抗性的教条

Normatives: 规范
  Dewey's letter to Bode on, xxii, 杜威写给鲍特的信中论规范

Numerical duality in perception, 64, 感知中数字上的二元性

Object: 客体
  Neo-realism's view of, 25—42, 新实在论关于客体的看法

Objective idealisms: 客观的观念论
  as offspring of rationalism and empiricism, 19, 作为理性主义和经验主义产物

Ontological neutrality: 存在论的中立性
  compared to logical neutrality, 49—52, 与逻辑中立性相比

Orders of Prime Ministers, 313, 首相的命令

Organic evolution: 有机体进化论
  effect of, on idea of subject of experience, 25, 对经验主体观念的影响

Organic response: 有机体的回应
  ability of, to achieve positive change, 16, 获得积极变化的能力

Organic retention: 有机体的记忆力
  as undeniable in experience, 14, 作为经验中不可否认的要素

Organon, 368, 工具论

Organum, 367, 工具论

Orthodox view of experience: 经验的传统观点
  contrasted with pragmatic view, xi‐xiii, 与实用主义观点相比

Placifism: 和平主义
  Dewey on, xxxvii‐xxxviii, 杜威论和平主义; failure of, 213—214, 和平主义的失败; future of, 265—270, 和平主义的将来; Jane Addams's statement on, 266—267, 简·亚当斯对和平主义的说明; mentioned, 26, 被提及

Panlogism: 泛逻辑主义
  Royce's rejection of, 80 and n, 罗伊斯对泛逻辑主义的拒斥

Particularism: 特殊论
  of traditionalists, xii‐xiii, 传统主义的特殊论; empiricism's commitment to, 6, 12, 13, 经验主义对特殊论的评价; thought in, 17; 特殊论中的思想

Passive resistance doctrine, 249, 被动的抵抗原则

Paul, Francis, J., 161, 弗朗西斯·J·保罗

Peace movement: 和平运动
  failure of, 213—214, 和平运动的失败; changed feeling about, 260, 和平运动的不同感受

Peirce, Charles S.: 皮尔士
  "Fixation of Belief", 74, "信念的确定";

his influence on Royce，84n，他对罗伊斯的影响；his emphasis upon empirical consequeces，87，他对经验结果的强调；mentioned，xiii，xxiii，xxv；被提及

Penal measures：惩罚措施
 force related to，148，与力量相关的

Perception：感知
 relativity in，29—30，感知的相对性；Durant Drake's theory of，64—66，杜兰特·德拉克的感知理论

Perry, Arthur，174，亚瑟·佩里

Perry, Ralph Barton，440，拉夫·巴顿·佩里

Phenomenalism：现象论
 growth of, due to problem of relation of subject and object，24，由于主客关系问题而导致的现象论的发展；pragmatism not a doctrine of，73，实用主义并非一种现象论的原则

Philosophical Association，50，58，哲学协会

Philosophy：哲学
 changes in, as result of pragmatism，xv-xx，作为哲学改变结果的实用主义；how pragmatic conception of, affects practice of，xx-xxxix，实用主义的哲学概念如何影响哲学的实践；association of, with academic teaching，3—4，哲学与学院教学的结合；intrinsic conservatism of，3—5，哲学固有的保守主义；its surrender of ultimate reality，38—42，它沉溺于最终实在；need for, in dealing with problems of men，46，在处理人类问题时对哲学的需要；responsibility of, to provide adequate conception of intelligence，46—48，哲学在提供恰当理智概念中的责任；as laissez-faire，240—241，242，作为放任主义

Physics：物理学
 teaching of, in high school，134—136，高中的物理学教学

Plato，90，364，柏拉图

Pluralism of Ultimates：终极的多元论
 establishment of, as piece of dialectics，11，建立终极的多元论作为辩证法的一部分

Pluralistic conception of social psychology，56，社会心理学的多元概念

Poetry：诗
 Dewey's mentioned，ix，被提到的杜威的诗

Polish culture：波兰文化
 Germany's attempt to extirpate，288，德国试图根除波兰文化

Political psychology：政治心理学
 purpose of, to manipulate men，271，政治心理学的目标是操作人

Politics：政治
 philosophy's lack in dealing with advances in，3—4，哲学在处理政治发展中的缺席

Power：权力
 Dewey's concept of，xxviii，杜威的权力概念；deification of，48，权力的神圣化；defined，246，确定的

Practical：实践的
 meaning of, for pragmatist，xxiii-xxv，对实用主义者而言实践的意义

Practicalism：实际主义
 Peirce's rejection of，87，皮尔士对实际主义的拒斥

Practical judgments：实践判断
 Dewey's reply to Robinson on，98—108，杜威答复罗宾逊论实践判断

Pragmatic：实用主义的
 Peirce on，366，皮尔士论实用主义的

Pragmaticism：实效主义
 Peirce's, compared to James's pragmatism，72，74，76，皮尔士的实效主义与詹姆斯的实用主义相比

Pragmatisch：实用的

Peirce on，72，皮尔士论实用的
Pragmatism：实用主义
  themes of，in Dewey's writings for 1916—1917，ix - xxxix，杜威作品中的实用主义主题；how it affects practice of philosophy，xxv - xxxix，它如何影响哲学的实践；effort of，to recognize biological science，14，实用主义努力认识生物科学；as narrow，21，当作是狭隘的；as not concerned with Reality，39，当作与实体无关；popular impression of，42—43，对实用主义的流行看法；critics' mistaken ideas on，44，批评者关于实用主义的错误观点；its introduction by James，71，詹姆斯引入实用主义；furnished by Kant to Peirce，71，康德提供给皮尔士的实用主义；Peirce's 71—78，87，皮尔士的实用主义；theory of，as requiring consequences，366—167，需要结果的实用主义理论；instrumentalism as logical version of，367—369，工具主义作为其逻辑上的变形

Praktisch：实践的
  Peirce on，72，皮尔士论实践的
Presence：在场
  Royce on，80，罗伊斯论在场
Presentation：表现
  mechanism of，as constituting act of knowing，36—37，作为建构认知行为的表现机制
Presentative knowledge：表现性知识
  realism's view of，26n，实在论者的看法
Presentative realism，41，表现的实在论
Principles of Psychology（James），50 and n，53，《心理学原理》（詹姆斯）
Probabilities：可能性
  Condorcet's prophecy concerning theory of，57，孔多塞关于可能性理论的预测
Professional studies：专业学习

effect of trend toward vocational education on，151—157，朝向职业教育的专业学习趋向产生的结果
Pro-Germanism，261，265，278，拥护德意志主义
Progress：进步
  Dewey's concept of，xxvii - xxviii，杜威的进步概念；change confused with，234—236，与变化相混淆；its dependence on direction of change，236，取决于改变的方向；ease of social change as condition of，236，社会变化的缓和是进步的条件；application of intelligence to achieve，238—243，应用理智以获得进步
Projection：投射
  psychological mechanism of，314，心理的投射机制
Prussianism，159，普鲁士主义
Prussianization of Germany，179，德国的普鲁士化
"Psychological Atomism"（Münsterberg），52，"心理学原子论"（闵斯特伯格）
Psychology：心理学
  new type of experimental，58—63，实验心理学的新类型；usefulness of，to philosophy，362，心理学对哲学的益处
Public education：公共教育
  place of vocational education in comprehensive scheme of，144—150，公共教育综合方案中职业教育的位置；on trial，173—177，试验中的
Public schools：公立学校
  use of，to train for military preparedness，191—195，296—300，为了军事备战而利用公立学校；role of，in transmitting culture，196—201，在文化传播中扮演的角色；role of，in developing positive aspects of nationalism，203—210，在发展国家主义积极方面中扮演的角色
Public-school system：公共学校系统

need for re-organizing, 303—304, 需要重组公共学校系统; features of American, 399—400, 401—403, 美国公共学校系统的特点; type needed, to fulfill necessities of American state, 404—411, 被要求满足美国国家需要的公共学校系统

Public-school teachers: 公共学校的教师
　　trial of, in New York City, 158—163, 173—177, 纽约市对公共学校教师的审判

Pure experience, 50—52, 纯粹经验

Rationalism: 理性主义
　　contrasted with empiricism, 5—23, 与经验主义相比; effect of Kantianism on, 13, 康德主义对理性主义的影响; its view of thought, 16, 17, 其对思想的看法

Reading: 阅读
　　methods of teaching, 117, 教学方法

Realism: 实在论
　　growth of, due to problem of relation of subject and object, 24, 由于主客关系问题而发展的实在论; its denial of intervention of consciousness in experience, 25—26, 拒斥经验中意识的干涉; its concept of knowledge as presentative, 26n, 其将知识当作表现性的观念; as sanction of legal formalism, 48, 对合法的形式主义的认可; relationship of, to idealism, 336—337, 与观念论的关系; compared to instrumentalism, 338—365, 与工具主义相比; Drake on Dewey's theory of, 431—438, 德拉克论杜威的实在论理论; Drake on his own theory of, 439—449, 德拉克论自己的实在论理论; mentioned, xxv, 被提及

Reality: 实在

philosophy's surrender of ultimate, 38, 哲学放弃最终实在; as not a concern of pragmatism, 39, 并非实用主义所关注的; need for philosophy's divorce from problem of, 46, 哲学需要从实在的问题中挣脱出来; Spencer on, 67—68, 斯宾塞论实在; Peirce on, 75—76, 77—78; 皮尔士论实在

Real time: 真实时间
　　Bergson's concept of, 68—69, 柏格森的真实时间概念

Reason: 理性
　　rationalism's view of, as hyper-empirical, 12, 理性主义者将理性看作超-经验; controversy over place of, in experience, 15—18, 关于经验中理性位置的争论; idealism's view of, 19—21, 观念论者对理性的看法

Reflection: 反思
　　pragmatic view of, xvii - xix, 实用主义对反思的看法; discussion of types of experience where it is of prime concern, 322—365, 在反思作为最初关切时对经验类型的讨论

Relation: 关系
　　ambiguity about internal and external, 12n, 内在关系与外在关系的混淆

Relativism: 相对主义
　　growth of, due to problem of relation of subject and object, 24, 由于主客关系问题而发展的相对主义

Relativity in perception, 29—30, 感知的相对性

Res: 物件
　　importance of, overlooked by philosophers, 322, 被哲学家忽视的物件的重要性; as having focus and context, 323, 具有焦点和语境; mentioned, 343, 被提及

Resisting, 12, 抵制

Retribution: 报复

desire for, in wartime, 281—284, 战争时期的报复欲望

Robinson, Daniel Sommer：丹尼尔·索姆·罗宾逊

 Dewey's reply to, concerning novelties in logic, 98—108, 杜威关于逻辑学中的新事物对罗宾逊的回应；"An Alleged New Discovery in Logic", 415—430, "逻辑学中的一个所谓的新发现"

Rockefeiler School, 124, 洛克菲勒学校

Romanticism：浪漫主义

 restless striving as child of, 229, 230, 不断奋斗是浪漫主义的一个产物；its revival of interest in the Middle Ages, 231, 中世纪对浪漫主义兴趣的复苏

Roosevelt, Theodore, 186, 254, 290, 西奥多·罗斯福

Root, Elihu, 164, 279, 埃利胡·卢特

Ross, Edward Alsworth：爱德华·阿斯沃夫·罗斯

 Tarde's influence on, 54, 塔尔德的影响

Royce, Josiah：约西亚·罗伊斯

 as not a pragmatist, xxiv, 并非一个实用主义者；relationship of voluntarism and intellectualism in his early philosophy, 79—88, 在他早期哲学中唯意志论与理智主义的关系；on Kant's philosophy, 80, 论康德哲学；on thought process, 81, 论思想过程；ideas found in his later writings, 81—82, 他后期作品中的观点；*Religious Aspect of Philosophy*, 82—83,《哲学的宗教视角》；his transition to Absolutism, 84, 他向绝对论的转变；doctrine of Community in his later work, 84n, 他后期作品中的共同体原则；Peirce's influence on, 84n, 皮尔士的影响；James's influence on, 85, 詹姆斯的影响；on the cognitive idea in *The World and the Individual*, 85, 在《世界和个体》中论认知观念；on absolute knowing consciousness, 85—86, 论绝对认知意识；on act of judgment, 87, 论判断行为；on will, 88, 论意志

Rural Education, 127—128, 乡村教育

Russell, Bertrand：伯兰特·罗素

 on the inferential function, 93—97, 论推论功能；mentioned, xxiii, 100, 415, 422, 被提及

St. Louis Congress of Arts and Science in 1904, 56, 1904年圣路易斯艺术和科学大会

Saltatory, 12, 突变

Santayana, George：桑塔亚那

 Egotism in German Philosophy reviewed, 305—309,《德国哲学中的唯我主义》评论；on religion, 311, 论宗教；on expression, 355, 论表达

Schiller, F. C. S.：F·C·S·席勒

 on practical judgments, 417, 418, 论实际判断

Schiller, Johann, 226, 约翰·席勒

School children：学校的孩子们

 how they can help in war effort, 296—300, 他们如何能在战争中进行帮助

Schools：学校

 use of, to train for military preparedness, 191—195, 296—300, 利用学校为军事战备进行训练

Schopenhauer, Arthur, 69, 306, 307, 308, 叔本华

Schurman, Jacob Gould：雅各布·古尔德·舒尔曼

 on attitude of professors toward board of trustees, 165, 166, 论教授们对董事会的态度

Science：科学

 philosophy's lack in dealing with advances in, 3—4, 哲学在处理科学发展中的缺

席；philosophy's isolation from, 39—42, 哲学与科学的分离; versus language, 122, 与科学相对的术语; effect of, on democracy, 199, 科学对民主的作用; effect of, on war, 236, 科学对战争的作用; its conquest of nature as basis of cultural stability, 237—238, 科学对自然的征服作为文化稳定性的基础; discoveries in, as indispensable, to progress, 240, 科学中的发现对进步而言不可或缺

Science teaching：科学教学
  methods of, 130—136, 的方法
Scott, Walter, 310, 瓦特·斯科特
Self-preservation：自我保存
  as enduring only with support of environment, 7—8, 只有在环境的支持下才能维持
Sensation：感受
  James's treatment of, 50 and n, 詹姆斯对感觉的处理
Sensational empiricism of Hume and Kant, 12—13, 休谟和康德的感觉论经验主义
Sensation-image, 65, 感觉-影像
Serbia：塞尔维亚
  unjustified invasion of, 269, 对塞尔维亚不公正的入侵; mentioned, 288, 被提及
Seventeenth century：17世纪
  new activities of, 3, 新行为
Sidgwick, Alfred, 352n, 艾尔弗雷德·西季威克
Simeon Stylites, Saint, 249, 在高柱上苦修的圣西门
Skepticism, 38, 怀疑论
Smyth, Herbert C., 161, 赫伯特·C·史密斯
Social change：社会变化
  force used to bring about, 244, 力量被用以带来社会变化
Socialism：社会主义

young people accused of, 261, 青年人因之被指责
Social life：社会生活
  philosophy's neglect in dealing with advances in, 3—4, 哲学在处理社会生活发展中的疏忽
Social psychology：社会心理学
  Dewey's views on, xxxiv - xxxv, 杜威的社会心理学观点; James's contribution to, 53—54, 詹姆斯对社会心理学的贡献; Tarde's contribution to, 54, 塔尔德对社会心理学的贡献; antithesis of, with individual psychology, 55, 与个体心理学的对照; monistic conception of, 55, 社会心理学的一元论概念; pluralistic conception of, 56, 社会心理学的多元论概念; task of, stated, 56, 陈述社会心理学的任务
Socius：as introduced by James, 53, 团体：詹姆斯引入的团体概念
Socrates, 34, 苏格拉底
Soul：灵魂
  religious conception of, as non-natural, 22, 作为非自然性的宗教的灵魂概念; Aristotle's view of, 109, 亚里士多德的灵魂概念
Spanish-American War, 260, 美西战争
Spatiality：空间性
  Royce on, 80, 罗伊斯论空间性; James's claim for, 80, 詹姆斯要求的空间性
Spectator theory of knowledge, 26 and n, 41, 知识的旁观者理论
Spencer Herbert：斯宾塞
  his doctrine of evolution, 14, 98, 420—421, 他的进化原则; his thought compared to Bergson's 67—70, 他的思想与柏格森思想相比较
Spinoza, Benedict：斯宾诺莎
  on real and unreal, 29, 论真实与非真实; mentioned, 5, 被提及

Standardization：标准化
　　movement toward，in education，118—120，教育中的标准化运动
State：国家
　　Hegelian conception of，224，黑格尔的国家概念；Germanic exaltation of，227—228，德意志国家实力的提升；Tolstoians on，244，248，托尔斯泰的信徒论国家；used to justify force，245，用以证明力量的正当；nationalism as connoting，285，民族主义内涵着国家；features of education of German，397—400，德国教育的特征；American，different from German，399—400，美国和德国的差别；features of American，400—404；美国的特征
Statistical methods：application of，to social psychology，56—57，统计方法：在社会心理学中的应用
Stevenson, Robert Louis，310，罗伯特·路易斯·史蒂文森
Stirner, Max，306，马克斯·施蒂纳
Strikes：force related to，244，247，罢工：与力量相关的
Subject：主体
　　Neo-realism's view of，25—42，新实在论的主体观念
Subjective：主体性
　　as modern counter-part of Greek non-being，12，作为希腊非-存在的现代对应物
Subjectivism，25—42，主观主义
Subsistences and essences，93，本质和实体
Succession：Royce on，80—81，相继性：罗伊斯论相继性
Suggestibility：暗示性
　　school of，in social psychology，55，社会心理学的暗示性学派
Sunday, William Ashley，313，威廉·阿什利·桑代

Sussex，265，苏塞克斯
Swift, Jonathan，119，约翰森·斯魏夫特
Synechism，174，连续论

Tarde, Gabriel de：加布里埃尔·德·塔尔德
　　Laws of Imitation，53，《模仿的法则》；influence of, on social psychology，54，对社会心理学的影响；his most important contribution found in logic，54，他在逻辑上最重要的贡献；on mind，59，塔尔德论精神
Teachers：教师
　　trial of，in New York City，158—163，173—177，纽约市对教师的审判；their struggle for greater participation in university government，164—167，他们争取更多地参与到大学管理中去；professional organization of，168—172，教师的专业组织
Teachers Unions：教师联盟
　　Dewey on，ix，xxxiii–xxxiv，xxxix，杜威论教师联盟
Teaching：教学
　　association of philosophy with，3—4，哲学与教学的结合
Tenacity：固执
　　Peirce on，75，77，皮尔士论固执
Term：术语
　　defined，351n，356—357，确定的
Theology：神学
　　alliance of philosophy with，3，与哲学的结盟
Thomas, W. I.：W·I·托马斯
　　his pluralistic conception of social psychology，54，他的社会心理学多元论概念
Thorndike, Edward Lee：爱德华·李·桑代克
　　his contribution to social psychology，54，

他对社会心理学的贡献；behavioristic movement related to, 57；与他相关的行为主义运动

Thought：思想
 conscription of, xxxvii, 思想的征召；as antithetical to experience in traditional view, 6, 传统观念中被当作与经验相对的；controversy over place of, in experience, 15—18, 关于经验中思想位置的争议；idealism's view of, 19—21, 观念论者论思想；Spencer and Bergson on, 69, 斯宾塞和柏格森论思想；Royce on, 80—81, 罗伊斯论思想；Bain on nature of, 108n, 贝恩论思想的属性；discussion of types of experience where it is of prime concern, 322—365, 在思想作为最初关切时对经验类型的讨论

Tildsley, John L., 160, 161, 约翰·L·德雷斯勒

Time：时间
 Dewey's reply to Robinson on, 99—101, 杜威回应罗宾逊论时间

Tolstoians：托尔斯泰的信徒
 their hatred of violence, 212, 213, 他们憎恨暴力；on state as example of violence, 244, 248, 论国家作为暴力的例子

Trade education, 148, 149, 实业教育

Treason：背叛
 hysterical accusations of, in wartime, 292—295, 战争时期对背叛歇斯底里的指控

Treitschke, Heinrich von, 221, 西贝尔·特赖奇克

Trieste：里雅斯特
 Roosevelt on, 290, 罗斯福论里雅斯特

Trotter, Wilfred：威尔弗雷德·特洛特
 on herd psychology, 276, 论群体心理学

Truth：真理
 Peirce on, 75—76, 77—78, 皮尔士论真理
 Royce on, 79, 81, 罗伊斯论真理

Tufts, James H., xxii, xxvii, 詹姆斯·H·塔夫茨

Tyler, H. W., 372, H·W·泰勒

Ueberweg, Friedrich：弗里德里希·宇伯威格
 his definition of judgment accepted by Royce, 86, 罗伊斯接受他对于判断的定义

Ultimate reality：最终实在
 philosophy's surrender of, 38—42, 沉溺于最终实在的哲学

Undergoing：经历
 experience as process of, 8—9, 经验作为经历的过程

Universal military training：普遍军事训练
 argument against, as way to assimilate immigrants, 183—190, 反对将之当作一种同化移民方式的观点；Dewey's statement at hearing on, 377—393, 杜威在普遍军事训练听证会上的陈述

University：大学
 effect of vocational trend on studies in, 151—157, 大学学习中职业趋向产生的影响

University of Minnesota, 164, 明尼苏达大学

University of Pennsylvania, 165, 宾夕法尼亚大学

University teachers：大学教师
 their struggle for greater participation in university government, 164—167, 他们争取更多地参与到大学管理中去

Value judgments：价值判断
 Robinson on Dewey on, 416—430, 罗宾逊论杜威价值判断的观点

Violence：暴力
 Dewey's concept of, xxviii, 杜威的暴力概念；related to force and law, 211—215, 与力量与法律相关的暴力；Tolstoians

on，244，248，托尔斯泰的信徒论暴力；energy as，246，作为暴力的能量

Vocational education：职业教育
Dewey's view of，xxx-xxxii，杜威对职业教育的看法；place of, in comprehensive scheme of public education，144—150，公共教育综合方案中职业教育的位置；effect of, on studies in the university，151—157，大学学习中职业教育产生的影响；plea for in *Learning to Earn*，303—304，《学会获利》中的呼吁

Vocational guidance，148—149，职业指导

Volk-geist：民族心理学
German school of，60，德国的民族心理学学派

Voltaire, Francois Marie Arouet de，18，伏尔泰

Voluntarism：唯意志论
and intellectualism in Royce's early philosophy，79—88，罗伊斯早期哲学中的唯意志论和理智主义

Vorwaerts，293，加油

Wallas, Graham：格雷厄姆·沃拉斯
his contribution to social psychology，54，他对社会心理学的贡献

War：战争
Dewey on America's hesitation to join，xxxix，256—259，杜威论美国对参加战争的犹豫；test of educational aims，178—182，战争作为对教育目标的检验；growth of nationalism during，202—210，战争期间国家主义的发展；questions it raises regarding force，211—215，战争引发的关于力量的问题；illusions about，217，关于战争的幻象；justification for，218—219，为战争辩护；England's unpreparedness for，220，英国没有为战争做好准备；Germany's justification for，220—221，德国为战争辩护；object of, for Germany，230，对德国而言战争的对象；as bringing a reversion to the undisciplined mind，233，带来一种放任精神的修正；effect of science on，236，科学对战争的影响；question of force related to，244—259，与战争相关的力量问题；as supreme stupidity，260，战争是最愚蠢的；conscience related to，260—264，与战争相关的良知；Wilson's role in America's entering，265—266，275，美国参战中威尔逊扮演的角色；psychology of，271—275，战争心理学；mental effect of, on civilian population，276—280，战争对普通民众精神上的影响；related to justice，281—284，与正义相关；America's unfamiliarity with ways of，295，美国不习惯战争的方式；How school children can help in，296—300，学校儿童如何在战争中提供帮助

Wells, H. G.：H·G·威尔斯
God the Invisible King reviewed，310—314，《上帝，隐形之王》

Whalen, John，160，176，约翰·瓦伦

Wigmore, J. H.，372，373，J·H·维格摩尔

Will：意志
Royce on，82—84，罗伊斯论意志；compared to wille，229—230，与wille相比；as another name for force，245，作为力量的别称

Willcox, William G.，159，威廉·威尔考克斯

Wille：意志
compared to will，229—230，与will相比

William II, Emperor of Germany，229，德国皇帝威廉二世

Will of God，45，神之意志

Will to Believe：信仰的意志
Peirce's rejection of，77，皮尔士拒绝信仰的意志

Wilson, Wooddrow：伍德罗·威尔逊
  and the Hughes campaign, 252—255，休斯的竞选活动；his role in America's entering the war, 265—266，美国参战中威尔逊扮演的角色；mentioned, xxxvii, 102, 158, 193, 260, 261，被提及
Wood, Leonard, 184，雷纳德·伍德
Woodbridge, F. J. E., 443，F·J·E·伍德布里奇
World of Postulates：公设世界
  Royce on, 84，罗伊斯论公设世界

World War I：第一次世界大战
  as test of educational aims, 178—182，作为对教育目标的检验；mentioned, 158，被提及

Young, Ella Flagg, 380, 390，埃拉·弗莱格·杨

Zionism：犹太复国主义
  Appeal of, to statesmen, 291，诉诸政客

译后记

本卷收录了杜威在1916年和1917年发表的部分论文、报告、评论和杂记等。作为本卷的译者之一,我认为,这些文献至少呈现出杜威在那个时期思想活动的某些重要痕迹。

第一,杜威在本卷中对自己的实用主义基本思想进行了明确的阐述。从文献中看,杜威在表述和消化美国古典实用主义哲学家皮尔士和詹姆斯的基本思想时,对实用主义哲学进行了初步和集中的阐发。这主要表现在:首先,杜威比较明确地提出了实用主义的工具主义的想法。杜威认为,"在实用主义被称为工具主义的逻辑视角下,行为或实践确实扮演了一个基础性的角色"(本卷边码367页),"工具主义意味着一个关于思维和认知的行动主义者理论。它认为,认知是我们做的某些事情;分析在终极意义上,是物理的和积极的;在其逻辑性质中,意义是立场、态度和朝向事实的行为方法;主动的实验对证实是必要的。用其他方法表达就是:工具主义认为,思维不意味着任何先验状态或是突然被引入一个先前的自然场境的行为,它认为这种认知的操作是(或机警地来自)生物体的自然反应,生物体借助怀疑来形成认知;而这些操作就在怀疑中出现,它们也借助于使用探究、重构和其所朝向的那种控制。"(同上)。其次,杜威比较系统地提出了自己的经验观念。在这个方面,以杜威在《哲学复兴的需要》一文中所给出的表述最为典型。杜威提出,与传统的经验观相比较,实用主义的经验观应当具备五个方面的特点,即(1)经验确定无疑地呈现为有生命的存在者与其物理的和社会环境之间相互作用的事件;(2)经验自身要求的是一个真正客观的世界,它参与到人类的行动和遭遇中,并在人类的回应中经历着各种变化;(3)经验在其根本形式中是实验性的,是一种改变给定的努力,它以规划和涉及未知为特征,与未来的联结是其显著的特征;(4)一种经验就是对一种环境的承受,是一种在新方向中获得控制的抗争,它孕育着各种联系;(5)经验和思想不是对立的两面,不存在没有推论的有意识的经验,反思是天然的和持续的(参见本卷边码第6页)。在此基础上,杜威批评了传统的"认识上的旁观者"态度。应当说,经验观念以及对割裂主客体之间内在和有机联系的"认识上的旁观者"态度的批评,是杜威思想中最有特色的方面,也是杜威哲学颇具当代意义的内涵。可以说,杜威的情境和探究观、教育观和共同体观等具有重要学术意义和实践价值的思想都是以他对经验观念的新阐释和对"认识上的旁观者"的有力批评为理论前提的。时至今日,当我们在当代哲学语境中看待杜威这些见解的时候,依然能够感受到其中蕴含的理论活力。

第二,本卷收集的文献表达了杜威作为一名公共哲学家的哲学风格。本卷中真正讨论纯粹哲学问题的文献并不多,大多数文章是作为一名教育家和公共哲学家对很多现实问题的热切关注。其中,有杜威从理论和现实层面对教育的功能、教育与民主的关系、教育与实业的关系,以及对教育的公平问题的思考,有对第一次世界大战期间美国教育界许多重大举措(比如,普遍的军训制度)的大胆质疑,有在美国国会为某个教育法案所做的听证发言,有对一战时局以及总统选举的看法,有对遭到不公正对待的中学老师的辩护,等等。我们从中不难看出,杜威一直把社会和谐、社会改良作为自己工作的重要组成部分,作为体现社会责任感的主要阵地。从这些文献中,我们似乎更容易理解杜威的思想在整个美国文化中不可动摇的地位。我们由此想到,美国古典实用主义尤其是杜威哲学在20世纪六七十年代复兴的过程中,人们怀念和竭力恢复的也许是对"杜威式"哲学风格的兴趣和追求,是对杜威丰富的哲学精神的当代诠释,是对杜威的哲学话语方式的重新肯定。

第三,杜威对现代民族国家和民族精神进行了认真的思考。针对德国在第一次世界大战中扮演的关键角色,杜威不是停留在对德国进行道德的谴责,也不是简单地将伸张正义等同于让德国阵营遭受同样的灾难以扯平所有过往,而是以哲人的视角对德国的民族精神进行深入的理解,对德意志民族精神的重要体现——德国哲学进行了理论上的探讨。同时,杜威对美国精神和美国人的国家认同问题进行了思考,对如何在多样性文化中培育民族认同,以及在同一性的民族认同中保持文化多样性进行了反思。应当说,民族精神和民族认同问题是全球化时代的哲学无法回避的重要问题。杜威对这些问题的思考,无疑为我们研究相关问题提供了重要的理论参考。

本卷文集的翻译工作主要由我和南开大学哲学院的林建武先生共同完成。我和林建武先生完成"论文"和"评论"部分;北京师范大学哲学与社会学学院的博士生季雨翻译了"杂记"和"报告"的初稿;博士生肖杰参加了"杂记"和"报告"部分译稿的校对工作;最后,我对全书进行了校对、统稿和定稿。

杜威是美国思想和文化领域中一位重要的思想家,也是西学东渐潮流中的主要人物,他对于当代中国的政治、哲学和文化产生过不可低估的影响。能够参与《杜威全集》中文版的翻译工作,对我们几位译者来说,是一件很荣幸的事情。我们认为,这是一项很有价值和意义的工作。几位译者本来就对杜威哲学有比较浓厚的兴趣,也有初步的了解。林建武先生在博士生学习期间,曾作为联合培养的博士生去美国南伊利诺伊大学"杜威研究中心"进行过为期一年的专门研究。季雨去美国波士顿大学进行过一年的新实用主义哲学研究。通过参加这项翻译工作,我们在了解和理解杜威思想方面都有不小的收获。然而,坦率地说,翻译工作的难度要远远超过我们原先的估计。尽管交稿时间一拖再拖,尽管一周周、一月月的延后一再打乱出版社的工作计划,但现在完成的译文仍然有许多值得进一步推敲的地方。我认为,其主要原因是译者本身的外语水平、专业素养有限,但也有两个具体的原因:第一,本卷收录的50多篇文章,涵盖内容广泛,论题分散,话题转换频繁;而且,文章、评论和演讲稿等经常涉及将近一个世纪前的事件、人物等背景知识,这使得有些问题在理解上非常困难。第二,杜威的语言总体而言比较晦涩,而且,由于很多文章是演讲记录稿或者后人重新整理过的,有的引文是后来增加上去的,有的表述过于口语化,严格来说,甚至还有一些语法上不完善之处,因此,译者对于文本的把握有很大的难度。所以,译文中肯定有一些欠准确甚至错误之处。作为译者,我们虚心接受读者的批评指正。作为第一译者和最后的定稿人,我承担所有的责任。

能够完成本卷的翻译工作,首先要感谢刘放桐教授、汪堂家教授的信任和指导;也要感谢华东师范大学出版社曹利群和朱华华两位编辑的努力工作,她们的工作热情和责任心让我深受感动,她们的耐心也时常让我感到惭愧。如果没有这一切,本卷译文直到现在恐怕还是作为半成品存放在电脑里。最后,我要说的是:尽管我们竭尽全力,但本卷译文肯定会存在不当之处,恳请方家和广大读者批评指正。

王成兵

2011 年 10 月 20 日

于北京师范大学

哲学与社会学学院

图书在版编目(CIP)数据

杜威全集.中期著作.第10卷:1916～1917/(美)杜威
(Dewey,J.)著;王成兵,林建武译.—上海:华东师范大学
出版社,2011.10
 ISBN 978-7-5617-9029-8

Ⅰ.①杜… Ⅱ.①杜…②王…③林… Ⅲ.①杜威,J.
(1859～1952)—全集 Ⅳ.①B712.51-52

中国版本图书馆 CIP 数据核字(2011)第 212715 号

杜威全集·中期著作(1899—1924)
第十卷(1916—1917)

著　者	[美]约翰·杜威
译　者	王成兵　林建武
策划编辑	朱杰人
项目编辑	王　焰　曹利群
审读编辑	朱华华
责任校对	赖芳斌
装帧设计	高　山
出版发行	华东师范大学出版社
社　址	上海市中山北路3663号　邮编 200062
网　址	www.ecnupress.com.cn
电　话	021-60821666　行政传真 021-62572105
客服电话	021-62865537　门市(邮购)电话 021-62869887
地　址	上海市中山北路3663号华东师范大学校内先锋路口
网　店	http://hdsdcbs.tmall.com
印刷者	常熟华通印刷有限公司
开　本	787×1092　16开
印　张	32
字　数	506千字
版　次	2012年9月第1版
印　次	2012年9月第1次
印　数	1—2100
书　号	ISBN 978-7-5617-9029-8/B·672
定　价	98.00元(精)
出版人	朱杰人

(如发现本版图书有印订质量问题,请寄回本社客服中心调换或电话 021-62865537 联系)